Trennungs- und Scheidungsberatung

Trennungs- und Scheidungsberatung

Grundlagen – Konzepte – Angebote

von

Erich H. Witte,
Jan Sibbert und Isolde Kesten

Verlag für Angewandte Psychologie
Göttingen · Stuttgart

Gesamtherstellung: Hubert & Co., Göttingen
Printed in Germany
Auf säurefreiem Papier gedruckt
ISBN 3-87844-024-3

Inhaltsverzeichnis

Einleitende Bemerkungen

Wenn ein Manuskript fertiggestellt ist, ist es nützlich, seine Entstehung kurz zu skizzieren, damit der Leser weiß, was ihn erwartet.

Die Psychologie, insbesondere die Sozialpsychologie, hat sich bisher wenig um das Auseinanderbrechen von Kleingruppen gekümmert, obwohl sie sich die Entstehung von Gruppen intensiv angeschaut hat (Witte 1989). Dieses gilt auch für die Forschung über intime Sozialbeziehungen, die in den letzten Jahren wesentliche Aktivitäten auf sich gezogen hat (Ausnahmen Duck 1982; Spanier & Thompson 1984). Letztlich fehlen in der Sozialpsychologie Modelle, die das „Funktionieren" einer Paarbeziehung beschreiben können. Daraus folgt, daß man auch nicht so recht weiß, warum eine Beziehung scheitert und eine andere bestehen bleibt. Darüber ist an anderer Stelle genauer nachzudenken.

Man kennt nun aber die negativen Auswirkungen von Trennung und Scheidung recht genau (s. Kap. 2). Hier frühzeitig durch Beratung zu helfen, ist ebenfalls eine wichtige Aufgabe der Psychologie, insbesondere der Klinischen Psychologie. Bisher ist aber die Psychologie, im Gegensatz zur Rechtswissenschaft und zur Sozialarbeit, noch recht wenig mit diesem Thema beschäftigt, obwohl ein direkter Übergang aus der Ehe- und Familientherapie nahezuliegen scheint. Doch ist die Beratung von Paaren und Familien, die sich zu einer Trennung oder Scheidung entschlossen haben, nicht aus diesen therapeutischen Ansätzen direkt ableitbar.

Gleichzeitig ist eine Konfliktberatung unter Einschaltung einer dritten Partei sehr wohl in der Sozialpsychologie untersucht worden, so daß für diesen Bereich gewisse Kenntnisse herangezogen werden können.

Als Ausgangsmaterial für dieses Buch dienen Erkenntnisse aus dem Bereich der Sozial- und der Klinischen Psychologie. Ergänzt wurden diese allgemeinen Erkenntnisse durch eine umfangreiche Analyse der Literatur zur Trennungs- und Scheidungsberatung (s. Kap. 5 und 6). Außerdem wurden Erfahrungen in Weiterbildungsveranstaltungen und in der Praxis gesammelt. Ferner gab es Seminare an der Universität Hamburg zu diesem Thema. Das alles war aber nur möglich, weil ein Forschungsprojekt zur Trennungs- und Scheidungsberatung über zwei Jahre an der Universität lief, an dem zwei Autoren unter der Leitung des dritten teilnahmen. Nur auf der Grundlage solcher Ressourcen war die Entstehung des Buches überhaupt möglich.

Diese intensive Beschäftigung mit dem Thema selber und mit der Entwicklung der Beratungsstellen über die gesamte Bundesrepublik hinweg (s. Kap. 7

und Anhang 1) hat zu der Erkenntnis geführt, nachdem jetzt sogar der Gesetzgeber einen Anspruch auf Trennungs- und Scheidungsberatung für Eltern mit Kinder in das neue Kinder- und Jugendhilfegesetz aufgenommen hat, daß dringend ein globales Modell für die Trennungs- und Scheidungsberatung entwickelt werden muß. Es soll als Rahmenkonzept dienen, eine bedürfnisorientierte Beratung für die Betroffenen anbieten zu können (s. Kap. 8). Ein solcher Beratungsweg sollte flächendeckend für das gesamte Bundesgebiet mit Ost- und Westdeutschland aufgebaut werden. Hierzu ist es günstig, wenn sich regional Vereine bilden, die die Förderung der Trennungs- und Scheidungsberatung zum Ziel haben. Diese Vereine sollten unabhängig von Behörden und sonstigen Institutionen Berufspraktiker auf diesem Gebiet zusammen bringen, wie z. B. Rechtsanwälte, Familienrichter, Sozialarbeiter, Psychologen und Forscher. So kann mittelfristig ein Beratungsweg in dem Zuständigkeitsbereich der Familiengerichte aufgebaut werden. In Hamburg ist der Verein „Interdisziplinäre Beratung bei Trennung und Scheidung" (IBTUS) gegründet worden (Anschrift: Postfach 20 32 15 in 2000 Hamburg 20, s. auch Anhang 2).

Eine wesentliche Aufgabe dieses Buches besteht darin, ein Rahmenkonzept für einen Beratungsweg zu liefern, um als Grundlage für derartige Kooperationsformen in den Regionen zu dienen.

Daß die Kooperation zwischen den einzelnen Berufsgruppen noch der Förderung bedarf und insbesondere Vorurteile abzubauen sind, konnten wir in Hamburg bei interdisziplinären Gesprächen feststellen.

Gleichzeitig sollte aus der Psychologie heraus eine Stellungnahme zu rechtlichen Rahmenbedingungen abgegeben werden, damit über einige vom Gesetzgeber vorgeschriebene Verfahrensschritte auch einmal aus der Perspektive der Betroffenen neu nachgedacht wird. Manches muß aus psychologischer Sicht daran korrigiert werden (s. Kap. 3).

An dieser Stelle möchten wir uns bei Herrn Horst-Heiner Rotax, Familienrichter in Hamburg, bedanken, der einige Kapitel mit seinen Kommentaren versehen hat, die sehr aufschlußreich waren und für eine Überarbeitung herangezogen wurden.

Dank sagen möchten wir auch den Mitarbeiterinnen der Ev. Familien-Bildungsstätte Hamburg-Lokstedt, die durch ihren Einsatz die Leiterin der Einrichtung (Isolde Kesten) in ihrer Tätigkeit maßgeblich entlastet haben, so daß das Manuskript fertiggestellt werden konnte.

Für die Unterstützung bei der Entstehung der Kapitel 5 und 6 sowie für die wichtige konstruktive Kritik möchte ich, Jan Sibbert, mich bei den Dipl. Psychologinnen Frau Doris Graßhoff, Frau Lenore Wittig und Frau Michèle Thienhaus-Döring ganz besonders bedanken.

Die Zeit für einen Aufbruch im Rahmen der Trennungs- und Scheidungsberatung scheint günstig. Wenn dieses Buch zu ihrer Weiterentwicklung beiträgt, haben wir unser Ziel erreicht.

Hamburg, im April 1991
Erich H. Witte, Jan Sibbert, Isolde Kesten

1. Vorwort

In unserer Gesellschaft ist die juristische Scheidung ein akzeptierter Weg zur Lösung von Paarkonflikten in der Ehe geworden. Die Scheidungsraten sind auf dem Gebiet der Bundesrepublik seit 1970 kontinuierlich angestiegen, wenn man die kleine Schwankung bei der Umstellung des Scheidungsrechts am Ende der 70-iger Jahre vernachlässigt. Dieser Trend hat bereits um die Jahrhundertwende eingesetzt, ist dann aber extrem durch den Zweiten Weltkrieg verstärkt worden, und verläuft seit 1960 bis ca. 1985 linear zunehmend, wobei im Augenblick eher eine Asymptote erreicht zu sein scheint. Diese weist darauf hin, daß jede dritte Ehe geschieden wird. Damit liegt aber die Bundesrepublik keineswegs an der Spitze der Länder mit hohen Scheidungsraten. In Westeuropa weisen z.B. Dänemark, Schweden, Niederlande, England und Österreich höhere Scheidungsraten auf. Besonders hoch sind die Scheidungsraten in Osteuropa, z.B. in der UdSSR, Ungarn und der ehemaligen DDR. Bezüglich der DDR gibt es Schätzungen, daß beinahe jede zweite Ehe geschieden wird.

Ganz offensichtlich haben wir es bei der Scheidung als Konfliktlösung mit einer Handlungsweise zu tun, die in vielen Gesellschaften einen hohen Verbreitungsgrad besitzt. Für die Bundesrepublik gilt, daß von den Scheidungen ca. 100 000 Kinder betroffen sind. Mit diesen Zahlen sollte nur die gesellschaftspolitische Stellung des Phänomens Scheidung umrissen werden.

Die vielen Schicksale und Leidenszustände der betroffenen Erwachsenen und Kinder können nur erahnt werden. Wenn sogar der Gesetzgeber durch eine Neuordnung des Kinder- und Jugendhilferechts auf diese Betroffenheit reagiert, kann man sich vorstellen, wie stark die damit verbundenen Leidenszustände sind. Dabei konzentriert sich dieses Gesetz vor allem auf die Familie mit Kindern (§17 KJHG), indem der Rechtsanspruch auf Beratung bei Konflikten in der Familie festgeschrieben wird. Mit dieser Regelung bleiben natürlich noch die Paare ohne Kinder unberücksichtigt. Man kann zwar bei Paaren ohne Kinder annehmen, daß die Konfliktsituation weniger komplex ist, aber darf die Betroffenheit dieser Gruppe nicht unterschätzen. Es ist nämlich trotz des hohen Verbreitungsgrades keineswegs eine Handlung, die vorwiegend positive Konsequenzen nach sich zieht, indem die Betroffenen die Konfliktsituation durch Trennung bearbeiten. Häufig wird das geringere Übel gewählt und die Trennung bleibt äußerst schmerzlich. In einer solchen Krisenzeit ist es notwendig, eine Hilfe anzubieten, die präventiv orientiert ist und chronische Folgeschäden zu verhindern versucht. Aber natürlich sind

3

auch positive Konsequenzen mit einer Scheidung verbunden, weil damit generell ein Neuanfang verbunden ist. Diesen Neuanfang kann man jedoch nur vollziehen, wenn die Krise positiv überwunden wurde, was nicht immer ohne Hilfe geht.

In dieser Form der Hilfestellung besteht die zentrale Aufgabe einer Trennungs- und Scheidungsberatung, wie wir sie in diesem Buch behandeln wollen. Es sollen dem Praktiker Methoden und ihre Grundlagen nahegebracht werden, die in einer möglichst umfassenden Trennungs- und Scheidungsberatung bedeutsam sind. Außerdem sollen gesetzliche Grundlagen und ihre Auswirkungen auf das Handeln der Betroffenen dargelegt werden. Zum Abschluß soll ein Modell konzipiert werden, das als Orientierung dienen kann, welche Aufgaben eine Trennungs-und Scheidungsberatung entsprechend den Bedürfnissen der Betroffenen zu übernehmen hat. Dabei ist neben der Prävention von Folgeschäden durch die Trennung oder Scheidung auch das Ziel die *Eigenverantwortlichkeit* der Betroffenen zu erhalten bzw. zu fördern, die im üblichen juristischen Verfahren an Sozialarbeiter, Rechtsanwälte und Richter abgegeben werden kann, wenn diese Entscheidungen über die Betroffenen fällen, was z. B. das Sorgerecht, den Unterhalt etc. angeht. Eine größere Eigenverantwortlichkeit hat bereits selber eine gewisse prophylaktische Wirkung, indem man sich stärker mit den Entscheidungen identifizieren kann, als wenn die Entscheidungen durch den Rechtsweg über Rechtsanwalt und Richter bestimmt werden. Größere Eigenverantwortlichkeit und damit verbunden eine verstärkte Beteiligung an den Aushandlungen führt zu einer angemesseneren Verarbeitung einer solchen Krise. Selbst wenn zwischenzeitlich eine Eskalation erkennbar wird. Sie ist nur Ausdruck der Betroffenheit und hätte ohne Beratung kaum die Möglichkeit durchgearbeitet zu werden, was eine langfristigere Beeinträchtigung zur Folge haben kann.

Die Aufgabe dieses Buches ist es jetzt, Beratungskonzepte und ihre Grundlagen aufzuzeigen, damit verstärkt *integrierte* Beratung auf diesem Gebiet angeboten werden kann. Es soll aber nicht dazu dienen, einfach vorgeschlagene Methoden zu übernehmen, sondern zuerst einmal das Problemfeld Trennung und Scheidung für einen Berater differenziert darzustellen. Wie auf die entsprechenden Bedürfnisse dann reagiert werden kann, soll ebenfalls ausgebreitet, aber es soll nicht ein spezifischer Weg als Beratungskonzept verbreitet werden. Vielmehr ist das Ziel, ein Rahmenkonzept zu entwerfen, das auf den Erfahrungen der Vergangenheit aufbaut und letztlich von jedem Berater und jeder Beratungsinstitution *eigenverantwortlich* ausgestaltet werden muß. Hierfür die Grundlage zu liefern, ist Aufgabe des Buches.

Die verschiedenen Berufsgruppen, die mit dieser Problematik befaßt sind, stellen die Zielgruppe unserer Leser dar.

Es wendet sich an *Psychologen*, die in diesem Gebiet tätig sind, oder mit Eheberatung zu tun haben, um einen Überblick zu geben, was man bei einem Trennungswunsch des Paares tun kann.

Es soll *Sozialarbeitern* des Jugendamtes helfen, weitere Angebote zu entwickeln oder Angebote anderer Stellen heranzuziehen, wenn eine Sorgerechtsregelung konfliktträchtig ist.

Familienrichter können dazu motiviert werden, stärker die Eigenverantwortlichkeit an die Paare und Familien wieder zurückzugeben, damit diese selber Lösungen finden, sofern das möglich ist.

Rechtsanwälte haben die Möglichkeit, sich über die psychologischen Prozesse einer streitigen Auseinandersetzung zu informieren und alternative Vorgehensweisen kennenzulernen.

Schließlich finden *Scheidungsforscher* eine Vielzahl theoretischer Überlegungen über den Weg der Trennung und Scheidung sowie über geeignete Beratungskonzepte. Hier ist noch viel Arbeit zu leisten, wobei immer die Verbindung zwischen Theorie und Praxis beachtet werden muß.

Damit wendet sich dieses Buch an alle *Berufsgruppen*, die mit dem Problem Trennnung und Scheidung zu tun haben. Es soll eine Grundlage sein, damit die interdisziplinäre Zusammenarbeit zwischen allen gefördert wird. Hier existieren noch vielfältige Vorurteile, die erst noch abgebaut werden müssen, wie uns mehrere interdisziplinäre Gespräche gezeigt haben. Auch hierfür soll dieses Buch nützlich sein. Gerade die enge Kooperation zwischen dem Rechtsweg und einem nicht-juristischen Beratungsweg ist zum Wohle der Betroffenen und der Mitglieder beteiligter Berufsgruppen fest zu etablieren. Letztlich können die Mitglieder der beteiligten Berufsgruppen auch nur dann befriedigend im Sinne ihrer Zielsetzung tätig werden, wenn ein umfassenderes Beratungskonzept vorliegt, das auch bei schwierigeren Fällen noch greift. Aber auch bei weniger konfliktträchtigen Fällen kann die Arbeit erleichtert werden, wenn bereits die Klienten über ein größeres Wissen verfügen, wie sie sich den immer vorhandenen Konflikten besser stellen können.

Weniger geeignet ist dieses Buch als Ratgeber für die *Betroffenen* selber. Sie erfahren zu wenig über ihre konkreten Probleme, weil wir uns allein mit den Fragestellungen der Berufspraktiker befassen.

In vielen Bereichen entstehen Verständigungsschwierigkeiten und Mißverständnisse durch die Vagheit der verwendeten Begriffe. Aus diesem Grunde soll bereits an dieser Stelle für drei zentrale Begriffe, die bei der Trennungs- und Scheidungsberatung eine wichtige Rolle spielen, eine Erläuterung (Explikation) ihrer typischen Bedeutung vorgenommen werden: Beratung, Mediation (Schlichtung und Vermittlung) und Psychotherapie.

Diese Erläuterung erfolgt anhand folgender Gesichtspunkte: Bedürfnisse der Klienten, Zielsetzung, Mittel und Gefahrenquellen.

Beratung

Ihr *Ausgangspunkt* ist ein Informationsbedürfnis bei den Klienten, das sich auf äußere Bedingungen, Verhaltensmöglichkeiten und innere Zustände beziehen kann. Das *Ziel* der Beratung ist die Erhöhung der Handlungskompetenz durch eigenverantwortliche und bewußte Steuerung des Verhaltens nach gezielt ausgewählten Werten und Vorstellungen. Erreicht wird ein solches Ziel durch folgende *Mittel*:

a) mündliche und schriftliche Mitteilungen (Ratgeberbücher, Broschüren, allgemeine Informationsveranstaltungen),
b) Verdeutlichung psychologischer Prozesse der augenblichen Krisensituation und ihrer Entstehung,
c) Vertiefung der Selbstexploration und Selbsterkenntnis und
d) die Herstellung einer persönlichen Beziehung zum Klienten als allgemeine Grundlage für Beratung.

Die *Gefahrenquellen* einer Beratung beziehen sich auf:

a) Auswahl einseitiger Informationen,
b) Fehldeutungen,
c) Vermehrung psychischen und somatischen Leidens durch Selbsterkenntnis und
d) eine starke emotionale Abhängigkeit vom Berater.

Mediation (Schlichtung, Vermittlung)

Der *Ausgangspunkt* ist ein (interpersonaler) Konflikt, der nicht von den beteiligten Personen selber gelöst werden kann. Das *Ziel* ist die Identifikation von Problemem bei der Einigung und die Erarbeitung von Lösungsvorschlägen, die von allen akzeptiert werden können. Die Lösung soll möglichst von allen als gerecht empfunden werden. Um Einigungen erzielen zu können, werden folgende *Mittel* eingesetzt:

a) Erarbeitung von Einigungsvorschlägen,
b) Kontrolle der Auseinandersetzung,
c) Wechsel der Perspektive und
d) Erhöhung der Verbindlichkeit getroffener Einigungen.

Die *Gefahrenquellen* bei dieser Vorgehensweise liegen in folgenden Bereichen:

a) Übervorteilung einer Partei,
b) ungenügende Kontrolle der Auseinandersetzung, so daß sich eine Partei besser durchsetzen kann,
c) Verschärfung der Konflikte und
d) mißbräuchliche Verwendung der erhaltenen Information.

Psychotherapie

Ihr liegt eine von den Betroffenen zumindest teilweise als selbst verursacht angesehene Störung des Individualsystems (Identität) oder des Mikrosystems Partnerschaft bzw. Familie (Fließgleichgewicht) zugrunde. Das *Ziel* ist

6

die Wiederannäherung des augenblicklichen Zustandes an ein Gleichgewicht, das als weniger belastend empfunden wird. Als *Mittel* werden eingesetzt:

a) kognitive Strategien, z. B. Attributionswechsel, Umdeutungen,
b) affektive Strategien, z. B. Analyse von Ängsten, Umbewertungen,
c) Verhaltensstrategien, z. B. Erarbeitung von Handlungskompetenzen und
d) Veränderungen von Rahmenbedingungen, z. B. Wohnsituation.

Als *Gefahrenquellen* kann man folgende hervorheben:

a) Anpassung der Klienten an die Sicht des Therapeuten,
b) emotionale Abhängigkeit vom Therapeuten,
c) Erhöhung der Unselbständigkeit und
d) Reduktion gesellschaftlicher Probleme auf den Einzelfall (Therapie statt Prävention).

Will man jetzt noch diese allgemeinen Begriffe für den Bereich Trennungs- und Scheidungsberatung eingrenzen, dann ergeben sich folgende Aussagen:
Trennungs- und Scheidungsberatung im engeren Sinne:
Es handelt sich hierbei um einen Prozeß, der sich auf Informations-, Entscheidungs- und Klärungsbedürfnisse beim Klienten im Zusammenhang mit einer Trennung und Scheidung bezieht. Er soll den Klienten befähigen, sich in einer veränderten Situation als Individuum, getrennter oder geschiedener Ehepartner und weiterhin bleibender Elternteil zurechtzufinden, eigenverantwortlich Entscheidungen zu fällen und das Geschehene sich verständlich zu machen (s. Kap. 8).
Mediation (Schlichtung, Vermittlung) bei Trennung und Scheidung:
Hierbei handelt es sich um eine Intervention, die Trennungs- und Scheidungsfolgen regelt, indem die Parteien bei der eigenverantwortlichen Erarbeitung von Lösungen von einer dritten, neutralen Partei, dem Mediator, unterstützt werden. Es werden systematisch strittige Sachverhalte isoliert und verschiedene Lösungswege erwogen. Die schließlich erarbeiteten Lösungen sollen von den Beteiligten als fair beurteilt werden und möglichst zu einem Interessenausgleich führen.
Psychotherapie bei Trennung und Scheidung:
Der besondere Gesichtspunkt einer Trennungs- und Scheidungstherapie besteht darin, daß vor allem Probleme der Abgrenzung und Neuorientierung im Zentrum stehen, um in Zukunft ein eigenständiges Leben ohne zu große Schuldgefühle führen zu können.
Mit diesem Buch wünschen wir uns, daß eine möglichst differenzierte und sensible Beratungs- und Regelungspraxis auf dem Gebiet der Trennung und Scheidung aufgebaut wird. In Zukunft sollte auch der nicht-juristische Weg sehr viel stärker nachgefragt werden, weil er stärker auf die Bedürfnisse der Betroffenen eingeht. Noch immer wird die Möglichkeit einer frühzeitigen Hilfe nicht ausreichend genutzt. Wahrscheinlich wären viele Konflikte und

psychische Beeinträchtigungen bei Erwachsenen und Kindern zu vermeiden, wenn Trennungs- und Scheidungsberatung als ein integriertes Konzept verstärkt angenommen werden würde. Erreichbar ist das jedoch nur bei einem umfassenden Beratungsangebot, das von allen Berufsgruppen getragen wird. Jede Berufsgruppe hat ihre eigene wichtige Position, steht aber auch gleichzeitig in Beziehung zu anderen Berufspraktikern, die möglichst nicht gegeneinander operieren sollten. Für alle sollte das Ziel eine faire Scheidung bei gleichzeitigem Erhalt der Elternschaft für die Kinder sein. Wie man diesem Ziel näher kommen kann, wird in diesem Buch versucht darzustellen.

2. Trennung und Scheidung als kritisches Lebensereignis

Die Zunahme der Scheidungsraten und ihr augenblicklich hohes Niveau sind gesellschaftliche Phänomene, die genauer untersucht werden müssen. Glücklicherweise ist gerade eine Studie zu den „Scheidungsursachen im Wandel" (Nave-Herz et al. 1990) erschienen, die einige der Gründe beleuchtet. Ganz generell gilt, daß noch immer die Ehe eine Lebensform darstellt, die mit äußerst hohen Erwartungen verknüpft wird. Die anfänglich romantische Beziehung soll erhalten bleiben, weil sie letztlich die als einzig wesentlich erachtete Bindungskraft darstellt. Gleichzeitig soll der tägliche Umgang partnerschaftlich gestaltet werden, was folglich zu einem Widerspruch führt (Kraft & Witte 1990). Bisher ist dieser Widerspruch in den Leitbildern von Ehe und Partnerschaft nicht aufgelöst worden. Erst die Erfahrungen einer Scheidung scheinen eine Korrektur der Leitbilder anzudeuten (Nave-Herz et al. 1990). Obwohl gleichzeitig bekannt ist, daß Zweitehen keine geringere Scheidungsrate aufweisen als Erstehen, sondern sogar noch eine leicht erhöhte. Das läßt kaum den Schluß zu, daß die Gestaltung der Zweitehe wesentlich realistischer ist als die der Erstehe. Diesem Widerspruch, der sich aus der Studie von Nave-Herz et al. und den Scheidungsraten andeutet, sind wir in einer Forschungsarbeit nachgegangen (Köller & Franke 1988), die zeigt, daß zwar eine Veränderung in der globalen Einstellung stattfand, aber in der konkreten Auseinandersetzung mit dem Partner keine Veränderungen zu beobachten waren. Folglich führt auch der Neubeginn einer Partnerschaft nicht allein aus der Erfahrung heraus zu einer 'glücklicheren' Ehe oder Partnerschaft. Die mit Trennung und Scheidung verbundenen Belastungen haben häufig nicht den Effekt einer wesentlichen eigenen Verhaltensänderung, den man sich in einer neuen Beziehung wünscht, obwohl Barrieren zu überwinden sind, bis man sich trennt, und der Trennungsprozeß einen längeren Zeitraum einnimmt.

Heute sind es *psychische* Barrieren, wie z.B. Angst vor dem Alleinsein, Unselbständigkeit etc., die besonders stark die Auflösung verhindern. Die *ethisch-moralischen* Barrieren, wie z.B. religiöse Gründe, Verpflichtung genenüber Partner und Kindern etc., sind zwar ebenfalls noch wichtig, haben aber im Vergleich zur jüngeren Vergangenheit abgenommen. Zu diesen beiden Arten von Barrieren treten dann noch *materielle* und *rechtliche*. Erst nach der Überwindung dieser Barrieren ist eine Scheidung zu erwarten, so daß nicht etwa von einer leichtfertigen Trennung ausgegangen werden kann. In den meisten Fällen ist eine tiefgreifende Auseinandersezung vorangegangen. Als Ausweg wird dann nur noch die Scheidung gesehen. Sie stellt die Form der Konfliktlösung dar, die dann allein übrig bleibt, in der Hoffnung damit die belastenden Umstände zu beseitigen.

Als *positive* Konsequenzen einer Scheidung werden von den Betroffenen folgende genannt (Nave-Herz et al. 1990, S. 91f):

a) man sei selbständiger geworden,
b) die Kinder seien nicht mehr den Spannungen ausgesetzt,
c) man habe eigene Freunde,
d) man fühle sich nach Depressionen befreit.

Die *negativen* Konsequenzen bestehen, nach den Aussagen von Betroffenen, vor allem in Gefühlen der Einsamkeit und in finanziellen Nachteilen.

Frauen betonen dabei die positiven Konsequenzen sehr viel stärker als die Männer, was auch erklärt, daß knapp zwei Drittel aller Scheidungen von Frauen eingereicht werden. Außerdem scheinen *Männer* häufiger unter Einsamkeit zu leiden als Frauen. Das sollte zu einem besonderen Beratungsangebot für diese Gruppe führen, obwohl Männer noch immer sehr viel seltener eine Beratungsstelle aufsuchen als Frauen.

Für die Trennungsphase lassen sich sowohl aus den Barrieren als auch aus der genannten depressiven Phase Beratungsbedürfnisse ableiten. Darauf abgestellte Maßnahmen sollen als Prophylaxe dazu dienen, daß die Probleme bei Geschiedenen nicht zu massiven Beeinträchtigungen im psychischen und somatischen Bereich führen (Bojanovsky 1983). Ganz generell stellen die Geschiedenen eine Risikogruppe dar mit erhöhten Selbstmordraten, erhöhter psychiatrischer und anderer Erkrankung sowie einer kürzeren Lebenserwartung. Die Interpretation einer solchen Aussage ist dabei sicherlich nicht eindeutig, aber trotzdem ist zu erwarten, daß eine gezielte Beratung helfen kann, diese Belastungen besser zu verarbeiten und so die erwähnten negativen Auswirkungen zu reduzieren.

Bei den angedeuteten Auswirkungen handelt es sich natürlich nur um die „Spitze des Eisberges", die sich in solchen globalen Statistiken niederschlägt. Normalerweise sind die Auswirkungen sehr viel weniger dramatisch, aber nichtsdestoweniger belastend für die Betroffenen. Ganz allgemein kann man von vier Problemkreisen ausgehen: dem einzelnen Erwachsenen, den familiären Beziehungen, dem sozialen Umfeld und der Situation für die Kinder.

Bei einer Trennung und Scheidung treten nicht selten Gefühle des Versagens auf und es entsteht ein Gefühl der Schuld gegenüber der Familie, wie es in den ethisch-moralischen Barrieren oben erwähnt worden ist. Man hat sich also über diese Barriere hinweggesetzt, was auch aus Identitätsproblemen verarbeitet werden muß, denn man hat sich anders verhalten, als man es von sich erwartet hat.

Dieses sind vorwiegend Probleme, vor die sich derjenige gestellt sieht, der die Trennung betrieben hat, also häufig die Frauen. Gleichzeitig ist zu erwar-

10

ten, daß die Verlassenen unter Minderwertigkeitsgefühlen und Verletzungen leiden, die häufig über einen Rechtsstreit ausgetragen werden.

Durch diese Leidenszustände werden dann auch psychosomatische Störungen hervorgerufen, wie z. B. Appetitlosigkeit, Schlafstörungen und Kopfschmerzen. Ebenfalls kommt es verstärkt zu Medikamenten- und Alkoholabusus.

In dieser Trennungszeit treten dann finanzielle Probleme auf, weil der Lebensstandard durch Aufteilung der Ressourcen sinkt.

Auch im Bereich der Erziehung und Betreuung der Kinder sind Regelungen zu finden, die während der Ehe viel leichter zu bewältigen waren. Hier sind meistens die Frauen betroffen. Die Männer dagegen müssen die Organisation des Haushaltes lernen und stellen dabei Probleme fest, die sie bisher nicht kannten. Hier kann neben der Beratung auf psychischem Gebiet auch eine Hilfe in lebenspraktischen Problemen wichtig sein.

Im Rahmen der familiären Beziehungen zu den Herkunftsfamilien und den jeweiligen Schwiegerfamilien mit dem entsprechenden Verwandtenkreis ergeben sich erhebliche Änderungen, indem die vormals normalen Kontakte nicht mehr selbstverständlich sind. An diese Veränderung müssen sich die Partner anpassen, was häufig sehr schwer fällt und zusätzlich zu einer Belastung führt. Natürlich sind häufig auch die Kinder betroffen, deren Kontakt zu den Verwandten nicht mehr ohne zusätzliche Mühen aufrechterhalten werden kann. Nicht selten fühlt sich auch der verlassene Partner verraten, wenn die Schwiegerfamilie einen neuen Partner als Lebensgefährten akzeptiert. Familienfeste und verwandtschaftliche Kontakte bergen dann besondere Probleme und führen zu weiteren Verletzungen.

Neben den Veränderungen im familiären Bereich muß auch eine Reorganisation des sozialen Netzes nach einer Trennung und Scheidung erfolgen. Die Freundesbeziehungen, die man als Paar zu anderen Paaren gehabt hat, zerbrechen nicht selten, weil die Paare in Loyalitätskonflikte gegenüber dem jeweils fehlenden Partner hineingeraten und sich aus den Auseinandersetzungen zwischen den Partnern heraushalten möchten. Damit ist auch die in Krisen wichtige soziale Unterstützung gefährdet.

Schließlich stehen die Kinder dem Scheidungsgeschehen ihrer Eltern völlig hilflos gegenüber. Selten haben die Eltern die psychische Kraft, auf die Probleme ihrer Kinder einzugehen, weil ihre eigene Situation ihre gesamte Energie absorbiert. Das führt zu massiven Belastungen der Kinder, die sich jedoch nicht immer sofort zu erkennen geben. Schulversagen und allgemeines dissoziales Verhalten können die Folge sein, aber natürlich auch Verhaltensweisen, die eher in Ängsten oder Schuldgefühlen sich manifestieren. Gerade wegen der fehlenden Zuwendung durch die Eltern und der Überforderung der Kinder als Partnerersatz etc. bedarf es in dieser Situation eines Beratungsangebotes für Kinder, in dem sie auf ihre Situation eingehen können und so eine gewisse Entlastung erfahren.

Aber nicht nur als Krisenintervention für die Kinder ist ein Beratungsangebot wichtig. Auch für die zukünftige Ausgestaltung der Elternschaft bedarf es häufig einer Beratung der Erwachsenen, die es lernen müssen, weiterhin ihre Elternrolle zu akzeptieren, obwohl ihre Partnerschaft gescheitert ist. Nur wenn der Kontakt zu beiden Eltern in angemessenem Umfang und in einer positiven Form bestehen bleibt, ist zu erwarten, daß die negativen Auswirkungen auf die Kinder gering bleiben (Napp-Peters 1988; Fthenakis 1990; s. a. Pkt. 6.3). Auch in Verbindung mit dieser langfristigen Perspektive ist ein Beratungsangebot wichtig. Das gilt auch mit dem Blick, daß sich Störungen der Kinder auf die nachfolgende Generation auswirken können.

Aus dieser kurzen Skizze des kritischen Lebensereignisses Trennung und Scheidung, das aber natürlich gleichzeitig für viele einen positiven Neuanfang beinhaltet, wird der Bedarf an Beratung in dieser Zeit deutlich. Durch Beratungsangebote muß verhindert werden, daß diese Krisensituation zu überdauernden Beeinträchtigungen führt, und die positiven Erwartungen mit der veränderten Situation müssen unterstützt werden. Das Bedürfnis zur Krisenbewältigung ist ganz offensichtlich durch die Neuregelung des Kinder- und Jugendhilfegesetzes vom Gesetzgeber anerkannt worden. Trotzdem bleibt für die Veränderung beim Scheidungsrecht noch vieles zu tun, um nicht die guten Absichten beim KJHG zu unterlaufen. Dieses ein wenig zu beleuchten, ist die Aufgabe des folgenden Kapitels.

3. Die juristischen Rahmenbedingungen der Scheidung im Spiegel der Psychologie

Nach Limbach (1988) spiegelt geltendes Recht weder die soziale Realität wider, noch verändert ein geändertes Recht die soziale Realität. Jedoch kann die soziale Realität über Rechtspflege und Rechtspraxis zu einer Überprüfung und Veränderung der geltenden Rechtsnormen führen.

Inwieweit finden die Bestimmungen und Ansprüche des 1976 reformierten Scheidungsrechts im Alltag der betroffenen „Scheidungsfamilien" ihre Umsetzung? Welche Auswirkungen haben gesetzliche Bestimmungen wie z. B. das „Trennungsjahr" oder die Vorschriften zur Regelung des elterlichen Sorgerechts? Wird der psychische Verlauf der Scheidung durch den vom Gesetz zwingend vorgeschriebenen Verfahrensweg determiniert? Wie sind die Bestimmungen zur Regelung der Scheidungsfolgen in ihrer Bedeutung im Zusammenhang mit anderen Gesetzen zu sehen? Welche Hilfe ist den Betroffenen durch die beteiligten Professionen gegeben?

Nach einer Darstellung der Entwicklung des Familienrechts, die wesentlich auch psychologische Annahmen des jeweiligen Gesetzgebers widerspiegeln, soll diesen Fragen im folgenden Kapitel nachgegangen werden.

3.1. Die Entwicklung des Familienrechts

In diesem Kapitel wird retrospektiv die Entwicklung des Familienrechts und die der jeweiligen Gesetzgebung entsprechenden Sichtweise des Systems „Familie" dargestellt. Erkennbar wird der Umfang, in dem der Staat sein Wächteramt wahrnahm bzw. wahrnimmt, wie das Recht die Beziehungen der Familienmitglieder untereinander in der Ehe und nach ihrer Auflösung bestimmte und regelte und in welchem Umfang dies für die Gegenwart gilt.

3.1.1. Das kanonische Recht

Die Wurzeln unseres heute in der Bundesrepublik Deutschland geltenden staatlichen Familienrechts sind fest im Boden der kirchlichen Rechtsetzungs- und Rechtsprechungsgewalt des 10./12. Jahrhunderts verankert. Papst Alexander III. begründete im 12. Jahrhundert die Unauflöslichkeitsdoktrin und Zwecklehre der katholischen Ehe.

Der Akt der Eheschließung selbst beruhte zu der Zeit allerdings noch einzig auf der Übereinstimmung der Ehewilligen. Dies änderte sich erst mit dem „Konzil von Trient" im Jahre 1563, auf dem die Auffassung von der Ehe als heiligem Sakrament die Norm, ihre Unauflöslichkeit und ihr Zweck als Reproduktionsgemeinschaft zur verbindlichen Lehre der katholischen Kirche erklärt wurde. Jetzt bedurfte die Eheschließung der ausdrücklichen Willenserklärung der beiden Partner vor dem Pfarrer und mindestens zweier Zeugen. Damit wurde die kirchliche Trauung obligatorisch.

Seit die Ehe als heiliges Sakrament galt, konnte ihre Auflösung nur als Aufhebung der ehelichen Lebensgemeinschaft erfolgen. Eine Wiederverheiratung wurde für den Katholiken erst möglich nach der Annullierung der Ehe durch die Kirche.

Die protestantische Kirche übernahm zwar nicht die Auffasung von der Ehe als heiligem Sakrament, jedoch ging auch sie in ihrer Lehre fortan von der kirchlichen Trauung als einziger verbindlicher Form der Eheschließung und von der grundsätzlichen Unauflöslichkeit der christlichen Ehe aus.

Auf eben dieser Unauflösbarkeitsdoktrin basierten sowohl die ersten Ehegesetze der Anfänge des organisierten und verwalteten Staatswesens im 19. Jahrhundert, als auch unser heutiges Familienrecht. Der § 1353 des Bürgerlichen Gesetzbuches (BGB) besagt: „Die Ehe wird auf Lebenszeit geschlossen."

Für gesetzliche Bestimmungen zur Auflösung einer Ehe bedeutet dieses, daß ihre Funktion darin besteht, Abweichungen von der sozialen Norm zu regeln. Daß dieses „Ich-bin-anders-Gefühl" sowohl bei den von Scheidung betroffenen Erwachsenen als auch bei den Kindern in Scheidungsfamilien immer wieder aktualisiert wird, zeigt bereits, welche Bedeutung die gesetzlichen Bestimmungen für das individuelle Erleben und Bewältigen der Scheidungssituation haben können. Geschiedene und deren Kinder empfinden sich häufig als am Rand der Gesellschaft stehend.

Betrachtet man die Regelung der Folgen einer Scheidung, lassen die dafür geltenden gesetzlichen Vorschriften z. B. im Steuerrecht oder Sozialhilferecht den Verdacht aufkommen, daß mit ihnen die Scheidung auch heute noch von Staats wegen geahndet wird (s. Pkt. 3.2.1.3.). Zumindest werden subjektiv und objektiv Barrieren aufgebaut, durch die eine Scheidung wegen materieller Probleme erschwert wird (Nave-Herz et al. 1990).

3.1.2. Das Allgemeine Preußische Landrecht von 1794

Die Zurückdrängung der kirchlichen Macht im Staat hatte zur Folge, daß sich für das Deutsche Reich, von Preußen ausgehend, ein staatliches Ehe- und Familienrecht entwickelte.

Bis zum Inkrafttreten des bis heute geltenden Bürgerlichen Gesetzbuches am 1.1.1900 galt das Preußische Allgemeine Landrecht (ALR) vom 1.6.1794 in den preußischen Staaten.

Es enthielt kein in sich geschlossenes Familienrecht. Das Ehe-, Familien- und Gesinderecht fand sich unter den Regelungen für Verbände und Vereinigungen. Geregelt wurde die väterliche Gewalt und das Verhältnis der Familienmitglieder zueinander. In diesen Regelungen der Beziehungen zwischen Mann und Frau, Eltern und Kindern sowie in den Regelungen des Verhältnisses Herrschaft/Gesinde wurde die hierarchische Struktur des „Hauses" (Kühne 1985) reproduziert.

Das „Haus" bildete eine zusammenlebende, wirtschaftlich autarke Gemeinschaft, getragen von der lohnlosen Zusammenarbeit aller Familienmitglieder und nicht-verwandter Arbeitskräfte.

Das Zusammenleben und die wirtschaftliche Abhängigkeit innerhalb des „Hauses" beinhaltete den Schutz und die Erziehung der Jüngeren, sowie die Versorgung der alten und kranken Mitglieder.

Auch im ALR kannte man zunächst nur die religiöse Eheschließung. Im Jahre 1874 wurde jedoch mit dem Personenstandsgesetz (PStG) die Zwangszivilehe in Preußen eingeführt. Diese wurde mit Wirkung vom 1.1.1876 im Reichsgesetz über die Beurkundung des Personenstandes und die Eheschließung (RGBl) für das Deutsche Reich übernommen.

Die Ehe galt jetzt als zivilrechtlicher Vertrag und war nur rechtsgültig, wenn sie vor einem Standesbeamten geschlossen worden war und dieser die beiden Heiratswilligen mit seinem Spruch als rechtmäßig verbundene Eheleute erklärt hatte (§§ 41, 52 PStG). Gleichzeitig mit Einführung der Zivilehe erfolgte das gesetzliche Verbot der kirchlichen Voraustrauung (§ 67 PStG).

Das Hauptziel dieses „traditionellen Ehemodells" (Roussel 1980) im ALR war es, das Überleben des „Hauses" zu sichern. Dafür stellte ihre grundsätzliche Unauflöslichkeit eine unentbehrliche Bedingung dar.

Motive zur Eheschließung waren im Wesentlichen finanzieller und familienpolitischer Natur. Das ALR beinhaltete eine politische Heiratskontrolle, die verhindern sollte, daß zwischen den verschiedenen Ständen geheiratet wurde. Eine familiäre Heiratskontrolle war dadurch etabliert, daß auch volljährige Söhne immer die Erlaubnis des Vaters (bzw. der Mutter, des Vormundes etc.) zur Heirat benötigten. Die Heirat war ein sorgfältig ausgehandelter Vertrag zwischen den Herkunftsfamilien beider Partner. Die Partnerwahl erfolgte danach, ob diese Verbindung ein reibungsloses Funktionieren des „Hauses" garantierte und somit zur Stabilisierung der wirtschaftlichen und finanziellen Situation beitragen konnte. So sollte eine stabile Ausgangslage für die Reproduktion der Familie geschaffen und der Nachkommenschaft eine sichere Existenz geboten werden.

Die Rollenverteilung von Mann und Frau war im ALR derart geregelt, daß der Mann in Ehe und Familie eine unkontrollierte Machtposition innehatte. Die Frau unterlag in allem der Autorität des Mannes. Erst ein im Jahre 1812 in den Gesetzestext aufgenommener Passus hatte es dem Mann verboten, die Frau körperlich zu züchtigen.

Für eine Scheidung galten Vorschriften und Regelungen, die ihren Ursprung in gesellschaftspolitischen, religiösen und psychologischen Anschauungen hatten. Grundsätzlich hatte die allgemeine Ordnung Vorrang vor den individuellen Gefühlen des Einzelnen.

Weil die eheliche Lebensgemeinschaft als sachliche Partnerbeziehung zur Sicherung der Funktionalität des „Hauses" gesehen wurde, war das Bindeglied zwischen beiden Partnern vor allem deren gemeinschaftliche Arbeit in der Produktionsgemeinschaft und nicht etwa eine emotionale Beziehung. Ebensowenig wie eine affektive Bindung Grundlage der Ehe war, konnte dann eine affektive Entzweiung den Grund für die Aufhebung der Ehe darstellen. Persönliche Konflikte zwischen den Partnern spielten demzufolge erst dann eine Rolle, wenn das System „Haus" dadurch dysfunktional zu werden drohte.

Geschieden wurde die Ehe im ALR nach dem Verschuldensprinzip. Grund für eine Auflösung der Ehe war dann gegeben, wenn z. B. ein körperliches Gebrechen der Zielsetzung der ehelichen Gemeinschaft entgegenstand. Andere Voraussetzungen für eine Scheidung waren, neben Ehebruch und Verlassen des Partners, Krankheiten wie „Raserei" und „Wahnsinn" sowie Angriffe auf Leben, Körper, Ehre und Freiheit. Im Gegensatz zum späteren Scheidungsrecht des Bürgerlichen Gesetzbuches wurden die Rahmenbedingungen der Scheidung im ALR so gehandhabt, daß eine Scheidung relativ leicht möglich wurde. So konnte die Ehe durchaus nach dem Willen eines Partners wegen unüberwindlicher Abneigung gegenüber dem anderen Partner geschieden werden, denn dadurch war der Sinn der Ehe, die Sicherung der Nachkommenschaft, gefährdet. Eine weitere Möglichkeit war die Scheidung in beiderseitigem Einvernehmen.

Diese Scheidungsvoraussetzungen verdeutlichen zweierlei:

Zum einen wiederum die Sicht der ehelichen Lebensgemeinschaft als reine Zweckgemeinschaft und – neben der Beachtung der Bedürfnisse des „Hauses" – die Berücksichtigung gesellschafts- und bevölkerungspolitischer Interessen. Es wurde davon ausgegangen, daß im Falle einer Scheidung nach dem Willen eines der Partner, oder beider, sich die Wahrscheinlichkeit der Wiederverheiratung und damit die Wahrscheinlichkeit der Erzeugung weiterer Nachkommen erhöhte, wenn die Auflösung der ersten Ehe relativ leicht erreicht werden konnte. Darüber sollte es dann zu einem Anstieg des Bevölkerungswachstums kommen.

Immer gehen in der Rechtsprechung Annahmen über psychische Prozesse und daraus abgeleitete Vorschriften Hand in Hand.

3.1.3. Das Bürgerliche Gesetzbuch von 1900

Am 1.1.1900 trat das Bürgerliche Gesetzbuch (BGB) inkraft, das sich in fünf Bücher aufteilt. Das IV. Buch beinhaltet das Familienrecht. Es regelt die persönlichen und vermögensrechtlichen Beziehungen zwischen den Ehe-

16

partnern, Eltern, Kindern und Verwandten sowie das Vormundschafts- und Pflegschaftsrecht.

Die Familie unterliegt seit Beginn des 20. Jahrhunderts einem fortschreitenden Funktionswandel. Mit der industriellen Revolution kam es zu einem ersten Funktionsverlust der Familie: Der Übergang von der Produktionsgemeinschaft zur bürgerlichen Kleinfamilie.

Eine Folge dieses Funktionsverlustes war die „Emotionalisierung des Familienlebens" (Schmidt 1988, S. 22). An die Stelle der bisherigen Ziele der Ehe „Überleben" und „Reproduktion" trat die Idee vom individuellen Glück. Jetzt heiratete man, um miteinander glücklich zu sein. Die Gefühle der Partner füreinander wurden wichtiger als ökonomische und finanzielle Interessen der Herkunftsfamilien. Einziges Heiratsmotiv und Bindeglied zwischen den Eheleuten wurde fortan deren gefühlsmäßige Beziehung. Die Ehe als Institution bildete jetzt den Rahmen einer affektiven Solidargemeinschaft.

Die politischen Zustände und die vorherrschende wirtschaftliche Not zu der Zeit förderten den Aufbruch in die Romantik: Das Streben nach Harmonie sollte durch Glück in Ehe und Familie realisiert werden. Diese Emotionalisierung der Ehe und Familie läßt sich mit der gleichzeitigen Entwicklung der Ideale der romantischen Liebe für die Partnerwahl, des trauten Heims als Nest, der Gattenliebe als dauerhafte Liebe, und nicht zuletzt am Ideal der Elternliebe als liebevolle Fürsorge der Eltern für die Kinder, belegen (ebd.).

Dieser Privatisierung der ehelichen Lebensgemeinschaft folgte auch die Gesetzgebung des BGB. Ehe und Familie wurden nun als natürliche und sittliche Lebensgemeinschaft gesehen, die keinem bestimmtem Zweck mehr diente, sondern sich selbst Zweck genug war. Damit verzichtete das BGB darauf, spezielle Rechte und Pflichten der Ehepartner explizit hervorzuheben und deren Verhalten zu reglementieren. Die Rollenverteilungen entsprachen jedoch zunächst noch denen im ALR: Der Mann trifft die Entscheidungen, die Frau führt das „Haus". Somit waren die Grundpfeiler des traditionellen Ehemodells „strenges Patriarchat" und „Hausfrauenehe" in der Gesetzgebung weiter federführend.

Die Ausübung der elterlichen Gewalt wurde auf minderjährige Kinder beschränkt. Das BGB verzichtete auch hier auf eine Reglementierung der Eltern – Kind – Beziehung; vielmehr postulierte es eine Personensorge, die sich auf die Erziehung und Beaufsichtigung, die Aufenthaltsbestimmung und die Anwendung „angemessener Zuchtmittel" bezog.

Die Bestimmungen zur Auflösung der Ehe im Ausnahmefall wurden im Unterschied zum ALR im Scheidungsrecht des BGB sehr restriktiv gehandhabt. Analog der jetzigen Bedeutung der ehelichen und familiären Gemeinschaft als intimes, privates Beziehungsgefüge, das auf individuellen Gefühlen zwischen zwei Menschen basiert, wurde auch ihre Auflösung als private Angelegenheit gesehen und bewertet. Für die von einer Scheidung betroffenen Paare hatte dies zur Folge, daß die Ehescheidung ab jetzt als persönliches Versagen und emotionales Trauma erlebt wurde (vgl. Roussel 1980).

Die Scheidung wurde zu einem beschämenden Ereignis, mit dem sich das Paar außerhalb der gesellschaftlichen Ordnung stellte. Geschiedene unterlagen der gesellschaftlichen Ächtung.

Die dadurch hervorgerufene persönliche Krise des Einzelnen wurde weiter dadurch verstärkt, daß bei der Scheidung nach dem Verschuldensprinzip der Scheidungsspruch als Schuldspruch im Sinne einer „Verurteilung" eines Schuldigen gesehen werden konnte.

Die „elterliche Gewalt" für gemeinsame Kinder wurde infolge des patriarchalischen Familienmodells bis über die Anfänge des 20. Jahrhunderts hinaus in der Regel dem Vater(!) zugesprochen (s. Pkt. 3.3.2.1).

Der Nationalsozialismus nutzte das Eherecht, um darin seine völkischen und rassistischen Ideen festzuschreiben. Zweck der Ehe war jetzt vor allem anderen die Erhaltung und Vermehrung der Art und Rasse. Die wesentlichen Änderungen in den Scheidungsbestimmungen bestanden demzufolge in der Aufnahme von weiteren Scheidungsgründen in das Ehegesetz von 1938 (EheG 38). Die Ehe konnte danach im Falle einer Geistes- und anderen, z. B. ansteckenden, Krankheit oder auch der Unfruchtbarkeit eines der Partner geschieden werden. Aber auch die Verweigerung des Beischlafs zum Zwecke der Fortpflanzung sowie die Aufhebung der häuslichen Lebensgemeinschaft über drei Jahre hinaus waren in jedem Fall anerkannte Scheidungsgründe.

Dieses Ehegesetz wurde durch das Kontrollratsgesetz Nr. 16 vom 20.2.1946 (KRG) durch u. a. Herausnahme der typischen nationalsozialistischen Bestimmungen revidiert.

3.1.4. Das Familienrecht der Bundesrepublik Deutschland nach 1949

Das Familienrecht des BGB wurde in der Bundesrepublik Deutschland (BRD) in drei großen Etappen weiter erneuert.

Den Auftakt zu diesen Reformen bildete dabei das Grundgesetz der BRD, das entscheidende Regelungen über Ehe und Familie enthält, insbesondere das Gleichbehandlungsgebot von Frauen und Männern (Art. 3, Abs. 2) und den staatlichen Schutz für Ehe und Familie (Art. 6).

Die darauf aufbauenden Reformbewegungen des Familienrechts der nachfolgenden Jahre lassen im wesentlichen 3 Merkmale erkennen:

– Die fortschreitende Tendenz des Gesetzgebers, sich aus dem Bereich Ehe und Familie herauszuziehen.
– Das Bestreben, Frauen und Männer gleichzustellen, sowie den wirtschaftlich und sozial schwächeren Partner, in der Regel die nicht erwerbstätige Hausfrau, zu schützen.
– Das Ersetzen des Schuldprinzips durch das Zerrüttungsprinzip im Falle der Ehescheidung.

Den bisherigen Höhepunkt der Reformbewegung im Familienrecht der BRD bildete das 1. Eherechtsreformgesetz vom 14.6.1976 (1.Ehe RG).

3.1.4.1. Das Eherecht nach 1976

Nach dem 2. Weltkrieg und hier insbesondere in den 60er Jahren entwickelten sich durch die Veränderung sozialer und wirtschaftlicher Strukturen, der gesellschaftlichen Erwartungen und der individuellen Wünsche neue und unterschiedliche Formen des Zusammenlebens als Paar oder Familie. Da das geltende Recht diesem Wandel hinterherhinkte, mußte es dieser neuen sozialen Realität angepaßt werden.

Mit dem 1. Eherechtsreformgesetz von 1976 wurde Abschied vom Leitbild der Hausfrauenehe genommen. Gleichzeitig verzichtete es überhaupt auf die Vorgabe eines Ehe- oder Familienmodells und eine nach Bereichen geteilte Rollenzuschreibung für die Frau oder den Mann in der Ehe.

Die jetzt gleichberechtigten und gleichverpflichteten Ehepartner sollten von nun an ihre Aufgaben partnerschaftlich und in gegenseitigem Einvernehmen regeln.

„Das Charakteristikum des neuen Rechts ist die Offenheit für jede einverständlich getroffene Organisation des Familienlebens" (Limbach 1988, S.18).

3.1.4.2. Das Scheidungsrecht nach 1976

Der bereits erwähnte Rückzug des Staates aus den Bereichen Ehe und Familie bedeutete gleichzeitig den Respekt vor der Autonomie von Ehe und Familie. Diesem Anspruch wollte der Gesetzgeber auch mit dem seit 1977 geltenden Scheidungsrecht entsprechen. Das neue Scheidungsrecht sollte es den Ehegatten möglich machen, mit weniger Bitterkeit und mehr Fairneß auseinanderzugehen.

Den entscheidenden Baustein dieses Scheidungsrechts bildete dabei der Übergang vom Schuld- zum Zerrüttungsprinzip. In Zukunft sollte von Seiten des Rechts auf die Suche nach der Schuld einer der beiden Partner für das Scheitern der Ehe verzichtet werden. Das Gericht sollte sich auf die Feststellung des Scheiterns der Ehe beschränken und die Scheidung aussprechen. Einziges Kriterium für das Scheitern der Ehe ist seitdem die Zerrüttung. Maßstab hierfür ist eine nachzuweisende Zeit des Getrenntlebens der Partner.

Solche allgemeinen Maßstäbe stellen natürlich den Versuch dar, psychologische Grundlagen in ein juristisches Denkmodell mit objektiv meßbaren Kriterien zu pressen, wobei dann auch gleichzeitig für alle Paare dieselben Bedingungen zu gelten haben. An diesen Stellen wird besonders der Widerspruch zwischen juristischem und psychologischem Denkmodell deutlich. Das psychologische Kriterium der Zerrüttung einer Ehe wird in ein einfach objektivierbares im juristischen Verfahren transformiert, letztlich ohne sachliche Begründung.

Aus der Ablösung des Schuldprinzips durch das Zerrüttungsprinzip ergaben sich dann folgerichtig neue Bestimmungen für die Regelung der Scheidungsfolgen, die bis dahin in Abhängigkeit von der Scheidungsschuld geregelt wurden. Geändert oder neu eingeführt wurden folgende Bestimmungen:

Für den *Ehegattenunterhalt* gilt der Grundsatz: Nach Auflösung der Ehe liegt die Sicherung des Lebensunterhaltes in der Eigenverantwortung jedes der beiden ehemaligen Partner. Unterhaltsansprüche der beiden gegeneinander hängen nun zum einen von der Bedürftigkeit des einen und zum anderen von der Zahlungsfähigkeit des anderen Partners ab. Im Einzelfall können Ansprüche bei fehlender bzw. unzumutbarer eigener Erwerbstätigkeit u. a. wegen Kindererziehung, Alter/Krankheit, Arbeitslosigkeit, Ausbildung oder aus Billigkeitsgründen geltend gemacht werden.

Daß dieses Geltendmachen von Unterhaltsansprüchen häufig durch Motive gefördert wird, die wesentlich auf psychische Prozesse, wie Enttäuschung und Verletzung, zurückzuführen sind, ist aus der Praxis hinlänglich bekannt. Der Streit um den Unterhalt ist eine im juristischen Verfahren wesentliche Form der Auseinandersetzung. Sie ist aber eben häufig psychischen Ursprungs und hat nur bedingt mit den vom Gesetzgeber vorgesehenen Gründen zu tun. Das Ergebnis ist dann für alle Betroffenen schädlich, selbst für den vermeintlichen Gewinner, weil dann Unterhaltszahlungen z. B. jeweils verspätet, mit großem Kampf oder sonstigen „Racheakten" versehen vorgenommen werden. Die psychischen Kosten sind enorm, insbesondere auch im Hinblick auf die Kinder, die unter den Aggressionen der Eltern zu leiden haben.

Entscheidungskriterium für die Zuteilung der *elterlichen Sorge* für gemeinsame Kinder ist das „Kindeswohl". Zur Bestimmung dieses Kindeswohls sollen die Bindungen des Kindes an beide Elternteile und Geschwister berücksichtigt werden, sein eigener Wille (zwingend ab dem 14. Lebensjahr) und die Kontinuität seiner alltäglichen Lebensumstände. In der Regel soll der Familienrichter bei der Frage, welcher Elternteil die elterliche Sorge für ein gemeinschaftliches Kind wahrnehmen soll, von einem gemeinsamen Vorschlag der Eltern nur abweichen, wenn es das Kindeswohl erfordert (s. Pkt. 3.3.2.2.). Außerdem muß das Familiengericht grundsätzlich eine Stellungnahme des zuständigen Jugendamtes einholen (s. Pkt. 3.4.3.). Ist auf diesem Wege keine Entscheidung möglich, kann der Familienrichter das Gutachten eines psychologischen Sachverständigen (s. Pkt. 3.4.4.) anfordern.

Den Vermögenserwerb während der Ehe regelt der *Zugewinnausgleich*. Im Gleichberechtigungsgesetz von 1958 ist der gesetzliche Güterstand der Ehe als Zugewinngemeinschaft festgeschrieben. Dies bedeutet: Gütertrennung mit Ausgleich des Zugewinns bei Beendigung der Ehe, wenn nicht vorher grundsätzliche Gütertrennung zwischen den Eheleuten vereinbart wurde. Was von den Erwachsenen als gerecht betrachtet wird, ist auch nur bedingt juristisch festzulegen. Als ungerecht empfundene Lösungen erzeugen wiederum erhebliche psychische „Kosten".

Durch die Einführung des *Versorgungsausgleichs* stellte der Gesetzgeber die Gleichwertigkeit von Haus- und Erwerbsarbeit her: Während der Ehe von Partnern unterschiedlich erworbene Rentenanwartschaften werden gegeneinander ausgeglichen.

Auch in diesem Zusammenhang sind eigenverantwortliche Lösungen zu erarbeiten und nicht einfache Standardentscheidungen zu treffen.

3.1.4.2.1. Das Unterhaltsänderungsgesetz vom 1.4.1986

Das reformierte Scheidungsrecht enthielt Bestimmungen für das Versagen von Unterhaltsansprüchen. Gründe dafür konnten sein:

- Dauer der Ehe unter 3 Jahre,
- ein Verbrechen oder eine vorsätzliches Vergehen des Anspruchsberechtigten gegen den Verpflichteten oder einer seiner Angehörigen sowie
- das mutwillige Herbeiführen der Bedürftigkeit.

Der Unterhalt konnte nicht gekürzt werden, wenn der Unterhaltsfordernde Ehegatte gemeinsame minderjährige Kinder betreute und deshalb unterhaltsbedürftig war.

Dieses Recht war in der Folgezeit heftiger Kritik vor allem betroffener Männer unterworfen. Weder in der Öffentlichkeit noch in Lehre und Rechtsprechung fand das von der Schuldfrage losgelöste Unterhaltsrecht ausreichende Zustimmung. Insbesondere abgeforderte Entscheidungen des Bundesverfassungsgerichtes und eine starke Protestbewegung unterhaltsverpflichteter Elternteile (überwiegend Väter) und „Scheidungsgeschädigter" veranlaßten den Gesetzgeber, die Interpretation dieser „negativen Härteklausel" (§ 1579 BGB) weiter zu präzisieren.

Seit dem 1.4.1986 kann ein Unterhaltsanspruch versagt, vermindert oder zeitlich begrenzt werden, wenn die Inanspruchnahme eine grobe Unbilligkeit darstellt und für den Unterhaltspflichtigen eine nicht zumutbare Härte bedeutet, und zwar auch, wenn gemeinsame Kinder den betreuenden Ehegatten an einer Erwerbstätigkeit hindern.

Zur Präzisierung des Tatbestandes „grobe Unbilligkeit" hat der Gesetzgeber 7 Fallgruppen entwickelt. Die Beispiele reichen vom Fall der kurzen Ehedauer über ein Verbrechen oder ein vorsätzliches Vergehen gegen den Verpflichteten oder einen seiner Angehörigen und die Verletzung seiner Vermögensinteressen bis hin zum schwerwiegenden Fehlverhalten während der Ehe bzw. solange die Ehe (noch) besteht.

Diese Möglichkeiten der Interpretation der „negativen Härteklausel" und hier insbesondere die Fallgruppe „Fehlverhalten" kann seitdem als die Hintertür betrachtet werden, durch die das Schuldprinzip als Entscheidungskriterium wieder eingeführt wurde; in Öffentlichkeit und Rechtsprechung heftig umstritten. In diesem Zusammenhang wird wiederum deutlich, daß sich das psychologische und das juristische Denkmodell nicht ohne ein inneres Spannungsverhältnis gemeinsam anwenden lassen. Die Objektivierbarkeit von Verletzungen ist nicht ohne Bruch möglich.

3.1.4.2.2. Gesetzesänderung zur Regelung der elterlichen Sorge

Im Fall der Scheidung war die elterliche Sorge für gemeinsame Kinder nach § 1671 Absatz 4 Satz 1 BGB einem Elternteil allein zu übertragen. Die bis zum 1.1.1980 vorhandene Möglichkeit des gemeinsamen Sorgerechts sollte entfallen. Dies führte zu heftigen und kontroversen Diskussionen, sowohl bei betroffenen Eltern als auch unter Fachleuten, so daß schließlich das Bundesverfassungssgericht zur Entscheidung über diese Frage angerufen wurde. Dieses entschied im November 1982, daß § 1671 Abs. 4 Satz 1 BGB mit Artikel 6 Absatz 2, Satz 1 des Grundgesetzes der BRD unvereinbar und damit nichtig sei (s. Pkt. 3.3.2.).

Damit besteht heute wieder die Möglichkeit des gemeinsamen Sorgerechts für Eltern nach einer Scheidun. Auch diese Änderung ist seitdem heftigen Kontroversen ausgesetzt. Während das Bundesverfassungsgericht entschied, daß die gemeinsame elterliche Sorge in Ausnahmefällen möglich sein könne, traf das OLG Bamberg mittlerweile eine Entscheidung, die besagt, daß das gemeinsame Sorgerecht nach Scheidung der Eltern in der Regel die dem Kindeswohl am besten dienende Regelung ist („Der Amtsvormund" 1988, S. 448f). Das OLG Bamberg ging noch einen Schritt weiter und beschrieb es als Aufgabe des Familiengerichts „den Abbau von Streitpotential zu versuchen und den Eltern den Gedanken an gemeinsame elterliche Sorge nahezulegen". (FamRZ 1988, Heft 7, S. 752). Man sollte aber nicht nur ein gemeinsames Sorgerecht nahelegen, sondern die Eltern auch befähigen, dieses angemessen auszuüben.

3.2. Die psychologische Seite der Gesetzgebung

Trennungen und Scheidungen als nicht-normative Krisenereignisse leiten regelmäßig einen Wandlungs- und Entwicklungsprozeß in der Familie ein, der durch eine Destabilisierungs-, eine Bewältigungs- und eine Restabilisierungsphase gekennzeichnet werden kann (Fthenakis 1986, S.177).

Daß eine Trennung und Scheidung und deren Folgen in ihrer Bedeutung als kritisches Lebensereignis ein hohes Risiko für die psychische Gesundheit sowohl für die Erwachsenen als auch für die Kinder in sich tragen kann, wird mit überwiegend übereinstimmenden Ergebnissen in vielen Untersuchungen der Defizitforschung beschrieben (s. Kap. 2).

Erhaltung der psychischen Gesundheit als Ziel verschiedener Angebote in der Trennungs- und Scheidungsberatung heißt an dieser Stelle die Sicherung der Identität beider Partner und der Kinder in jeder Position durch Abklärung der Bewältigungsstrategien.

Die individuelle Identität des Menschen wird von fünf Säulen getragen. Jede einzelne von ihnen ist unabdingbar für die Entwicklung und Aufrechterhaltung der Identität, da sie voneinander abhängig sind und sich wechselseitig beeinflussen.

Diese fünf Bereiche der menschlichen Identität sind:

– der Körper in seiner Ganzheitlichkeit, über den der Mensch sich und seine Umwelt wahrnimmt und erlebt,
– das soziale Netzwerk, in das der Mensch eingebunden ist, Halt und Anerkennung findet,
– die Arbeit und Leistung, über die der Mensch sich selbst verwirklicht und darstellt,
– die materielle Sicherheit, über die der Mensch seine Existenz absichert und seine soziale Stellung markiert,
– die Werte, zu denen sich der Mensch bekennt, die er mit anderen teilt, so daß er sich darüber mit der Gemeinschaft verbunden fühlt. Da Werte sich nur sehr langsam verändern, stellen sie einen entscheidenden Bereich der Identität dar.

Die Ehescheidung und die Regelung ihrer Folgen bedroht jede einzelne Säule der menschlichen Identität (s. Kap. 2). Schützt der rechtliche Rahmen, in den die Scheidung eingebunden ist, die Identität oder stellt er eine zusätzliche Belastung für die Betroffenen dar?

3.2.1. Das juristische und psychologische Denkmodell

Das juristische Denkmodell als Möglichkeit zur Konfliktlösung spiegelt sich im juristischen Scheidungsverfahren wider.

In bestehenden, auf Dauer angelegten intimen Familienbeziehungen wird das Recht erst dann zur Konfliktregelung herangezogen, wenn die herkömmlichen Mechanismen der Streitregelung versagt haben. Das Anrufen der Gerichte bedeutet in der Regel das Ende der sozialen Beziehung. Dem Ziel der Restituierung einer sozialen Dauerbeziehung steht ein strukturell auf einen Zwei-Parteien-Streit angelegtes Verfahren gegenüber (Rabaa 1982).

Für die Konfliktpartner im Scheidungsverfahren besteht zur Durchführung der Ehescheidung und der Regelung der Scheidungsfolgen ein staatlicher Zwang, eine dritte Person, den Familienrichter, anzurufen (Falke u. Gessner 1982).

Ziel des traditionellen gerichtlichen Verfahrens ist nicht die Herstellung eines Konsensus, sondern eine einmalige Entscheidungsfindung innerhalb dieser Triade über Anwendung „allgemein verbindlicher Normen auf der Basis vergangenheitsorientierten Denkens und mittels der Feststellung von Fakten in der Vergangenheit" (ebd.). Das Verfahren wird von einem „subjektivistischen Konfliktverständnis" (Röhl 1982) bestimmt, das, bezogen auf die Ehescheidung und Scheidungsfolgen, lediglich den Sachkonflikt verhandelt (Symbolstreit) und den darunter liegenden Beziehungskonflikt (Metakonflikt) nicht wahrnehmen kann. Für die Justiz ist der Konflikt gelöst, wenn der verhandelte Sachstreit beendet ist.

Mit dieser Verrechtlichung des Ehekonflikts (Rottleuthner 1982) wird der

Versuch unternommen, die Regelung und Bewältigung der Scheidung und ihrer Folgen auf die Verhandlung einfacher, objektivierbarer Sachverhalte zu reduzieren und über eine einmalige statische Sachentscheidung zu lösen. Dabei wird übersehen, daß so lediglich verbindliche Verhältnisse zwischen den ehemaligen Partnern geschaffen werden. Der dem Scheitern der Ehe zugrundeliegende Paarkonflikt bleibt davon unberührt. Aufgrund fehlender Auseinandersetzung mit dem Paarkonflikt wird dieser durch die verhandelten Sachstreitigkeiten psychisch immer wieder mit den dazugehörenden negativen Gefühlen reaktiviert und als so bedrohlich für die Identität erlebt, daß es fortwährend zur Mobilisierung destruktiver Verhaltenskontingenzen im Sinne von Angriff und Verteidigung kommt und sich schlechtestenfalls in immer neuen Regelungsstreitigkeiten vor Gericht manifestiert.

Dieser Mobilisierung destruktiven Konfliktlösungsverhaltens bietet das derzeitige, strukturell auf strittige Auseinandersetzung angelegte juristische Verfahren, günstigen Nährboden. Dies gilt auch unter der Perspektive, daß nur ca. 15% der Ehescheidungen als strittig verhandelt werden. Es ist davon auszugehen, daß die einvernehmliche Scheidung keineswegs auf einer Lösung des Paarkonflikts basiert; vielmehr kommen hier vielfach ökonomische und resignative Gründe zum Tragen. Gerade das Zurückziehen des juristischen Verfahrens auf eine inhaltliche Schlichtung über Tabellen bei den Unterhaltsregelungen und Rechtsnormen bei der Sorgerechtsregelung läßt die wesentlichen Ebenen der psychischen Konflikte außer acht. Die Konflikte werden nicht ausreichend durch die „Parteien" bearbeitet (Prozeß-Schlichtung, s. Pkt. 4.3.), die kreativen Möglichkeiten der Familie selber zur Überwindung der Konflikte werden nicht ausreichend gefördert und damit der Gesundungsprozeß der Betroffenen beeinträchtigt.

Ein anderer beachtenswerter Aspekt ist der Wegfall der Schuldfrage im 1. EheRG. Dadurch ist der richtende, justitielle Teil des Scheidungsurteils auf eine „bloße Verteilungsentscheidung" (Falke u. Gessner 1982) hin verschoben. Um die Herstellung dieser Entscheidung sicherzustellen, ist das gerichtliche Verfahren nach dem Entweder-Oder-Prinzip angelegt: Ein Vertrag ist entweder gültig oder nicht; eine Situation entspricht entweder geltendem Recht oder sie ist rechtswidrig etc. Aus diesem so angelegten Verfahren resultieren dann die praktiziertes Recht abbildenden „Alles-Oder-Nichts-Entscheidungen". Die betroffenen Männer und Frauen erleben damit auch immer eine Gewinner-Verlierer-Situation und bewerten den Verfahrensabschluß, den Urteilsspruch des Familienrichters als Drittem in der Triade, psychisch als Freispruch bzw. Schuldspruch. Am Ende dieses Verfahrens bleiben viele Menschen mit den Gefühlen der Wut und Hilflosigkeit, Verletzung und Enttäuschung, des Versagens und der Unzulänglichkeit allein zurück.

Verdrängte „Rechtsansprüche" aus dem im Ehekonflikt eröffneten „sozialen Hypothekenkonto" (vgl. Punkt 3.2.2.) werden neurotisch kompensiert oder über Unzufriedenheit mit den getroffenen Sachentscheidungen wiederum streitstiftend ausagiert.

Insbesondere die fehlende Eigenverantwortlichkeit der beteiligten „Parteien" in diesem Verfahren hat einen erheblichen Anteil an der Fortführung von Scheidungs- und Scheidungsfolgenstreitigkeiten. Die Möglichkeit, die Lösung des Konfliktes delegieren und damit die Verantwortung abgeben zu können, ermöglicht erst den Symbolstreit.

Die Zwei-Parteien-Streit-Struktur des juristischen Verfahrens steht mit seinen einzelnen Elementen dem Anspruch des Gesetzgebers nach „fairer" und „eigenverantwortlicher" Regelung der Scheidung nicht nur entgegen, sondern verhindert geradezu seine Umsetzung. Aber auch der Gesetzgeber läßt bisher unberücksichtigt, daß die Trennung und Scheidung für beide Partner eine die Identität der Betroffenen in hohem Maß bedrohende Krise darstellt, so daß sie psychisch überfordert sind, zu diesem Zeitpunkt eigenverantwortlich Regelungen und Entscheidungen zu treffen. Dieses ist jedoch wiederum notwendig, wenn es für alle betroffenen Familienmitglieder befriedigende Lösungen geben soll. Hier braucht die „Scheidungsfamilie" Unterstützung und Hilfe zum Erhalt oder zur Wiedererlangung ihrer Eigenverantwortlichkeit. Das juristische Verfahren allein versagt an dieser Stelle. Dies scheint auch der Gesetzgeber erkannt zu haben, denn in dem seit Januar dieses Jahres geltenden neuen Kinder- und Jugendhilfegesetz (KJHG) ist nach einer Übergangsfrist ab Januar 1995 für Eltern, die sich scheiden lassen wollen, ein Rechtsanspruch auf Beratung bei der Sorgerechtsregelung festgeschrieben. Was aber machen Paare ohne Kinder?

Die seit den 70er Jahren sich entwickelnde Suche nach alternativen Konfliktlösungsmöglichkeiten hebt hervor, daß es mit dem monokausalen Ansatz des Rechts nicht möglich ist, gerade in der Familiengerichtsbarkeit zufriedenstellende Ergebnisse zu erzielen.

Eine wesentliche Rolle spielt dabei auch, daß dieses herkömmliche Verfahren ausschließlich auf die Vergangenheit zurückblickt. Die retrospektive Analyse der Genese des Paarkonfliktes, der der Zerrüttung zugrunde liegt, führt jedoch über die Eröffnung des „sozialen Hypothekenkontos" zu seiner Verrechtlichung und zu einem Aufgreifen des Symbolstreits.

Damit verhindert dieses Vorgehen den Blick auf die Zukunft und darüberhinaus gleichzeitig die Möglichkeit, prospektiv vorhandene Ressourcen auf der Elternebene für die weiter bestehende gemeinsame Verantwortung als Eltern (erneut) freizusetzen (s. Proksch 1989).

Die juristische Scheidung, mit der die Ehe der Partner endet, ist lediglich das äußere Merkmal eines Prozesses, dessen Folge sie ist, und der selbst Veränderungen bewirkt, die das Leben aller Familienmitglieder in allen Bereichen ihrer Identität auch über Jahre nach der juristischen Scheidung maßgeblich beeinflussen.

Der eindimensionale juristisch ausgerichtete Interventionsansatz ist nicht nur kein adäquates Mittel zur konstruktiven Aufarbeitung des Konfliktes, sondern er verhindert darüberhinaus die eigenverantwortliche Suche der Konfliktpartner nach ihrer eigenen Lösung.

Gefordert ist daher eine Scheidungsberatung wie sie das neue Kinder- und

Jugendhilfegesetz für die Regelung der elterlichen Sorge bei Scheidung vorsieht für den gesamten Prozeß der Scheidung und der Regelung der Folgesachen. Es kann im Trennungskonflikt psychisch nicht geleistet werden, sich als Eltern auf einen einvernehmlichen Vorschlag bezüglich des Sorgerechts zu verständigen, wenn gleichzeitig andere Folgesachen strittig bei Gericht anhängig sind.

Die Beratung könnte dem juristischen Verfahren vorgeschaltet oder in dieses integriert werden (s. Kap. 8). Das juristische Verfahren muß den Betroffenen die Möglichkeit bieten, selbst konstruktiv bei der Lösung mitzuarbeiten. Scheidung darf nicht nur sachlich geregelt werden, sondern der Paarkonflikt muß sichtbar gemacht werden, wenn es andauernde, zufriedenstellende Lösungen für alle Familienmitglieder geben soll. Der Anspruch des Rechts muß verwirklicht werden, wann immer es möglich ist. Es ist davon auszugehen, daß es trotzdem stets Ehepaare geben wird, die nicht mehr in der Lage sind, eigenverantwortlich die Scheidung zu regeln. Hier ist jederzeit der juristische Weg als „Katastrophenregelung" möglich. Als Standardverfahren jedoch sollte er genügend Raum für die Eigenverantwortung der Paare und Familien zur Verfügung stellen. Mittel- oder langfristig ist sogar daran zu denken, in der Regel über einen Beratungsweg eine gemeinsame Lösung zu erarbeiten, die dann nur noch notariell beglaubigt wird.

Bei der Integration von Trennungs- und Scheidungsberatung in den juristischen Verfahrensweg ist zu beachten, daß diese Beratung unter den evtl. vorhandenen Bedingungen der hochstrittigen Auseinandersetzung ein schwieriges Unterfangen darstellt, da die Klienten zunehmend versucht sein könnten, Inhalte aus der Beratung in der juristischen Auseinandersetzung als Munition gegen den anderen einzusetzen. Die zur gemeinsamen Konfliktarbeit erforderliche Offenheit der Partner wird so blockiert. Aus diesem Grund ist dann auch eine strenge Trennung zwischen dem juristischen und dem nicht-juristischen Weg vorzunehmen, so daß weder von Rechtsanwälten noch von Sozialarbeitern oder Familienrichtern die jeweiligen Äußerungen in der Beratung für die juristische Scheidung ohne Einwilligung der Betroffenen herangezogen werden dürfen.

Ein ebenso gravierender Aspekt, der die Trennungs- und Scheidungsberatung erschwerend beeinflußt, ist der des fehlenden Zeugnisverweigerungsrechts der Berater vor Gericht. Stellt schon der Zeitdruck der juristischen Prozesse eine „juristische" Behinderung von Scheidungsberatung dar, wenn sie nicht schon sehr früh während des Trennungsjahres in Anspruch genommen wird, so gilt für den Druck, der von drohenden „einstweiligen Anordnungen" ausgeht, daß er konkret alternative Lösungen verhindert, weil die Zeit zum Überprüfen oder auch Ausprobieren von möglichen Wegen fehlt. In diesem Zusammenhang wäre im juristischen Verfahrensweg die Möglichkeit für eine frühzeitige Beratung zu schaffen, so daß konkrete Erfahrungen die rechtlichen Regelungen steuern können. Es ist dann zu erwarten, daß nachfolgende Verfahren seltener auftreten als es jetzt üblich ist.

26

3.2.1.1. Die Bedeutung von „Schuld" und „Zerrüttung"

Wer die alltägliche Praxis der Beratung von Paaren in Scheidungssituationen kennt, erlebt, daß das immerwiederkehrende Thema die Suche nach der Ursache für das Scheitern der Ehe, der Schuld und der Versuch der Schuldzuweisung an einen der Partner ist.

Auch der Alltag des Familienrichters kann den Verdacht aufkommen lassen, die Reform des Scheidungsrechts sei gescheitert. Da wird um Unterhalt, Zugewinn- und Versorgungsausgleich gestritten, bis den Parteien gerade noch soviel bleibt, daß sie die Anwälte bezahlen können (s. Troje 1988). Oder wenn es nichts zu verteilen gibt, wird über das Sorgerecht für die Kinder über alle Instanzen gestritten, als wenn auch sie ein aufzuteilender Besitz wären. Ist es eine Illusion zu glauben, ein von Repressalien befreites Familienrecht ermögliche es den Menschen, die Auflösung ihrer Ehe eigenverantwortlich und einvernehmlich zu regeln (ebd.)?

Besteht bei Betroffenen nach wie vor der Wunsch, das Scheidungsurteil weiterhin als Schuldspruch zu bewerten und damit Scheidung als Sanktion gegen einen Schuldigen und als Genugtuung für den Unschuldigen zu definieren?

Kann es eine Alleinschuld am Scheitern einer Ehe geben? Duss-von-Werdt (1985) stellt die Frage nach dem Umkehrschluß dieser Annahme. Wenn es eine Alleinschuld gäbe, müßte es auch die Möglichkeit geben, daß für das Gelingen einer Ehe nur einer der Partner verantwortlich sein könnte.

Die Paarbeziehung besteht eben nicht aus einer linearen Kausalitätsbeziehung zwischen zwei absoluten Einzelnen; vielmehr gestaltet sich die Paarbeziehung durch zirkuläre Prozesse, in denen das Tun des Einzelnen immer gleichzeitig Aktion und Reaktion ist. Beide Partner sind stets Agierende und Reagierende. In diesem Beziehungszirkel gibt es keine objektiven Fakten, sondern nur subjektive Bedeutungen. Wird der Versuch unternommen, objektive Daten über die Paarbeziehung zu erheben, zeigt sich, daß diese sich mit jedem Standortwechsel des Betrachters verändern.

Für eine zirkuläre Betrachtung von Beziehungen bedeutet dies, daß es eine Schuld nicht ohne gleichzeitigen Verdienst geben kann. Die Verdienste und Ansprüche eines Partners nicht sehen und anerkennen können, hat zur Folge, daß inter- und intrapsychisch überwiegend destruktive Verhaltensimpulse mobilisiert werden.

Was aber ist das, dessen sich der eine oder beide Partner schuldig gemacht haben?

3.2.1.2. Die Schuldproblematik in Scheidungsfamilien

Das Bestreben des Menschen, in Scheidungskonflikten Schuldzuweisungen vorzunehmen, ist psycho- und familiendynamisch motiviert und hat seine

Ursachen in allgemeinen Denkmodellen der Menschen in Form einfacher Ursachenzuschreibungen (Attributionen) und Gerechtigkeitsvorstellungen (Equity-Theorie) (s. Witte 1989), darüberhinaus auch in einer intergenerationellen familiären Buchführung über Schulden und Verdienste der einzelnen Familienmitglieder aneinander (s. Reich 1986).

Die Schulddynamik wirkt manchmal schon bei der Partnerwahl als maßgebliches Kriterium für den Einzelnen: Der überwiegende Teil theoretischer Konzepte zur Partnerwahl beschreibt Erwartungen der Partner aneinander, wie Ergänzung und Stärkung der eigenen Persönlichkeit und Ausfüllung von Defiziten als Motive für die Entscheidung. Jeder der Partner eröffnet dem anderen zu Beginn der Beziehung also ein Hypothekenkonto, das es einzulösen gilt. Daß dabei „Kosten" und „Nutzen" für den einzelnen mindestens ausgewogen sind, dafür sorgen nach kommunikationstheoretischen Annahmen Signale in den Interaktionen der beiden Partner (s. Lederer & Jackson 1968).

Reich (1986) beschreibt für die Scheidungsfamilie, deren Dynamik sich ganz besonders um die Schuldfrage zentriert, die Schuldproblematik als wesentlichen Faktor für Scheidungskonflikte und Nachscheidungsauseinandersetzungen und stellt sie für die unterschiedlichen innerfamiliären Beziehungsebenen dar.

Auf der Ebene der Paarbeziehung tritt die Schuldproblematik, wie oben erwähnt, bereits bei der Partnerwahl auf. Neben den Wünschen nach Erfüllung unbewußter oder bewußter Erwartungen der Partner aneinander, stellt die Wahl und die Heirat des jeweiligen Partners häufig einen Versuch der Konfliktlösung und der Veränderung der Bindungen beider Partner an ihre Herkunftsfamilien und den dort bestehenden Beziehungsmustern dar. Der Partner wird so zur Hilfe bei der Konfliktlösung benutzt und soll stellvertretend die eigenene Individuation fördern.

So soll die Partnerschaft häufig die räumliche Trennung von der Herkunftsfamilie bringen sowie die Möglichkeit des Entzugs aus ihrem Macht- und Kontrollbereich und eine Veränderung der innerfamiliären Machtstrukturen herbeiführen. Gleichzeitig soll die Partnerschaft zu einer Abgrenzung gegen die in der Herkunftsfamilie vorherrschenden Wertvorstellungen und Lebensstile verhelfen sowie eine Lösung von Sexual-und Delegationskonflikten und eine Veränderung der Interaktionsmuster hervorbringen.

Daneben wird von ihr eine Lösung der Konflikte um Zuwendung, Nähe und Geborgenheit gewünscht.

Da diese Erwartungen an die Partnerschaft auf unbewältigte kindliche Konflikte zurückzuführen sind, erweisen sie sich in der Regel als sehr starr und Veränderungen gegenüber als resistent. Hinzu kommt, daß diese Erwartungen zwangsläufig immer wieder enttäuscht werden müssen, weil die Partner aufgrund ihrer eigenen individuellen Biographie nicht in der Lage sind, diese Erwartungen zu erfüllen. Das gilt natürlich nur für diejenigen Paare, die ihre Konflikte nicht mit eigenen Mitteln bewältigen können, aber auch nur die sind ja nur in der Beratung anzutreffen.

Für die Entwicklung der Schulddynamik kommen dann zwei weitere Aspekte zum Tragen. Zum einen die Zeitperspektive, d. h. die Hoffnung auf spätere Befriedigung der Wünsche, rechtfertigt kurz- und mittelfristige Enttäuschungen. Der zweite Aspekt beschreibt die Tatsache, daß infolge der durch die Erwartungshaltung verzerrten Wahrnehmung real vorhandene Leistungen des Partners nicht gesehen werden können.

Im Verlauf der Beziehung entwickeln sich zunehmend aus den Enttäuschungsgefühlen Aggressionen gegen den Partner, die sich dann in Schuldzuweisungen manifestieren. Die Partner sind voneinander ebenso enttäuscht wie (unbewußt) von ihren jeweiligen Herkunftsfamilien.

Anfänglich verstärkte Aktivitäten, den Partner verändern zu wollen, schlagen in erbitterte Feindseligkeit um. In der konkreten Scheidungssituation kommt dann für die massive Beherrschung des Geschehens durch die Schulddynamik als ein die Problematik noch verstärkender Faktor das Gefühl der Endgültigkeit hinzu. Damit entfällt der oben als Zeitperspektive beschriebene Aspekt der Hoffnung auf eine spätere Erfüllung der Erwartungen.

Eine weitere Bedeutung hat die Dynamik der Schuldproblematik in der betroffenen „Scheidungsfamilie" für die Beziehung der Eltern zu den Kindern. Kinder sind oft „schuld" an der Ehe der Eltern, d. h. sie waren oft der Heiratsgrund. Daneben sind Kinder häufig Streitpunkte während der Ehe. Konflikte um Beziehungsfragen machen unterschiedliche Werte und Familienstile deutlich, um die gekämpft wird. Kinder fühlen sich dann ständig schuldig und sind dauernden Loyalitätsanforderungen der Eltern ausgesetzt. Sie sollen entscheiden, wer der „bessere" Elternteil ist.

Die Frage nach der Schuld wird den Kindern jeweils von den Eltern direkt oder indirekt vermittelt. Kinder haben Schuldgefühle dem einen Elternteil gegenüber, wenn sie sich dem anderen zuwenden. Durch diese tiefen Loyalitätskonflikte befinden sich die Kinder in einer ständigen emotionalen Überforderung und es kommt schließlich zur Symptombildung als Versuch, den Konflikt zu bewältigen.

Die Partner versuchen häufig, sich über die Kinder das zu holen, was ihnen der andere oder die eigene Herkunftsfamilie schuldig geblieben ist. Schuldgefühle wegen Schädigung der Kinder werden häufig verleugnet oder rationalisiert.

Psychodynamik und Schuldproblematik auf der Partner- und der Eltern-Kind-Ebene lassen sich durch Beschreibungen weiterer Schuldproblematiken auf den Ebenen Partner/Herkunftsfamilien, Partner/Schwiegerfamilien und Schwiegerfamilien/Schwiegerfamilien ergänzen (nachzulesen bei Reich 1986).

Die Darstellung dieser Schulddynamik in Scheidungsfamilien verdeutlicht zweierlei: einmal die Komplexität des Themas „Schuldfrage" und zum anderen, daß es sich bei der Schuldzuweisung an den anderen Partner um eine Projektion der eigenen Enttäuschung und eigener Schuldgefühle auf den Partner handelt. Auch nach der juristischen Scheidung wird dieses eheliche

Projektionsschema häufig beibehalten und versucht, die Richtigkeit des eigenen Verhaltens zu beweisen sowie emotionale Verletzungen und Enttäuschungen stellvertretend auf der materiellen Ebene und über das elterliche Sorgerecht einzuklagen, bis die „Bilanz" wieder stimmt. Die Form des juristischen Verfahrensweges ordnet sich diesen naiven Denkmodellen unter und versucht juristische Lösungen zu erarbeiten, wo letztlich psychologische Klärungen komplexerer Art notwendig sind.

Gefordert ist eine ausgewogene Sicht über den Verlauf der ehelichen Beziehung; jeder der Partner sollte eigene Anteile an der Gestaltung der Beziehung sehen können. Dann könnte neben der juristischen Scheidung auch die psychische Scheidung vollzogen werden. Die Ehe würde dann beendet werden, wie sie geschlossen wurde: mit einer übereinstimmenden Willenserklärung der beiden Partner.

Dieses würde dem Zerrüttungsprinzip, wie es vom Gesetzgeber her gemeint gewesen sein könnte, wohl am ehesten entsprechen. Im Alltag fordert es von den Eheleuten eine Erhebung des Ist-Zustandes ihrer Beziehung, in der auch eigene Anteile gesehen werden können, und die Aufgabe des ehelichen Projektionsschemas, so daß es im Idealfall zu einem Konsensus der Partner darüber kommt, daß die Ehe gescheitert ist. Das wäre der konsequente Weg weg von einem juristischen Denkmodell zu einem psychologischen, wie der Wechsel vom Schuld- zum Zerrüttungsprinzip es letztlich erfordert.

3.2.1.3. Die Sicherung der Existenz nach der Ehe

Die Sicherung der Existenz nach der Ehe soll nach dem 1. EheRG über die wirtschaftliche Gleichstellung der beiden ehemaligen Partner erreicht werden. Geregelt wird: der Ehegattenunterhalt, der Zugewinnausgleich und der Versorgungsausgleich. Während der Zugewinnausgleich eher die finanzielle Vergangenheit regelt und der Versorgungsausgleich die finanzielle Zukunft, ist der Ehegattenunterhalt der Bereich, der die gegenwärtige Existenz sichern soll. Hier gilt zunächst der Grundsatz: Jeder der Partner ist nach Auflösung der Ehe verpflichtet, eigenverantwortlich für seinen Lebensunterhalt zu sorgen. Ist dieses nicht möglich, wird der Ehegattenunterhalt auf Antrag gerichtlich geregelt. Vom Grundgedanken der nachehelichen Solidarität ausgehend, erfolgt diese Regelung unter Berücksichtigung der Bedürftigkeit des einen Partners und der Zahlungsfähigkeit des anderen Partners.

Wirtschaftliche Gleichstellung der Partner heißt konkret auch im Jahre 1990 immer noch: in den meisten Fällen eine schlechtere materielle Absicherung der Frauen – oder besser der Mütter – nach der Ehe.

Den Alltag von geschiedenen Frauen und Müttern beschreibt der Verein Forte e.V. in Berlin mit folgenden Zahlen: Obwohl 80% der geschiedenen Frauen das Sorgerecht für gemeinsame Kinder wahrnehmen, erhalten nur 5% von ihnen Unterhalt für sich. Fast jede 2. alleinerziehende Mutter erhält nicht den ihr oder den Kindern zustehenden Betrag und ca. 1/3 der Frauen lebt von der Sozialhilfe (Loff 1987).

Hier tut sich ein weiteres Problemfeld auf. Es ist keineswegs so, daß geschiedene Mütter, die keinerlei Unterhalt vom ehemaligen Mann erhalten und die über kein eigenes Einkommen verfügen, ihren Lebensunterhalt und den der Kinder über die Sozialhilfe absichern können. Nach geltendem Bundessozialhilferecht gilt hier das Subsidaritätsprinzip, das in diesem Fall besagt: Bevor die Sozialhilfe eingreift, sind Verwandte in gerader Linie einander zum Unterhalt verpflichtet. Die Folge davon ist, daß immer mehr geschiedene Frauen finanziell erneut von den eigenen Eltern oder von bereits erwachsenen Kindern abhängig werden, und die Entwicklung psychischer Abhängigkeiten durch die Rollenverteilung Versorger/Abhängiger determiniert. Auch ein etwaiger neuer Lebenspartner wird in diesem Zusammenhang vom Staat durchaus wahrgenommen: Bezieht er ausreichendes Einkommen, verliert die geschiedene Ehefrau den Anspruch auf Sozialhilfe, ohne dafür einen Unterhaltsanspruch gegen den Partner zu bekommen.

Eines darf dabei jedoch bei der Betrachtung des Problems der wirtschaftlichen Gleichstellung nicht übersehen werden. Die Absicherung der geschiedenen Mutter durch Unterhaltsleistungen des Kindesvaters scheitert in vielen Fällen daran, daß dieser aufgrund seines geringen Einkommens gar nicht voll zahlungsfähig ist. Dafür ist nicht zuletzt das geltende Steuerrecht mitverantwortlich. Durch die Trennung und Auflösung der Ehe ist die ‚Scheidungsfamilie‘ in der Regel zusätzlichen finanziellen Belastungen ausgesetzt. Vom familiären Einkommen sind jetzt zwei Haushalte zu finanzieren. Somit geht die Ehescheidung regelmäßig mit einer Verringerung des Lebensstandards aller betroffener Familienmitglieder einher. Nach der Trennung wird der (in der Regel) für die geschiedene Frau und die gemeinsamen Kinder unterhaltsverpflichte Mann in die Steuerklasse eins eingestuft, d. h. das Steuerrecht behandelt ihn wie einen berufstätigen Alleinlebenden.

Diese Auswirkungen der Situation Geschiedener im Steuerrecht und im Sozialhilferecht lassen den Verdacht aufkommen, daß hierüber hintergründig Scheidung vom Staat nach wie vor „bestraft" wird. Es ist zu fragen, ob eine Gesetzgebung, die eine Scheidung grundsätzlich erleichtert, nicht auch die entsprechenden Möglichkeiten zur Verringerung der Belastung der Scheidungsfamilie schaffen muß. In diesen Rahmenbedingungen liegen häufig zumindest verstärkende Faktoren für die psychische Belastung der Betroffenen nach Trennung und Scheidung. Folglich muß ein globales Konzept von Trennungs- und Scheidungsberatung auf diese Probleme eingehen, um bei deren Beseitigung auf die mögliche präventive Wirkung zur Verringerung des psychischen Leidens bei den Betroffenen hinzuweisen.

Neben dem Kriterium der Zahlungsunfähigkeit soll aber auch der Aspekt der Zahlungsmoral hier erwähnt werden. Im Nachgang zur Eherechtsreform 1977 gelingt es einzelfallgeschädigten und unterhaltspflichtigen Männern zunehmend, in der Öffentlichkeit eine Lobby aufzubauen auf dem Boden der Thesen: Erwerbstätigkeit von Männern wird bestraft, geschiedene Frauen beuten ihre ehemaligen Ehemänner aus und bringen sie an den Rand des wirtschaftlichen und psychischen Zusammenbruchs (Hienstorfer 1987). Ein solches Empfinden wirkt sich natürlich nachteilig auf die nacheheliche Kooperation in der bestehenbleibenden gemeinsamen Verantwortung als Eltern aus. Hier angemessene, familienspezifische Regelungen eigenverantwortlich zu erarbeiten, könnte manche dieser Konflikte beseitigen, obwohl die Situation objektiv schlechter geworden ist. Das liegt vor allem auch daran, daß ganz individuelle Lösungsmodelle gefunden werden können, die standardisierten Vorschriften überlegen sind. Auch hier muß das juristische Denkmodell von paradigmatischen Fällen zu einem von unvergleichbaren Einzelfällen übergehen. Erst im „Katastrophenfall" sind Standardlösungen heranzuziehen. Letztlich müßte ein kompliziertes juristisches Verfahren erst und nur in diesen Katastrophenfällen einsetzen. Wieviel psychisches Leid könnte dadurch vermieden und wieviele ökonomische Ressourcen könnten dadurch gespart werden, wenn man das Zerrüttungsprinzip in seiner psychologischen Bedeutung ernst nähme?

3.3. Einzelne Aspekte der Gesetzgebung und ihre psychologischen Konsequenzen

3.3.1. Das gesetzlich vorgeschriebene Trennungsjahr

Mit der Scheidung endet nicht die Familie. Sie bedeutet allenfalls die Auflösung der Paarbeziehung und muß zur Folge eine Modifizierung des familiären Beziehungsnetzes haben, innerhalb dessen das Subsystem Vater/Mutter weiterbestehen bleibt. Unter dieser Sichtweise verstößt der derzeitige Umgang mit dem Trennungsjahr in vielen Fällen gegen den grundsätzlichen Auftrag des Schutzes von Ehe und Familie durch den Staat (Art. 6 GG).

Das Trennungsjahr sollte ursprünglich übereilte Entschlüsse zur Scheidung verhindern und Möglichkeiten zur Versöhnung offenhalten. Die prinzipielle Idee einer räumlichen Trennung wird in der Paartherapie als therapeutische Intervention genutzt, um aus der Distanz heraus die Beziehung mit ihren positiven und negativen Teilen differenzierter wahrnehmen zu können.

Der Zwang zur räumlichen Trennung jedoch als Automatismus und nicht als persönliche Entscheidung, sondern als unabdingbare Voraussetzung für die Feststellung der Zerrüttung der Ehe und damit für die Scheidung, verkehrt die ursprüngliche Idee des Trennungsjahres ins Gegenteil und verstärkt eher die negativen Anteile einer Ehekrise. Eine konfliktverschärfende Wirkung hat das gesetzlich vorgeschriebene Getrenntleben häufig dann, wenn versucht wird, innerhalb einer (meist der ehelichen) Wohnung getrennt zu leben. Dies betrifft in vielen Fällen sozial schwache Familien, wird aber zunehmend erforderlich werden infolge der derzeitigen Wohnungsmarktsituation. Auch hier wird wieder deutlich, wie psychologische Prozesse im juristischen Verfahren zum Gegenteil verkehrt werden können, wenn man nicht die psychische Gesamtsituation berücksichtigt.

Eine Alternative zum Trennungsjahr als Kriterium für die Annahme der Zerrüttung wurde in einer Arbeitsgruppe im Familien-Notruf München erarbeitet.

Dort wurde folgendes Modell entwickelt:

Beide Eheleute können einzeln oder gemeinsam dem Familiengericht gegenüber eine Erklärung über eine beabsichtigte Scheidung abgeben. Danach macht sich der Familienrichter in einer formlosen Anhörung ein Bild der familiären Krisensituation. Wurde die Erklärung über die beabsichtigte Scheidung nur von einem der Eheleute abgegeben, soll eine Abschrift der Erklärung und der Anhörung dem anderen Ehepartner mit der Bitte um Stellungnahme übersandt werden.

Bei Einspruch durch den 2. Ehepartner soll erneut eine Anhörung, jetzt beider Partner, angesetzt werden. Dieses soll auch geschehen, wenn der Familienrichter es von sich aus für erforderlich hält, damit er sich ein besseres Bild der Situation machen kann.

Auf diesem Wege hat der Familienrichter bereits hier die Möglichkeit, den Ehepartnern evtl. eine Beratung zu empfehlen. Sind minderjährige Kinder von der Krise betroffen, kann er bereits zu diesem Zeitpunkt darüber entscheiden, ob Hilfe durch das Jugendamt nötig wird, um die Kinder zu entlasten.

Alle diese Schritte sollen ohne anwaltliche Vertretung getan werden. Ein späterer Scheidungsantrag, der sich auf die abgegebene Erklärung bezieht, kann nur von demselben Ehepartner gestellt werden. Der Zeitpunkt für einen fristgerecht gestellten Scheidungsantrag sollte dann zwischen einem und eineinhalb Jahren nach Abgaben der Absichtserklärung liegen. Danach kann die Ehe, nach Feststellung der Zerrüttung, geschieden werden, ohne daß das Paar getrennt gelebt hat (Familien-Notruf, Jahresbericht 1985).

Dieser Weg hat zwei offensichtliche Vorteile:

Bei streitigen Scheidungen würde für viele Paare und die mitbetroffenen Kinder die belastende Situation der Zwangstrennung wegfallen und mögliche Ressourcen für einen kooperativen Umgang mit der Trennung sichtbar werden. Der Familienrichter könnte dem ursprünglichen Auftrag des Grundgesetzes eher gerecht werden, da er die Familie jetzt zu einem Zeitpunkt sieht, an dem der Trennungsprozeß, besser Trennungskonflikt, einsetzt und nicht, wie bisher, nur noch zu (ent-)scheiden ist. Zu diesem Zeitpunkt kann cr ggf. die Entwicklung der Krise auch noch in Richtung Konfliktlösung und Aufrechterhaltung der Ehe beeinflussen, indem er eine Beratung empfiehlt.

Warum eine solche Erklärung von einem Richter entgegen genommen werden muß, der sogar von seiner Ausbildung her weniger als andere Berufsgruppen geeignet ist, eine Diagnose über den Zustand der Beziehung zu erarbeiten, bleibt dabei noch immer undiskutiert. Letztlich ist es das juristische Modell, das sich hier einschleicht. Da an eine kurzfristige Änderung in diesem Zusammenhang nicht zu denken ist, wollen wir in einem übergreifenden Modell (s. Kap. 8) zwar die Position des Einzelrichters zurückdrängen, aber nicht völlig aus dem Standardverfahren herausnehmen, obwohl eine mittelfristige Lösung für die große Zahl der Fälle ein psychologisches Beratungsmodell vorsehen sollte, das ohne Anwaltszwang, Richter und Trennungsjahr etc. auskommen kann.

3.3.2. Das elterliche Sorgerecht

Im Jahr 1989 wurden in der Bundesrepublik 126 628 Ehen geschieden. Von diesen Scheidungen waren 89 552 minderjährige Kinder betroffen ((Wirtschaft und Statistik 12/90).

Die gesetzliche Grundlage zur Regelung der elterlichen Sorge für die betroffenen Kinder nach der Scheidung bildet der § 1671 BGB. Dort heißt es:

„1) Wird die Ehe der Eltern geschieden, so bestimmt das Familiengericht, welchem Elternteil die elterliche Sorge für ein gemeinsames Kind zustehen soll.

2) Das Gericht trifft die Regelung, die dem Wohle des Kindes am besten entspricht; hierbei sind die Bindungen des Kindes, insbesondere an seine Eltern und Geschwister, zu berücksichtigen.

3) Von einem übereinstimmenden Vorschlag der Eltern soll das Gericht nur abweichen, wenn dies zum Wohle des Kindes erforderlich ist. Macht ein Kind, welches das vierzehnte Lebensjahr vollendet hat, einen abweichenden Vorschlag, so entscheidet das Gericht nach Absatz 2.

4) Die elterliche Sorge ist einem Elternteil allein zu übertragen.(...).

5) (...)

6) (...)" (Das elterliche Sorgerecht 1988, S. 26).

Seit dem 3.11.1982 gilt der Absatz 4 des § 1671 infolge einer Entscheidung des Bundesverfassungsgerichtes wegen seiner Unvereinbarkeit mit Artikel 6, Absatz 2, Satz 1 des Grundgesetzes als verfassungswidrig. Dieser Artikel besagt:

„Pflege und Erziehung der Kinder sind das natürliche Recht der Eltern und die zuvörderst ihnen obliegende Pflicht. Über ihre Betätigung wacht die staatliche Gemeinschaft." (zit. nach Wilde 1989).

Das Bundesverfassungsgericht erklärte es als unvereinbar mit der geltenden Verfassung einen Elternteil zwingend von der Erziehung und Versorgung des Kindes auszuschließen.

Die Situation der Scheidungsfamilie stellt sich in der Gegenwart in etwa so dar: 1988 lebten in der BRD ca. 1.25 Millionen alleinerziehende geschiedene oder getrennt lebende Eltern; überwiegend Mütter (1.063.000). Alleinerziehende Väter gab es 194.000 (Statistisches Jahrbuch 1990).

Im familialen Alltag dieser „Ein-Eltern-Familien" bedeutet dies häufig:

- Ständige Überforderung der Mütter durch die alleinige Verantwortung und Zuständigkeit.
- Abbrechen des Kontaktes zwischen Kindern und Vätern, da diese sich in der Verantwortung für die Kinder als entmündigt und nur noch als „Zahlvater" empfinden.
- Loyalitätskonflikte, Erschütterungen und Verunsicherungen in der Selbstverständlichkeit ihrer Beziehung zu beiden Elternteilen bei den Kindern.

Entscheidungsgrundlagen für die Regelung des elterlichen Sorgerechts lassen sich u. a. in Abhängigkeit von der Zeit und der jeweiligen Gesellschaftsform darstellen.

3.3.2.1. Grundlagen zur Regelung des Sorgerechts

Fthenakis, Niesel & Kunze (1982) beschreiben verschiedene idealtypische Begründungsmuster für die Regelung des Sorgerechts. Anfang des 19. Jahrhunderts belegten englische Richter ihre Sorgerechtsentscheidungen mit der *religiösen bzw. naturrechtlichen Begründung,* daß nach Gottes Willen der Vater der „natürliche Schützer und Erzieher seiner Kinder" sei und damit ihm in der Regel das Sorgerecht zustünde.

Auch in patriarchalisch strukturierten Gesellschaften wurde mit verschiedenen Annahmen „bewiesen", daß die elterliche Sorge im Regelfall dem Vater zuzusprechen sei. Man ging davon aus, daß „die Organisation des sozialen Lebens" es verlange, „daß der Vater verantwortlich für die Unterstützung der Kinder sei", er könne sie besser beschützen und sie besser auf ihrem Weg in die Gesellschaft begleiten, wohingegen die Frau ihrerseits noch den Schutz des Mannes bräuchte. Solche *patriarchalischen Denkstrukturen* prägten auch Teile des Familienrechts im BGB. So beschrieb der Begriff „väterliche Gewalt" bis 1953 (Gleichberechtigungsgesetzanordnung) das Recht am Kind. Der Stichentscheid des Vaters in Familiensachen wurde erst nach Inkrafttreten des Gleichberechtigungsgesetzes 1957 aufgrund einer Entscheidung des Bundesverfassungsgerichts im Jahr 1959 für nichtig erklärt und aufgehoben.

In vielen Ländern werden Sorgerechtsentscheidungen am häufigsten mit der Annahme begründet, allein die Mutter verfüge über die für die Versorgung und Erziehung von Kindern (und besonders von kleinen Kindern) notwendigen Gefühle und Eigenschaften. Da sie darin durch niemanden zu ersetzen sei, müsse sie die elterliche Sorge übertragen bekommen. Dieses *naive, wissenschaftlich nicht fundierte, Begründungsmuster* geht von einer festgeschriebenen Rollen- und Funktionsverteilung in der Familie aus, wie es sicher für Zeiten, in denen auschließlich die Männer außer Haus dem Lohnerwerb nachgingen und die Frau allein und einzig für Haus und Kinder zuständig waren, berechtigt war.

Vor dem Hintergrund psychoanalytischer und/oder bindungstheoretischer Annahmen entwickelte *wissenschaftliche Begründungsmodelle* sollen die Entscheidungsfindung optimieren, lassen aber eine Generalisierung aufgrund mangelnder empirischer Absicherung nicht zu.

Weitere vorhandene Muster für die Begründung von Sorgerechtsregelungen orientieren sich mehr an den Interessen des Kindes. Die Argumentation zum Wohle des Kindes betont die in anderen Begründungsmustern nicht ausreichend beachteten materiellen und psychischen Interessen des Kindes. Sie sieht das Kind „als Träger eigener Persönlichkeitsrechte und zu schützende Persönlichkeit", und hebt „die relative Rechtlosigkeit der Kinder (...) im Sorgerechtsverfahren" hervor. Ein anderes *kindorientiertes Begründungsmuster* beruht auf der Annahme, daß es maximal eine „am wenigsten schädliche Alternative für das Kind" geben kann und diese sei eine eindeutige Zuteilung des Sorgerechts an den „Elternteil, der die psychologische Elternschaft habe" (zit. nach Fthenakis, Niesel & Kunze, 1982, S. 197f).

Im *Zusammenhang mit dem Schuldprinzip* im Scheidungsrecht sind daran anknüpfende Begründungen für die Sorgerechtsentscheidung entwickelt worden. Der Richterspruch bestimmt wer „schuld" ist am Scheitern der Ehe. Dieser wird infolge seines „Versagens" moralisch als nicht geeignet für die Wahrnehmung der elterlichen Verantwortung be-/verurteilt und rechtlich vom Sorgerecht für die Kinder ausgeschlossen.

Auf dem Gedanken an Gerechtigkeit basieren Begründungen für Entscheidungen, die kompensatorisch für erlittenes Unrecht, dem „Nichtschuldigen" das Sorgerecht zusprechen.

3.3.2.2. Das „Kindeswohl" als Herstellungsauftrag

Seit dem Urteil des Bundesverfassungsgerichtes vom 3.11.82, das ein gemeinsames Sorgerecht der Eltern nach Auflösung ihrer Ehe zuläßt, sind umfassende Forschungstätigkeiten zu Fragen der Sorgerechtsregelung nach Ehescheidung sowohl in den Rechtswissenschaften, als auch in den Sozialwissenschaften zu verzeichnen. Die nachfolgenden Fragen werden auf der formal-juristischen Ebene ebenso wie auf der inhaltlich-sozialwissenschaftlichen Ebene zum Teil heftig kontrovers diskutiert.

Das maßgebliche Kriterium zur Entscheidungsfindung für das gemeinsame Sorgerecht stellt neben den Kriterien Erziehungsfähigkeit beider Elternteile und dem Nicht-Vorhandensein von Gründen, die im Interesse des Kindes für ein alleiniges Sorgerecht sprächen, der übereinstimmende Wille beider Eltern dar.

In welchem Umfang ist der Familienrichter in seiner Entscheidung daran gebunden? Bedeutet der gemeinsame elterliche Wille eine Einschränkung seiner richterlichen Entscheidungskompetenz?

Ist durch das Kriterium „gemeinsamer Elternwille" der in Artikel 6, Absatz 2, Satz 1 beschriebene Schutz des Elternrechts fixiert? Findet darin der sich durch das gesamte Familienrecht ziehende Gedanke der Autonomie der Familie seine ihm zustehende Würdigung, indem auch im Konfliktfall Scheidung die Verantwortung beim betroffenen Paar bleibt? (Hierzu s. u. a. Luthin 1987 u. Limbach 1988 mit weiteren Hinweisen).

Das gemeinsame Sorgerecht – als mögliche alternative Regelung zur alleinigen elterlichen Sorge?

Hat es seinen Wert als Ausnahmeregelung? Oder ist die Möglichkeit als „anzustrebender Regelfall" (Jopt 1987) zum Wohl des Kindes zu präferieren? Bietet das gemeinsame Sorgerecht „Scheidungskindern" optimale Bedingungen für eine möglichst gesunde Sozialisation?

In der Begründung zum o. g. Urteil des Bundesverfassungsgerichts heißt es analog zu den Ausführungen des Sachverständigen Prof. Dr. Pechstein u. a.: „entspricht es den Erkenntnissen in allen kinderkundlichen Wissenschaftsbereichen, daß die Dauerhaftigkeit familiärer Sozialbeziehungen heute als entscheidende Grundlage für eine stabile und gesunde psychosoziale Entwicklung des heranwachsenden Menschen angesehen wird." Und weiter: „Die gefühlsmäßigen Bindungen des Kindes an Mutter und Vater können unabhängig von der Trennung und Ehescheidung seiner Eltern fortbestehen. Wenn auch eine gemeinsame Wahrnehmung der Elternverantwortung durch beide Eltern in der bisherigen Weise nicht mehr möglich ist, so haben sie doch die Pflicht, die regelmäßig mit ihrer Trennung für die Entwicklung des Kindes verbundene Schädigung nach Möglichkeit zu mildern und eine vernünftige, den Interessen des Kindes entsprechende Lösung für seine Pflege und Erziehung sowie seine weiteren persönlichen Beziehungen zu ihnen zu finden" (NJW 1983, Heft 3, S.101).

Untersuchungsergebnisse belegen, daß für die Kinder das am stärksten belastende Problem im Zusammenhang mit der Scheidung ihrer Eltern die Angst ist, von einem Elternteil verlassen zu werden (s. Limbach 1988), und daß die Abwesenheit des Vaters infolge einer Scheidung für Kinder negativere Auswirkungen hat als beim Verlust durch Tod (Fthenakis, Niesel & Kunze 1982).

Wallerstein und Kelly (1980) wiesen nach, daß dem ungehinderten und regelmäßigen Kontakt der Kinder zu dem Elternteil, der nicht mehr mit ihnen zusammenlebt, eine entscheidende Bedeutung zukommt für die Bewältigung der Scheidungssituation durch die Kinder.

Einen weiteren wesentlichen Faktor dafür bildet insbesondere auch die nacheheliche Kooperation als Eltern (Muus 1986, Wallerstein & Blakeslee 1984).

Eltern stehen damit in der Nachscheidungszeit vor der schwierigen Aufgabe sich einerseits als Partner voneinander zu trennen und andererseits als Eltern weiterhin gemeinsam in der Verantwortung für ihre Kinder zu bleiben.

Nach Fthenakis (1986) endet mit der Scheidung nicht die Familie, sondern mit ihr setzen Entwicklungsprozesse für die ganze Familie ein, die bewältigt werden müssen, indem das familiäre Beziehungsnetz modifiziert und den neuen Bedingungen entsprechend gestaltet wird. Für die Kinder wird der prozessuale Verlauf der Bewältigung der Scheidung und ihre weitere Entwicklung durch vier Faktorengruppen moderiert:

- das Ausmaß und Fortbestehen des elterlichen Konflikts,
- die Kompetenz des Elternteils, bei dem das Kind lebt, die Scheidung zu bewältigen und damit das Kind effektiv zu unterstützen,
- die Qualität der Beziehung des Kindes zum Elternteil, der nicht mehr in der häuslichen Gemeinschaft lebt,
- die Erhaltung des sozialen Netzes der erweiterten Familie (Großeltern etc.) (Fthenakis 1988).

Jopt (1987) geht davon aus, „daß jedes Verwirklichungsbemühen der Rechtsmaxime Kindeswohl untrennbar mit dem Fortbestand der nachehelichen Elternschaft verbunden ist." Er will das Kriterium des Kindeswohls nicht als „quasi-statische(n) Zustandgröße" verstanden wissen, sondern als „Gestaltungsprinzip, das dazu auffordert, die für die psychisch gesunde Entwicklung eines Kindes erforderlichen nachehelichen Voraussetzungen bestmöglich herzustellen." Dieses sieht er in der juristischen Form des gemeinsamen Sorgerechts verwirklicht.

Vorliegende Daten zeigen jedoch, daß in den Jahren von 1983 bis 1985 lediglich „in ca. 1,5% aller Sorgerechtsentscheidungen den Eltern das Sorgerecht gemeinsam belassen worden (ist)" (Limbach 1988, S.23).

Laut einer Umfrage des Allgemeinen Sozialen Dienstes der Stadt München bewerten Eltern, die das gemeinsame Sorgerecht ausüben, die Erfahrungen damit fast durchgehend positiv. 87% der Mütter und 89% der Väter waren von den Vorteilen dieser Regelung überzeugt und 90% der Eltern würden sich erneut für diese Regelung entscheiden (IETE o. Jahrg.).

Allerdings gelingt es ohne beraterische Hilfe den wenigsten Eltern, die Paarebene, auf der sie voneinander enttäuscht sind von der Elternebene, auf der sie sich ehemals als gleichermaßen wertvollen Elternteil anerkennen konnten, zu trennen und einen kooperativen Umgangsstil miteinander zu entwickeln. Napp-Peters beschreibt entsprechend in ihrer Untersuchung, daß es nur 27% der Eltern gelang „im Umgang miteinander neue Verhaltens- und Bewertungsmuster zu entwickeln, die ihnen eine Zusammenarbeit auf der Elternebene ermöglichen. Bei der Mehrheit (54 Prozent) ist der Kontakt zu dem getrennt lebenden Elternteil ganz abgebrochen, (...). Die übrigen Eltern gehen sich nach Möglichkeit aus dem Wege. Sie bezeichneten den Kontakt zu dem geschiedenen Partner als 'sehr distanziert' und erklärten, daß für eine Beziehung bei ihnen 'kein Interesse' vorhanden sei" (Napp-Peters 1988, S.35).

Mit dem im novellierten Kinder- und Jugendhilfegesetz für die Zukunft festgeschriebenen Rechtsanspruch auf Beratung von Eltern im Fall der Trennung oder Scheidung will der Gesetzgeber dieser Scheidungswirklichkeit dadurch begegnen, daß das Ziel der Beratung darin besteht „die Bedingungen für eine dem Wohl des Kindes oder des Jugendlichen förderliche Wahrnehmung der Elternverantwortung zu schaffen" (KJHG § 17). Diese Bedingungen sieht er dann verwirklicht, wenn es mit Hilfe der Beratung zur „Entwicklung eines einvernehmlichen Konzepts für die Wahrnehmung der elterlichen Sorge (kommt), das als Grundlage für die richterliche Entscheidung über das Sorgerecht nach der Trennung oder Scheidung dienen kann" (ebd.).

Auch an dieser Stelle wird der Anspruch deutlich: Unterstützung der Eltern mit dem Ziel einer möglichst konfliktfreien nachehelichen Kooperation.

Ob die Wahrnehmung der elterlichen Verantwortung nach Trennung oder Scheidung in der juristischen Form des gemeinsamen Sorgerechts am besten gelingt, kann in Ermangelung ausreichender Erfahrungen derzeit nicht entschieden werden.

Die Kontroverse, die darüber auf der wissenschaftlichen Ebene geführt wird, hat Balloff jüngst noch einmal zusammengefaßt unter der Überschrift „Konfliktmodell versus Prozeßmodell" dargestellt (Balloff 1991, mit einem Literaturüberblick zum Streit um das gemeinsame Sorgerecht als Regelfall).

Berücksichtigt werden müssen in der Auseinandersetzung mit der Frage nach der Anwendung des gemeinsamen Sorgerechts auch die Forschungsergebnisse von Wallerstein und Blakeslee (1984), aus denen ersichtlich wird, daß ein juristisch angeordnetes gemeinsames Sorgerecht nicht zur Diskussion stehen kann, da unter den Bedingungen des Zwangs es eher schädliche Folgen für das Kind haben wird, weil es in diesem Fall den Eltern die Möglichkeit bietet, ihren Konflikt darüber weiter auszutragen.

Auch die Hoffnung vieler Juristen, die oftmals in Verfahren formalisiert gehandhabte Entscheidungsfindung beim Modell des alleinigen Sorgerechts unter Anwendung nun normativer Entscheidungsstrukturen zugunsten eines gemeinsamen Sorgerechts abzulösen, muß von der Psychologie zunichte gemacht werden. Das juristische Denken muß sich öffnen für die Komplexität und Mehrdimensionalität der Familienkrise.

Maßgeblich für das Gelingen der Neuorientierung der Scheidungsfamilie ist sicher nicht die juristische Form des Sorgerechts, sondern daß

- die praktizierte Regelung einvernehmlich von den Eltern getroffen wird und
- die inhaltliche Ausformung dieser gefundenen Regelung für alle Familienmitglieder lebbar ist.

Unter Berücksichtigung der Prognose, daß in ca. 10 Jahren jedes 2. Kind in unserem Land nicht mehr in der Familie aufwachsen wird, in die es hineingeboren wurde, kommt den zukünftig gelebten Sorgerechtsmodellen eine entscheidende Bedeutung für der Sozialisation der Kinder zu. Die Modelle, die gelebt werden, müssen jeweils an die individuellen Familienbedürfnisse angepaßt werden. Wie dann im Einzelfall die juristische Regelung aussehen sollte, ist offen. Das Ziel ist auch hier wiederum die Abstimmung der Gesamtsituation auf die betroffenen Eltern und Kinder. Das erfordert auch Veränderungen und Neuanpassungen mit der Veränderung der Aufgabenstellung. Hier ist die juristische Seite der Sorgerechtsregelung viel zu statisch, was dann auch zu entspechenden gerichtlichen Auseinandersetzungen in der Nachscheidungsphase führt.

3.4. Die beteiligten Professionen

Die Mehrdimensionalität des Scheidungsgeschehens erfordert den Einsatz verschiedener Professionen, wenn diese Familienkrise zur Zufriedenheit aller Betroffenen gelöst und von ihnen bewältigt werden soll. Entscheidenden Einfluß auf den Verlauf des Trennungskonfliktes haben die am Verfahrensweg beteiligten Professionen.

3.4.1. Der/die Rechtsanwalt/-anwältin

Sind Ehepartner der Meinung, daß ihre Ehe gescheitert ist und sie entschließen sich zur Trennung und/oder Scheidung ist ihre erste Anlaufstelle in der Regel der/die Rechtsanwalt/-anwältin. Hier holen sich betroffene Frauen und Männer erste Informationen über ihre Rechte und das vorgeschriebene juristische Scheidungsverfahren.

Für die Verhandlung vor dem Familiengericht besteht im Scheidungsverfahren verfahrensrechtlich ein Anwaltszwang, d. h. das Verfahrensrecht läßt nur die Antragstellung durch einen Anwalt zu.

Dem Rechtsanwalt fällt im Scheidungsgeschehen eine entscheidende Rolle zu. Aus seiner Berufsordnung heraus und von seinem Selbstverständnis her ist er verpflichtet die Interessen *seines* Mandanten optimal zu vertreten und dessen Gewinne zu maximieren.

Die Rolle der Rechtsanwälte ist vielfältig. Sie sehen sich als Informationsquelle, Berater, Notar, Vermittler und Rechtsvertreter. Ihnen fällt aufgrund der Erwartungen der Klienten eine mannigfaltige Bedeutung als Wegweiser, Begleiter und Ratgeber zu (Große 1990). Darüber hinaus scheinen sie die Schaltstelle für die Richtung zu sein, in die sich der Trennungskonflikt entwickelt. Der Rechtsanwalt kann auch in seiner Funktion als Interessenvertreter zu einer förderlichen Kommunikation zwischen den Partnern und damit zu einer gütlichen Einigung beitragen oder aber eine Eskalation des Konflikts unterstützen und fördern.

Erfahrungen und Aussagen von Geschiedenen zeichnen für die alltägliche Praxis eher ein Bild, in dem die zweite Möglichkeit überwiegt: Sind erst Anwälte eingeschaltet, driften die Positionen auseinander und es kommt zur Frontenbildung. Der schriftliche Schlagabtausch zwischen den Rechtsanwälten der „Parteien" ist mitverantwortlich dafür, daß vielfach das Gespräch zwischen den Partnern gänzlich verstummt. Damit tragen sie auch zur Verringerung der Wahrscheinlichkeit einer nachehelichen gemeinsamen elterlichen Kooperation bei.

Auch in Auseinandersetzungen um das Sorgerecht für gemeinsame Kinder ist der Rechtsanwalt in der Hauptsache Parteivertreter. Er will den „Sieg" seines Mandanten. Dabei wird nicht gesehen, daß es für das Kind in höchstem Maß schädlich ist, wenn dieser Kampf mit allen Mitteln aufrecht erhalten wird. Egal welcher Elternteil mit Hilfe der „besseren" anwaltlichen Vertretung siegt, der Verlierer ist in der Regel zumindest das Kind.

Teilnehmer des „Deutschen Familiengerichtstages" und Vertreter einiger familienrechtlicher Berufsverbände fordern immer häufiger den Fachanwalt für das Familienrecht, „denn ein Scheidungsanwalt muß mehr können als nur die angeblichen Interessen seines Mandanten durchzusetzen. Vielmehr sollte er das Wohl des Kindes im Auge haben und versuchen, der Familie nach der Scheidung eine Chance zu verschaffen. Aber dafür braucht er psychologische Kenntnisse und Fingerspitzengefühl. Er sollte also nicht nur auf dem Gebiet des Familienrechts qualifiziert sein, sondern auch eine familienpsychologische Ausbildung absolviert haben" (Wilde 1989, S.168). Offensichtlich wird hier das psychologische Denken in den Vordergrund gerückt. Daß solche Aussagen aber notwendig sind, zeigt auf, wie stark noch immer das juristische Denken im Zentrum des Scheidungsprozesses steht.

3.4.2. Der/die Familienrichter/in

Im Rahmen der Eherechtsreform wurden 1977 die Familiengerichte geschaffen, vor denen seitdem die Ehescheidung und zwingend als Folgesachen im prozessualen Verbund das elterliche Sorgerecht und der Versorgungsausgleich verhandelt werden.

Da die Reform des Scheidungsrechts im Vergleich zum alten Recht insgesamt eine Erleichterung der Scheidung bedeutete, wurde als Konsequenz daraus der prozessuale Verbund eingeführt. Er soll dem Anspruch des Gesetzgebers Rechnung tragen, daß zugleich mit dem Ausspruch der Scheidung auch die finanzielle Situation für die beiden ehemaligen Partner und die Situation für die betroffenen Kinder geklärt und damit gesichert wird. Dies bedeutet insbesondere den Schutz der sozial schwächeren Familienmitglieder.

Dem Familienrichter obliegt es, die im Scheidungsprozeß geforderten Entscheidungen zu treffen. Die Ehescheidung selbst ist dabei mit der Einführung des Zerrüttungsprinzips für ihn vereinfacht worden, da die Suche nach der Schuld entfällt und nur noch das Scheitern der Ehe als einziger Scheidungsgrund festzustellen ist. Um so schwieriger gestalten sich für ihn die Entscheidungen über die Folgesachen der Scheidung. Es ist ein hohes Maß an Sachkenntnis von ihm gefordert, will er mit seinen Entscheidungen den Bedürfnissen aller am Familienkonflikt Beteiligten gerecht werden. Allgemein richterliche Alltagstheorien reichen hierfür nicht mehr aus.

Er muß umfassende Kenntnisse in allen Disziplinen der Rechtswissenschaft haben, die das Scheidungsgeschehen mitbestimmen. Dies gilt u. a. für das Vermögensrecht, Unterhaltsrecht, Rentenrecht und das Sozialhilferecht.

Von ihm ist gefordert, Fakten und Informationen nicht nur zu ermitteln, sondern diese auch zu beurteilen und in ihrem prognostischen Wert einzuschätzen.

In der Frage der Regelung der elterlichen Sorge ist er u. a. vor die schwierige Aufgabe gestellt, den unbestimmten Rechtsbegriff „Wohl des Kindes" mit Leben zu füllen. Konkret bedeutet dies, daß er über im Verfahren erhaltene Daten und Tatsachen das Kindeswohl nicht nur für die Gegenwart fesstellen muß, sondern darüber hinaus muß er entscheiden, mit welcher Sorgerechtsregelung das Wohl des Kindes für die Zukunft gesichert ist.

Der Prozeß dieser Entscheidungsfindung verlangt vom Familienrichter fundierte Kenntnisse in Persönlichkeitspsychologie und Psychodiagnostik sowie Familien- und Entwicklungspsychologie. Darüberhinaus muß er sich verstehend in die psychische Situation der betroffenen Kinder, Mütter und Väter einfühlen können.

Er muß den juristischen Verfahrensweg beachten, soll unparteiisch sein, seine Entscheidungen selbstkritisch reflektieren und seine persönlichen Einstellungen und Werte außen vor lassen.

In Anbetracht dieses „Anforderungskatalogs" fällt es nicht schwer, Verunsicherungen, Ängste und Überforderungsgefühle von Familienrichtern nachzuempfinden und den verbreiteten Wunsch nach vorgegebenen schematisierten und formalisierten Entscheidungsstrukturen zu verstehen.

In den Äußerungen vieler Richter lassen sich häufig aus dem Wissen heraus, letztlich wenig zur Lösung des Familienkonflikt beitragen zu können, Ohnmachtsgefühle erkennen. Wendel schrieb 1979: „Eine Befriedigung kann allerdings in der Regel durch eine solche (richterliche, Einf. d. Aut.) Entscheidung nicht erreicht werden. Die eigentlichen Konflikte sind nicht rechtlicher Art und daher durch eine rechtliche Entscheidung nicht lösbar. Sie wurzeln in der unverarbeiteten Beziehungsproblematik der Partner. Sie finden im Verfahren nur ihren rechtlichen Aufhänger. Dieser rechtliche Aufhänger verhält sich zu den zugrunde liegenden Konflikten wie die Spitze eines Eisberges zu dessen Gesamtvolumen" (Wendel 1979, S.4f).

Dieser Gedanke ist auch bei Prestien 1986 weiterhin aktuell, wenn er schreibt: „Der Richter kann ohne Hilfestellung zur Konfliktlösung wenig beitragen. (…) Für konfliktlösende Familienberatung fehlt ihm das Knowhow. (…) Der Konflikt ist mit dem Richterspruch in Wahrheit nicht gelöst, vielmehr festgeschrieben und schwelt als Dauerkonflikt über die Jahre hinaus weiter" (Prestien 1986, S.11).

Weder im Studium noch in der praktischen Ausbildung werden dem Juristen psychologische Kenntnise und Methoden vermittelt. Angesichts des expliziten Dienstauftrags der Familienrichter, im Familienkonflikt auf eine gütliche Streitbeilegung hinzuarbeiten – Prestien spricht vom Friedensvermittler –, hat dieser Mangel zur Folge, daß immer mehr von ihnen in Eigeninitiative an psychologischen Fortbildungen oder an Supervisionsgruppen teilnehmen.

Für die Zukunft wurden 1982 in Bad Boll in einer Arbeitsgruppe zum Selbstverständnis des Familienrichters und seiner Qualifikation u. a. die Forderungen aufgestellt, „daß der Jurist in Studium und praktischer Ausbildung systematisch mit der Psychologie vertraut gemacht werden soll. Für die schon praktizierenden Familienrechtler (Familienrichter/Anwälte/Sozialarbeiter) muß ein breites Angebot an berufsbegleitenden Fortbildungsmaßnahmen geschaffen werden, die besucht werden sollten (Prestien 1982, S. 179).

Die Vermittlung psychologischen Wissens z. B. aus der systemischen Familienforschung, der Entwicklungspsychologie und über die Psychodynamik im Konfliktmanagement an Familienrichter ist insbesondere auch deswegen von entscheidender Bedeutung, da er derjenige ist, der von seiner Dienstverpflichtung her entweder selbst vermittelnd tätig werden kann oder aber unter der Aussetzung des Verfahrens nach § 614 Zivilprozeßordnung (ZPO) den streitenden Partnern und/oder Eltern Ehe- oder – und dies geschieht zunehmend- eine Trennungsberatung empfehlen kann. Trotzdem bleibt letztlich die Überforderung dieser Berufsgruppe bestehen. Sie soll Jurist und Psychologe sein und gleichzeitig das juristische und psychologische Denkmodell für die Scheidung heranziehen. Das muß aus dem Spannungsverhältnis beider Denkmodelle zu Widersprüchen führen, die selbst bei den in beiden Disziplinen ausgebildeten Familienrichtern erhalten bleiben müssen. Hier ist der Gesetzgeber gefordert, mit dem Zerrüttungsprinzip als psychologischem Grundsatz ernst zu machen und das psychologische Modell in den Vordergrund zu rücken. Das juristische kann und soll in den Ausnahmefällen einer gescheiterten gemeinsamen Regelung greifen. Das würde dazu führen, die beiden Denkmodelle in ihrem Einfluß umzukehren.

3.4.3. Der Allgemeine Soziale Dienst

Im Fall der Ehescheidung muß der Familienrichter entscheiden, welchem Elternteil die Sorge für gemeinsame minderjährige Kinder übertragen wird.

In der juristischen Ausbildung von Richtern, Anwälten und Rechtspflegern fehlt aber die Vermittlung von sozialwissenschaftlichen und sozialpädagogischen Kenntnissen, die für diese Beurteilung maßgeblich erforderlich sind.

Über die Aufgabe der Familiengerichtshilfe wird dieses Wissen von den Mitarbeitern des Jugendamtes abgefordert. Nach § 50 KJHG ist der Sozialarbeiter des zuständigen Jugendamtes vor der Entscheidung durch den Familienrichter dazu zu hören. Die Unterlassung dieser Anhörung stellt einen Verfahrensfehler dar, der mit einer Beschwerde geahndet werden und u. a. zur Aufhebung der gerichtlichen Entscheidung führen kann.

Die Art und Weise, in der die Anhörung durchgeführt wird, ist nicht gesetzlich geregelt. Die Abfassung der Stellungnahme muß erkennen lassen, daß die angegebenen Daten auf eigenen Erkenntnissen beruhen. Tatsachen und subjektive Wertungen dürfen nicht miteinander vermischt werden. Insbesondere soll sich die gutachterliche Stellungnahme nicht nur an einer situativen Konfliktvermeidung orientieren, sondern auch prognostisch valide sein.

Inhaltlich muß die Stellungnahme des Jugendamtes die Kindeswohlformel mit Leben füllen und die Interessen des Kindes im Scheidungsverfahren der Eltern vertreten. Dazu bedient sich das Jugendamt des Gesprächs mit allen Familienmitgliedern. Nach Vorankündigung besucht ein Sozialarbeiter in der Regel zunächst den Elternteil, bei dem das Kind derzeit lebt und dann den anderen Elternteil, wenn das Kind auch hier anwesend ist. Auf diese Weise verschafft er sich ein Bild von dem Lebensalltag des betroffenen Kindes und dessen Verhalten im jeweils mütterlichen und väterlichem Umfeld.

Die daraus resultierenden Empfehlungen für ein bestimmtes Sorgerechtsmodell sind dann jedoch auch immer von den subjektiven Wertvorstellungen des Sozialarbeiters mitgeprägt.

Grundsätzlich könnte das Jugendamt im Rahmen dieser Gespräche mit den Eltern eine beratende und Hilfe bietende Position einnehmen. Die bisherige Praxis zeigt jedoch, daß die Jugendamtsmitarbeiter sich überwiegend als Hilfe des Gerichts bei der Zuteilung der elterlichen Sorge an einen Elternteil verstehen. Von betroffenen Eltern wird das Jugendamt von daher auch eher als Kontrollinstanz denn als Hilfe verstanden.

Eine Beibehaltung des gemeinsamen Sorgerechts nach Trennung oder Scheidung wird von der Mehrzahl der Jugendamtsmitarbeiter abgelehnt wegen vermeintlicher Nichtpraktizierbarkeit.

Fthenakis (1988) spricht davon, daß die Mitarbeiter der Jugendämter mit der überwiegenden Empfehlung einer reduktionistischen Sorgerechtsregelung aktiv das Kindeswohl verletzen.

Für die Zukunft wird sich die Arbeit der Jugendämter durch das Inkrafttreten des neuen KJHG entscheidend verändern müssen, denn spätestens ab 1995 soll den Eltern durch den zuständigen Sozialarbeiter Hilfe und Unterstützung angeboten werden für die Entwicklung er einvernehmlichen Regelung für die Ausübung der elterlichen Sorge nach ihrer Trennung oder Scheidung. „Damit stützt auch die normative Seite das Anliegen vieler Professioneller im Familiengerichtsverfahren, nicht von Anbeginn des Familiengerichtsverfahrens an nach dem Kindeswohl zu suchen, sondern das Kindeswohl aufgrund einer flankierenden Unterstützung der Eltern (wieder) herzustellen" (Balloff 1990, S. 12).

Für den Fall, daß die gemeinsame Beratung der Eltern durch den zuständigen Sozialarbeiter scheitert, muß aber dann ein weiterer Mitarbeiter des Jugendamtes zur Verfügung stehen, der die gutachterliche Stellungnahme für das Gericht erstellt. Der beratende Sozialarbeiter müßte dieses wegen Befangenheit ablehnen, weil sonst Beratung und Entscheidung vermischt werden. Eine Beratung ist aber nur dann erfolgversprechend, wenn die Äußerungen nicht gleichzeitig Gegenstand einer Entscheidung sein können. Ansonsten haben derartige Sitzungen vorwiegend den Charakter einer positiven Selbstdarstellung der Beteiligten.

3.4.4. Der psychologische Sachverständige

Der psychologische Sachverständige am Familiengericht arbeitet im Spannungsfeld zwischen den beiden Disziplinen Rechtswissenschaft und Psychologie.

Im Fall einer gerichtlich angeordneten Gutachtenerstellung bei Sorgerechtsstreitigkeiten ist die Psychologie als Hilfswissenschaft der Rechtspraxis dem Familienrichter an die Seite gestellt. Das rechtliche Ziel der Sorgerechtsentscheidung soll mit Hilfe der Psychologie erreicht werden, ohne dieses rechtliche Ziel selber in Frage zu stellen.

Der Auftrag des Familiengerichts an den psychologischen Sachverständigen lautet typischerweise folgendermaßen: „Es soll Beweis erhoben werden über die Frage, welcher der Eltern unter Berücksichtigung der gefühlsmäßigen Bindungen der Kinder, der eigenen Erziehungsfähigkeit und der jeweils angestrebten Perspektiven für das eigene Leben und das Leben der Kinder zur alleinigen Ausübung der elterlichen Sorge besser geeignet ist" (Aussage eines Richters, zit. n. Balloff 1985, S. 308).

Das klassische Gutachten beantwortet die Fragen des Gerichts, indem es Angaben zu den Persönlichkeitstrukturen der Mutter, des Vaters und des betroffenen Kindes enthält, die Lebensumstände der Eltern und der Kinder darlegt, die Familiendynamik rekonstruiert und offenlegt sowie eine daraus entwickelte Empfehlung für eine Sorgerechtsregelung zugunsten eines Elternteils aufzeigt.

Wenn das Gutachten hilfreich für den Familienrichter zur Entscheidungsfindung beitragen soll, indem es die geforderten Antworten erbringt, bedeutet dies für den Gutachter: Er muß (möglichst unterschiedliche) Diagnosen erstellen über die Qualität und/oder Quantität der gefühlsmäßigen Bindung der betroffenen Kinder an seine Eltern sowie über die Erziehungsfähigkeit der beiden Elternteile. Außerdem sollen die von beiden Elternteilen für sich und ihre Kinder für die Zukunft entwickelten Lebenskonzepte (ebenfalls möglichst unterschiedlich) bewertet werden.

Dieses Vorgehen entspringt der traditionellen Eignungsdiagnostik und teilt die Eltern der betroffenen Kinder ein in „gute" und „schlechte", „wichtige" und „unwichtige" sowie „erziehungsfähige" und „weniger erziehungsfähige" Elternteile.

Für die Fragestellung und das Abfassen dieser Gutachten fehlen bislang in der BRD verbindliche Richtlinien. Ebensowenig gibt es ausreichend objektive Verfahren, die z. B. eine vergleichende Beurteilung der Erziehungsfähigkeit von Eltern zulassen. Es ist kaum auszuschließen, daß in die Gutachten auch immer persönliche Wertvorstellungen, Vorurteile, Sympathien und Antipathien sowie die eigenen gemachten Erfahrungen des Gutachters mit einfließen.

Die nach heutiger Praxis erstellten Gutachten fallen demzufolge quantitativ und qualitativ sehr unterschiedlich aus, lassen bei vielen der betroffenen Familien ein hohes Maß an Unzufriedenheit zurück und tragen nicht selten zu einer Verschärfung des Konfliktes bei, was allein schon aus der o. g. Fragestellung des Gerichts herrührt.

Die aufgrund der Empfehlung des psychologischen Sachverständigen vom Familienrichter getroffene Sorgerechtsregelung löst denn auch in den seltensten Fällen den Familienkonflikt, sondern entscheidet maximal die erste Runde (s. Jopt 1985). Die zweite Runde wird dann entweder in der nächsten Instanz oder über die Umgangsrechtsregelung ausgetragen. Wilde (1989) beschreibt in beklemmender Weise die „Gutachtenkarrieren" betroffener Familien.

Befragte Eltern wünschten sich eher eine Beratung durch den Gutachter, die ihnen hilft ihren Familienkonflikt zu lösen (siehe 6.2.1).

Auch Familiensoziologen, Berater und Scheidungsforscher kritisieren zunehmend diese Arbeitsweise des psychologischen Sachverständigen im Sinne eines Gehilfen des Gerichts. Vielmehr sollte sich der Gutachter als Helfer der Familie einbringen, der in der Rolle als Vermittler mit seiner Arbeit einen entscheidenden Beitrag leisten könnte zu erkennen, über welche vorhandenen Ressourcen sich das betroffene Familiensystem neu organisieren ließe und somit Eltern Unterstützung darin fänden eine einvernehmliche Regelung zu erarbeiten (siehe 5.2.1.2).

Gefordert ist ein Paradigmawechsel: Vom Kindeswohlkonzept zum Konzept des Familienwohls, denn ersteres ist ohne Berücksichtugung der Bedürfnisse der Eltern nicht herzustellen.

Das familienbezogene Gutachten sollte sich nicht am individuumsorientierten Kindeswohlkonzept ausrichten, sondern sich über die Orientierung an systemischen Modellen einer Allparteilichkeit verpflichtet fühlen. „Untersuchungsgegenstand" sollten nicht die einzelne Individuen sein, sondern die Familie. Indem der Gutachter sich der Allparteilichkeit verpflichtet fühlt, schützt er das Kind davor, sich für einen der Elternteile entscheiden zu müssen, und verhindert dadurch, daß das Kind einem Loyalitätskonflikt ausgesetzt wird. Ziel seiner systemisch orientierten Arbeit sollte dann das Aufzeigen von Beziehungsquellen und Beziehungsbedürftigkeiten aller Mitglieder im familiären Beziehungsgefüge sein.

Das familenbezogene Gutachten unterscheidet sich vom traditionellen Gutachten somit zuallererst durch die Art seines Vertrages, der mit allen Familienmitgliedern geschlossen wird und nicht nur mit den betroffenen Kindern. Ziel des am Familienwohl orientierten Gutachtens ist die Erhaltung der Ursprungsfamilie, im Gegensatz zur Herstellung einer reduzierten Familie, wie sie die o. g. Fragestellung des Gerichts vom Gutachten abfordert.

Der Auftrag des Familiengerichts an den Gutachter sollte also die Beschreibung des Weges sein, wie eine gemeinsame Elternschaft trotz Scheidung verwirklicht und über welche Maßnahmen sie von den Eltern erreicht werden könnte.

Der Zwang zur vorläufig endgültigen Regelung des Sorgerechts bei der Scheidung ist aus psychologischen Gründen abzulehnen, weil das Scheitern der Paarbeziehung nicht zwangsläufig das Scheitern der Elternschaft bedeutet. Es sollte generell die Möglichkeit bestehen, wenn Eltern sich nicht einigen können, verschiedene Modelle auszuprobieren. Erst dann ist über das Sorgerecht zu beschließen.

Folglich sollte aus psychologischer Sicht der Ausspruch der Scheidung von der Sorgerechtsregelung abgetrennt werden können, und der Sachverständige erhielte die Aufgabe bei einem strittigen Verfahren, einen *Weg* zu skizzieren, der von der Familie beschritten werden sollte, ohne das Ziel des Weges bereits vorwegzunehmen, wie es das klassische Gutachten derzeit vom Sachverständigen fordert.

3.5. Zusammenfassung

Das juristische Verfahren gibt nur einen verkürzten Einblick in die langandauernde Dynamik des Trennungs- und Scheidungsprozesses. Das herkömmliche juristische Denkmodell, dessen Struktur die klassische monokausale Ursachen-Wirkungs-Verknüpfung widerspiegelt, kann der prozessualen und zirkulären Systemstruktur des Familienkonflikts nicht gerecht werden. Neben grundsätzlichen Zweifeln an der Möglichkeit, soziale Konflikte über das Recht lösen zu können, bleibt die Entscheidung durch das Gericht als eine an einen Dritten delegierte Konfliktlösung auf der Stufe der Herstellung eines Kompromisses stehen. Der anzustrebende Konsensus zwischen den ehemaligen Partnern wird in der Regel durch das Gerichtsurteil nicht erreicht. Es kann bestenfalls einen Konsensus, der von den Betroffenen erzielt werden konnte, festschreiben.

Als Folgerung aus der Komplexität des Familienkonflikts ist kurzfristig die zunehmend geforderte interdisziplinäre Zusammenarbeit der beteiligten Professionen zu verwirklichen. Von allen Berufsgruppen ist eine vielfältige Kompetenz gefordert in der Arbeit mit Scheidungsfamilien. Ein interdisziplinärer Erfahrungsaustausch und interdisziplinäre Kooperation sowie Fortbildung kann dazu beitragen, diese zu gewährleisten, trotzdem darf es nicht zu einer Überforderung der Berufsgruppen kommen, weil selbst dann noch immer sich widersprechende Denkmodelle existieren, die als Entscheidungsgrundlage herangezogen werden müßten. Auf der wissenschaftlichen Ebene ist dieser multiprofessionelle Austausch mittlerweile häufig gelungen. Im Praxisalltag scheint dies dagegen immer noch sehr schwierig zu sein. Nicht zuletzt infolge von Kosten- und Zeitmangel, vor allem aber auch aufgrund von Verständigungsschwierigkeiten, scheitern oftmals erste Versuche und jede Profession geht weiter *ihren* gelernten Weg.

Ein Ziel der Trennungs- und Scheidungsberatung ist die Sicherung und Förderung der Kommunikation zwischen den sich trennenden Partnern. Wenn die beteiligten Berufsgruppen dieses leisten wollen, müssen sie selber miteinander im Gespräch sein. Parteiliche und reduktionistische Regelungs-strukturen sollten zugunsten einer Allparteilichkeit für die Bedürfnisse der Scheidungsfamilien aufgegeben werden.

Abschließend soll festgehalten werden, daß jede der am Scheidungsver-fahren beteiligten Berufsgruppen aus seiner Position heraus beraterisch tätig werden kann, um Einigungsprozesse über die Rückgabe der Verantwortung an die Eheleute zu initiieren und mit den Eheleuten einvernehmliche Lösun-gen zu erarbeiten.

Für die Mitarbeiter der Sozialen Dienste und für die Rechtsanwälte ist jedoch zu beachten, daß sie im Falle des Scheitern des Einigungsbemühens und bei der Scheidung aufgrund der Gefahr der Interessenkollision die Klienten nicht mehr vertreten dürfen.

Der maßgebliche Grund für eine möglichst frühzeitige Konfliktberatung liegt in der Erkenntnis, „daß bereits im Vorfeld der (gerichtlichen, Einf. d. Aut.) Entscheidung die Weichen für eine Entwicklung gestellt werden kön-nen, die für alle Beteiligten vorteilhaft ist" (Fthenakis, Niesel & Kunze 1982, S. 217). Aus diesem Grunde ist auch die Initiative des neuen KJHG prinzi-piell zu begrüßen, obwohl die Trennung zwischen Beratung und Entschei-dung – u. U. auch nur im Sinne einer Empfehlung an den Richter – verwischt werden kann, wenn die Sozialen Dienste des Jugendamtes mit beiden Auf-gaben betraut werden oder die Gutachter wesentlich zur Beratung überge-hen. Eine Beratung, die immer Offenheit und Verschwiegenheit gegenüber Außenstehenden voraussetzt, ist nur möglich, wenn der Rollenkonflikt prin-zipiell, auch aus der Sicht der Betroffenen, ausgeschaltet wird. Mittelfristig bedeutet die konsequente Anwendung des Zerrüttungsprinzips die Vorherr-schaft des psychologischen Denkmodells in diesem Bereich, das durch das juristische im „Katastrophenfall" ergänzt wird.

Letztlich werden sich auch nur so die Widersprüche in den Scheidungsver-fahren auflösen lassen. Kurzfristig ist dem Gesetzgeber jedoch am besten damit gedient, daß eine umfassende Trennungs- und Scheidungsberatung aufgebaut wird, die die psychischen Folgen unter den derzeit geltenden juristischen Rahmenbedingungen zu bewältigen in der Lage ist.

4. Sozialpsychologische Grundlagen interpersonaler Konfliktlösung

Wie bereits dargestellt sind Trennung und Scheidung kritische Lebensereignisse, die die Betroffenen erheblich belasten. Diese Belastungen resultieren einerseits aus der Auflösung einer so engen Beziehung, wie es eine Partnerschaft i.a. ist, und andererseits aus vorausgegangenen vergeblichen Versuchen der Konfliktregelung in der Partnerschaft. Eine Trennung oder Scheidung stellt dann eine übergeordnete Lösung von interpersonalen Konflikten dar, indem man die Berührungspunkte so klein wie möglich hält. Da nun aber die Trennung selber verschiedene Konflikte hervorruft (Güteraufteilung, Sorgerechtsregelung etc.), müssen diese angemessen gelöst werden, damit nicht die ursprünglichen Ehekonflikte über die unzureichende Trennungsregelung ein ganzes Leben nachwirken. Hierzu sind verschiedene Konzepte und Methoden entwickelt worden (siehe Kap. 5), die bei der Konfliktlösung in dem Prozeß der Trennung und Scheidung helfen.

Da solche Verfahren meist durch Erfahrungswissen in der Praxis entwickelt werden, fehlt häufig die theoretische Begründung der Ansätze und ihre Beziehung zur Grundlagenforschung. Dadurch entsteht der Eindruck eines unüberblickbaren und zufällig entstandenen Maßnahmenkatalogs ohne Beziehung untereinander. Ferner sind diese Konzepte und Methoden auch nur selten ausreichend evaluiert worden, so daß im wesentlichen die Intuition als Beurteilungsgrundlage solcher Verfahren übrig bleibt. Gelingt es nun aber eine Verknüpfung zwischen (meist experimenteller) Grundlagenforschung und Beratungsmethoden herzustellen, so stützen sich beide Bereiche – Grundlagenforschung und Praxis –, so daß die Bewertung der praktischen Maßnahmen auf eine breitere Grundlage gestellt wird. Dieses ist für die Weiterentwicklung auf einem praktischen Gebiet unbedingt wünschenswert. (Natürlich kann auch die Grundlagenforschung von der Übertragung ihrer Ergebnisse in eine konkrete Praxis erheblich profitieren, indem Einseitigkeiten und Übergeneralisierungen sichtbar werden. Doch soll dieser Einfluß hier ausgeklammert bleiben.)

4.1. Interpersonale Konflikte: Begriffsbestimmung und Differenzierung

In vielen Fällen ist es nützlich über die verwendeten Begriffe eine gewisse Vereinheitlichung der Vorstellungen vorzunehmen. Das geschieht dadurch, daß man die wichtigsten Punkte eines allgemeinen Begriffs – hier der des interpersonalen Konflikts – zu differenzieren versucht.

Generell läßt sich eine interpersonale Konfliktsituation wie folgt charakterisieren:

> Ein interpersonaler Konflikt entsteht dann, wenn in einer (Zwei-Personen-) Gruppe eine kollektive Lösung gefordert wird, aber die individuellen Präferenzsysteme nicht übereinstimmen.

Welche Merkmale lassen sich jetzt bei dem Begriff „interpersonaler Konflikt" unterscheiden?

Wir wollen hierbei 6 grundlegende Aspekte differenzieren:

1) Ein interpersonaler Konflikt erfordert *mindestens zwei unterscheidbare Individuen mit häufig unterschiedlichen Sichtweisen der gesamten Konfliktsituation*, wobei deutlich wird, daß *intra*personale Konflikte ausgeklammert werden. Letztere muß man individuell bearbeiten. Interpersonale Konflikte dagegen lassen sich als Auseinandersetzungen zwischen mindestens zwei Personen von außen beobachten. Als Ergebnis zeigt sich dann aber nicht selten, daß eine von den beteiligten Personen gegebene Schilderung des Konfliktes qualitativ unterschiedlich ist. Hierbei wird die individuelle Beteiligung an dem Geschehen deutlich. Sie erfordert sehr häufig eine individuelle Umdeutung der Konfliktsituation, um die eigene Identität zu sichern. Die Konsequenz daraus ist, daß eine Einigung zwischen den Personen nicht erfolgen kann, weil bereits die Ausgangslage verschieden interpretiert wird. Hierzu bedarf es dann einer externen Sichtweise durch einen unabhängigen Berater, um eine gemeinsame Sichtweise zu ermöglichen.

2) Bei gemeinsamer Ausgangslage entsteht ein interpersonaler Konflikt aus *Positions- und/oder Ressourcenknappheit*, d. h. nicht jeder kann bestimmen (z. B. Sorgerechtsregelungen) und die Ressourcen (Geld, Einrichtung, Wohnung) müssen verteilt werden.

3) Ein interpersonaler Konflikt erfordert von beiden Personen *Aktionen und Reaktionen*, d. h. es muß eine Interaktion stattfinden, um diesen Konflikt zu lösen. Die Form der Interaktion ist häufig so geartet, daß eine Einigung immer unwahrscheinlicher wird, wenn nicht neutrale Berater zur Seite stehen.

4) Ein interpersonaler Konflikt führt zur Ausübung von *Macht* auf die andere Person, wozu verschiedene Mittel zur Verfügung stehen (Witte 1985). Nach French und Raven (1968) lassen sich sechs Machtmittel unterscheiden:
   a) *Macht durch Belohnung*, d. h. eine Person besitzt für die andere „wertvolle Gaben";
   b) *Macht durch Zwang*, d. h. eine Person kann gegenüber der anderen Zwang ausüben;

c) *legitime Macht*, d. h. es gibt einen sozial oder rechtlich abgesicherten Einfluß z. B. durch gesetzliche Umgangsregelungen;

d) *Identifikationsmacht*, d. h. die eine Person ist an die andere emotional stärker gebunden, z. B. bei den Kindern ist die augenblickliche Beziehung zu einem Partner stärker und diese Beziehung wird genutzt, um die Kinder zu manipulieren;

e) *Expertenmacht*, d. h. eine Person besitzt spezielle Kenntnisse, die sie zu ihrem Vorteil nutzen kann, z. B. durch gezielte Hinweise ihres Rechtsanwaltes;

f) *Informationsmacht*, d. h. eine Person verfügt über einen Informationsvorsprung gegenüber einer anderen, z. B. durch Ausfragen der Kinder über den anderen Partner, wenn dieser von den Kindern besucht wurde.

Alle diese Machtmittel finden auch im Rahmen von Trennung und Scheidung ihren Einsatz. Darauf ist in einer Beratung zu achten, weil es nicht um eine Interessensvertretung eines Partners geht, sondern um die ausgewogene Konfliktlösung. Die Folge kann aber sein, daß man gewisse Machtmittel, wie z. B. den besseren Anwalt zu haben, in einer Beratung verliert (siehe Pkt. 5.2.2.1.1.). Überhaupt wird diese Form der Auseinandersetzung mit Hilfe von Machtmitteln in der Beratung aufzuheben versucht.

5) Das Verhalten in Konflikten ist darauf gerichtet, auf Kosten der anderen Person einen *relativen Vorteil* zu erzielen. Genau diese Ausrichtung muß in der Beratung minimiert werden, weil sonst die Konflikte nur vorläufig gelöst scheinen, wenn ein vermutlicher Vorteil für die eine Person auftritt.

6) Ein interpersonaler Konflikt läßt sich unterteilen in ein *Null-Summen-Spiel* und in ein *Nicht-Null-Summen-Spiel*. Im ersten Fall entspricht der Gewinn des einen dem Verlust des anderen. Hierunter fallen viele Auseinandersetzungen über die Ressourcen (Geld, Versorgung, Einrichtung, Wohnung etc.). Darüber hinaus gibt es aber zahlreiche Gebiete, die nicht dieser einfachen „Spielsituation" entsprechen, z. B. die Umgangsregelung mit den Kindern, die gesamte Art der Auseinandersetzung während der Trennung etc. Hierunter fallen also viele Positionskonflikte, bei denen *beide* verlieren oder gewinnen können, ohne daß diese Ergebnisse in Zahlen festzuhalten sind.

Diese sechs Merkmale interpersonaler Konflikte sind Grundlagen für jede Trennungs- und Scheidungsberatung, indem sie von den Beratungsmethoden aufgegriffen werden müssen.

Es gilt dabei zwei Aspekte interpersonaler Konflikte zu unterscheiden: Die nützlichen und die unproduktiven. Da es sich im Rahmen von Trennung und Scheidung um Interessenkonflikte und nur selten um Wahrheitskonflikte handelt (Aubert 1963, Thibaut & Walker 1978), ist eine Auseinandersetzung die wichtige Grundlage für die angemessene Konfliktregelung, d. h. Auseinandersetzungen sind nicht zu vermeiden, sondern nur produktiv umzuformen, wenn das in der häufig gespannten Situation der Trennung geht. Allein die Art des Umgangs mit ihnen ist das Problem. Wenn nun aber bereits während der Ehe ein angemessener Umgang mit Konflikten kaum möglich war, so daß als Ausweg die Trennung mit anschließender Scheidungsabsicht erfolgte, so kann man bei der Trennung kaum mit einem angemessenen Umgang mit den Konflikten rechnen. Die Konsequenz daraus ist dann aber eine Gefährdung der Gesundheit bis hin zu Suizid und Totschlag (Simons 1988) während dieser Periode, aber auch danach, wenn die Konfliktlösung nicht abgeschlossen ist. Erst wenn die interpersonale Konfliktlösung auch intrapersonal akzeptiert wird, kann man später mit der Lösung auch ohne weitere Probleme leben.

Welche Alltagskonflikte lassen sich in Paarbeziehungen unterscheiden? Besonders häufig treten bereits während der Beziehung die folgenden drei auf:

1) *Dominanzkonflikte*: Wer hat in welchem Ausmaß was zu bestimmen?

2) *Nähe-Distanz-Konflikte*: Werde ich von dem anderen genug beachtet und geschätzt? Liebe ich den anderen noch genug?

3) *Erwartungskonflikte*: Verhält sich der andere im Alltag so, wie ich es von ihm erwarte?

Diese drei Konfliktarten eskalieren zu Beginn der Trennung und sind deren Auslöser. Dabei kann jeder Alltagsbereich ein *Auslöser* für die Auseinandersetzung sein. Letztlich sind die Präferenzsysteme der beiden Partner so weit voneinander entfernt, daß eine kooperative Lösung nur noch selten möglich ist, selbst wenn vor dem Familiengericht die Scheidung als nichtstrittig erscheint. Häufig folgt dem ein Nachgeben ohne individuelle Akzeptierung, was psychische und/oder rechtliche Nachfolgeprobleme mit sich bringen kann. Man darf also nicht davon ausgehen, daß der hohe Prozentsatz gemeinsam beantragter Scheidungen von ca. 85% (Rottleuthner-Luther 1989) ein nur geringes Konfliktpotential beinhaltet. Darin spiegelt sich vor allem die besondere Bedeutung der emotionalen Bindung für eine Ehe wider, die nur aufrechterhalten werden kann, wenn die Gegenseitigkeit gewahrt ist (Nave-Herz et al. 1990). Ist diese Gegenseitigkeit verloren gegangen, so ist es aus ökonomischen und anderen Gründen sinnvoll, gemeinsam eine Scheidung zu beantragen, obwohl das Ausmaß der Konflikte erheblich bleibt. Der juristische Weg und seine Vorgehensweise gibt wenig Aufschluß über die psychologischen Hintergründe (s. Kap. 3).

4.2. Drohung und Schlichtung

Eine wichtige Form der Machtausübung ist die Androhung von Sanktionen (Macht durch Zwang). Dieses geschieht sowohl in der Familie selber, aber ebenso in der Auseinandersetzung zwischen den Rechtsanwälten. Selbst wenn aus juristischer Position der Schriftwechsel nicht als Drohung gemeint war, ruft er doch häufig eine entsprechende Wirkung bei der Gegenpartei hervor. Besonders problematisch ist eine solche Drohung, wenn die Gegenpartei sich als Person herabgesetzt fühlt. Dann ist ihre Reaktion fast immer der Einsatz einer Sanktion. In jedem Fall ist, wie aus der experimentellen Forschung bekannt, bereits das Vorhandensein von Drohungsmöglichkeiten für die positive Lösung von Konflikten hinderlich (Krivohlavy 1974). Ein Konflikt eskaliert unter diesen Bedingungen und seine Lösung wird nurmehr unter äußerem (juristischem) Druck möglich. Diese Art des Umgangs zwischen zwei Parteien, wobei Androhungen und vermeintliche legitime Macht durch Verweis auf Gesetze eine wichtige Rolle spielen in der Auseinandersetzung, liegt an dem *nicht-adversarischen* Prozeßmodell in unserem Rechtssystem. Hierbei ist der Rechtsanwalt ein Interessensvertreter seines Mandanten unter der Prämisse, möglichst viele Vorteile für ihn zu erreichen. Dabei werden entsprechende Machtmittel eingesetzt, eben weil von der Gegenpartei gleiches erwartet wird. Dieses Aushandeln unter Wettbewerbsbedingungen ist das Grundmodell für eine juristische Auseinandersetzung im kontinentaleuropäischen Rechtskreis (BRD, Frankreich, Italien). Dagegen ist das *adversarische System* durch direkte Kooperation der Parteien gekennzeichnet, wobei möglichst auf den Einsatz von Machmitteln verzichtet wird. Dieses Prozeßmodell ist in den USA, Großbritannien und Australien vorherrschend (Walker & Lind 1984). Es hat natürlich als eine Konsequenz die Einführung von Mediation-Methoden, um zu einer gemeinsamen Lösung zu kommen (siehe Kap. 5). Folglich ist der nur geringe Ausbau einer Trennungs- und Scheidungsberatung auch durch die Grundannahmen des Rechtssystems bedingt. Dabei scheint der Vorteil eines nicht-adversarischen Systems im Bereich der Wahrheitsfindung zu liegen und damit vor allem in der Strafprozeßordnung seine Berechtigung zu haben. Dagegen ist insbesondere bei Scheidungsverfahren ein adversarisches System vorteilhafter, weil dadurch die Konflikte eher direkt und kooperativ gelöst werden ohne eine Eskalation der Auseinandersetzungen (Walker & Lind 1984). Eine solche Form der Konfliktlösung basiert aber letztlich auf Traditionen des Rechtssystems, die nur schwer zu ändern sind. In der BRD sollten sie aber zunächst durch den Ausbau von Scheidungsberatungsstellen zum Nutzen der Betroffenen modifiziert werden (siehe Kap. 6).

4.3. Prozedurale Gerechtigkeit und Akzeptierung von Konfliktlösungen

Diese Form des adversarischen Rechtssystems hilft nun nicht nur, die Eskalation von Konflikten zu vermeiden, sondern führt auch zu einer größeren Akzeptierung ausgehandelter Lösungen als gerecht. Dabei unterscheidet man zwischen distributiver und prozeduraler Gerechtigkeit. Erstere bezieht sich auf Ressourcenkonflikte, ob diejenige Menge, die man bekommen hat, auch als gerecht eingeschätzt wird. Die zweite Form bezieht sich auf Prozesse und Regeln (Positionskonflikte), nach denen diese Aufteilung erfolgte. Entscheidend bei der Beurteilung einer Konfliktlösung als (prozedural)-gerecht ist die *aktive Beteiligung* an diesem Prozeß der Konfliktlösung. Dabei lassen sich zwei Formen der Beteiligung unterscheiden:

1) aktive und direkte Auseinandersetzung mit der anderen Partei
2) indirekte Auseinandersetzung und Wahl zwischen vorgegebenen Alternativen eines Schlichters.

Im ersten Fall besitzen beide Parteien ein gewisses Ausmaß an Prozeßkontrolle, sie bestimmen mehr oder weniger den Verlauf der Verhandlungen. Im zweiten Fall liegt nur eine Kontrolle über den Ausgang vor.

Eine direkte Auseinandersetzung im Beisein eines Mediators setzt voraus, daß ein gewisses Ausmaß an gegenseitiger Akzeptierung vorhanden ist. In einem solchen Falle spricht man von *Prozeßschlichtung*. Sie ermöglicht das gemeinsame Aushandeln durch die Betroffenen, wobei in der Scheidungsphase selten die Kinder selber eine gewichtige Rolle beim Aushandeln einnehmen. Hierzu müssen erst Methoden erarbeitet werden, sofern die Kinder ein gewisses Alter erreicht haben.

Eine solche Prozeßschlichtung beinhaltet folgende Punkte:

a) direkte Kommunikation beider Parteien unter Anwesenheit des Mediators;
b) sich in die Rolle der anderen Partei zu versetzen, um so ein besseres Verständnis für die andere Seite zu ermöglichen;
c) mehrere Punkte zu einem Verhandlungspaket zu verbinden, um als Gesamtheit Gewinn und Verlust auszugleichen.

Eine *Inhaltsschlichtung* dagegen findet dann statt, wenn jede Partei einzeln ihr Anliegen vorträgt und der Schlichter Vorschläge erarbeitet. Diese Form der Schlichtung wird häufiger bei einvernehmlichen Scheidungen durch den Rechtsanwalt vorgenommen. Auch in solchen Fällen noch einen Schritt weiterzukommen in Form von Scheidungsberatung durch Anwendung von Mediation-Methoden wäre sinnvoll, weil durch diese Form der Beratung die Familiengerichte erheblich von Verfahren entlastet würden, die nach der Scheidung wieder aufgenommen werden. Milne (1978) berichtet, daß durch Scheidungsberatung die Wiederaufnahme der Verfahren von ca. 30% auf ca. 10% reduziert werden konnte, was eine erhebliche Entlastung der Familiengerichte bedeutet.

Ist nun vor Beginn einer Auseinandersetzung deutlich, daß ein Mediator als dritte Partei hinzugezogen wird, dann hat sich gezeigt, daß kleine Konflikte eher selber gelöst, aber größere dem Schlichtungsprozeß überantwortet werden, weil ohne äußere Hilfe eine Lösung für beide nur schwer vorstellbar ist.

54

4.4. Individuelle Motivation und interpersonale Konfliktlösung

Bei einer näheren Betrachtung des individuellen Verhaltens in Konfliktsituationen sind die zugrundeliegenden Motivationen von größter Bedeutung. Sie bestimmen in gewissem Umfang, wie man sich bei der Konfliktlösung verhält. Hierzu lassen sich vier Arten von Motivationen unterscheiden:

1) *Die Motivation zur Kooperation*, d.h. man versucht den gemeinsamen Gewinn zu maximieren oder den gemeinsamen Verlust zu minimieren. Man berücksichtigt also die Ergebnisse aller beteiligten Personen.
2) *Die Motivation zum Wettkampf*, d.h. man versucht möglichst mehr als der andere zu bekommen, unabhängig davon, ob dann beide weniger erhalten als bei entsprechender Kooperation. Man möchte also vor allem mehr erhalten als der andere, wobei beide Parteien im Blickfeld sind.
3) *Individualistische Motivation*, d.h. man achtet nur auf seinen eigenen Vorteil, indem man möglichst viel erhalten möchte, unabhängig davon, was der andere bekommt.
4) *Aggressive Motivation*, d.h. man möchte, daß der andere möglichst wenig bekommt, selbst dann, wenn man eigene Verluste hinnehmen muß.

Wenn man als unabhängiger Beobachter die Kontrahenten als Einheit betrachtet, dann ist nur eine Form der Motivation rational, in dem Sinne, daß beide zusammen möglichst viel erhalten, nämlich die Kooperation. Bei einer Trennung oder Scheidung ist jedoch nicht damit zu rechnen, daß die Partner kooperativ sind, so daß die anderen drei Formen der Motivation vorherrschen werden. Außerdem ist darauf zu achten, daß sich nicht einer der Partner ausbeuten läßt, weil er kooperativ ist, der andere aber auf seinen Vorteil bedacht ist bzw. aus Aggression handelt. Wenn die Motivationslage bei beiden verschieden ist, dann ist jede Konfliktlösung erschwert. Eine realistische Einschätzung der Motivationslage bei Auseinandersetzungen während der Trennung oder Scheidung geht wohl dahin, daß man Kooperation und Wettkampf als vorherrschende Motive zumindest in einer Beratungssituation herbeiführen kann. In beiden Formen ist jeweils der gemeinsame Anteil an der Konfliktlösung im Blickfeld. Eine vorwiegend individualistische oder sogar aggressive Motivationslage muß vorher bearbeitet werden, wenn der anstehende Konflikt befriedigend gelöst werden soll. Hierzu sind spezielle Mediation-Ansätze zu entwickeln. Diese haben die Aufgabe, die kollektive Rationalität zu erhöhen. Manchmal ist diese Form der Rationalität auch nur dann zu erreichen, wenn zuerst einmal die gegenseitige Wut und Verletzung in der Beziehung geklärt wird, um überhaupt für gemeinsame Lösungen befähigt zu werden (s. Kap. 8). Bei besonders starker persönlicher Berührung ist sogar zuerst eine individuelle Scheidungstherapie notwendig, bevor die Beziehungsklärung vorgenommen werden kann, um anschließend eine kooperative Konfliktlösung vorzunehmen. Folglich ist es sinnvoll, Paare nach ihrer Konfliktstärke zu differenzieren, was die Herbeiführung einer kollektiven Rationalität angeht. Bei einer aggressiven und individualistischen Motivationslage kann man mit einer großen Konfliktstärke rechnen. Eine mittlere Konfliktstärke ist vorwiegend durch eine Wettbewerbsorientierung gekennzeichnet. Bei einer kooperativen Haltung ist dagegen die Konfliktstärke gering, wenn man man jeweils immer die kolletive Rationalität als Ziel verfolgt (s. Kap. 8).

4.5. Strategien zur Erhöhung der kollektiven Rationalität

Damit Konflikte wirklich gelöst und für alle einen annehmbaren Ausgang finden, ist es notwendig, die kollektive Rationalität zu optimieren.

Dies hat vielfältige *Konsequenzen*:

a) Es werden Lösungen unter kooperativer oder wettkampforientierter Motivation gefunden, die beide das Gesamtsystem im Blick haben.
b) Ein so gefundener Ausgang ist für alle Betroffenen am wenigsten belastend, so daß Nachfolgeschäden verringert werden (*Psychische und medizinische Prophylaxe*).
c) Eine so herbeigeführte Lösung wird eher als gerecht empfunden und deshalb ist die Zahl der wiederaufgenommenen juristischen Verfahren reduziert (*juristische Prophylaxe*).
d) Ferner ist damit zu rechnen, daß die Auswirkung der Trennung und Scheidung auf die Kinder unter solchen Bedingungen eine erheblich günstigere Prophylaxe ihrer Entwicklung bedeutet (*Entwicklungsprophylaxe*).

Aus diesen wichtigen Konseqenzen folgt die Notwendigkeit des Einsatzes von prophylaktischen Methoden in Form einer Trennungs- und Scheidungsberatung.

Hierzu bieten sich folgende allgemeine Strategien an:

1) Eindeutige Interpretation der Situation durch alle Betroffenen, wobei die individuellen Sichtweisen bekanntgegeben und möglichst vereinheitlicht werden sollen.
2) Durchschaubarkeit des Umgangs miteinander, wobei durch externe Beobachter entsprechende Rückmeldungen gegeben werden. Denkbar ist in diesem Zusammenhang auch ein Video-Feedback.
3) Abstimmung des konkreten Handelns, indem man seine eigene Handlung von der des anderen abhängig macht, d. h. auf Kooperation selbst mit Kooperation reagiert und auf Aggression oder Wettkampf entsprechend.
4) Eine Verbesserung der Kommunikation über eigene Sichtweisen, Wünsche und Handlungen, so daß einfache Mißverständnisse ausgeräumt werden. Dabei scheinen insbesondere Männer Schwierigkeiten zu haben, eine

offene Kommunikation zu führen (Kelley et al. 1978). Vielleicht muß an dieser Stelle besonders eine Unterstützung des Mannes erfolgen, weil er sonst die Beratung als für ihn bedrohlich empfindet.

5) Ein Hineinversetzen in die Position des anderen, um ein gewisses Verständnis der Gegenpartei zu entwickeln, was zu einem gewissen Ausmaß auch die Wertschätzung für den anderen fördert. Eine Konsequenz daraus ist, daß man sich auch nicht selbst so abwerten muß, weil man mit der anderen Person überhaupt verheiratet war. Man kann für sich selber die Vergangenheit besser bearbeiten, wodurch für die Zukunft Lernen aus der Vergangenheit folgen kann.

Spezielle Mediation-Methoden in der Trennungs- und Scheidungsberatung sind daraufhin zu prüfen, inwieweit sie negative Auseinandersetzungen verhindern (Reduktion von Destruktivität) oder positive fördern (Erhöhung kollektiver Rationalität). Das Ergebnis ist eine Prozeßschlichtung und nur im Notfall eine Inhaltsschlichtung. Beide Formen der Schlichtung sind jedoch einem Verfahren vorzuziehen, bei dem letztlich die Konfliktlösung externalisiert wird und durch den Richterspruch im Scheidungsprozeß erfolgt.

4.6. Grundlagenforschung und Beratungskonzepte

Es muß ganz deutlich herausgestellt werden, daß konkrete Methoden der Trennungs- und Scheidungsberatung nicht direkt aus der Grundlagenforschung ableitbar sind. Es gibt immer zahlreiche Möglichkeiten, um Methoden zu entwickeln. Diese berücksichtigen dann auch Rahmenbedingungen, die in der Grundlagenforschung außer acht gelassen worden sind. Deshalb können auch nur die entwickelten Methoden auf ihre Beziehung zur Grundlagenforschung hin beurteilt werden. Sie sind in den meisten Fällen aus dem Praxiswissen der Anwender entstanden und stellen Reaktionen auf konkrete Situationen dar. Bei der großen Anzahl von Methoden können die Ergebnisse der Grundlagenforschung eine gewisse Strukturierung in ihre Wirksamkeit bringen. Trotzdem ersetzt die Grundlagenforschung nicht etwa die Beforschung der Methoden selber. Hier müssen gezielt Daten zur Effektivität erhoben werden. Letztlich wird das Ziel sein aus den Grundlagen, den eingesetzten Methoden und der vorliegenden Institutionalisierung ein umfassendes Konzept der Trennungs- und Scheidungsberatung vorzuschlagen (siehe Kap. 8). Davor aber müssen die einzelnen Methoden vorgestellt und bewertet (Kap. 5) sowie ihr institutioneller Einsatz beurteilt werden (Kap. 6).

5. Konzepte der Scheidungsberatung und ihre Vergleiche

Einen Überblick über unterschiedliche Konzepte, die unter den Oberbegriff Scheidungsberatung zu fassen sind und die somit präventive Zielsetzungen verfolgen, wollen wir im folgenden geben.

Wir haben hierzu Konzepte ausgewählt, die jeweils exemplarisch verschiedene Aspekte der Beratung von Klienten in Trennungs- oder Scheidungssituationen in den Vordergrund stellen.

Zur besseren Einordnung und zum besseren Verständnis der jeweiligen Herangehensweisen erscheint eine Strukturierung des weiten Feldes der Scheidungsproblematiken notwendig. Wir wollen jedoch dabei von der verbreiteten Einteilung der Scheidung nach zeitlichem bzw. rechtlichem Gesichtspunkt in Ambivalenz-, Trennungs-/Scheidungs- und Nachscheidungsphase (s. u. a. Paul 1980) abweichen.

Uns erscheint, zumindest für die Beratungskonzepte, eine Struktur angemessen, die sich an den Beratungsbedürfnissen und Problemen der Betroffenen orientiert (s. Pkt. 8.1.) und sich auch in den Zielsetzungen der Beratungskonzepte widerspiegelt.

Wir unterscheiden deshalb im folgenden:

1. Hilfen zur Klärung von Trennungsüberlegungen, Bearbeitung der Ambivalenzen, Aufhebung von Informationsdefiziten und zur Entscheidungsfindung,
2. Hilfen zur Regelung der Scheidungsfolgen, insbesondere von Sorgerecht und Umgangsregelung,
3. Hilfen zur Bewältigung der Trennung und Scheidung durch Partner und mitbetroffene Kinder.

Diese drei Angebotsrichtungen entsprechen zwar zum Teil den Scheidungsphasen, eine Zuordnung ist jedoch nicht immer eindeutig möglich. So kann ein Angebot zur Bewältigung schon vor der Scheidung in der Trennungsphase notwendig sein, und entsprechende Gruppenprogramme sind auch nicht unbedingt auf Nach-Scheidungsklienten begrenzt. Regelungen des Sorge- und Umgangsrechts können auch schon nach der Trennung (ohne daß die Scheidung eingereicht ist) angestrebt werden, und die Klärung von Umgangregelungsproblemen wird häufig erst nach der Scheidung, beim erneuten Aufbrechen von Konflikten, notwendig. Ambivalenzen brechen zu jedem Zeitpunkt des Trennungs- und Scheidungsverlaufs wieder auf, wobei die Interventionsansätze und Ziele sich zu den unterschiedlichen Zeitpunkten unterscheiden mögen.

Mit dieser veränderten Struktur wollen wir jedoch vor allem auf die Notwendigkeit hinweisen, das Trennungs- und Scheidungsgeschehen durch Beratungsangebote zu begleiten. Trennung und Scheidung sind nicht als einmalige Entscheidungen der Partner, sondern als Veränderungsprozesse der Familienstruktur zu verstehen, in denen die jeweils anstehenden Fragestellungen und Beratungsbedürfnisse sich verändern.

Aus dieser Betrachtung sollen zum einen *Eheberatungsmodelle ausgeklammert* werden, in denen die Entscheidung zur Trennung nicht ausgeschlossen wird, jedoch nicht im Mittelpunkt der Beratung steht, und zum anderen die Beratung von *Zweit- und Stieffamilien*, die eine zunehmende Bedeutung erlangt. Modelle zur praktischen Unterstützung der von Scheidung Betroffenen werden nur dargestellt, wenn sie im Rahmen eines umfassenden Konzeptes angeboten werden. Auf spezielle Modelle, z. B. der Beratung für Alleinerziehende, Beratung zur Weiterbildung und Umschulung und der Sozialhilfe-Beratung, können wir hier nicht eingehen.

5.1. Beratungskonzepte zur Ambivalenzklärung, Entscheidungsfindung und Informationsvermittlung

Beratungskonzepte, die Hilfen zur Klärung der Ambivalenz der Partner gegenüber einer Trennung bieten, sowie ihre Entscheidungsfindung unterstützen, sind meist im Rahmen einer Eheberatung angesiedelt. In einer umfassenden Scheidungsberatung sollte ein Angebot zur Ambivalenzklärung aber nicht fehlen, insbesondere wenn man die präventive Bedeutung einer möglichst frühzeitigen Konfliktregelung berücksichtigt. Eigenständige Konzepte zur Ambivalenzberatung, deren Zielsetzung nicht nur in der Entscheidungsfindung der Partner liegt, sondern auch die Schaffung einer günstigen Ausgangssituation für eine konstruktive Beendigung der Partnerschaft berücksichtigen, sind bisher jedoch erst einige wenige entwickelt.

Grundlage für entsprechende Konzepte können drei Strategien zur Unterstützung der Entscheidungsfindung bilden, die von Kressel und Deutsch (1977) in Untersuchungen zur „Divorce Therapy" beschrieben werden (s. Pkt. 6.1.1., einen Überblick gibt Sokacic-Mardorf 1983).

Diese Strategien lassen sich den *kontextuellen* Interventionen von Scheidungstherapeuten zuordnen, die dem Paar trotz starker Konflikte erlauben, ihre eigenen Entscheidungen zu fällen. Zentrales Ziel dieser Interventionen ist der Abbau emotionaler Spannungen zwischen den Partnern.

Als Verhaltensstrategien beschreiben Kressel und Deutsch das Klären der richtigen Quelle des Ärgers, die Verlagerung der Blickrichtung weg vom Partner hin zum Betroffenen selbst, das Unterstützen positiver Interaktionen und den Angstabbau.

Strukturelle Strategien umfassen:

– die Wahl des Settings: Paargruppen oder Cotherapien wirken spannungsreduzierend,
– die Erhöhung der Distanz der Partner: zeitweilige „Strukturierte Trennung" des Paares ist ein Mittel zum Abbau der Emotionen,
– die Informationsvermittlung: Informationen durch den Rechtsanwalt dienen dem Abbau unrealistischer Erwartungen an den Scheidungsprozeß.

Die Entscheidungsfindung wird auch gefördert durch das Klären der Gründe für den Konflikt. Sowohl das Verstehen der gegenwärtigen Muster und Rollen im Ehekonflikt durch die Beteiligten, als auch die Betrachtung der historischen Hintergründe in den Herkunftsfamilien tragen dazu bei, die gegenseitigen Verletzlichkeiten zu reduzieren.

Diese Strategien finden auch Berücksichtigung in den ausgewählten Angeboten zur Ambivalenzberatung. Insbesondere sollen im folgenden Angebote vorgestellt werden, die vier wichtige Zielsetzungen einer Ambivalenzberatung verdeutlichen:

1. Die Erhöhung der Bereitschaft der Partner, für die Entwicklung ihrer Beziehung Verantwortung zu übernehmen.
   Als Beispiel wird die Konzeption einer „Ambivalenz-Paargruppe" dargestellt, die Teil eines umfassenden Scheidungsberatungsangebots ist. Als weitere Möglichkeit, die im Verlauf einer Paarberatung eingesetzt werden kann, soll auf das Konzept der „Strukturierten Trennung" hingewiesen werden.
2. Die Reduzierung der emotionalen Spannungen zwischen den Partnern als Grundlage für eigenverantwortliche Entscheidungen.
   Als Beispiele werden wiederum die „Ambivalenz-Paargruppe" und die Technik der „Strukturierten Trennung" angeführt.
3. Die Erhöhung der Kompetenz zur Entscheidungsfindung.
   Als Beispiel wird ein Informationsangebot vorgestellt, das einerseits den Scheidungsablauf mit seinen Erfordernissen verdeutlicht und andererseits den Betroffenen eine realistischere Einschätzung der Scheidungsfolgen ermöglicht.
4. Die Vermittlung der kindlichen Perspektive zur Trennung der Eltern.
   Als Beispiel bietet sich noch einmal das Konzept der Informationsvermittlung an.

Die *Vermittlung der kindlichen Perspektive* und der Bedeutung des Trennungsgeschehens für die Kinder sollte immer zum Thema in Gesprächen mit den Eltern gemacht werden. Besteht in dieser frühen Phase des Trennungsprozesses, noch bevor das Paar die Trennung endgültig beschlossen hat, die

Möglichkeit zu einem Gespräch mit den Eltern, so erscheint es wichtig, sie auf die folgenden Erkenntnisse hinzuweisen (s. Hetherington, Cox & Cox 1981, Wallerstein & Kelly 1980, Wallerstein 1984, Hodges 1986, Napp-Peters 1988):

1. Die Kinder sollten auf die Trennung der Eltern im Rahmen ihrer altersabhängigen Zeitperspektive hingewiesen werden; dies wird von Eltern häufig nicht bedacht.
2. Die Eltern sollten den Kindern Erklärungen für ihre Trennung liefern, entsprechend dem altersabhängigen Verständnis, um so Phantasien und Schuldgefühlen der Kinder vorzubeugen.
3. Kinder sind häufig nicht in der Lage, sich zwischen den Eltern zu entscheiden, eine Erwartung, die oft sowohl von den Eltern, als auch im Scheidungsprozeß an sie herangetragen wird; sie neigen jedoch dazu, den schwächeren Elternteil zu unterstützen.
4. Die Eltern sollten mit der Idee der permanenten Elternschaft vertraut gemacht werden und zwischen den Problemen der Paarebene und denen der Elternebene unterscheiden lernen.

Bei der Berücksichtigung der oben genannten Zielsetzungen einer Ambivalenzberatung ist, im Falle von Trennung und Scheidung, die Grundlage für eine kooperative Regelung der Scheidungsfolgen gelegt. Entschließen sich die Partner dagegen zur Fortführung ihrer Beziehung, so sind ihnen neue Möglichkeiten zur Klärung ihrer Konflikte an die Hand gegeben worden. Entsprechend sollte das zentrale Ziel des Beraters darin liegen, zwischen den *Trennungsabsichten* und den *Veränderungswünschen* der Partner zu differenzieren (s. Bernhardt 1989). In jedem Fall stellt die Ambivalenzberatung dann ein präventives Angebot dar.

5.1.1. „Ambivalenz-Paargruppe" – ein Angebot zur Klärung

Die vom Familien-Notruf München angebotene Gruppe für ambivalente Paare (s. Familien-Notruf München, Jahresbericht 1985), ist eine mögliche Form psychologischer Ambivalenzberatung. Im Gegensatz zur häufiger durchgeführten Einzelberatung werden hier die Möglichkeiten der Gruppe für Unterstützung und Feed-back genutzt.

Voraussetzung für die Teilnahme ist die Motivation beider Partner zur Auseinandersetzung mit ihrer Beziehung und der möglichen Trennung. Eine endgültige Entscheidung zur Trennung oder Fortführung der Beziehung sollte noch nicht gefallen sein.

In der Gruppe wird die Geschichte der Beziehung vom Kennenlernen über die ersten Belastungen bis hin zur momentanen Krise aufgearbeitet. Die Zusammenhänge zwischen den anfänglichen Erwartungen an den Partner und der Krise werden aufgezeigt. Ziel des Gruppenprozesses ist es, den Partnern zu ermöglichen, mehr Verantwortung für ihre Beziehung und deren Entwicklung zu übernehmen.

Die subjektive Darstellung des Erlebens der Beziehung durch jeden Partner bietet ihm die Möglichkeit zur Entlastung und zur besseren Verständigung mit dem anderen. So wird auch die Grundlage zur Optimierung der kollektiven Rationalität gelegt (s. Pkt. 4.5.). Die Gruppenmitglieder erweisen sich vor allem da als hilfreich, wo es um ein Feed-back für die Partner geht. Sie können Teile des Beziehungsverhaltens eines Partners verdeutlichen, die dieser selbst nicht mehr bei sich wahrnimmt, und so zum Abbau der emotionalen Spannungen beitragen oder verschüttete positive Möglichkeiten eines Partners oder einer Beziehung herausstellen, die vorher nicht mehr wahrgenommen werden konnten.

Die Klärung der zwiespältigen Gefühle zum Partner und die Möglichkeit zur Entlastung und zur Entwicklung neuer Erfahrungen im Gruppenprozeß, die Einfluß auf Paardynamik und Konfliktregelung nehmen, machen diese Form der Ambivalenzklärung zu einem wichtigen Angebot im Rahmen einer Scheidungsberatung. Es kann jedoch die Einzel- oder Paarberatung der Ambivalenzen nicht völlig ersetzen, da als Voraussetzung eine gewisse Gruppenfähigkeit der Klienten vorhanden sein muß. Auch mag eine Gruppe nicht in jedem Fall den geeigneten Rahmen für die Intervention bilden.

5.1.2. „Strukturierte Trennung" – ein Hilfsangebot zur Ambivalenzklärung

Die Technik der „Strukturierten Trennung" kann als spezielles Angebot im Rahmen einer Beratung eingesetzt werden, wenn von den Partnern keine eindeutige Entscheidung gefällt werden kann oder sie in einem „Hin und Her"- Muster aus Trennung und Wiederversöhnung verharren (Schweitzer, Weber 1985, Storm et al. 1986 geben einen Überblick, siehe auch Toomin 1972, Greene et al. 1973). Ziel ist es, durch die Distanz der Partner zueinander ihre Verstrickung im System zu reduzieren. So wird es ihnen erleichtert, ihre Beziehung zu verstehen, Konflikte zu überwinden und Entscheidungen zu entwickeln. Besonders geeignet erscheint dieses Vorgehen um Konflikteskalationen aufzuhalten, die zu Gewalttätigkeiten führen könnten.

Den Partnern wird vorgeschlagen, sich für drei Monate zu trennen und sich während dieser Periode auch nur zu den gemeinsamen Therapiesitzungen zu treffen. Die Trennungsübereinkunft, mit genau festgelegten Bedingungen, kann auch schriftlich festgehalten werden. Die Partner verpflichten sich während dieser Zeit, keine endgültige Entscheidung zu fällen, d. h. insbesondere nicht die Scheidung oder eine Sorgerechtsregelung vor Gericht anzustreben.

Phillips (1981) betont außerdem noch die Notwendigkeit, nicht nur den Kontakt zum Partner während der Trennungsberatung zu unterbinden, sondern auch andere soziale Kontakte eher einzuschränken, d. h. insbesondere auf Verabredungen und sexuelle Beziehungen zu verzichten. Außerdem soll jeder Partner sich täglich eine halbe Stunde Zeit nehmen, die er allein und mit geschlossenen Augen verbringt und in der er sich seinen Gedanken überläßt. So will Phillips den Partnern ermöglichen, sich mit ihrer Partnerschaft und den Trennungsüberlegungen zu beschäftigen, ohne daß äußere Ablenkungen jederzeit zugänglich sind.

Als Ergebnis dieses Vorgehens wird der Trennungsschock herabgesetzt und die Identität der Partner als Individuen gestärkt sowie die Paardynamik durchbrochen und veränderte Erfahrungen ermöglicht. Die „Stukturierte Trennung" als generellen Weg der Ambivalenzberatung zu betrachten scheint jedoch unangemessen, da mit diesem Vorgehen die Verantwortlichkeit der Partner für die Partnerschaft zuerst einmal in den Hintergrund gestellt wird und das Individuum in den Vordergrund tritt. Sinnvoll scheint der Einsatz dieser Technik dagegen bei drohender Konflikteskalation oder ausgeprägten Ambivalenzmustern.

5.1.3. „Divorce Experience Workshop" – ein Informationsprogramm

Informationsprogramme für Eltern, die die Scheidung eingereicht haben, sind an verschiedenen Family Courts in mehreren Staaten der USA eingerichtet worden. Hier soll Eltern geholfen werden, sich mit allen wichtigen Aspekten der Scheidung auseinanderzusetzen und sie in ihre Entscheidungsfindung mit einzubeziehen. Daneben haben diese Programme präventiven Charakter, insbesondere bzgl. der mitbetroffenen Kinder, indem u. a. Informationen zu kindlichen Reaktionen auf die Trennung sowie zu günstigem Elternverhalten gegeben werden. Auch in der Bundesrepublik Deutschland werden entsprechende Informationsprogramme, jedoch ohne institutionelle Anbindung, angeboten (s. Niesel et al. 1989).

Die strukturierten Gruppenangebote, deren Aufbau meist recht ähnlich ist, bestehen aus einer Verbindung von informierenden Vorträgen mit Gruppendiskussionen und der Möglichkeit zur Nachfrage.

Drei Themenbereiche stehen im Zentrum dieser Angebote: Über die juristische Seite von Trennung und Scheidung informiert meist ein Mitglied des Gerichts. Der Richter beschreibt das Scheidungsverfahren und die Auffassung des Gerichts zu Sorgerechts- und Umgangsregelungsfragen. Ein zweiter Themenbereich beschäftigt sich mit der Erfahrung der Scheidung aus der Sicht des Kindes und soll den Eltern helfen, ihr Kind entsprechend seinem Entwicklungsstand besser zu verstehen. Der dritte Teil informiert über die psychische Seite von Trennung und Scheidung. Im Informationsprogramm „The Divorce Experience des Family Court of Minneapolis, Minnesota, berichten hierzu Betroffene über ihre eigenen Erfahrungen (s. Fine 1980, zusammenfassend Fthenakis et al. 1982).

Durch die Vermittlung von Informationen zum Ablauf der Scheidung und zum Einfluß der Trennung auf die gesamte Familie werden die Entscheidungskompetenzen der Partner in einer Zeit großer Unsicherheit wesentlich erhöht. Auch die rationale Auseinandersetzung mit der Trennung wird damit unterstützt. Damit sind diese Angebote in der Lage, einen sehr viel größeren

Teil der Scheidungsbetroffenen anzusprechen, als es einem Beratungs- oder Therapieangebot gelingen kann. So können auch erste Ideen zu veränderten Formen der Scheidungsregelung breiter bekannt gemacht werden.

Die Teilnahme an diesen Informationsveranstaltungen ist meist freiwillig, sie wird z. T. aber auch verpflichtend durch das Gericht vorgeschrieben. So ist der am oben genannten Programm orientierte „Divorce Experience Workshop" des Family Court of Allen County, Indiana, für den Elternteil obligatorisch, der die Scheidung einreicht, während dem Partner die Teilnahme freigestellt wird (s. Young 1978a, Ergebnisse der empirischen Überprüfung s. Pkt. 6.1.3.). Inwieweit bei diesem Vorgehen der Verantwortungs- und Schuldgedanke bzgl. der Scheidung noch eine Rolle spielt, sei dahingestellt. Zumindest scheint die Idee der Entscheidungsüberprüfung durch den Scheidungswilligen ein Aspekt des Angebots zu sein. Im Vordergrund steht jedoch die Informationsvermittlung zum Scheidungsablauf, zu emotionalen Auswirkungen auf die Betroffenen und zu Reaktionen der Kinder.

Ein etwas anders gestaltetes Informationsprogramm für Eltern mit freiwilliger Teilnahme wurde in München vom Staatsinstitut für Frühpädagogik und Familienforschung durchgeführt (Niesel et al. 1989). Im Verlauf von vier Abenden wurden in jeweils halbstündigen Referaten mit anschließendem Gespräch in Kleingruppen Informationen zu verschiedenen kindbezogenen Themen vermittelt. Dazu gehörte:

– die Vermittlung des Gedankens, daß Scheidung die Familie nicht auflöst, sondern eine qualitative Veränderung darstellt,
– die Vermittlung der altersabhängigen Reaktionen und Bedürfnisse der Kinder,
– das Aufzeigen von Möglichkeiten zur Ausgestaltung der elterlichen Verantwortung und des Sorgerechts,
– das Aufzeigen der Veränderungen und Schwierigkeiten, die sich durch eine neue Partnerbeziehung in der Familie ergeben sowie das Aufzeigen von Möglichkeiten, hiermit unter Berücksichtigung der Kinder umzugehen.

Dieses Informationsangebot beschränkt sich also auf die Auseinandersetzung mit der Frage, was Eltern, die sich trennen wollen, für ihre Kinder tun können. Zur Auseinandersetzung mit anderen Fragestellungen wie der Betroffenheit der Eltern und mit rechtlichen Problemen wurde an zuständige Dienste weiterverwiesen. Trotz dieser, gegenüber den oben dargestellten Angeboten vorgenommenen, thematischen Beschränkung und der Freiwilligkeit der Teilnahme, konnten sich die Informationsabende eines sehr großen Interesses erfreuen (zur Einschätzung durch die Teilnehmer s. Pkt. 6.1.3.).

Informationsprogramme, in denen die Bewältigung von Trennung und Scheidung im Vordergrund steht und z. T. die mit Trainingsprogrammen für die Getrenntlebenden und Geschiedenen kombiniert werden, werden u. a. von Hodges (1986, s. Pkt. 6.3.1.) beschrieben.

5.2. Beratungskonzepte zur Regelung der Scheidungsfolgen

Steht der Trennungs- oder Scheidungsentschluß fest, so muß geklärt werden, wie die Trennung praktisch durchgeführt werden soll. Es ergeben sich Fragen dazu, wer Unterhalt bekommt und in welcher Höhe, wie der Hausstand aufgeteilt wird und wie, wenn Kinder vorhanden sind, die Sorgerechts- und Umgangsregelung aussehen soll. Es stellen sich also Probleme der Regelung der Scheidungsfolgen.

Im Scheidungsverfahren werden diese Scheidungsfolgen, z. T. auf Antrag, durch das Gericht geregelt. Im Sorgerechtsverfahren wird hierzu das Jugendamt und in strittigen Fällen ein psychologischer Gutachter hinzugezogen.

Will die Scheidungsfamilie die Entscheidung über ihre Zukunft und die Zukunft ihrer Kinder jedoch nicht Dritten überantworten, so gibt es Modelle zur außergerichtlichen Regelung der Scheidungsfolgen.

Ausgewählte Regelungsmodelle werden im folgenden dargestellt.

5.2.1. Die Regelung der Scheidungsfolgen im juristischen Verfahren

Unter dieser Überschrift soll nicht, wie man vermuten könnte, auf gebräuchliche Verfahren zur Regelung der Scheidungsfolgen eingegangen werden (s. hierzu Kap. 3), es geht vielmehr darum, neuere Ansätze mit zum Teil auch veränderten Zielsetzungen exemplarisch vorzustellen.

Dazu gehören Modelle, die eine Kombination von gerichtlich angeforderter Sorgerechtsempfehlung und Beratung beinhalten, sowohl bei der Begutachtung durch das Jugendamt, als auch bei der psychologischen Begutachtung. Die meisten dieser Modelle gehen auf familientherapeutisch – systemische Methoden zurück und wollen die Eigenverantwortlichkeit der Eltern sowie die gemeinsame Entscheidungsfindung stärken und vertreten die Idee der fortgesetzten Elternschaft auch nach Trennung und Scheidung. Die Notwendigkeit, eine fortgesetzte Elternschaft zu sichern, ergibt sich dabei aus den Ergebnissen der Defizitforschung, wonach die Beziehungssicherung zu beiden Elternteilen eine günstige Trennungsverarbeitung der Kinder fördert (s. Napp-Peters 1988).

Daneben sollen Modelle vorgestellt werden, in denen Sorgerechtsempfehlungen von einem interdisziplinären Team mit möglichst großer Objektivität und weitgehender Berücksichtigung der Konsequenzen entwickelt werden.

Empfehlungen bezüglich Sorgerechts-, Umgangsrechts- und Unterhaltsregelungen, die in Vertretung der Rechte des Kindes ausgesprochen werden, entwickelt „Michigan's Friends of the Court". Dies ist ein Modell individuum-orientierter, anwaltlicher Interessensvertretung, in dem eine dritte Partei, das Kind, in der Vertretung durch den Anwalt des Kindes in den Scheidungsprozeß eingeführt wird.

Die Bedürfnisse des Kindes, die familiären Zusammenhänge und eine gemeinsame Entscheidung der Eltern finden besondere Berücksichtigung im „Bielefelder Modell", einer veränderten Form der Anhörung durch den Familienrichter (s. Pkt. 5.2.1.5.).

5.2.1.1. „Kasseler Modell" – Begutachtung durch das Jugendamt im Rahmen einer Sorgerechtsempfehlung

Im Jugendamt der Stadt Kassel wird eine Form der Verbindung von Begutachtung in Sorgerechtsfällen und Familienberatung praktiziert, die Scheidungsfamilien in die Lage versetzen soll, in strittigen Sorgerechtsverfahren einvernehmliche Lösungen zu erarbeiten. Die Eltern sollen zu einer eigenverantwortlichen Entscheidung befähigt werden (s. Matthey 1985).

Dieser Ansatz wurde aus der Erkenntnis heraus entwickelt, daß weder Juristen noch Gutachter oder Sozialarbeiter in der Lage sind, einen Familienkonflikt besser zu lösen als die Betroffenen selbst. Auch läßt häufig erst die aktive Beteiligung der Betroffenen an der Konfliktlösung ihnen diese als gerecht und akzeptabel erscheinen (s. Pkt. 4.3.).

In strittigen Sorgerechtsfällen bemühen sich die in systemisch orientierter Familienberatung ausgebildeten Mitarbeiter des Jugendamtes darum, die Eltern zu gemeinsamen Gesprächen zu bewegen. Dies wird schon nach der ersten Kontaktaufnahme angestrebt, z. T. werden auch entsprechende richterliche Auflagen dazu erteilt.

In den Gesprächen, die sich über 5 oder auch mehr Sitzungen erstrecken, gelingt es meist, die Eltern zu einer gemeinsamen Entscheidung zu führen, wenn überhaupt ein gemeinsames Gespräch zustande kommt. Der Beginn solcher Sitzungen verläuft nach Matthey jedoch oft recht chaotisch, da die in der Ehe praktizierten Auseinandersetzungsmuster wieder ablaufen. Im Gespräch wird dann verdeutlicht, daß es nicht darum gehen kann, Schuld zu verteilen oder „Sieger" und „Verlierer" herauszustellen, sondern darum, das Selbsthilfepotential der Familien zu aktivieren und gemeinsame Entscheidungen zu treffen. Der aufgrund dieser Beratungen entwickelte Bericht des Jugendamtes wird mit den Eltern vor der Übermittlung an das Gericht besprochen.

Während des Beratungsprozesses, der destruktive Formen der Konfliktregelung abbauen will, ist es besonders wichtig, daß juristische Auseinandersetzungen nicht fortgeführt werden und Richter und Rechtsanwälte stillhalten (s. Pkt. 4.2.).

Brechen die Konflikte zwischen den Eltern nach der richterlichen Entscheidung erneut auf, so steht das Jugendamt für weitere Gespräche zur Verfügung. Außerdem können weitere ambulante Beratungsangebote wie die Familienhilfe, die Jugendhilfe und der Erziehungskurs in Anspruch genommen werden.

Hiermit wurde eine Form der Sorgerechtsberatung entwickelt, die in den herkömmlichen Verfahrensweg einer Scheidung eingebunden ist und die somit alle betroffenen Familien erreichen kann. So wird auch die Schwellenangst, wie sie gegenüber Beratungsangeboten besteht, eher reduziert und es wird ein für jede Familie erreichbares Angebot geschaffen. Die Eltern sind dann damit konfrontiert, eine Entscheidung treffen zu müssen bzgl. ihrer Bereitschaft zur Mitarbeit und zur Wiederaufnahme der elterlichen Verantwortung oder deren eindeutiger Ablehnung.

Diese Form der Sorgerechtsberatung entspricht damit weitgehend der Forderung nach einer gerichtsbezogenen Scheidungsberatung, wie sie von Proksch (1988) gefordert wird, die präventiv und ganzheitlich arbeitet und eigenverantwortliche Konfliktregelungsvereinbarungen durch die Betroffenen ermöglicht.

Eine weitere Möglichkeit der Verbindung von Begutachtung und Beratung, die in strittigen Sorgerechtsverfahren angewandt wird, wird im folgenden dargestellt.

Sie birgt jedoch eine Gefahr in sich: Beratung und Entscheidung sind durch das Gutachten an das Gericht gekoppelt. Hierdurch wird sicherlich der Beratungsaspekt, der weitestgehende Offenheit erfordert, behindert. Ebenso wird aber auch die gutachterliche Stellungnahme als unabhängige Entscheidungsfindung in besonders konfliktbeladenen Fällen erschwert, weil durch die (positive oder negative) Beziehung des Beraters zu den Klienten die Objektivität verloren gehen kann. Deshalb scheint dieser Weg nur für Familien mit geringer bis mittlerer Konfliktstärke angemessen zu sein (s. Kap. 8).

5.2.1.2. Psychologische Gutachten in Sorgerechtsverfahren – ein Instrument psychotherapeutischer Intervention

Eine Neubewertung der Rolle des psychologischen Gutachters im Sorgerechtsverfahren wird u. a. von Jopt, Rohrbach (1985), Böddeker (1985), Fthenakis (1986), Sternbeck, Däther (1986) und Scheuerer-Englisch.

Von diesen Autoren wird die gutachterliche Tätigkeit nicht mehr allein als Ermittlungshilfe für den Familienrichter verstanden, sondern auch als Möglichkeit, die Gestaltung der Beziehung zwischen den Eltern und Kindern zu beeinflussen, da jede Begutachtung auch schon eine Intervention darstellt. Ziel ist es hierbei, das Familiensystem nach der Scheidung so zu reorganisieren und zu stabilisieren, daß beiden Elternteilen eine möglichst große Teilhabe an der Sorge um die gemeinsamen Kinder ermöglicht wird. Diese nacheheliche Elternschaft zu sichern ist nur möglich, wenn die Eltern wieder die Verantwortung für ihre Entscheidungen übernehmen können. Hierzu ist es nötig, die Beziehungsqualität in der Familie zu verbessern und den Paarkonflikt aus der Elternbeziehung herauszulösen.

Die gutachterliche Tätigkeit wandelt sich so von einer Entscheidung über die Erziehungseignung der Eltern und damit der Abwertung eines Elternteils hin zur Aufwertung der Entscheidungs- und Erziehungsfähigkeiten beider Elternteile und ihrer Wichtigkeit für die Entwicklung des Kindes.

Im Kontakt zur Familie findet diese Veränderung der Berufsrolle ihren Ausdruck in einer veränderten Haltung des Gutachters.

Der Gutachter sollte folgende Haltungen verdeutlichen (nach Scheuerer-Englisch

– Allparteilichkeit (keine Bevorzugung z. B. der Mutter),
– Zulassen der jeweiligen subjektiven Sichtweisen jedes Familienmitgliedes und ihre Darstellung im Gutachten,
– Überparteilichkeit des Gutachtens (der Gutachter vertritt nur die eigene Position, nicht z. B. die eines Familienmitgliedes),
– Abgrenzung gegenüber der Übertragung der Verantwortung der Eltern auf den Gutachter.

Als Beispiel, wie die veränderten Zielsetzungen durch die Intervention eines psychologischen Gutachters in familienrechtlichen Fragen umgesetzt werden können, soll das von Fthenakis (1986, 1988) am Staatsinstitut für Frühpädagogik und Familienforschung entwickelte und praktizierte „Modell zur Beratung von Familien in Sorgerechtsfragen" dargestellt werden.

Dieses sehr komplexe Konzept einer gutachterlichen Sorgerechtsberatung berücksichtigt in der Intervention neben der Differenzierung der Paar- und Elternebene und den Bedürfnissen des Kindes sowie den familiären Rahmenbedingungen auch die Bedeutung der Unterstützung durch Jugendamt und Rechtsanwälte sowie durch das soziale Netz für die Umsetzung von Übereinkommen. Für die Entwicklung einer einvernehmlichen Regelung werden durchschnittlich 32 Untersuchungs- und Beratungsstunden angesetzt (es können aber auch bis zu 60 Stunden notwendig werden).

Folgende Schritte werden dazu durchgeführt (nach Fthenakis 1986, 1988):

Nach einer Strukturanalyse vorhergehender Lösungsversuche (z. B. Vorschläge des Jugendamtes und anderer Gutachter zur Sorgerechtsregelung) wird den Eltern in einem einführenden Gespräch der Interventionsansatz erläutert. Die Eltern können dann in Einzelgesprächen ihre subjektive Sichtweise der familiären Situation und der Ehebeziehung darstellen. Daran schließt sich ein Besuch des Beraters in der Familie an. Das gemeinsame Verhalten von Eltern und Kindern in dieser Situation wird beobachtet. Gespräche mit der Familie dienen dem Berater zur Entwicklung von Einschätzungen der Persönlichkeiten der Eltern und ihres Erziehungsverhaltens, zur Analyse des sozialen Netzes und zur Information über die jeweiligen Erziehungsvorstellungen. Insbesondere werden die Interaktionen zwischen Kind und einem Elternteil sowie in der Triade vom Berater beobachtet und analysiert, um so die kindliche Perspektive der Trennung zu entwickeln.

In einem an diese Informationsermittlung anschließenden Gespräch werden die Eltern zu einer Entscheidung darüber aufgefordert, ob sie an Beratungen teilnehmen wollen, um mit dieser Unterstützung eine eigenverantwortliche Regelung zu entwickeln, oder ob sie eine Regelung des Sorgerechts durch das Gericht nach der Gutachtenerstellung vorziehen würden.

Bei Zustimmung des Paares zu einer Beratung wird in weiteren gemeinsamen Sitzungen mit Paar oder Familie eine Senkung des Konfliktniveaus und die Förderung der Kooperation der Eltern angestrebt. Hierzu werden Paarebene und Elternebene voneinander getrennt, indem Bewertungsmuster für beide Beziehungsebenen vermittelt werden. Es werden zum einen Gründe für die Zerrüttung der Ehe aufgezeigt, aber andererseits auch die Qualitäten jedes Partners in seiner Elternfunktion hervorgehoben. Interventionsansätze zur Bearbeitung des Partnerkonfliktes werden von der Klärung der Eltern-Kind-Beziehung abgetrennt.

Ein weiterer Schritt liegt in der Vermittlung der kindlichen Perspektive zur Trennung und der Erläuterung möglicher Reaktionen des Kindes. Das kindliche Verhalten wird als Bewältigungsversuch des Kindes verdeutlicht, um so gegenseitigen Schuldzuweisungen der Eltern entgegenzuwirken. Weiterhin werden Sorgerechtsmodelle mit ihren Auswirkungen auf die Entwicklung des Kindes besprochen. Das Kindeswohl wird als Maßstab für die Annehmbarkeit einer Regelung herausgestellt. Zur Entwicklung eines Übereinkommens bedarf es vor allem der Integration der unterschiedlichen Interessen beider Eltern und der Kinder und des Herausstellens der systemischen Sicht der Familienbeziehungen. Hierzu gehört es auch, den Eltern zu vermitteln, daß ihre unterschiedlichen Erziehungsvorstellungen für die Kinder häufig keine Einschränkung sondern eine Förderung der Sozialisationschancen darstellen.

Zur Entwicklung einer realistischen Planung für die Nachscheidungszeit werden die Möglichkeiten zur Umsetzung von Sorgerechtsmodellen diskutiert auf dem Hintergrund der familiären Rahmenbedingungen und bzgl. der Wahrnehmung der elterlichen Verantwortung durch beide Elternteile. Entsprechend den individuellen Bedürfnissen wird dann, unter Beteiligung aller Familienmitglieder, ein Sorgerechtsmodell ausgewählt und dessen konkrete Ausgestaltung besprochen. Zum Erreichen von Übereinkommen spricht der Berater zuerst relativ einfache und wenig strittige Gegebenheiten an, die geregelt werden, um dann zu schwierigeren Themen fortzuschreiten.

Die Optimierung des Kindeswohls wird nun zum einen durch eine schriftliche Vereinbarung angestrebt, in der Einzelheiten über die Zuordnung elterlicher Funktionen und Verantwortlichkeiten, die Umsetzung von Betreuung und Umgang und das gegenseitige Wohlverhalten der Eltern festgelegt werden, und zum anderen durch Berücksichtigung der Stützungsmöglichkeiten des sozialen Netzes. Dazu gehört auch die Vereinbarung über das gemeinsame Inanspruchnehmen weiterer Beratung, wenn sich Konflikte in der Umsetzung der Vereinbarungen entwickeln. Außerdem werden Jugendamt und Rechtsanwälte über die Elternentscheidung informiert, um auch hier eine entsprechende Unterstützung zu sichern.

Hiermit ist also ein systemischer Beratungsansatz geschaffen, der sich nicht allein auf Kind und Eltern und ihre Beziehungen beschränkt, sondern auch die materiellen und sozialen Gegebenheiten einer Scheidungsfamilie sowie ihre Einbindung in das soziale Netz mit einbezieht und auch die Einflüsse der rechtlichen Gegebenheiten in der Scheidungsphase, wie sie durch Jugendamt und Rechtsanwälte verkörpert werden, berücksichtigt. Ziel der Beratungen ist es dabei, ein stark strukturiertes Handlungsmodell für das erste Jahr nach der Scheidung zu entwickeln, damit sich neues Rollenverhalten in der Familie bilden kann.

Entsprechende Sorgerechtsberatungen sind jedoch für den Großteil der Scheidungsfamilien nicht zugänglich, da sie in dieser Form auf hochstrittige Sorgerechtsfälle, bei denen ein psychologisches Gutachten angefordert wird, beschränkt bleiben. In diesen hochstrittigen Sorgerechtsfällen sind die Konzepte jedoch in der Lage, die Eltern in der erneuten Übernahme der elterlichen Verantwortung zu unterstützen und eigenverantwortliche Entscheidungen zu ermöglichen. Fthenakis (1986) geht in ersten Ergebnissen davon aus, daß 80% der beratenen Familien eine einvernehmliche Regelung entwickeln und die betreuten Familien auch nach sechs Monaten noch relativ zufrieden mit der Regelung waren.

Damit wird in diesen Konzepten eine Konfliktregelung ermöglicht, wie sie ein Gerichtsurteil oder die Auswahl des „geeigneten" Elternteils durch den psychologischen Gutachter sonst kaum leisten kann. Modifizierte Ansätze mit geringerem Zeitaufwand mögen entsprechend dem „Kasseler Modell" auch für einen breiteren Einsatz in der Sorgerechtsberatung geeignet sein.

Ansätze von Sorgerechtsgutachten, deren zentrales Ziel nicht die „Bemündigung der Eltern" ist sondern eine aus Expertensicht möglichst optimale Regelung, wird im folgenden vorgestellt.

5.2.1.3. Interdisziplinäre Begutachtung – ein Modell objektiver Sorgerechtsempfehlung

Modelle zur Erarbeitung von Sorgerechtsempfehlungen, die der Idee größtmöglicher Objektivität verpflichtet sind, arbeiten mit interdisziplinären Teams, an denen Psychologen, Psychiater, Sozialarbeiter und Kinderärzte beteiligt sind. So wird eine umfassende Untersuchung von Eltern und Kindern angestrebt, die die Bedürfnisse und Möglichkeiten aller Familienmitglieder ausreichend berücksichtigt.

Zur Begutachtung im Rahmen eines Ansatzes des Colorado Children's Diagnostic Center in Denver, Colorado, werden die Familien ausschließlich vom Gericht überwiesen (als „Denver Modell" vorgestellt von Fthenakis et al. 1982, s. auch Jackson et al. 1980). Die Untersuchungen werden innerhalb einer Woche in ca. 20 Stunden durchgeführt. Dabei werden insbesondere die Einstellungen von Mutter und Vater zum Kind, die erzieherischen Fähigkeiten der Eltern sowie ihr Wahrnehmen und Verstehen des Kindes eingeschätzt.

In den Gesprächen haben die Eltern zwar die Möglichkeit ihren Gefühlen

Ausdruck zu verleihen, therapeutische Interventionen werden jedoch vermieden. Um Beeinflussungen durch die unterschiedlichen Bedürfnisse der Beteiligten auszuschließen, werden Kinder und Erwachsene von verschiedenen Mitarbeitern untersucht.

Die Mitteilung der Sorgerechtsempfehlung an die Eltern erfolgt in getrennten Sitzungen. So kann dem Nicht-Sorgeberechtigten eher das Erkennen der kindlichen Bedürfnisse ermöglicht werden, ohne daß die Beziehung zum Kind leidet.

Ein ähnlicher interdisziplinärer Ansatz wird in Kalifornien von der „UCLA Section on Legal Psychiatry" durchgeführt. Im Gegensatz zum „Denver Modell" wird hier jedoch in gemeinsamen Sitzungen mit dem Paar auch ihre Kommunikationsfähigkeit und Bereitschaft zur außergerichtlichen Einigung zum Thema gemacht. Daneben werden vor Weitergabe des Gutachtens an das Gericht noch die Rechtsanwälte der beiden Parteien hinzugezogen, um auch mit ihnen Alternativen zur gerichtlichen Regelung des Sorgerechts zu besprechen. So soll neben der Begutachtung noch eine konstruktive Konfliktregelung angeregt und gefördert werden (Suarez et al. 1978).

Diese Ansätze einer möglichst umfassenden und objektiven Begutachtung von Sorgerechtsfällen können dem Wohl des Kindes ohne ergänzende Maßnahmen jedoch nur zum Teil gerecht werden. Hier erfolgt eine Entscheidung durch Dritte, die weder das umfassende Wissen der Eltern über die Familie haben, noch sicherstellen können, daß die getroffene Entscheidung von den Eltern auch unterstützt wird. Entsprechende gutachterliche Sorgerechtsempfehlungen stellen damit nur eine Entscheidung für die „am wenigsten schädliche Alternative" dar und sind so nur als letzte Möglichkeit angemessen, wenn die Eltern trotz Beratung zu keiner gemeinsamen Entscheidung und Übernahme ihrer elterlichen Verantwortung in der Lage sind. Dann jedoch ist eine möglichst umfassende Untersuchung der familiären Situation notwendig, wie sie im „Denver Modell" realisiert wird.

5.2.1.4. „Friends of the Court" – die rechtliche Vertretung des Kindes als dritte Partei bei der Regelung der Scheidungsfolgen

Die Idee, die Rechte des Kindes, insbesondere im Scheidungsverfahren, in Form einer dritten Partei zu vertreten, die unabhängig von der jeweiligen Vertretung der Eltern handelt, wird in Michigan, USA, durch die „Friends of the Court" verwirklicht (Benedek et al. 1977, zusammenfassende Darstellung bei Fthenakis et al. 1982).

Diese Institution, die in Michigan schon seit 1919 als Teil der Familiengerichte existiert, unterstützt das Gericht in Scheidungsfällen und tritt zur Wahrung der Rechte des Kindes ein. Der „Friend of the Court" hat den rechtlich festgeschriebenen Auftrag, in allen Fällen der gerichtlichen Klärung von Sorgerecht, Umgangsregelung und Kindesunterhalt die Untersuchungen zu leiten und dem Gericht Empfehlungen zu geben. Außerdem führt er im weiteren die Aufsicht über die Einhaltung der vom Gericht beschlossenen Regelungen und kann die notwendigen Schritte zur Durchsetzung der Entscheidungen einleiten.

Seine Haupttätigkeit besteht jedoch darin, die Interessen des Kindes gegenüber dem nicht-sorgeberechtigten Elternteil zu vertreten und vor allem fehlende Unterhaltszahlungen einzutreiben. Dabei hat der „Friend of the Court" die Möglichkeit, alle Druckmittel von der Mahnung über die Gerichtsanhörung bis zur Strafandrohung gegenüber dem unterhaltspflichtigen Elternteil einzusetzen. So erfolgen viele Unterhaltszahlungen über den Umweg des „Friend of the Court". Auch in Fällen der staatlichen Unterstützung der Kinder im Rahmen von Sozialprogrammen bemüht sich diese Institution, einen Teil des Geldes beim Unterhaltspflichtigen wiedereinzutreiben. Weiterhin kann der „Friend of the Court" bei unzureichendem Kindesunterhalt eine Eingabe zur Veränderung der Entscheidung an das Gericht machen.

Neben seiner Haupttätigkeit wird vom „Friend of the Court" auch die Aufgabe wahrgenommen, das Gericht bei seinen Entscheidungen durch Empfehlungen bezüglich Sorgerechts-, Umgangsrechts- und Unterhaltsregelungen zu unterstützen. Die Möglichkeit der Beratung zur Unterstützung der Eltern im Scheidungskonflikt besteht jedoch nur in sehr wenigen Bezirken des Staates Michigan.

Bei diesem sehr pragmatischen Modell der Handhabung von Scheidungskonflikten ist jedoch die Frage zu stellen, ob die Vertretung insbesondere der finanziellen Interessen der Kinder gegenüber dem Unterhaltspflichtigen – so notwendig sie im Einzelfall sein mag – der Herstellung des Kindeswohls im psychologischen Sinne nützt. So ist bei einem solchen Vorgehen eher mit einer Konfliktverschärfung als mit einer Konfliktregelung zu rechnen. Auch die Beziehung des Kindes zum nicht-sorgeberechtigten Elternteil erfährt damit keine Unterstützung. Ebenso wird die gerade nach der Scheidung anzustrebende Verantwortlichkeit beider Eltern für ihre Kinder in diesem Verfahren eher reduziert.

Die Umsetzung dieses Ansatzes steht also den Zielsetzungen einer Sorgerechtsberatung entgegen. Ein entsprechendes Handeln in Vertretung des Kindes, das auch der rechtlichen Vorrangstellung der Eltern in Fragen der Erziehung entgegensteht, mag nur in Fällen angemessen sein, in denen die elterliche Verantwortung von keinem Elternteil mehr ausreichend wahrgenommen wird und in denen sich auch Beratung als erfolglos erweist.

5.2.1.5. „Bielefelder Modell" – Familienrichter treten in einen
umfassenden Dialog mit der Scheidungsfamilie

Das von Bielefelder Familienrichtern entwickelte Modell direkter Informationsgewinnung in gemeinsamen Gesprächen der Richter mit der Scheidungsfamilie und insbesondere auch mit den Kindern dient einerseits der besseren Erfassung der komplexen Beziehungsstrukturen in der Familie und zum anderen der Vermittlung zwischen den Betroffenen. Ziel ist es, das Scheidungspaar wieder in die Lage zu versetzen, ihre Beziehungen zueinander eigenverantwortlich zu regeln (Ostermeyer 1979, Prestien 1982).

Hierzu finden gemeinsame Gespräche mit den Betroffenen in deren Heim unter Einbeziehung der Kinder statt. In diesen Gesprächen, in denen es mehr um eine gegenseitige Verständigung als um eine Entscheidung geht, kann es möglich sein, die augenblickliche Lage zwischen den Eltern zu entspannen und Gedanken zu gemeinsamen Lösungswegen zu erarbeiten. Der Familienrichter erhält so auch einen viel besseren Einblick in die familiäre Situation, als dies in der Scheidungsverhandlung oder durch die Information Dritter (z. B. das Jugendamt) möglich ist. In jedem Fall werden die Kinder auf diese Weise viel weitergehender berücksichtigt, insbesondere in ihrer emotionalen Situation, als in einer gerichtlichen Anhörung. Spricht der Richter mit den Kindern in ihrer vertrauten Umgebung, so werden Gefühle der Verunsicherung und des Ausgeliefertseins, die die Kinder schon durch die Trennung ihrer Eltern erfahren, nicht noch durch den Prozeßablauf weiter verstärkt, sie werden vielmehr – soweit möglich – als gleichwertig in den Entscheidungsprozeß mit einbezogen.

Diese Veränderung des Gerichtsverfahrens, weg von einer Beurteilung der Scheidungsfamilie und hin zu einer friedensrichterlichen Verhandlung oder Schlichtung (s. Pkt. 4.3.), konnte in Bielefeld aufgrund von Stellenstreichungen nicht lange durchgeführt werden.

Die in dem Modell angestrebte Aufwertung und Unterstützung einer Elternentscheidung durch den Familienrichter und seine umfassende Informationsgewinnung durch eigenen Augenschein sind sicher sehr wünschenswert, fraglich ist jedoch, ob ein solch umfassender Einsatz vom Familienrichter außer in Ausnahmefällen leistbar ist. Soll im Sorgerechtsverfahren, das ja nur einen kleinen Teil des gesamten Scheidungsprozesses ausmacht, eine wirkliche Konfliktregelung erreicht werden, so bedeutet dies für den Familienrichter einen erheblichen Zeitaufwand und die Notwendigkeit psychologischer Weiterbildung. Hier mag ein Delegationsmodell, wie es z. B. in der Beratung durch das Jugendamt oder den psychologischen Gutachter praktiziert wird, eher umsetzbar sein oder sich die außergerichtliche Einigung der Eltern als zweckmäßiger erweisen (s. Kap. 8).

5.2.2. Die außergerichtliche Regelung der Scheidungsfolgen

Im Gegensatz zur Regelung der Scheidungsfolgen, insbesondere von Sorgerechts- und Umgangsregelung im Scheidungsprozeß durch das Familiengericht, stehen Verfahren der außergerichtlichen Regelung. Sie wurden aus der Erkenntnis heraus entwickelt, daß das herkömmliche juristische Verfahren in vielen Fällen nicht ausreichend dazu geeignet ist, familiäre Konflikte zu klären und beizulegen. Ein Urteil, das eine Entscheidung zwischen den Parteien herbeiführt und damit im üblichen Verständnis einen Partner zum

Gewinner und den anderen zum Verlierer macht, reicht häufig nicht aus, um auch den Konflikt zu beenden (vgl. 3.2.1). In den Ansätzen zur außergerichtlichen Regelung der Scheidungsfolgen wird davon ausgegangen, daß eine Übereinkunft, die von den Partnern bzw. Eltern selbst getroffen wird, von diesen viel eher eingehalten wird, als eine Entscheidung durch Dritte, z. B. durch das Gericht. Diese Argumentation ähnelt der oben beschriebenen, in der bei Begutachtung von Scheidungsfamilien deren verstärkte Einbeziehung in die Entscheidungsfindung verlangt wird (s. auch Pkt. 4.3.).

Verschiedene Vermittlungsansätze zur Regelung der Scheidungsfolgen werden unter dem Stichwort „Divorce Mediation" vorgestellt. Diese Ansätze wählen jedoch nur in Ausnahmen ein therapeutisches Herangehen. Es geht vielmehr darum, in Gesprächen mit einer dritten, neutralen Partei durch Verhandeln zu eigenverantwortlichen Übereinkünften bezüglich der Scheidungsfolgen zwischen den Partnern zu kommen (s. Schlichtung, Pkt. 4.3.).

In Ergänzung zum Vermittlungsangebot finden die Beratungsbedürfnisse von Scheidungsklienten in weiteren Angeboten der „Conciliation Court Services" oder „Counseling Services" stärkere Berücksichtigung.

Ein umfassendes Angebot zur außergerichtlichen Regelung der Scheidungsfolgen stellt das vom Deutschen Familienrechtsforum entwickelte „Stuttgarter Modell" dar. Hier wurde Beratung mit der Entwicklung von Übereinkünften im Rahmen eines interdisziplinären Ansatzes verbunden.

Ergänzend zu den Ansätzen der Vermittlung (Mediation) und Schlichtung (Conciliation) soll noch auf eine weitere Möglichkeit der Konfliktregelung, die in den USA angeboten wird, hingewiesen werden: Im Schiedsverfahren (Arbitration) geht das Recht der Entscheidung an die dritte, neutrale Partei, den Schiedsrichter, über. Er fällt nach der Darstellung der unterschiedlichen Standpunkte der Parteien eine Entscheidung (s. dazu Coogler 1978). Diese Entscheidung liegt nun nicht länger in der Eigenverantwortlichkeit der Parteien, womit auch die Bereitschaft, die Regelung umzusetzen, sinkt. Da dieser Ansatz für familiäre Auseinandersetzungen selten benutzt wird – er kommt häufiger bei Tarifauseinandersetzungen zum Tragen – und kaum Vorteile gegenüber dem Gerichtsverfahren aufweist, soll hierauf nicht weiter eingegangen werden.

5.2.2.1. „Divorce Mediation" – Vermittlung zur Regelung der Scheidungsfolgen

Unter „Divorce Mediation" sind eine Vielzahl neuerer Konzepte aus den USA zu fassen, in denen die außergerichtliche, eigenverantwortliche Regelung der Scheidungsfolgen angestrebt wird (s. u. a. Coogler 1978, Haynes 1981, Fthenakis et al. 1982, Glasmachers 1982, Folberg & Taylor 1984, Storm et al. 1986, Proksch 1989 a,b, einen Überblick gibt Hodges 1986). Mit Hilfe einer dritten, neutralen Partei, dem Mediator (Vermittler), werden systematisch strittige Sachverhalte isoliert, verschiedene Lösungswege erwogen und ein für beide Seiten akzeptables Übereinkommen meist vor der gerichtlichen Scheidung entwickelt (in Anlehnung an Folberg & Taylor 1984, S. 7). Es gibt auch Angebote zur Regelung von Nachscheidungskonflikten oder nur auf Sorgerechts- und Umgangsregelungen ausgerichtete Angebote.

Gemeinsam ist diesen unterschiedlichen Programmen das Herausstellen der Eigenverantwortlichkeit. Die Ehepartner sollen in die Lage versetzt werden, die praktischen, mit der Trennung verbundenen Probleme selbst in die Hand zu nehmen. Eine Entscheidungsübertragung auf die Anwälte und das Gericht wird in den Modellen abgelehnt. Begründet wird diese Auffassung zum einen mit einer geringeren Bereitschaft der „Verlierer" solcher Auseinandersetzungen, sich an der Verwirklichung der Regelungen zu beteiligen. Zum anderen wird auf die Gefahr der Eskalation von Konflikten und Destruktivität durch Strategien von Rechtsanwälten hingewiesen, die als Parteienvertreter ihren Mandanten größtmögliche Vorteile sichern wollen (s. Pkt. 4.2. und 4.3.).

Der Vermittlungsprozeß ist nun darauf ausgerichtet, Destruktivität bei den Beteiligten abzubauen und gemeinsame Lösungen ohne „Sieger und Verlierer" anzustreben. So verbessern sich auch die Chancen für die Fortführung der Kooperation und Kommunikation zwischen den Partnern nach der Trennung, was besonders wichtig ist, wenn Kinder von der Scheidung betroffen sind. Dazu wird jeder Partei vermittelt, daß im Mediation-Prozeß ihre Bedürfnisse Berücksichtigung finden, daß der andere Ehepartner ebenfalls legitime Bedürfnisse hat, und daß das Wohl der beteiligten Kinder Vorrang hat vor der Verletztheit, dem Ärger und den Bedürfnissen der sich trennenden Partner (Lösung im Sinne eines Nicht-Nullsummen-Konflikts, s. Pkt. 4.1.).

Weitere Vorteile der Mediation sind ein geringerer Zeitaufwand für die Gerichte bei bestehenden Übereinkünften und ein Rückgang bei der Wiederaufnahme von gerichtlichen Auseinandersetzungen nach der Scheidung. In den USA wird auch von einer Reduzierung der Kosten für die Scheidungsklienten ausgegangen, z. B. bis auf ein Viertel der Kosten im Vergleich zu einem strittigen Sorgerechtsverfahren (s. Pkt. 6.2.2.1.3.). Von einer vergleichbaren Kostenreduzierung kann in der Bundesrepublik sicher nur ausgegangen werden, wenn ein Prozeß über mehrere Instanzen geführt würde oder der zu verhandelnden Sache ein hoher Streitwert zugrunde liegt.

„Divorce Mediation" kann inzwischen in einer Vielzahl von Staaten der USA wahrgenommen werden, 1982 wurden über 400 Angebote gezählt (Pearson, Thoennes & Milne 1982). In 14 Staaten ist die freiwillige oder obligatorische Teilnahme an Mediation-Programmen bei Sorgerechts- oder Umgangsregelungsauseinandersetzungen gesetzlich verankert (New Jersey Report 1988). Als erster Staat führte Kalifornien 1980 die Verpflichtung zur Mediation in diesen Fällen ein. Es gibt dabei sowohl eine Reihe von Modellen, die im Rahmen von „Family Court Services" oder „Conciliation Court Services" den Gerichten angegliedert sind und von diesen finanziert werden, als auch private Angebote, die durch Honorare der Klienten finanziert werden. In der Durchführung bestehen deutliche Unterschiede, zum Teil werden die Vermittlungsgespräche von speziell ausgebildeten Rechtsanwälten oder Sozialarbeitern sowie Psychotherapeuten allein geführt, zum Teil wird mit interdisziplinären Teams von Rechtsanwalt und Therapeut gearbeitet.

Auch in der Art des Vorgehens bestehen große Unterschiede; während ein Teil der Mediatoren ein direktives und aufgabenorientiertes Vorgehen bevorzugt, arbeiten andere Mediatoren mit eher therapeutischer Gesprächsführung. Eine weitere Differenzierung ergibt sich aus dem Umgehen mit den Emotionen beider Partner, die im Verhandlungsprozeß zum Tragen kommen. Während einige Mediatoren die psychische Situation der Beteiligten und die mit der Trennung verbundenen Emotionen eher als hinderlich für das Erreichen von Übereinkünften bewerten und sie weitgehend aus dem Mediation-Prozeß ausschließen, sehen andere Mediatoren in der Einbeziehung und Bearbeitung des gefühlsmäßigen Hintergrundes der Parteien die einzige Möglichkeit, zu dauerhaften Regelungen zu kommen (Vanderkooi & Pearson 1983).

Gemeinsam ist den meisten Mediation-Angeboten ein Vorgehen nach der folgenden Struktur:

1. *Orientierungsphase:*
Vorstellung des Mediation-Konzeptes und seiner Regeln. Erwirken der Zustimmung der Klienten dazu. Entwicklung einer Vertrauensatmosphäre zwischen Klienten und Mediator.
2. *Phase der Festlegung der Verhandlungspunkte:*
Zu verhandelnde Probleme werden identifiziert und in ihrem emotionalen Gehalt für die Partner bewertet, wobei neben der Feststellung der Fakten auch die Bedürfnisse, Wünsche und Gefühle beider Partner in der Bewertung berücksichtigt werden.
3. *Verhandlungsphase:*
Der Mediator bemüht sich um Annäherung der Positionen beider Parteien und Beilegung der Konflikte durch Aufzeigen eines gemeinsamen Nenners in den Positionen und dessen positiver Verstärkung, durch Vermittlung der Idee der grundsätzlichen Lösbarkeit der Konflikte, durch Diskussion von Lösungsvorschlägen mit ihren Vor- und Nachteilen, durch Umgehen mit den Emotionen und durch Förderung gegenseitiger Anerkennung und eindeutiger Kommunikation.
4. *Phase der Festlegung des Übereinkommens:*
Die gemeinsamen, mit Zustimmung beider Partner entwickelten Regelungen werden in einem Übereinkommen festgelegt und ihre Durchführung abgesichert durch die Verpflichtung zu weiteren Mediation-Sitzungen beim Auftreten erneuter nicht lösbarer Konflikte. Außerdem werden Übereinkommen durch die Rechtsanwälte der Parteien überprüft.

Als Regeln für Mediation zeichnen sich dabei in den Konzepten ab:

- die Eigenverantwortlichkeit der Parteien,
- die Respektierung der anderen Partei und ihrer Eigenständigkeit,

- die Möglichkeit jeder Partei zur freien Entscheidung ohne Zwang,
- die Möglichkeit jeder Partei, mit ihrer Position ausreichend gehört zu werden,
- die ausgeglichene Berücksichtigung der Bedürfnisse beider Parteien auf dem Hintergrund der vorhandenen Ressourcen,
- die gemeinsame Regelung und nicht der Sieg über den anderen ist Ziel der Verhandlungen,
- die möglichst gemeinsame elterliche Verantwortung gegenüber den Kindern bleibt trotz Trennung der ehelichen Beziehung bestehen.

Das Vermittlungsangebot umfaßt meist die folgenden Problembereiche:

1. Aufteilung von ehelichem Eigentum und Haushalt
2. Unterhaltsregelung für den finanziell schlechter Gestellten
3. Unterhaltsregelung für die Kinder
4. Sorgerechtsregelung bzgl. der Kinder
5. Umgangsregelung für den nicht-sorgeberechtigten Elternteil

Eine Vielzahl von Angeboten beschränkt sich jedoch auf die Regelung von Sorge- und Umgangsrechtsproblemen. Im Report of the Advisory Panel (1987) wird die Verhandlung finanzieller Themen im Rahmen obligatorischer Sorgerechts-Mediation sogar explizit ausgeschlossen; Schwerpunkt von Mediation soll vielmehr das Kindeswohl sein, solange über den Zusammenhang von Sorgerechtsauseinandersetzung und finanziellen Streitthemen (z. B. als Kampf ums Sorgerecht mit dem Ziel der finanziellen Besserstellung) keine wissenschaftlich gesicherten Aussagen gemacht werden können.

Das erste private „Mediation Center" zur Regelung von Scheidungskonflikten wurde von Coogler 1974 gegründet. Seinen Ansatz zur Mediation entwickelte Coogler (1978) auf der Grundlage von Erkenntnissen der neueren Konfliktforschung (s. Deutsch 1976) und Vermittlungstechniken aus dem Bereich der Tarifverhandlungen (s. Pkt. 4.3.). Er betont in seinem Ansatz die Bedeutung der Regelung der finanziellen Probleme für die Beilegung des Scheidungskonfliktes. Sein Ziel ist es zu vermeiden, daß die beteiligten Kinder zum Pfand in der finanziellen Auseinandersetzung der Eltern werden.

Dagegen geht das Mediation-Modell von Milne (1978) davon aus, daß die Grundlage der meisten Sorgerechtsstreitigkeiten in den emotionalen Auseinandersetzungen der Partner zu suchen sind. Deshalb beginnt Milne den Mediation-Prozeß mit der Vergegenwärtigung der Hintergründe der Eheentwicklung und Trennungsentscheidung (s. Pkt. 5.2.2.2.1.). Auch im Mediation-Ansatz von Haynes (1981) findet die Ambivalenz und die emotionale Seite der Scheidung ihre Berücksichtigung. Diese Konzepte wurden in den folgenden Jahren vielfach abgewandelt.

5.2.2.1.1. Das „Mediation"-Konzept von Haynes

Haynes (1981) bezieht im Gegensatz zu Coogler auch Überlegungen aus der Psychotherapie in den Verhandlungsablauf mit ein. Nach Coogler soll der Mediator dagegen sein Geschick dazu einsetzen, daß die Verhandlungen nicht durch die bestehenden emotionalen Konflikte zwischen den Partnern beeinflußt werden. Mediation dient jedoch in keinem Fall zur Aufarbeitung der Beziehungskonflikte.

Die Vermittlung durch den Mediator sollte, um effektiv zu sein, nach Haynes immer erst dann einsetzen, wenn auch beide Partner zur Trennung entschlossen sind. Andernfalls wird eine Überweisung in die Ehetherapie oder ein time-out (psychologische Beratung im Rahmen der Mediation) angeboten.

In Haynes' Konzept trifft der Mediator seine Klienten, nach der grundsätzlichen Klärung der Verhandlungsbereitschaft und Verdeutlichung der Funktion von Mediation in einem gemeinsamen Gespräch mit den Partnern, zunächst in getrennten Sitzungen. In diesem Rahmen wird die Machtposition jedes Partners ermittelt, denn nach Haynes können Verhandlungen nur bei ausgeglichenen Kräfteverhältnissen erfolgreich geführt werden.

Die Machtverteilung wird u. a. beeinflußt durch die jeweilige finanzielle Situation, die Eingebundenheit in eine Gruppe von Bezugspersonen, sowie die emotionale Situation. Einfluß auf die Gefühle nimmt dabei, ob der Klient sich als zurückgewiesenen Teil einschätzt, inwieweit er sich für schuldig an der Trennung hält, wie er mit seiner Wut umgeht und ob er eine ausreichende Selbstachtung hat. Bei der Angleichung der Kräfte der Partner hilft der Mediator durch Wissensvermittlung, durch Vermittlung eines besseren Umgehens mit individuellen Schwächen und durch Vermittlung von Kontakten zu Interessensgruppen (s. hierzu Kap. 4).

Anschließend wird das finanzielle Budget des letzten Jahres erarbeitet und ein Haushaltsplan für das nächste Jahr entwickelt. Die häufig notwendige Anpassung der Bedürfnisse, an das durch die Trennung reduzierte Einkommen wird besprochen. Es folgt eine Bestandsaufnahme der vorhandenen Güter und ihrer emotionalen Bewertung sowie die Festlegung von emotional beeinflußten Verhandlungsbereichen, z. B. die Vereinbarung der Umgangsregelung.

Die zu verhandelnden Themen werden so identifiziert und dann in eine Rangfolge gebracht, die in den symbolischen Streitfragen mit hohem emotionalen Streitwert gipfelt. Es werden auch die Themen festgelegt, in denen Übereinstimmung besteht.

In der nächsten Sitzung beginnt die Verhandlungsphase. Die Ehepartner treffen sich wieder gemeinsam mit dem Mediator. Zuerst werden vom Vermittler die Themen angesprochen, in denen weitgehende Übereinstimmung zwischen den Partnern besteht. Die Reihenfolge der Themen wird dabei so gewählt, daß die Zustimmung mal für den einen Partner leichter ist und mal für den anderen. So kann zwischen den Partnern wieder das Gefühl aufgebaut werden, erfolgreich zusammen arbeiten zu können. Wichtig für die Ergebnisse ist, daß niemand zur Zustimmung gedrängt wird. Der Vermittler muß davon überzeugt sein, daß mit der Übereinkunft keine Unzufriedenheit einer Seite mehr verbunden ist. Kann in einem Thema keine entsprechende Übereinkunft erreicht werden, so wird dieser Punkt zuerst einmal zurückgestellt. Der Mediator schreitet nun zu immer schwierigeren Streitfragen fort.

Während dieses Vorgehens wird den Klienten vermittelt, daß es legitim und notwendig ist, ihre Bedürfnisse auszusprechen und darüber in einem Prozeß des Gebens und Nehmens miteinander zu verhandeln. Eine wichtige Voraussetzung dafür liegt im Wahrnehmen und Anerkennen der Rechte und Bedürfnisse des anderen. Außerdem werden konstruktive Konfliktlösungsstrategien und eine direkte und eindeutige Kommunikation vermittelt (siehe Strategien zur Erhöhung der kollektiven Rationalität, Pkt. 4.5.).

Daneben übernimmt der Mediator noch die Wahrung von Interessen, die seiner Meinung nach nicht genügend Berücksichtigung finden. Dazu gehört auch die Vertretung der Interessen der durch den Konflikt betroffenen Kinder. In diesem Zusammenhang wird den Eltern vermittelt, daß die Scheidung zwar die Beendigung ihrer Ehe bedeutet, die Elternschaft und die gemeinsame Verantwortung für die Kinder sind damit jedoch nicht beendet. Insbesondere in Kalifornien ist der Mediator gesetzlich dazu angehalten, die Interessen des Kindes zu vertreten, hierzu soll er auch Gespräche mit den Kindern führen, um ihre Bedürfnisse kennenzulernen (s. Report of the Advisory Panel 1987).

Am Ende dieser Verhandlungen steht ein *Vertragsentwurf*, der den Anwälten zur Überprüfung übergeben wird. Das von beiden Partnern unterzeichnete Dokument dient als Basis für eine Regelung der Scheidungsfolgen vor Gericht.

Mit dem Mediation-Ansatz von Haynes liegt ein klar strukturiertes Konzept zur eigenverantwortlichen Regelung der Scheidungsfolgen durch die Beteiligten vor, das sich nicht nur auf die Regelung von Sorgerechts- und Umgangsregelungsstreitigkeiten beschränkt, sondern eine umfassende Konfliktregelung anstrebt. So soll eine Reorganisation der Familie mit möglichst geringer Beeinträchtigung und Ressourcenknappheit ermöglicht werden.

Da der Schwerpunkt des Vorgehens auf dem Verhandeln zur Organisation der Zukunft liegt und nicht auf der therapeutischen Aufarbeitung der Vergangenheit und der Beziehungsgeschichte, ist dieses Scheidungsberatungskonzept für viele Scheidungspaare, die ein therapeutisches Angebot ablehnen würden, eine geeignete Form der Konfliktregelung. Die vorhandenen Gefühle und Ambivalenzen, die einer Regelung entgegenstehen könnten, werden jedoch nicht einfach ausgeklammert, vielmehr ist für sie im Rahmen des „time-out" ein Raum geschaffen.

Außerdem wird in diesem Ansatz eine häufig gegenüber Mediation geäußerte Kritik berücksichtigt. Damit beide Partner in gleicher Weise in der Lage sind, ihren Standpunkt in den Verhandlungen zu vertreten, wird dem Ausgleich der Machtverteilung große Aufmerksamkeit gewidmet.

Zur Regelung von hochstrittigen Sorgerechtsfällen mit starker emotionaler Beteiligung der Partner ist dieser Ansatz jedoch weniger gut geeignet, hier bedarf es therapeutischer Interventionen, die den Eltern eigenverantwortliches Handeln erst wieder ermöglichen.

5.2.2.1.2. „Mediation" in einem familientherapeutischen Setting

Im Mediation-Konzept von Musetto (1980, s. auch Scheiner, Musetto & Cordier 1982, Hodges 1986, gibt einen Überblick) werden familientherapeutische Strategien dazu eingesetzt, Eltern zu helfen, Sorgerechts- und Umgangsregelungsprobleme eigenverantwortlich zu klären.

Dieses Beratungsprogramm des „Camden County Health Services Center" in New Jersey wird in enger Zusammenarbeit mit den Familiengerichten durchgeführt und ist auch auf Anregung des Gerichtes entwickelt worden.

In drei bis sieben Sitzungen werden einerseits der familiäre Hintergrund, die Geschichte jedes Partners und die Familiengeschichte aufgenommen und andererseits Gespräche zwischen den Partnern initiiert, um Übereinkommen zu entwickeln, die das Wohl der Kinder berücksichtigen, die Fortführung der Beziehung zu beiden Elternteilen sicherstellen und Loyalitätskonflikte der Kinder reduzieren. Die Teilnahme an diesem Programm erfolgt nach Überweisung und Terminübermittlung durch den Richter und kann somit nicht als freiwillig angesehen werden. Führen die Verhandlungen der Ehepartner zu keinem gemeinsamen Ergebnis, so geben die Berater aufgrund der Kenntnis der Familienbeziehungen Empfehlungen zur Regelung der Sorge- oder Umgangsrechtsprobleme an das Gericht.

In diesem Modell wird somit Beratung und Gutachtenerstellung miteinander verbunden, wobei der eigenverantwortlichen Regelung durch die Eltern selbst der Vorzug gegeben wird. Die Autoren gehen davon aus, daß die Familienmitglieder ihre Bedürfnisse und Stärken selbst am besten kennen und nach Überwindung der Barrieren, die sie im Rahmen der Familiendynamik aufgebaut haben, auch sehr viel angemessenere Lösungen finden, als sie durch Dritte, wie z. B. Gutachter und Richter, geliefert werden können.

Zentrales Thema der Beratung ist die Verantwortlichkeit aller Familienmitglieder für die konstruktive Lösung der Probleme. Dabei gehen die Autoren davon aus, daß die Partner zu Beginn der Beratungen nicht mehr in der Lage sind, ihre Konflikte eigenverantwortlich zu regeln, vielmehr haben sie die Regelung auf eine höhere Autorität – das Gericht – übertragen und damit die eigene Kontrolle abgegeben. Ziel der Beratung ist es nun, der Familie ihre Verantwortlichkeit zurückzugeben.

In Einzelgesprächen mit den Partnern und den Kindern sowie in Gesprächen mit der gesamten Familie wird die Ehegeschichte exploriert und das intergenerationale Familiensystem entwickelt, gegebenenfalls unter Heranziehen weiterer relevanter Familienmitglieder wie z. B. Großeltern oder neuer Partner, um den Eltern so implizite Familienregeln und eigene unbefriedigte Bedürfnisse zu verdeutlichen und verborgene Probleme zu identifizieren. Die Eltern erhalten in diesem Setting, im Gegensatz zum Gerichtsverfahren, die Gelegenheit und Unterstützung für die Wiederaufnahme gemeinsamer Gespräche. Es wird auch angestrebt, die Feindschaft zwischen den Partnern zu reduzieren und das Verständnis für das Verhalten des anderen Familienmitgliedes zu fördern. Die Auseinandersetzungen um Sorgerecht und Umgangsregelung werden als Ausdruck der Sorge der Eltern um ihre Kinder umgedeutet. Auch die Kinder finden in diesem Setting Berücksichtigung. Ihre Wünsche werden gehört, und der Berater unterstützt sie darin, ihre Gefühle auszudrücken, insbesondere Gefühle von Schuld und Verantwortlichkeit für die Trennung der Eltern.

Aufgabe des Therapeuten ist es (nach Scheiner et al. 1982, S. 102f):

1. destruktive Interaktionen (Anklagen, Kritisieren, doppeldeutige Botschaften etc.) zu beenden;
2. für ein therapeutisches Milieu Sorge zu tragen, in dem die Kommunikation der Partner, das gegenseitige Zuhören und die Kooperation gefördert sowie das Paar mit den Mitteln von Verhandeln und Kompromiß bekanntgemacht wird;
3. die Partner mit ihren eigenen Mitteln und Ressourcen in Kontakt zu bringen;
4. den Eltern, insbesondere auch dem nicht-sorgeberechtigten Elternteil, ihre weiterbestehende Verantwortlichkeit für ihre Kinder und für die Stabilität der Beziehungen zu den Kindern zu verdeutlichen und über mögliche Auswirkungen der Trennung auf die Kinder zu informieren;
5. die Eltern damit zu konfrontieren, daß es ihre Wahl ist, entweder zu eigenverantwortlichen Regelungen der Sorge- und Umgangsrechtskonflikte zu kommen, die die Kindesinteressen an die erste Stelle setzen, und damit die Konflikte in gerechter Weise zu lösen, oder an den Untersuchungen teilzunehmen und die Entscheidung dem Gericht zu überlassen;
6. die Gesamtsituation unter Einbeziehung aller Familienmitglieder zu untersuchen und die Familiendynamik zu identifizieren, die den Konflikt antreibt und seine Beilegung verhindert, und diese familiäre Verstrickung aufzuarbeiten, oder
7. auf diesem Hintergrund sowie unter Berücksichtigung der individuellen Stärken und der Problematik der Eltern eine Empfehlung an das Gericht zu geben, die dem Wohl des Kindes möglichst weitgehend gerecht wird, sollten die Eltern zu keiner eigenverantwortlichen Regelung in der Lage sein.

Dieses Konzept zur Regelung strittiger Sorgerechtsfälle ist mit den übrigen Mediation-Konzepten, mit ihren sehr geringen therapeutischen Anteilen, kaum noch vergleichbar. Die hauptsächliche Gemeinsamkeit besteht darin, das Scheidungspaar wieder zu eigenverantwortlichem Handeln in die Lage zu versetzen. Eher vergleichbar ist dieser Ansatz mit Sorgerechtsberatungen wie dem „Family Self-Determination Program" (Milne 1978), dem

„Modell zur Beratung von Familien in Sorgerechtsfragen" (Fthenakis 1986) oder dem „Kasseler Modell" (Matthey 1985), die ebenfalls eine Verbindung von Begutachtung und Beratung anstreben. Die therapeutischen Techniken dienen in diesen Ansätzen jedoch weniger der Aufarbeitung der Konfliktentstehung und Ehegeschichte, wie im Ansatz von Reich et al. (1986, 1987), als vielmehr dem Erreichen und der Sicherstellung von Übereinkommen, die die Bewältigung der Trennung durch die gesamte Familie, insbesondere durch die Kinder, fördern.

5.2.2.2. „Conciliation Court Services" – Vermittlung und Beratung

Hilfen zur konstruktiven Scheidung werden auch von den „Conciliation Court Services" angeboten. (Elkin 1977, einen Überblick gibt Storm et al. 1986). Diese durch die Gerichte getragenen Institutionen stellen im Westen der USA einen großen Teil der Angebote zur außergerichtlichen Regelung in Scheidungsfragen. Insbesondere werden Beratungen zur Regelung von Umgangs- und Sorgerechtsproblemen während und nach der Scheidung angeboten. Die kurzen Interventionen werden in zwei bis sechs Sitzungen durchgeführt mit dem Ziel, unter einer maximalen Beteiligung des Paares zu gemeinsamen Übereinkünften zu kommen. Meist wird dieses Beratungsangebot von Scheidungspaaren angenommen, die von den Gerichten bei schwierigen Scheidungsregelungen überwiesen werden. In Kalifornien stehen für Familien, die bei Sorgerechts- und Umgangsregelungsstreitigkeiten gesetzlich zur Teilnahme an Mediation verpflichtet sind, z. T. Angebote der „Conciliation Court Services" zur Verfügung (wie z. B. in Los Angeles), z. T. wird der Bedarf auch durch gerichtsgebundene „Family Court Services" abgedeckt. Dabei wird die Verpflichtung zur Verschwiegenheit der Mediatoren in den verschiedenen Institutionen sehr unterschiedlich gehandhabt. Während bei den „Family Court Services" die Mediatoren häufig bei Nichtzustandekommen einer Einigung zwischen den Eltern Sorgerechtsempfehlungen an das Gericht weitergeben, also als Gutachter tätig werden, wird ein entsprechendes Vorgehen für die „Conciliation Courts" von Los Angeles durch deren Leiter ausgeschlossen (McIsaac 1980). Diese Verbindung von Vermittlung und Sorgerechtsempfehlung, die der Ersparnis bei den Gerichtskosten dient, ist als unglücklich zu bewerten, insbesondere weil ein wesentliches Ziel von Mediation so nicht mehr zu verwirklichen ist: Die Eigenverantwortlichkeit der Eltern für eine Übereinkunft geht verloren und ihre Kooperationsfähigkeit wird nicht ausreichend unterstützt, wenn auch die Möglichkeit einer gutachterlichen Empfehlung durch den Mediator besteht. So kann sich auch hier wieder der Kampf um Gewinn und Verlust zwischen den Eltern entwickeln, Mediation wird so nur zu einer Erweiterung des Gerichtsverfahrens (zur Umsetzung des Mediation-Angebots in Kalifornien siehe Report of the Advisory Panel 1987).

Zusätzlich zu diesen Regelungsangeboten gibt es z. T. Möglichkeiten zu

Ehe- und Scheidungstherapien sowie Informationsprogramme (Educational Programs) zur Scheidung. Diese Angebote erfolgen u. a. durch gerichtsgestützte „Counseling Services", deren Ziele sowohl in Hilfen bei Eheproblemen und der Wiederversöhnung der Partner bestehen, als auch in der Unterstützung bei der Scheidungsbewältigung und der Reduzierung negativer Auswirkungen der Scheidung auf die Kinder (s. Brown & Manela 1977, Young 1978a, Lee 1979, Sampel & Seymour 1980, Proksch 1988). Als Vorteil der gerichtlichen Anbindung von Beratung wird dabei vor allem darauf hingewiesen, daß gerade in der Zeit der Trennung die betroffenen Familien Informationen, Hilfe und Unterstützung benötigen. Die Beratungsstelle am Gericht macht es also Menschen möglich, eine professionelle Beratung in Anspruch zu nehmen, die außerhalb des Gerichts nicht zu einer Beratungsstelle gehen würden (s. dazu auch Fthenakis et al. 1982).

Das Angebot der „Conciliation Court Services" unterscheidet sich häufig nur durch die stärkere institutionelle Anbindung von den Mediation-Konzepten, wie sie von gerichtsunabhängigen Institutionen durchgeführt werden. Auf einen wichtigen Unterschied weist Coogler (1978) hin. Im Gegensatz zur Vermittlung (Mediation) wird dem Ehepaar in einer reinen Schlichtungsverhandlung ein Teil der Verantwortung für die Entwicklung von Entscheidungen abgenommen. Der Schlichter macht den Parteien Vorschläge, weist auf Vor- und Nachteile hin und ermutigt eher dazu, eine verfügbare Möglichkeit anzunehmen, anstatt sich nicht zu einigen. Diese Unterstützung bewertet Coogler als ungünstig für eine langfristige Einhaltung von Übereinkommen. Eine derart strenge Unterscheidung zwischen Mediation und Conciliation wird jedoch in den wenigsten Konzepten auch praktisch durchgeführt. Sie entspricht im wesentlichen der Differenzierung zwischen Prozeß- und Inhaltsschlichtung (s. Pkt. 4.3.). In vielen der inzwischen etablierten Programme zur Regelung von Sorgerechtsstreitigkeiten wird das Aufzeigen von Lösungswegen auch als Aufgabe des Mediators verstanden (s. New Jersey Report 1988).

5.2.2.2.1. Beratung von Sorgerechtsstreitigkeiten

Die gerichtsgestützten Beratungangebote zur Klärung von Sorgerechtsstreitigkeiten stellen häufig eine Kombination von Begutachtung und Beratung dar (s. dazu auch Musetto et al., Pkt. 5.2.2.1.2. und das Kasseler Modell, Pkt. 5.2.1.1.). Kann in der Beratung, die die eigenverantwortliche Regelung der Sorgerechtsprobleme durch die Eltern unterstützt, keine gemeinsame Entscheidung erreicht werden, so dienen die Gespräche mit der Familie als Grundlage für eine Sorgerechtsempfehlung an das Gericht.

Eine Methode zur Sorgerechtsberatung, die die emotionalen Verletztheiten der Partner miteinbezieht, wurde von Mitarbeitern des Family Court Counseling Service, Dane County, Wisconsin entwickelt (Milne 1978). Dieses „Family Self-Determination Program" wurde erstmalig 1974 eingesetzt und entstand aus der Unzufriedenheit der Mitarbeiter mit der herkömmlichen Entwicklung von Sorgerechtsempfehlungen.

Grundprämisse des Programms ist es, den Eltern die Verantwortung für die Kinder zurückzugeben und zu verdeutlichen, daß sie auch nach der Scheidung weiterhin Eltern ihrer Kinder bleiben. Damit wird die Entscheidung über das Sorgerecht reduziert auf eine Festlegung, bei welchem Elternteil die Kinder leben sollen und wie der Kontakt zum anderen Elternteil gestaltet werden soll. Das Programm will also eine Reorganisation der Familie unterstützen, in der beide Eltern weiterhin Verantwortung tragen können.

Damit eine weitergehende kooperative Beziehung zwischen den Eltern möglich ist, ist es jedoch notwendig, die mit der Trennung einhergehenden Gefühle und Ambivalenzen der Partner zu klären, die nach Milne häufig den Hintergrund für Sorgerechtskonflikte bilden. In der Beratung werden vor allem die Gründe der Trennung genau untersucht, und beiden Partnern wird die Möglichkeit gegeben, ihre Positionen und Sichtweisen darzulegen. Ziel ist also auch hier die Erhöhung der kollektiven Rationalität (s. Pkt. 4.5.).

Das Beratungsprogramm geht diese Ziele nun in folgender Weise an (s. Milne 1978): Nachdem das Gericht eine Sorgerechtsstudie vom „Counseling Service" angefordert hat, wird mit den Eltern ein Eingangsinterview durchgeführt. Hier wird über die Hintergründe gesprochen, die zur Scheidung führten, mögliche Sorgerechtsmodelle werden diskutiert, und vom Berater wird die Idee der fortgesetzten Elternschaft eingeführt. Weiterhin werden die Eltern mit dem „Family Self-Determination Program" und seinen Ideen bekannt gemacht, seine Vor- und Nachteile sowie das herkömmliche Sorgerechtsverfahren werden diskutiert.

Sind die Eltern zur Teilnahme an diesem Programm bereit, so wird ein Zeitplan für die wöchentlichen Sitzungen mit festgelegter Tagesordnung aufgestellt. Die Entscheidung der Partner wird auch ihren Rechtsanwälten mitgeteilt, zusammen mit einer kurzen Information über das Programm. Die Eltern werden außerdem um eine schriftliche Darstellung ihrer eigenen Geschichte in ihrer Herkunftsfamilie, der Ehegeschichte, der Hintergründe der Trennung und um die Beschreibung ihrer Kinder gebeten sowie um eine Erläuterung der Gründe für ihre Sorgerechtsüberlegungen.

In den folgenden 7 bis 8 Sitzungen entwickelt das Paar nun einen Plan für die Regelung des Sorge- und Umgangsrechts, der dann den Rechtsanwälten übermittelt und später dem Gericht vorgelegt wird. Kann kein Übereinkommen erreicht werden, so wird das Paar damit konfrontiert, daß dieses Ergebnis entweder auf einen Informationsmangel oder auf eine Entscheidungsunwilligkeit zurückzuführen ist.

Die Beratungssitzungen verlaufen nach der folgenden Struktur (in Anlehnung an Milne 1978, S. 4f, übersetzt von den Autoren):

1. und 2. Sitzung: Die Partner erhalten die Gelegenheit, abwechselnd ihre jeweiligen Sichtweisen der Partnerschaft und deren Entwicklung darzustellen, vom Kennenlernen über die Gründe für die Heirat bis zum Prozeß,

der zu Trennung und Scheidung führte. Meist wird derjenige Elternteil gebeten zu beginnen, bei dem die Kinder momentan nicht leben, um so Gefühle der Benachteiligung auszugleichen (dies Vorgehen gilt auch für die nächsten Sitzungen). Der Berater schafft eine Atmosphäre der Akzeptanz der unterschiedlichen Standpunkte und unterstützt die Identifizierung von Gefühlen, wie z. B. Ärger, in Zusammenhang mit der Trennung.

3. und 4. Sitzung: Jeder Elternteil erhält die Gelegenheit, seine Vorstellungen über ein Leben gemeinsam mit den Kindern zu beschreiben und zu erklären, welche Planung seiner Meinung nach dem Wohl der Kinder am besten gerecht wird. Dabei wird ein typischer Tagesablauf durchgegangen, Sorgerechtsmodelle werden erläutert und die Beziehungen jedes Kindes zu jedem Elternteil werden besprochen.

5. Sitzung: Der Berater spricht in Abwesenheit der Eltern mit den Kindern. Durch Gespräche, Spiele und Zeichnungen verschafft er sich Klarheit über die Bedürfnisse der Kinder und über ihre Beziehungen zu den übrigen Familienmitgliedern.

6. Sitzung: Gemeinsam mit dem Paar geht der Berater die Partnerschaftsentwicklung durch, um so ein Verständnis für die Beziehungsdynamik und den Prozeßcharakter der Eheentwicklung zu erreichen. Hier ist für die Partner auch Raum gegeben, sich mit ihren Gefühlen und Ambivalenzen auseinanderzusetzen.

In einem zweiten Schritt werden die Bedürfnisse jedes Kindes durch den Berater unter Bezugnahme auf ihre Äußerungen und ihr Verhalten in der vorherigen Sitzung erklärt. Die Eltern erhalten den Auftrag, auf dem Hintergrund dieser Informationen ihren Vorschlag zu überdenken.

7. Sitzung: Die Eltern besprechen ihre jeweiligen Pläne, um zu einer Entscheidungsfindung zu kommen. Sie werden durch den Berater darin unterstützt, Vorschläge zu kombinieren und Kompromisse zu entwickeln. Der Berater macht dabei immer wieder die Bedürfnisse der Kinder deutlich. Auch wenn ein Partner nicht völlig überzeugt ist, unterstützt der Berater eine Elternentscheidung als eine der gerichtlichen Entscheidung vorzuziehende.

Nach der gemeinsamen Entscheidung werden die Partner dann dazu aufgefordert, ihre Kinder möglichst gemeinsam über das Ergebnis zu informieren und ihnen das Weiterbestehen der Elternschaft zu verdeutlichen. Mehrere Wochen später wird dann mit den Eltern noch ein Gespräch über Schwiergkeiten bei der Umsetzung der Vereinbarungen geführt.

Die Durchführung des Programms fördert die fortgesetzte gemeinsame Elternschaft nach der Scheidung durch Aufarbeiten der mit Trennung und Sorgerechtsverteilung verbundenen Gefühle und mindert die negativen Folgen der Trennung für die Kinder durch Verdeutlichung der Stabilität der Beziehungen zu den Eltern. Milne weist außerdem auf Zeit- und Kostenersparnisse für das Gericht hin und auf eine, nach ersten Schätzungen, um zwei

Drittel (von 34% auf 10,5%) reduzierte Wiederaufnahme von Gerichtsverfahren.

5.2.2.2.2. Beratung von Umgangsregelungsstreitigkeiten

Neben der Regelung von Sorgerechtsstreitigkeiten werden „Conciliation Court Services" auch zur Klärung von Nachscheidungskonflikten, speziell von Auseinandersetzungen um die Umgangsregelung, in Anspruch genommen. Weiss und Collada (1977) beschreiben ein Beratungsprogramm des Familiengerichts von Santa Clara County (Kalifornien) zur kurzfristigen Beilegung von Umgangsregelungsstreitigkeiten:

Die Überweisung erfolgt durch das Gericht. Am selben Tag beginnt die Beratung mit dem Ausfüllen eines Eingangsfragebogens und dem Interview der Rechtsanwälte der beiden Parteien. Die Rechtsanwälte werden gebeten, ihre jeweiligen Positionen zu verdeutlichen. So können Vorurteile abgebaut und Unterstützung durch die Rechtsanwälte erreicht werden. In anschließenden gemeinsamen Gesprächen mit den Eltern und wenn möglich auch mit den Kindern, werden die Positionen aller Beteiligten erfragt. Es wird versucht, gegenseitige Mißverständnisse auszuräumen und Forderungen an den Bedürfnissen, insbesondere auch an denen der Kinder, und an der Realität zu überprüfen. Die Eltern werden dann im Verhandeln durch den Berater darin unterstützt, zu einem gemeinsamen Übereinkommen zu gelangen, das von beiden Elternteilen als umsetzbar anerkannt wird und auch den Bedürfnissen der Kinder gerecht wird. Nach anfänglichen Feindseligkeiten gelingt es den Beratern meist, eine kooperative Atmosphäre im Gespräch zu entwickkeln. Hierzu trägt insbesondere das Herausheben der positiven Anteile der jeweiligen Wünsche und Vorstellungen bei und die Verdeutlichung des Wunsches jedes Elternteiles, nur das Beste für das Kind zu tun. Ist ein Übereinkommen zwischen den Eltern erreicht, so werden die Rechtsanwälte hinzugezogen und um ihre Stellungnahme gebeten. Anschließend arbeiten sie den Entwurf für die Regelung aus, der durch das Gericht festgeschrieben wird. Lediglich in 10% der Fälle ist keine eigenverantwortliche Regelung möglich. In diesen Fällen erfolgt eine gerichtliche Entscheidung auf der Grundlage einer Empfehlung des Beraters.

Diese Konzepte zur Klärung von Sorge- und Umgangsrechtsproblemen sind vor allem durch ihre Integration in den gerichtlichen Verfahrensablauf und durch ihre Anbindung an das Gericht bemerkenswert. Hier wird die notwendige Unterstützung der Scheidungskinder, wie sie von den Eltern allein nicht mehr verwirklicht werden kann, in das Gerichtsverfahren integriert. Zur Regelung dieser Scheidungsfolgen mag eine derartige Beratungsverpflichtung ein sinnvolles und notwendiges Konzept sein, auch wenn die übrigen Bereiche der Scheidungsfolgenregelung auf völlig freiwilliger Basis eher erfolgreich zu regeln sind. Die Verbindung von Beratung und Begutachtung muß jedoch für die eigenverantwortliche Entwicklung von Übereinkommen durch die Eltern als demotivierend und problematisch beurteilt werden.

Ein umfassendes gerichtsunabhängiges Angebot zur außergerichtlichen Regelung der Scheidungsfolgen, das in der Bundesrepublik entwickelt wurde und in dem alle Ebenen der Scheidung Berücksichtigung finden, wird im folgenden vorgestellt.

5.2.2.3. „Stuttgarter Modell" – interdisziplinärer Ansatz zur außergerichtlichen Konfliktregelung

Die vom Deutschen Familienrechtsforum entwickelte und getragene Stuttgarter Modellberatungsstelle versteht sich als präventives Angebot zur außergerichtlichen Konfliktregelung. Sie wurde in den Jahren 1981 bis 1985 erprobt (Deutsches Familienrechtsforum 1981, 1982, einen Überblick gibt Fthenakis et al. 1982, s. auch Kap. 7).

Um der Komplexität der Scheidungssituation gerecht zu werden, werden in diesem Konzept die üblicherweise getrennten Ebenen der rechtlichen, der psychischen und der ökonomischen Beratung in einer systemisch orientierten Teamberatung zusammengeführt. So soll der bei isolierten Maßnahmen (z. B. anwaltlicher Strategien oder psychotherapeutischer Intervention) entstehenden Gefahr der Konflikteskalation auf den anderen Ebenen entgegengewirkt werden.

Ziele der Beratung sind (nach Modellprojekt des Deutschen Familienrechtsforums 1982, s. auch Stange 1982):

- den Konflikt im frühestmöglichen Stadium zu bearbeiten,
- den Klienten Einblick in die Mehrdimensionalität der Konfliktsituation zu geben und damit auch die Situation der gesamten Familie zu verdeutlichen,
- den Ausgangskonflikt mit seinen Hintergründen aufzuarbeiten, um so das Erarbeiten und Tragen von gemeinsamen Konfliktlösungen und Regelungen durch alle Beteiligten zu ermöglichen,
- die Begleitung der Trennung in der Beratung, um so den Prozeß der Veränderung des Familiengefüges für alle Familienmitglieder als Lernprozeß zu gestalten.

Zur Erarbeitung des Gesamtbildes der Problemsituation eines Klienten, aber auch zur Beratung in einzelnen Problembereichen stehen Fachleute folgender Professionen zur Verfügung: Familientherapie, ärztliche Psychotherapie, Psychologie, Sozialpädagogik, Sozialarbeit, Rechtsberatung, Steuerberatung, Rentenberatung und Theologie.

Das Beratungsangebot ist in folgenden 4 Phasen aufgebaut, um so der Konfliktbearbeitung als familiärem Lernprozeß gerecht zu werden (nach Modellprojekt des Deutschen Familienrechtsforums 1982, zusammenfassend Fthenakis et al. 1982):

1. *Kontaktaufnahme und Erstgespräch:*
Bei der ersten meist telefonischen Kontaktaufnahme wird insbesondere die Motivation der Klienten abgeklärt, um falschen Erwartungen an das Beratungsangebot entgegenzuwirken sowie, falls nötig, eine erste Krisenintervention geleistet.

In den folgenden mit den Partnern getrennt geführten Erstgesprächen werden Daten zur aktuellen Situation erhoben. Hier wird schon die Mehrdimensionalität der Scheidungssituation verdeutlicht, indem neben der psychischen Situation der Partner auch die wirtschaftlichen, sozialen und rechtlichen Bedingungen angesprochen werden. Die Gespräche dienen entweder der Motivierung zur Bearbeitung des Paarkonfliktes oder der Unterstützung einvernehmlicher Konfliktlösungen, wenn eine Fortführung der Partnerschaft nicht mehr möglich erscheint.

Die erhaltenen Informationen werden an das Team weitergegeben. Wenn nicht andere gezielte Hilfsmaßnamen angebracht sind oder die Problematik sehr komplex ist, wird die erste Teamkonferenz angestrebt.

2. *Problemklärung und Entscheidungsfindung über weiteres Vorgehen:*
Eine erste Teamkonferenz zusammen mit dem Ratsuchenden und seiner Familie bietet Gelegenheit, die Situation aus allen fachlichen Blickrichtungen heraus zu betrachten. Es wird ein Gesamturteil über die Situation der Familie erstellt, um abklären zu können, wie das zukünftige Beratungsvorgehen gestaltet werden sollte. Vorläufige Regelungen, z. B. bezüglich des Aufenthaltes der Kinder während des Beratungszeitraumes werden beschlossen.

In einer zweiten Teamkonferenz werden mit der Familie die verschiedenen Möglichkeiten der Konfliktlösung mit ihren Vor- und Nachteilen erörtert und die Angebote der einzelnen Mitarbeiter vorgestellt.

Zwischen den Teamkonferenzen bestehen Möglichkeiten zur gemeinsamen Paartherapie, um den Beziehungskonflikt zu bearbeiten. Ist eine gemeinsame Beratung nicht möglich, so können Einzelberatungen in Anspruch genommen werden, in denen der Klient für seine Verantwortlichkeit den Kindern und dem Partner gegenüber sensibilisiert wird. Daneben bestehen auch Gesprächsangebote in Gruppen. Ziel ist es, die Klienten zu stabilisieren und eine konstruktive Auseinandersetzung zu ermöglichen.

3. *Konfliktbearbeitung und Konfliktlösung:*
Vorschläge der zweiten Teamkonferenz zu Konfliktbearbeitung und Konfliktlösung werden im Rahmen weiterer Beratungs- und Therapieangebote umgesetzt, die sich an den Einzelnen, das Paar oder die Familie wenden. Gruppen für bestimmte Problemschwerpunkte, z. B. Elterngruppen oder Gruppen für Geschiedene, werden ebenfalls angeboten. Ziel ist es, einer konstruktiven Trennung oder Scheidungsfolgenregelung näher zu kommen.

In einer dritten Teamkonferenz wird dann versucht, eine derartige konstruktive Konfliktregelung zu erarbeiten, die von allen Beteiligten getragen wird. Die Belastung der Beteiligten, insbesondere der Kinder, bei den verschiedenen Alternativvorschlägen wird diskutiert. Zu diesem Zeitpunkt werden auch Rechtsanwälte, Vertreter der Jugendamtes und u. U. Gutachter hinzugezogen. Das Team „wacht" dabei darüber, daß bei der antizipierten Lösung die psychosozialen, pädagogischen, wirtschaftlichen und rechtlichen Aspekte zueinander stimmig berücksichtigt werden.

4. *Nachbearbeitung und Stabilisierung:*
Die vierte Phase ist vorgesehen, wenn einvernehmliche Lösungen nicht zu erreichen sind oder scheitern. Dann wird versucht darauf hinzuwirken, konstruktives Konfliktverhalten auch bei der gerichtlichen Lösung beizubehalten. Dies geschieht in Gesprächen mit den Parteien und ihren Rechtsanwälten, um eine Versachlichung der Auseinandersetzung zu erreichen.

Mit dem „Stuttgarter Modell" ist somit eine komplexe Scheidungsberatung mit der umfassenden Berücksichtigung aller beteiligten Problemebenen verwirklicht. Aufgrund der Beteiligung vieler Professionen kann das Beratungsangebot sehr genau auf die Fragen und Bedürfnisse des Einzelfalles abgestellt werden. Aber gerade in dieser Größe und Multiprofessionalität des Teams liegt auch eine Gefahr. Insbesondere bei Sorgerechtsstreitigkeiten, bei denen die Rückgabe der Verantwortlichkeiten an die Eltern von zentraler Bedeutung ist, mag diese gegenüber dem Expertenwissen leicht ins Hintertreffen geraten. Möglicherweise kann hier die Reduzierung des Teams auf seine wesentlichen Teile – Familientherapeut und Jurist, ein Beratungsteam, das auch in Mediation-Angeboten recht erfolgreich ist – die eigenverantwortliche Entwicklung von Übereinkommen durch die Eltern unterstützen. Das Hinzuziehen weiterer Experten im Bedarfsfall ist dabei unbenommen. Der Schwerpunkt der Beratung wird so von einer aus Expertensicht bestmöglichen Regelung der Scheidungsfolgen verlagert hin zu einer Konfliktregelung durch die Betroffenen selbst. So wird – entsprechend den Mediation-Konzepten – der Aspekt des Verhandelns der Partner betont, und Regelungen entsprechen den jeweiligen familiären Bedürfnissen.

Neben der umfassenden Berücksichtigung der Problemebenen wird im „Stuttgarter Modell" eine weitere wichtige Voraussetzung zur Umsetzung von Konfliktregelungen beachtet. In diesem Modell werden auch die Verfahrensbeteiligten, die Rechtsanwälte, das Jugendamt und ggf. der Gutachter, in die Konfliktregelung einbezogen. Damit wird eine wichtige Voraussetzung zur erfolgreichen Verwirklichung der Scheidungsfolgenregelung geschaffen, die dann von allen Beteiligten getragen wird.

5.3. Beratungskonzepte zur Bewältigung des Trennungs- und Scheidungserlebens

Unter dem Stichwort *„Bewältigung"* sind Beratungskonzepte angesprochen, die den Klienten zum einen die Auseinandersetzung mit dem Trennungsschock, der emotionalen Verarbeitung der Trennung und zum Teil mit der Konfliktgenese ermöglichen und sich zum anderen mit Veränderungen und der Neuorientierung beschäftigen. Diese Veränderungen können z.B. die Überwindung von Isolation und praktischen Problemen beinhalten, aber auch die Auseinandersetzung mit der Familienstruktur zum Ziel haben.

Die Bewältigung von Trennung ist immer auch ein wesentliches Feld herkömmlicher therapeutischer Bewältigungsstrategien von psychoanalytischorientierter Psychotherapie über Ansätze der Humanistischen Psychologie bis hin zu verhaltenstherapeutischen Vorgehensweisen. Wir wollen unser Augenmerk im folgenden jedoch nur auf solche Angebote richten, die speziell zur Bearbeitung der Trennungs- und Scheidungserfahrung und für ein verbessertes Umgehen mit den Veränderungen entwickelt wurden. Diese Konzepte berücksichtigen insbesondere die Komplexität der Trennungs- und Scheidungssituation sowie spezifische Bedürfnisse der Betroffenen und betonen den Aspekt der präventiven Vorsorge durch Scheidungsberatung.

Beratungskonzepte zur Scheidungsbewältigung beinhalten u.a. die Auseinandersetzung mit den bestehenden Gefühlen, die psychische Scheidung vom Partner, die Beschäftigung mit den Reaktionen der Kinder und die Entwicklung neuer Orientierungen. Die häufig angebotenen Gruppenprogramme sind besonders zur Überwindung der Isolation und zur Bewältigung praktischer Probleme geeignet, da hier ein Raum für die gegenseitige Unterstützung Gleichbetroffener geschaffen wird.

Ein anderes Herangehen an den Bewältigungsprozeß wählen die familientherapeutischen Ansätze. Im anschließend vorgestellten Konzept werden Veränderungen in der Familienstruktur, wie die Entflechtung von Eltern- und Partnerrolle und die Wiederherstellung der Grenzen zwischen Eltern und Kindern, durch die Aufarbeitung der Konfliktgenese erreicht.

Aber auch Informations- und Trainingsprogramme können die Scheidungsbewältigung in der Familie verbessern und vor allem das Verständnis der Eltern für die Kinder erhöhen.

Ein wichtiges Hilfsangebot im Zusammenhang mit Trennung und Scheidung, das nur zu leicht vergessen wird, besteht in der Beratung von Kindern und Jugendlichen. Wir werden fünf Modelle vorstellen, die über eine Begutachtung oder Ermittlung der Wünsche der Kinder und Jugendlichen hinausgehen und sie als Mitbetroffene verstehen, die unter der Trennung der Eltern leiden, jedoch meist keine ausreichenden Bewältigungsmöglichkeiten haben.

5.3.1. Seminare für Getrennte und Geschiedene – Scheidungsbewältigung in der Gruppe

Ein Angebot, das speziell auf die Bewältigung von Trennung und Scheidung zugeschnitten ist und sich damit deutlich von Eheberatung einerseits und Selbsterfahrungsgruppen andererseits unterscheidet, ist die Scheidungsbewältigung in Gruppen.

Ziele der Gruppenberatung sind die Auseinandersetzung mit Trennungsschock und Trauer, das Überwinden der Isolation nach der Trennung und die Erfahrung, mit den Problemen nicht allein zu stehen sowie die Auseinandersetzung mit den veränderten Beziehungen zu Verwandten, Freunden und besonders mit der Auswirkung auf die Kinder.

Es geht also darum, Geschiedenen zu helfen, emotionale und soziale Anforderungen zu handhaben und ihnen Informationen zur Einschätzung möglicher Probleme zu geben.

Von unterschiedlichen Autoren sind Seminarkonzepte entworfen und durchgeführt worden, zu nennen sind u. a. Weiss (1975) und Granvold und Welch (1977) sowie Siewert (1983), der für den deutschsprachigen Raum hervorzuheben ist. Diese Konzepte ähneln sich weitgehend sowohl in ihren Zielsetzungen als auch in den angesprochenen Themen. Es werden sowohl das Gewesene, speziell die Trennung, aufgearbeitet als auch aktuelle Probleme (z. B. die Probleme der Kinder und praktische Fragen) besprochen, aber auch eine Neuorientierung als Individuum, unabhängig vom Partner, thematisiert. Hiervon heben sich die Seminare von Kranzler (1975) ab, der mit dem Konzept der „Kreativen Scheidung" verstärkt die Aspekte von Freiheit, Eigenverantwortlichkeit für die Gestaltung des Lebens und Selbstverwirklichung in seiner Zielsetzung verdeutlicht.

In diesem Zusammenhang soll auch auf das Kriseninterventionsmodell im Gruppensetting von Hassall und Madar (1980) hingewiesen werden. Krisenintervention in einer Gruppe gleichfalls von Trennung Betroffener wird von den Autoren als erster Schritt zum Aufbau eines zur Bewältigung der Trennung notwendigen sozialen Netzes angesehen. Dieses Modell ist überwiegend auf die emotionalen Aspekte der Trennung ausgerichtet, andere Problembereiche, wie auch die praktische Umsetzung der Trennung, bleiben unberücksichtigt.

In acht Sitzungen werden die emotionalen Erfahrungen in Verbindung mit der Trennung – Trauer und Verlustgefühle – bearbeitet. Als Hoffnungsträger beteiligt sich an den Gruppensitzungen ein Betroffener, der seine Trennungskrise schon weitgehend bewältigt hat. In den Sitzungen wird zuerst ein Überblick über das Kriseninterventionsmodell gegeben, um so das intellektuelle Verstehen der augenblicklichen Lebenssituation zu fördern und die Bewältigungsmöglichkeit mit Hilfe der Krisenintervention zu verdeutlichen. Die für den Betroffenen emotional bedrängendste Situation (z. B. der Verlust des Partners oder der Verlust der Kinder etc.) wird ermittelt und Abwehrmuster werden identifiziert, die die Bewältigung der Krise und das notwendige Trauern verhindern. In einem weiteren Schritt wird das Aufgeben der Abwehr durch den Therapeuten unterstützt, damit die Betroffenen ihre Trauer zulassen und ausleben können. Danach ist es den Klienten auch eher möglich, neue Aspekte in ihrer Beziehung zum Expartner zu sehen und die Hintergründe des Ehekonfliktes zu begreifen.

Ziel der Intervention ist es, die Wahrnehmung der Gefühle zu erweitern und durch das Verbalisieren und Durchleben zu lernen, mit den Gefühlen umzugehen. Daneben wird auch früheren Lebenskrisen, die nicht ausreichend bewältigt wurden, Aufmerksamkeit geschenkt. Zum Abschluß werden in der Gruppe neue Perspektiven für das veränderte Leben entwickelt.

Das Konzept von Siewert zur Scheidungsbewältigung fällt vor allem durch die Einbettung des Seminars in eine weitgehende Vor- und Nachsorge auf.

Das *„Seminar für Getrenntlebende und Geschiedene"* (SGG) umfaßt ca. 20 Therapiestunden. Es kann kompakt oder in wöchentlichen Sitzungen angeboten werden. Es sollten etwa 10 Personen teilnehmen.

Das „SGG-Gruppenprogramm" ist in einen vierstufigen Therapieprozeß integriert (nach Siewert 1983, S. 62ff):

1. Woche:
Erstgespräch:
Problemeingrenzung, Information über das SGG-Programm sowie über Einrichtungen wie Wohnungs-, Jugend-, Arbeits- und Sozialamt, Selbsthilfegruppen und Beratungsstellen.

2.– 4. Woche:
Einzelberatungen als Überbrückung bis zum Gruppenbeginn. Probleme werden näher herausgearbeitet. Hilfen auf emotionaler, psychischer und praktischer Ebene werden geleistet.

5.– 12. Woche:
Durchführung des „SGG-Programms", parallel besteht die Möglichkeit zu weiteren Einzelgesprächen

13.– 92. Woche:
Zur weiteren gegenseitiger Unterstützung wird die Bildung einer Selbsthilfegruppe (SHG) angeregt. Es besteht die Möglichkeit, Fachleute zur Information über spezielle Themen (z. B. Rechtsberater, Psychologen, Erziehungsberater) einzuladen. Halbjährliche Treffen aller SHGs und der Berater werden durchgeführt. Bei Schwierigkeiten in der Gruppe kann ein Berater hinzugezogen werden. Parallel besteht weiterhin die Möglichkeit zu Einzelberatungen bei Bedarf.

Der gruppentherapeutische Teil des „SGG-Programms" wird in 2–2 ½ stündigen Sitzungen durchgeführt, die sich an folgender Stuktur orientieren:

a) Aktuelles: Schwierigkeiten und Probleme der vergangenen Woche
b) Programm: Punkte des „SGG-Programms" (ggf. mit Rollenspiel)
c) Prozeßanalyse oder Abschlußübung

Das SGG-Manual umfaßt die folgenden 10 Programmeinheiten (nach Siewert 1983):

1. Einführungsstunde:
   – gegenseitiges Vorstellen
   – Besprechen des Seminarinhaltes (Ziele, Erwartungen)
   – Blitzlicht
2. Programmeinheiten 1–9 mit speziellen Themen:
   1. Abend: Die emotionalen Folgen der Trennung vom Ehepartner. Reaktionen auf den Verlust und Angst vor dem Alleinsein.
   2. Abend: Vergangene und andauernde Beziehungen oder Auseinandersetzungen mit dem Ex-Partner; gegenseitige Vorwürfe
   3. Abend: Reaktionen der Umgebung und der Kinder auf die Scheidung
   4. Abend: Soziale Kontakte, Haushaltsprobleme und Kinderprobleme
   5. Abend: Kommunikation in der Restfamilie, mit Verwandten und Bekannten
   6. Abend: Die Lösung persönlicher Probleme; Einführung in die Techniken des Problemlösens
   7. Abend: Ermittlung der eigenen Ressourcen und der eigenen Wünsche und Vorstellungen (speziell bzgl. neuem Partner)
   8. Abend: Neubeginn; ein neues Leben anfangen, was heißt das?
   9. Abend: Lebensplanung; berufliche, persönliche und finanzielle Möglichkeiten
3. Abschlußabend:
   – Besprechung von noch ausstehenden Themen
   – Besprechung von Kursverlauf und Therapiebeurteilung
   – Anregung zur Bildung einer Selbsthilfegruppe
   – Abschiedsessen

Siewert hat damit ein strukturiertes Programm zur Bewältigung der Trennungssituation entwickelt, das alle nach einer Scheidung für die Betroffenen wichtigen Themen anspricht und ihnen die Auseinandersetzung damit ermöglicht. Daneben werden wichtige Fertigkeiten wie Problemlösetechniken vermittelt, und vor allem wird ein soziales Netz aufgebaut, das auch über längere Zeit in Form von Selbsthilfe Nachsorge leisten kann. Damit ist auch der langen Zeit, die die Bewältigung einer Trennung braucht, Rechnung getragen. Außerdem wird hiermit der durch die häufig auftretende Zerstörung bisheriger Kontakte sich entwickelnden Einsamkeit, einem zentralen Problembereich der Trennungsbewältigung, entgegengewirkt (zu den Ergebnissen s. Pkt. 6.3.1.4.).

Dieser Bewältigungsansatz wählt ein pragmatisches Vorgehen, die eigentliche psychotherapeutische Aufarbeitung der Ehe- und Trennungskonflikte wird nicht geleistet. Ebensowenig wird eine direkte psychologische Krisenintervention angestrebt, um sehr starke Trauer- und Verlustgefühle von Betroffenen aufzufangen. Hierfür bedarf es spezifischer Angebote, die auf einen kleineren Interessentenkreis ausgerichtet sind.

5.3.2. Familientherapie mit Scheidungsfamilien – Bewältigung des Trennungs- und Scheidungserlebens unter Berücksichtigung von Partner- und Elternrolle

Das zentrale Anliegen der Konzepte unterschiedlicher familientherapeutischer Ansätze zu Trennung und Scheidung ist die Auseinandersetzung mit den Grenzen im Familiensystem, insbesondere zwischen Eltern und Kindern sowie zwischen Partner- und Elternrolle. In der therapeutischen Arbeit wird angestrebt, die Familienbeziehungen für das Kind zu erhalten und es in seinen verschiedenen Bemühungen zu entlasten, die elterliche Beziehung zu erhalten (z.B. durch Symptombildung oder übermäßige Unterstützung der Eltern). Den Eltern wird die emotionale Scheidung und ihre individuelle Entwicklung ermöglicht.

Aus dem amerikanischen Raum sind unter diesen Zielsetzungen neben anderen die strukturelle Familientherapie mit Scheidungskindern von Kaplan (1977) und die Familientherapie von Goldman und Coane (1977) zu erwähnen. (Übersichten geben Hodges (1986) und Sokacic-Mardorf (1983).)

Vier Schritte der Veränderung bilden die Grundlage der Therapie mit Nachscheidungsfamilien von Goldman und Coane (1977):

1. *Redefinition der Scheidungsfamilie:*
   Die Familie bleibt trotz Trennung des Elternpaares als Familie mit beiden Elternteilen bestehen.
2. *Erneuerung der Generationengrenzen:*
   Die Grenze zwischen Elternpaar und Kindern wird wieder aufgebaut. Die Kinder werden von der Übernahme elterlicher Aufgaben entlastet und die Eltern führen ihre Auseinandersetzungen ohne Einbeziehung der Kinder.
3. *Rekonstruktion der Ehegeschichte:*
   In einer für alle Familienmitglieder verständlichen Form wird die Geschichte der Ehe rekonstruiert, um so Verzerrungen der Wahrnehmung zu korrigieren. Insbesondere bei den Kindern sind Wahrnehmungsverzerrungen aufgrund des Alters und des Wiedervereinigungswunsches zu beachten.
4. *Emotionale Scheidung des Elternpaares:*
   Lösung kollusiver Beziehungsstrukturen, die sowohl die Ehe als auch die Scheidung scheitern lassen. So wird dem Elternpaar die emotionale Scheidung ermöglicht, ohne daß damit auch die Elternrollen aufgegeben werden müssen.

Als Beispiel für den deutschsprachigen Raum soll der Ansatz von Bauers, Reich und Adam (1986) herausgegriffen werden (s. auch Reich, Bauers 1987, 1988).

Die im Rahmen eines Forschungsprojektes an der Universität Göttingen entwickelte mehrgenerationelle Familientherapie mit Scheidungsfamilien ist eines der umfassendsten Konzepte. Therapien wurden sowohl mit Familien

in der Ambivalenzphase und der Trennungs- und Scheidungsphase durchgeführt als auch mit Nach-Scheidungsfamilien.

Ziel ist es, die Konflikte der Scheidungsfamilie aufzuarbeiten und ihre
Tradierung zu unterbrechen. Dazu werden auch die Herkunftsfamilien mit
einbezogen, deren Konfliktmuster die Partnerwahl sowie die aktuellen Part-
nerschaftskonflikte wesentlich determinieren. So soll für die Kinder der
intrafamiliäre Wiederholungszwang aufgehoben werden. Den Partnern wird
die Bearbeitung ihrer eigenen Anteile am Ehekonflikt und die Aufarbeitung
ihrer Entwicklungsgeschichten ermöglicht, um die Wiederholung derselben
Konflikte, Beziehungskonstellationen und Konfliktlösungsmuster in neuen
Partnerschaften zu verhindern.

Angestrebt wird so einerseits die psychische Scheidung der Partner oder
gegebenenfalls ihre Wiederverheiratung und andererseits durch Lösung der
auch nach der Trennung weitergeführten Ehekonflikte eine konstruktive
Scheidung, die den Partnern gemeinsame Regelungen der Scheidungsfolgen
erlaubt und eine möglichst optimale Kooperation der Eltern bezüglich der
Kinder ermöglicht.

Vor Beginn der Therapie werden Vereinbarungen über den Aufenthalt der
Kinder und den Umgang während der Therapie getroffen sowie die Einlei-
tung juristischer Schritte in dieser Zeit ausgeschlossen.

In gemeinsamen Sitzungen mit dem Paar werden deren Konflikte herausgearbeitet. Bei Nach-Scheidungs-Familien werden Einzelgespräche mit den
Partnern vorgeschaltet, um Ängste vor der Konfrontation mit dem Partner
abzubauen.

Anschließend arbeitet jeder Partner einzeln mit seiner Herkunftsfamilie
die für ihn in diesen Beziehungen relevanten Konflikte heraus. Auf diesem
Hintergrund und mit dem Wissen um die systemischen Zusammenhänge der
Beziehungsstrukturen und der Herkunftsfamilie wird dann die Beziehung
des sich trennenden Paares mit ihren Konflikten bearbeitet.

Familientherapeutische Ansätze zur Unterstützung der Scheidungsbewältigung aller Familienmitglieder haben ihre besondere Bedeutung in der Entlastung der betroffenen Kinder durch diese Intervention. Die Kinder werden
nicht länger zwischen den Fronten des elterlichen Streites hin- und hergeris-
sen und können wieder die ihren Bedürfnissen entsprechenden Rollen einnehmen. Die mehrgenerationelle Familientherapie geht sogar noch einen
Schritt weiter, indem sie versucht, die Konflikttradierung zu durchbrechen
und die Konflikte aus den Herkunftsfamilien mit in die Betrachtung einzubeziehen und aufzuarbeiten. Das Konzept gewinnt damit einen ausgeprägt
präventiven Charakter.

Notwendig für diesen sehr umfangreichen psychotherapeutischen Ansatz
ist jedoch die Bereitschaft beider Partner zur Zusammenarbeit und Aufarbeitung der ehelichen Konfliktgeschichte trotz der Trennung. Die Motivation
hierzu ist bei Partnern nach der Trennung und insbesondere der Scheidung
jedoch oft recht gering. Außerdem stellt diese Intervention hohe Anforderungen an die Klienten bzgl. des Zeitaufwandes und der Notwendigkeit, sich

persönlich weitgehend einzulassen und sogar die eigenen Eltern in die Beratungen mit einzubeziehen. Damit bleibt ein entsprechendes Angebot auf eine eher kleine Klienten-Gruppe beschränkt und kann nur ein ergänzendes Angebot in einer umfassenden Scheidungsberatung darstellen.

5.3.3. „The Education Model" – Information für Eltern in Trennung und Scheidung

Hodges (1986) stellt Unterrichtsmodelle (Education Model) für Eltern während und nach der Scheidung vor, wie sie in den USA praktiziert werden. In diesen Ansätzen werden den Eltern Informationen darüber gegeben, wie Kinder häufig auf die Scheidung reagieren und welches Elternverhalten dabei günstig erscheint. Diese Informationen bilden die Grundlage für ein Informations- und Trainingsprogramm, das Berater mit den Eltern durchführen.

Ziel ist es, den Eltern ein besseres Umgehen mit ihren Kindern zu ermöglichen und ihnen Verhaltensrichtlinien zur Verfügung zu stellen, um so die Auswirkungen der Scheidung auf die Kinder möglichst gering zu halten.

Bei der Durchführung des Programms sollte vom Berater beachtet werden, daß nur eine beschränkte Zahl von Verhaltensproblemen des Kindes zur Zeit bearbeitet und mit dem drängendsten Problem begonnen wird, da die Eltern nur zu begrenzten Veränderungen in der Lage sind. Neue Verhaltensweisen aufgrund der Informationen können von ihnen in Form von Rollenspielen geübt werden.

Unterstützung zur Umsetzung der Informationen in das elterliche Verhalten kann durch kurze Telefonanrufe der Berater in den ersten Wochen der Intervention erfolgen. So haben die Eltern Gelegenheit, Fragen zu stellen und von ihren Erfahrungen zu berichten. Auch die Zusammenarbeit mit den Lehrern der Kinder ist sinnvoll, um den Eltern hier eine Rückmeldung über mögliche Veränderungen im Verhalten der Kinder zukommen zu lassen.

Es folgt eine Zusammenstellung der wichtigsten Informationen für die Eltern (in Anlehnung an Hodges 1986, S. 283ff, übersetzt von den Autoren):

1. Es ist notwendig, den Kindern die Kontinuität ihrer Versorgung zu verdeutlichen, Ängste vor dem Verlassenwerden durch beide Eltern abzubauen und dem Kind zu versichern, daß es nicht allein ist, besonders sollten auch Versprechen eingehalten werden.
2. Die Mitteilung des Trennungsentschlusses an die Kinder sollte hinreichend früh geschehen unter Berücksichtigung der altersabhängigen Zeitwahrnehmung
3. Die Eltern sollten den Kindern die Gründe für die Trennung wahrheitsgemäß mitteilen, ohne sie jedoch mit Einzelheiten zu belasten. Vor allem bei kleineren Kindern sollte darauf geachtet werden, wie sie die Erklärungen verstanden haben, um belastenden Phantasien vorzubeugen.

4. Die Lehrer sollten von der Scheidung unterrichtet werden, um ungewöhnliches Verhalten der Kinder besser verstehen zu können.
5. Anregung zur Nutzung der Ressourcen wie Bücher über Scheidung für Eltern und Kinder und Angebote diverser Organisationen.
6. Die Eltern sollten darauf achten, daß die Kinder nicht zu ihrem Berater, zu kleinen Erwachsenen oder zu Botschaftern zwischen den Partnern werden.
7. Geschwister sollten nicht isoliert werden.
8. Der Expartner sollte nicht vor den Kindern oder gegenüber den Kindern schlecht gemacht werden; auch nicht bzgl. finanzieller Auswirkungen der Scheidung.
9. Die Gefühle des Kindes für den anderen Elternteil sollten respektiert werden.
10. Ein Umzug sollte, wenn möglich, vermieden werden.
11. Die Schuldgefühle der Eltern sollten nicht ihr Erziehungsverhalten beeinflussen, damit so überbehütendes Verhalten oder Vernachlässigung der Kinder vermieden wird.
12. Die Kinder sollten darin unterstützt werden, ihre Gefühle zu äußern und Fragen zu stellen.

Entsprechende Informations- und Trainingsprogramme mit geschiedenen Eltern stellen ein grundlegendes Beratungsangebot zur Verbesserung der Scheidungsbewältigung bei den betroffenen Kinder dar, das es den Eltern auch ermöglicht, die Reaktionen ihrer Kinder besser zu verstehen. Die Form der Beratung mit begrenztem Zeitrahmen und geringen psychotherapeutischen Anforderungen sowie stark strukturiertem Vorgehen und großer Informationseingabe gibt einer großen Gruppe von Scheidungsbetroffenen die Gelegenheit, sich notwendige Hilfe zu holen. Wichtig wäre der Einsatz entsprechender Programme nicht erst bei Verhaltensauffälligkeiten der Kinder, sondern zu einem frühen Zeitpunkt im Trennungsprozeß, möglicherweise als verbindliches Angebot nach der Beantragung einer Scheidung (s. Young 1978a und Niesel et al. 1989, Pkt. 5.1.3. und 6.1.3.).

5.3.4. Angebote für Kinder und Jugendliche – Gruppen- und Einzelarbeit mit Scheidungskindern

Beratungsangebote speziell für die von Scheidung betroffenen Kinder und Jugendlichen, die über Begutachtungen oder Ermittlung der Wünsche (oder Bedürfnisse) des Kindes im Sorgerechtsverfahren hinausgehen, sind eher selten. Schon 1976 weisen Hozman und Froiland darauf hin, daß einem Beratungsmodell für die Kinder bis zu diesem Zeitpunkt wenig Aufmerksamkeit gewidmet wurde. Daran hat sich auch bis heute nur wenig geändert, im Gegensatz zur Zunahme der Scheidungsberatungsmodelle für die Eltern, speziell zur Regelung der Scheidungsfolgen. Lediglich präventive Kurzprogramme für den Schuleinsatz sind in größerer Zahl entwickelt und überprüft worden (s. Pkt. 6.3.3.). Im Verlauf von Trennung und Scheidung geht es bisher meist darum, daß die Betreuung des Kindes auch weiterhin gewährleistet ist. Erst Forschungen zur Beeinträchtigung der Kinder durch die Scheidung und zu ihrer emotionalen Situation (am umfangreichsten von Wallerstein und Kelly) machten die spezifischen Bedürfnisse der Kinder deutlich und führten zu explizit auf Scheidungskinder zugeschnittenen Angeboten. Das hier bestehende Beratungsbedürfnis und die Notwendigkeit, die Eltern über Beratungsangebote zu informieren, wird deutlich, wenn man berücksichtigt, daß ein großer Teil der Beratungen in der Nachscheidungsphase durch Verhaltensauffälligkeiten der Kinder motiviert wird. Diese Bedürfnisse werden hauptsächlich im Rahmen des herkömmlichen Beratungsangebotes aufgefangen, z. B. in der Erziehungsberatung.

Aus diesen Gründen soll dem Beratungsangebot für Kinder und Jugendliche ein wenig mehr Raum gegeben werden. Fünf unterschiedliche Beratungsmodelle werden vorgestellt.

5.3.4.1. Kurzzeitinterventionen bei Kindern aus Scheidungsfamilien

Die von Wallerstein und Kelly im Rahmen ihrer Forschung über die Auswirkung der Scheidung auf Kinder der verschiedenen Altersstufen entwickelten Kurzzeitinterventionen stellen ein umfassendes Angebot für Kinder in Scheidungssituationen dar, das die Reaktionen und Möglichkeiten der Kinder in Abhängigkeit von ihrem Alter berücksichtigt (Kelly & Wallerstein 1980). Ziel ist es, den Kindern zu ermöglichen, die affektiven und kognitiven Auswirkungen der elterlichen Trennung und familiären Umgestaltung zu verarbeiten und so Verhaltensauffälligkeiten zu vermeiden. Grundlage für die Interventionen bildet ein scheidungsspezifisches diagnostisches Profil, in das folgende Informationen eingehen (nach Kelly & Wallerstein 1980, S. 17ff):

1. Einschätzung des allgemeinen Entwicklungsstandes aufgrund von Elterninterviews, Informationen über die schulische Situation und direkte Beobachtungen des Kindes.
2. Bewertung der individuellen Reaktion des Kindes auf die Scheidung. Dafür waren zu klären:
   – Wie versteht das Kind die elterliche Trennung, haben die Eltern ausreichende Erklärungen geliefert?
   – Wie sieht die emotionale Situatin des Kindes aus, zeigt es z. B. aggressives oder depressives Verhalten, bestehen Loyalitätskonflikte?
   – Kann das Kind auf ausreichende Abwehrstrategien zurückgreifen?
   – Welches Ausmaß erreichen die Reaktionen des Kindes auf die Scheidung und in welchen Situationen werden sie gezeigt?
   – Treten neue Verhaltensweisen bzw. Symptome auf?
3. Überprüfung der dem Kind zur Verfügung stehenden Hilfssysteme wie

Eltern-Kind-Beziehung, Geschwister, Großeltern und weitere Familienmitglieder, Schule, Freunde und außerfamiliäre Aktivitäten.

Ziel der auf dieser Grundlage entwickelten Interventionen ist die Reduzierung des Leidensdrucks (Ängste, Depressionen, Zorn, Sehnsüchte nach heiler Familie), die Reduzierung der kognitiven Verwirrung, die Vergrößerung der psychologischen Distanz zwischen dem Scheidungserleben und dem Kind und die Hilfe bei spezifischen Problemstellungen.

Es wurden zwei Interventionsmodelle entwickelt. Ist das Kind zu jung oder aus anderen Gründen nicht in der Lage, dem Therapeuten Zugang zu seinem Empfinden oder zu seinen Konflikten zu ermöglichen, so steht, nach der Exploration mit dem Kind, die intensive Elternarbeit im Mittelpunkt. Für ältere Kinder wurde dagegen eine Form der Krisenintervention angeboten.

Für die unterschiedlichen Altersgruppen wurden folgende Interventionsansätze entwickelt (nach Kelly & Wallerstein 1980, S. 27ff):

1. *Interventionen mit Kindern im Vorschulalter:*
Jüngere Kinder bedürfen wiederholter Erklärungen über einen längeren Zeitraum, um die komplexen Zusammenhänge des Scheidungsgeschehens zu verstehen und zu integrieren. Die Intervention besteht vor allem darin, die Eltern zu informieren, wie sie ihren Kindern in der Bewältigung der Krise helfen können und sie in der Umsetzung zu unterstützen. Dazu gehört es Kommunikationstechniken zu vermitteln, damit scheidungsbedingte Veränderungen immer wieder mit den Kindern besprochen werden, Symptome des Kindes als altersabhängige, vorübergehende Reaktionen auf die Scheidung zu deuten und Umgehensweisen damit zu vermitteln sowie auf die Notwendigkeit zuverlässigen und stabilen Verhaltens hinzuweisen z. B. bei Umgangsvereinbarungen oder in der Fürsorge des sorgeberechtigten Elternteils.

2. *Interventionen mit Kindern im frühen Schulalter:*
Für Kinder in der frühen Latenzzeit, die über wenig Möglichkeiten zur Verleugnung oder aktiven Bewältigung ihres Trennungsschmerzes verfügen, wurde der „Scheidungsmonolog" entwickelt. Durch den Bericht des Therapeuten über Kinder in ähnlichen Situationen und deren Empfindungen hatten die Kinder die Möglichkeit zum Ausdruck ihrer Gefühle unter Wahrung der notwendigen psychologischen Distanz. Hinzu kommt die Arbeit mit den Eltern entsprechend den obigen Interventionszielen.

3. *Interventionsstrategien im späteren Schulalter:*
In diesem Alter sind die Kinder in der Lage, ihre Konflikte zu erkennen und auszudrücken, und auch bereit, sich mit ihnen auseinanderzusetzen. So ging es in den Interventionen vor allem darum, das Kind außerhalb familiärer Loyalitätskonflikte zu unterstützen und ihm die Möglichkeit zu geben, sich über seine Belastungen und Ängste auszusprechen. Außerdem wurden Ängste vor dem Verlust auch des sorgeberechtigten Elternteils besprochen und an der Realität überprüft, die Sorge um das Befinden eines Elternteils bearbeitet, Loyalitätskonflikte geklärt und Probleme der

Eltern als nicht von den Kindern lösbar verdeutlicht. Im Kontakt der Therapeuten zu den Eltern wurde insbesondere versucht Verständnis für die Probleme der Kinder herzustellen und das Gespräch zwischen Eltern und Kindern zu unterstützen.

5.3.4.2. Phasengerechte Beratung von Scheidungskindern

Ein Modell der Beratung von Scheidungskindern, das unterschiedliche Phasen in der Bewältigung der elterlichen Trennung aufzeigt, wurde von Hozman und Froiland (1976) entwickelt und durchgeführt. Das Phasenmodell orientiert sich an dem von Kübler-Ross (1969) beschriebenen Phasen der Bewältigung einer existentiellen Krise. Hozman und Froiland verweisen auf die Notwendigkeit einer phasengerechten Intervention, um den Kindern zu einer abschließenden Akzeptanz der familiären Veränderung zu verhelfen. Das Modell ist besonders auf ältere Schulkinder ausgerichtet.

Folgende Phasen und Interventionen werden beschrieben (nach Hozman & Froiland 1976, S. 272ff):

1. *Phase der Verneinung:*
   Die Kinder halten Gedanken über die mögliche Trennung der Eltern von sich fern, zum Teil reagieren sie deshalb durch Rückzug von Freunden und durch Isolation, aber auch durch lautes und launenhaftes Verhalten. Die Eltern fördern dieses Verhalten häufig noch durch das Verbergen der Trennungsgedanken vor den Kindern.
   Interventionen des Beraters in dieser Phase können sein:
   – Information der Eltern, um sie zu veranlassen, offener mit den Kindern zu sprechen.
   – Das Kind in der Wahrnehmung seiner Gefühle stärken, die Gefühle legitimieren.
   – Das Kind in Rollenspielen oder mit Puppen etc. in die Lage versetzen, seine Realität auszudrücken.
   – Dem Kind die Beobachtung von Personen ermöglichen, die die Scheidung akzeptiert haben, durch z. B. Literatur oder Film.
2. *Phase der Wut:*
   Die Auseinandersetzung mit den Verlustgefühlen führt bei dem Kind zu Gefühlen von Wut und Ärger gegenüber den Beteiligten, auch gegenüber Personen, die den Platz der Eltern einnehmen, z. B. Lehrern. Die Kinder zeigen in dieser Phase ungewohnt aggressives Verhalten, sind mürrisch oder feindselig gegenüber Gleichaltrigen oder verweigern in der Schule die Mitarbeit.
   Mögliche Interventionen:
   – Wahrnehmung des Ärgers im Gespräch unterstützen.
   – Das Kind in angemessenem Ausdruck der Wut unterstützen.
   – Helfen, die Quelle der Wut zu verstehen.

– In Rollenspielen erproben, die negativen Gefühle den Eltern gegenüber zum Ausdruck zu bringen.

3. *Phase des Verhandelns:*

Versuch des Kindes, die Eltern wieder zusammenzubringen. Die Kinder können z. T. sehr abwesend sein, oder sie bemühen sich im Übermaß, lieb zu sein und den Anforderungen gerecht zu werden.

Mögliche Interventionen:

– Blick des Kindes darauf lenken, daß es für die Entwicklung der Elternbeziehung nicht verantwortlich ist und auch nicht in der Lage ist, sie zu kontrollieren.

– Dem Kind die Möglichkeit geben, Verhalten zu zeigen, für das es verantwortlich ist (z. B. in Projekten in Zusammenarbeit mit der Schule).

– Steigerung des Selbstvertrauens durch Lösen von Aufgaben (z. B. Puzzle); Generalisieren der Erfolge durch verbale Unterstützung.

4. *Phase der Depression:*

Depressionen treten beim Kind auf, wenn es feststellt, daß seine Versuche bei den Eltern nichts verändern. Es kann mit Aggression gegenüber einem Elternteil reagieren, klagen oder sich von Aktivitäten zurückziehen.

Mögliche Interventionen:

– Das Kind in der Bewußtwerdung der Gefühle unterstützen.

– Das Kind im Ausleben der Gefühle unterstützen.

– Verdeutlichen, daß Trauer ein Gefühl ist, das alle Menschen empfinden und das sich auch wieder verändert.

– Das Kind mit Unterstützung der peer-group in soziale Aktivitäten zurückführen.

5. *Phase der Akzeptanz:*

Das Kind erkennt, daß die bisherige Welt nicht mehr wie gewohnt weiter besteht, daß es aber individuelle Stärken hat, diese Veränderung zu bewältigen und nicht zu resignieren. Es entwickelt auch mehr Verständnis für seine Beziehungen zu den Eltern. Außerdem hat es gelernt, Hilfe von anderen anzunehmen.

Die Interventionen erfolgen meist als Einzelgespräche mit den Kindern. Dabei geht es für den Berater darum, zu identifizieren, in welcher Phase ein Verhalten oder Gefühl des Kindes zum Ausdruck kommt, um dann entsprechend zu intervenieren. Nicht jedes der von Hozman und Froiland beratenen Kinder durchlief alle Phasen, und auch die Reihenfolge war nicht immer dieselbe, für die meisten stimmte das Modell jedoch.

5.3.4.3. Gruppenarbeit mit Scheidungskindern

Ein ebenfalls präventives Angebot zur Arbeit auch mit jüngeren Scheidungskindern in einer Gruppe wurde an der Universität Hamburg entwickelt (Plock 1986).

Das wesentliche therapeutische Medium bilden hier verschiedene Texte aus der Kinderliteratur zum Thema Trennung/Scheidung, die sich u. a. mit der Erfahrung von Kindern beschäftigen, die mit der Trennung ihrer Eltern konfrontiert sind. Das Vorlesen dieser Texte stellt eine lebendigere, jedoch ebenso schonende therapeutische Strategie dar wie das bei Kelly und Wallerstein (1980) beschriebene Monologisieren. Hierbei wird den Kindern die Auseinandersetzung mit den Belastungen durch die Trennung der Eltern ermöglicht, ohne daß die Eltern im Einzelnen über das Verhalten und die Äußerungen ihrer Kinder informiert werden. So erhalten die Kinder einen Freiraum, in dem alle ihre Gefühle zugelassen sind, auch die Gefühle, die sie sich zu Hause nicht zugestehen.

In der Arbeit werden Veränderungen auf vier Ebenen angestrebt:

1. Gefühle der Besonderheit und Isolation werden zugunsten von Möglichkeiten zur Entlastung und Erweiterung des Informationsstandes aufgearbeitet.
2. Verleugnungstendenzen und pathogene Verdrängung werden zugunsten kindlicher Mitgestaltung der gegenwärtigen und zukünftigen familiären Situation aufgearbeitet.
3. Arbeit an den kindlichen Schuldgefühlen zugunsten einer gesunden Trauerarbeit.
4. Arbeit an pathogener Identifikation oder Rollenübernahme zugunsten einer altersgemäßen Entwicklung.

Im Verlauf der Gruppenarbeit hatten die Kinder neben dem Kennenlernen vergleichbarer Schicksale durch die Texte die Möglichkeit, in Rollenspielen z. B. Ideen zu möglichen Gesprächsverläufen über die Erklärung ihrer familiären Situation zu entwickeln. So konnten sie ihre Schamgefühle überwinden, der Rückzug aus sozialen Kontakten war nicht mehr notwendig. Insbesondere das Erleben der negativen Gefühle wie Trauer und Wut nahm viel Raum in der Gruppenarbeit ein. Den Kindern wurde dabei vermittelt, daß diese Gefühle erlaubt sind, sie lernten das Ausmaß ihrer Gefühle besser kennen und gleichzeitig ihre eigenen Grenzen und die der anderen. Auch die Auseinandersetzung mit möglichen Gründen für die Trennung der Eltern, das Aufgeben der eigenen Verantwortungs- und Schuldgefühle sowie das schrittweise Anerkennen der Realität der elterlichen Trennung und Möglichkeiten des Kontaktes zum „weggeschiedenen" Elternteil waren Themen in den Gruppensitzungen.

Die Zustimmung der Eltern zu diesem Angebot zu erhalten erwies sich, nach ersten Erfahrungen mit diesen Kindergruppen, als recht schwierig, insbesondere da Informationen über das konkrete Verhalten der Kinder in der Gruppe nicht weitergegeben werden. Als ergänzende Maßnahme scheint somit eine parallel verlaufende Gesprächsgruppe für die Eltern angezeigt, um die notwendige Unterstützung und das notwendige Vertrauen in die Maßnahme zu erhalten.

Die Akzeptanz eines eigenständigen Angebotes für die Kinder scheint von

Seiten der Eltern vor allem durch drei Gründe eingeschränkt. Als wichtigstes Hindernis zeigt sich die Abwehr der Eltern gegenüber den Trennungsproblemen ihrer Kinder. Eine für die Akzeptanz präventiver Maßnahmen notwendige Wahrnehmung der Kinder als ebenfalls Betroffene ist für viele Eltern durch die damit verbundenen starken Schuldgefühle verstellt. Zum zweiten fällt es Eltern in einer Zeit mit vielen schwierigen und neuen Anforderungen schwer, die Kontrolle über ihre Kinder auch nur zeitweilig aufzugeben, und zum dritten ist ihre eigene Auseinandersetzung mit der Trennung vom Partner meist noch nicht abgeschlossen, so daß sie durch die Auseinandersetzung ihrer Kinder mit dem anderen Elternteil leicht zu verletzen sind.

5.3.4.4. Der Rückhalt in einer Gruppe Gleichaltriger zur Bewältigung von Veränderungen

Ein ebenfalls auf Gruppenarbeit ausgerichtetes Programm wurde von Holdahl und Caspersen (1977) nicht als Beratungsansatz, sondern als präventives Unterrichtsmodell für die Schule entwickelt. Ziel des Angebots war es, Kindern zwischen 5 und 12 Jahren in fünf einstündigen Sitzungen (für die jüngeren Kinder 10 halbstündige Sitzungen) zu einer besseren Bewältigung von Veränderung im allgemeinen und Veränderungen in der Familie im besonderen zu verhelfen.

Zuerst wurden die verschiedenen Familienstrukturen aufgezeigt und den Kindern bewußt gemacht. In weiteren Sitzungen wurden anhand unterschiedlicher Texte die folgenden Themen diskutiert und Rollenspiele dazu durchgeführt:

– die Unvermeidlichkeit familiärer Veränderungen und Möglichkeiten, sie zu bewältigen,
– die Unvermeidlichkeit von familiären Konflikten und Möglichkeiten, damit umzugehen und sie zu bewältigen,
– identifizieren von gemischten Gefühlen und Methoden, sie auszudrükken,
– erforschen der veränderten Familienstrukturen und Möglichkeiten, damit umzugehen.

In den letzten Jahren sind in den USA verstärkt präventiv unterrichtende Programme entwickelt und überprüft worden (s. Pkt. 6.3.3.), die sich jedoch speziell an Kinder aus Scheidungsfamilien wenden (s. u. a. Cantor 1977, Kalter et al. 1984, Pedro-Carroll & Cowen 1985, Roseby & Deutsch 1985). Hier wird 8 bis 12jährigen Kindern oder 13 bis 17jährigen Jugendlichen eine emotionale Unterstützung und Entlastung geboten, die die Eltern in der Zeit der Scheidungskrise meist nicht leisten können. Insbesondere soll den Kindern auch ermöglicht werden, in einer Gruppe Gleichaltriger festzustellen, daß es anderen Kindern ähnlich wie ihnen geht, um so den häufigen Gefühlen von Scham, Verschiedenheit und Isolation zu begegnen.

Weitere Zielsetzungen sind:

- die elterliche Scheidung besser verstehen und die eigene Situation realistischer einschätzen lernen,
- Verhaltens- und Bewältigungsstrategien für schwierige Situationen im Umgang mit beiden Elternteilen entwickeln,
- Verhaltens- und Bewältigungsstrategien im Umgang mit Freunden, Lehrern etc. entwickeln,
- Verständnis für die eigenen Gefühle entwickeln.

Als Vorgehensweisen dienen neben dem Gruppengespräch einführende Film- oder Textausschnitte, die spezifische Situationen von Scheidungskindern darstellen und so die Auseinandersetzung damit einleiten. Die weitere Aufarbeitung erfolgt meist in Rollenspielen.

5.3.4.5. Gruppenpädagogik als Hilfe bei Scheidungen

Ein Angebot, das vor allem auf Jugendliche zugeschnitten ist, stellt Loddenkemper (1980) mit Bezugnahme auf Erfahrungen aus den USA (speziell Robson 1979) vor.

Um die Bewältigung des emotionalen Bruches zwischen den bisher als Einheit erlebten Eltern beim Jugendlichen zu unterstützen, bedarf es einer Gesprächsmöglichkeit speziell für ihn. Das beschriebene Angebot ist eine Projektgruppe Jugendlicher, die Hilfe zur Selbsthilfe vermitteln soll. Dabei wurde die Hilfe nicht von außen an den Jugendlichen herangetragen, sondern entstand nach freiwilligem Zusammenfinden im Erfahrungsaustausch mit den anderen. Die Diskussionen ermöglichten den Jugendlichen ihre Erfahrungen, Ansichten und Gefühle bezüglich der Scheidung ihrer Eltern miteinander zu teilen sowie sich Gedanken über mögliche Hilfen und über Ursachen von Scheidung zu machen.

Als wichtig erwies sich wiederum das Hören der Erfahrungen Gleichaltriger sowie das Gefühl des gegenseitigen Akzeptiertwerdens in der Gruppe. So konnte einer möglichen Isolation der Jugendlichen entgegengewirkt werden. Außerdem entwickelte sich ein weitergehendes Verständnis für die Verhaltensweisen der Eltern, aber auch Forderungen an die Eltern zu weitergehenden Gesprächen mit dem Wunsch nach näheren Erklärungen besonders bezüglich der Ursachen der Scheidung.

Es wurden von den Jugendlichen Überlegungen dazu entwickelt, wie mit den Problemen besser umgegangen werden kann: Hierbei stand an erster Stelle das offene Gespräch mit den Eltern.

5.3.4.6. Zusammenfassung

Die vorgestellten Angebote zur Beratung von Kindern und Jugendlichen gehen zum Teil von recht unterschiedlichen Ansätzen aus. Während in den Arbeiten von Holdahl und Caspersen (1977), Cantor (1977), Kalter et al. (1984), Pedro-Carroll und Cowen (1985) und Roseby und Deutsch (1985) stärker die Bewältigung der veränderten Lebenssituation und der Rückhalt in einer Gruppe Gleichaltriger im Vordergrund steht, ist in den Ansätzen von Kelly und Wallerstein (1980), Hozman und Froiland (1976) und Plock (1986) eher der therapeutische Aspekt betont sowie im Konzept von Loddenkemper (1980) der Selbsthilfeansatz. Gemeinsam ist allen diesen Bewältigungshilfen jedoch der präventive Charakter des Angebots. Es geht immer darum, den betroffenen Kindern und Jugendlichen bei der besseren Verarbeitung der Trennungserfahrung zu helfen, um langfristige Auswirkungen der elterlichen Scheidung, wie sie im Rahmen der Defizitforschung aufgezeigt werden, zu vermeiden.

In allen vorgestellten Konzepten werden außerdem die folgenden Zielsetzungen zumindest teilweise angestrebt:

- Den Kindern soll ermöglicht werden, sich über ihre Gefühle bewußt zu werden.
- Sie sollen die Möglichkeit erhalten, sie auszudrücken.
- Sie sollen lernen, mit ihrer Situation und ihren Gefühlen auch in der Realität umzugehen.
- Es werden soziale Rückhalte entwickelt.

In diesem Sinne sind die oben vorgestellten Ansätze zum Teil als einander ergänzend anzusehen. Es werden auch unterschiedliche Altersgruppen in den verschiedenen Programmen angesprochen. Zur Entwicklung eines Beratungsangebotes für Kinder und Jugendliche sollten die unterschiedlichen Aspekte wie Krisenintervention, Vermittlung von Bewältigungsstrategien, Elternarbeit und Schaffung eines Rückhalts in einer Gruppe Gleichaltriger Berücksichtigung finden. Grundlage kann dabei der Ansatz von Kelly und Wallerstein sein als breitestes und am weitesten ausgearbeitetes Konzept. Es stellt sich nur die Frage, ob die beschriebenen Kurzzeitinterventionen nicht zum Teil eher als Gruppenangebot zum besseren gegenseitigen Austausch entwickelt werden sollten. Ein Angebot für Jugendliche, wie z. B. von Loddenkemper (1980) vorgestellt, erscheint auch sehr notwendig, bedarf jedoch einer weiteren Ausformulierung.

Voraussetzung für die Umsetzung eines entsprechenden Angebots ist jedoch die Motivationsarbeit mit den Eltern. Ihre häufig sehr begrenzte Bereitschaft, ein präventives Beratungsangebot für die Kinder in Anspruch zu nehmen und sich damit auch ihren Schuldgefühlen gegenüber ihren Kindern auszusetzen, bedarf der Berücksichtigung im Aufbau eines Angebots. Unterrichtsmodelle, die Einbindung der Gruppenarbeit mit den Kindern in das

Beratungsangebot für das Paar oder parallele Gesprächsgruppen mit den Eltern mögen hier Lösungswege andeuten.

5.4. Vergleichende Bewertung der Konzepte zur Scheidungsberatung

Nachdem wir nun eine Vielzahl unterschiedlicher Beratungsmodelle vorgestellt haben, wobei zum Teil das beschriebene Angebot nur stellvertretend für eine Reihe ähnlicher Konzepte ausgewählt wurde, wollen wir sie im folgenden noch einmal im Vergleich betrachten. Dabei stellen wir auch Überlegungen zu den jeweiligen Vor- und Nachteilen an, insbesondere bezüglich der Verwirklichung von Möglichkeiten einzelner Beratungskonzepte im Rahmen einer umfassenden Scheidungsberatung. In der Bewertung werden Fragen vor allem danach gestellt, inwieweit das jeweilige Konzept die psychische Scheidung ermöglicht, eine konstruktive Scheidung mit möglichst kooperativer Scheidungsfolgenregelung unterstützt, den Erhalt der Elternschaft für beteiligte Kinder auch nach der Scheidung fördert und Eltern die kindliche Perspektive bezüglich ihrer Trennung vermittelt.

Einen Vergleich zwischen den drei Angebotsrichtungen Ambivalensklärung, Regelungshilfen und Bewältigungshilfen durchzuführen erscheint als wenig sinnvoll, da die Angebote dieser drei Problemfelder nur als einander ergänzende Konzepte betrachtet werden können. Für eine umfassende Scheidungsberatung ist es notwendig, Hilfen in allen drei Bereichen anzubieten (s. Kap. 8).

5.4.1. Ambivalenzklärungshilfen und Informationsvermittlung

Die beiden zentralen Konzepte zur Ambivalenzklärung und Entscheidungsfindung, die psychologische Ambivalenzklärung durch „Ambivalenz-Paargruppe" oder „Strukturierte Trennung" einerseits und das Gruppenprogramm zur Informationsvermittlung andererseits, entsprechen den Hauptfragestellungen der Betroffenen in dieser Trennungsphase. Sie entsprechen auch den strukturellen Strategien, die zum Abbau der Gefühlsspannungen eingesetzt werden können, um so Bedingungen für die eigenverantwortliche Entscheidungsfindung der Partner zu schaffen. Nur durch eine Kombination der beiden Angebotsrichtungen Informationsvermittlung und psychologische Beratung kann schon zu diesem frühen Zeitpunkt im Trennungsverlauf der Komplexität des Geschehens und den unterschiedlichen Ebenen einer Scheidung ausreichend Rechnung getragen werden.

Darüber hinaus kann man für ein Informationsangebot über Scheidungs-prozeß und Scheidungsfolgen eine sehr viel breitere Akzeptanz erwarten als für ein Beratungsangebot.

Die Informationsvermittlung hat dann zwei Aufgaben:

1. Weitergabe von für den Scheidungsverlauf wichtigen Erkenntnissen (z. B. die über Auswirkungen der Scheidung auf die Kinder und die Idee der permanenten Elternschaft).
2. Heranführen der Teilnehmer an das Beratungsangebot.

Die Informationen allein reichen jedoch gerade in einer Zeit hohen Konfliktpotentials häufig nicht aus. Es müssen Hilfen zu ihrer Umsetzung in Form von Beratung zur Verfügung gestellt werden.

Die psychologische Beratung der Ambivalenz, die eine Verbesserung der Beziehung der Partner und die Stärkung ihrer Eigenverantwortlichkeit für die Entwicklung der Partnerschaft zum Ziel hat und vor allem Trennungs- und Veränderungswünsche der Partner unterscheidet, ist dabei sowohl der Ehe- als auch der Scheidungsberatung zuzurechnen. Die angestrebten Veränderungen können sowohl für die Fortführung der Beziehung hilfreich sein als auch dabei helfen, während einer Trennung lange Kämpfe aufgrund gegenseitiger Verletzungen zu vermeiden. Die Klärung der Ambivalenz ist insbesondere auch dann notwendig, wenn eine außergerichtliche Regelung der Scheidungsfolgen angestrebt wird oder Kinder von der Trennung mitbetroffen sind.

Welche Form der Ambivalenzberatung zu wählen ist, ist nur im Einzelfall zu entscheiden. Die „Strukturierte Trennung" als eine Technik, in der die Distanz der Partner erhöht wird, scheint jedoch vor allem bei Paaren angezeigt, die in sehr hohem Ausmaß verstrickt sind und deren Konflikte zu eskalieren drohen. Sonst bietet sich die „Ambivalenz-Paargruppe" als eine Möglichkeit an, in der die Klärung der Paarbeziehung auch durch die Rückmeldung der übrigen Teilnehmer unterstützt wird. Ziel ist es, jeweils einem Paar zur eigenverantwortlichen Entscheidungsfindung zu verhelfen. Neben diesen spezifischen Ansätzen können die Ambivalenzen der Partner natürlich auch in einem Setting mit dem Paar im Rahmen einer Trennungsberatung zum Thema gemacht werden. Zur Reduzierung emotionaler Spannungen mag dabei eine Co-Beratung angezeigt sein.

Für den Bereich der Ambivalenzklärung und Entscheidungsfindung lassen sich somit folgende Forderungen aufstellen:

– Um der Konflikteskalation im Verlauf von Trennung und Scheidung entgegenzuwirken, die psychische Scheidung zu unterstützen und die nacheheliche Elternschaft zu ermöglichen, sind Scheidungsberatungsangebote schon zu diesem frühen Zeitpunkt im Trennungsgeschehen notwendig. Aber auch für eine mögliche Fortführung der Partnerschaft wird so eine günstige Grundlage geschaffen.

- Mit der Vermittlung von Informationen zu Trennung und Scheidung und speziell zur Reaktion der Kinder ist dabei ein Angebot für einen sehr großen Teilnehmerkreis geschaffen.
- Für einen sehr viel kleineren Kreis von Scheidungspaaren, die mit starken Ambivalenzen in Bezug auf die Trennung zu kämpfen haben, bedarf es einer weitergehenden psychologischen Beratung unter Berücksichtigung kontextueller Strategien (u. a. Strukturierter Trennung) zum Abbau der Gefühlsspannungen.

5.4.2. Regelungshilfen

Hauptziel der Konzepte zur Regelung der Scheidungsfolgen ist es, ein tragfähiges Übereinkommen zwischen den Partnern zu entwickeln. Die Vorgehensweisen zum Erreichen dieses Zieles sind jedoch sehr unterschiedlich.

Das herkömmliche Verfahren der Regelung der Scheidungsfolgen durch das Gericht beinhaltet, daß die Entscheidung über zentrale Fragen im weiteren Leben der Scheidungsfamilie von einer dritten, unabhängigen Partei getroffen wird. Dies kann als Vorteil gelten, da die Entscheidung so unabhängig von den familiären Verstrickungen im Konflikt zustande kommt, es mag aber auch ein Nachteil sein. So ist eine Entscheidung, die möglicherweise als von außen aufgezwungen erlebt wird, sehr viel schwerer durch die Beteiligten zu akzeptieren und umzusetzen. Insbesondere der „Verlierer" oder „Schuldig-Gesprochene" – eine Position, die sich im herkömmlichen Verständnis von Justiz als Verurteilungs- und nicht als Vergleichsinstanz sehr leicht entwickeln kann – tut sich meist schwer mit der Akzeptanz von Entscheidungen (s. Kap. 4). Dies drückt sich z. B. in häufigen Wiederaufnahmen von Umgangsregelungs- und Unterhaltsverfahren nach der Scheidung aus. Ein weiterer Nachteil liegt in den hohen Kosten, insbesondere bei strittigen Verfahren, in denen der Konflikt durch die Gerichtsentscheidung nicht ausgeräumt werden kann und in denen dann in der Folge erneut vor Gericht gestritten wird.

Alternativen bzw. Ergänzungen zur herkömmlichen Regelung der Scheidungsfolgen im Scheidungsprozeß, die z. T. den besonderen Anforderungen, die sich aus der Auflösung einer Familie ergeben, besser Rechnung tragen können, sind im Rahmen der Konzepte zur Regelung der Scheidungsfolgen vorgestellt worden.

Das Bemühen des Gerichts, sich – speziell in Sorgerechtsverfahren – ein umfassendes Bild von der familiären Situation zu machen, ist für die Entscheidung von großer Bedeutung; ob hierzu jedoch die Informationsermittlung durch Jugendamt und Gerichtsanhörung geeignet ist, ob sie den Bedürfnissen der Eltern und vor allem der Kinder entspricht und tragfähige Entscheidungen ermöglicht, muß bezweifelt werden.

So entsteht eine besondere Problematik, wenn Kinder im Sorgerechtsverfahren durch das Gericht gehört werden, da die Situation der gerichtlichen Anhörung häufig dazu geeignet ist, im Kind das Gefühl des Ausgeliefertseins noch zu verstärken, das durch die Trennung der Eltern sowieso entsteht. Außerdem ist die Erwartung ein Kind würde eher einem Elternteil zuneigen und auf den anderen verzichten oder sich sogar für ein Elternteil entscheiden, von ihm in vielen Fällen nicht erfüllbar.

Hier bietet das „Bielefelder Modell" eine Alternative zur Veränderung des Gerichtsverfahrens, so daß der Verfahrensablauf den Kindern eher gerecht wird und den Eltern ein Stück Eigenverantwortlichkeit zurückgegeben wird. Bei diesem Vorgehen bekommt der Richter auch sehr viel bessere Informationen als Grundlage für seine Entscheidung. Er kann sich selbst ein Bild machen und ist nicht auf die Information durch Dritte angewiesen. Nachteile dieses Konzeptes sind der große Zeitaufwand für das Verfahren und die Notwendigkeit der Weiterbildung des Familienrichters auf psychologischem Gebiet.

Ein anderes Modell zur Informationsgewinnung und zur Hilfe bei der Entscheidungsfindung im Sorgerechtsverfahren, in dem die Familienrichter eher entlastet werden, wird vom Jugendamt Kassel praktiziert. In dieser Form der Familienberatung erreichen die Eltern in ca. 50% der Sorgerechtsfälle ein Übereinkommen; der Familienrichter muß dann nur noch als Notar fungieren. Auch bei den verbleibenden 50% wird von den Familienrichtern häufig eine Klimaverbesserung festgestellt, so daß diese Fälle leichter handhabbar werden. Die Nachteile dieses Modells – die notwendige Weiterbildung der Jugendamtsmitarbeiter und der u. U. höhere Zeiteinsatz bei der Beratung – werden durch die Vorteile von Sorgerechtszuweisungen aufgewogen, die von der ganzen Familie getragen werden. Hinzu kommt die bessere Erreichbarkeit der Betroffenen durch die institutionelle Anbindung dieser Beratungsform. Hierin liegt auch der Vorteil gegenüber außergerichtlichen Beratungsangeboten, die meist nur von einem Mittel- und Oberschichtsklientel wahrgenommen werden.

Weitere Modelle zur Veränderung der Begutachtung, weg von der reinen Informationsermittlung für das Gericht, hin zur Hilfe für die Familie und zur Herstellung des Familienwohls, sind von psychologischen Gutachtern entwickelt worden. Als schwierig ist hierbei der späte Zeitpunkt im Scheidungsgeschehen zu werten, zu dem psychologische Gutachter vom Gericht hinzugezogen werden.

Die Konflikteskalation ist dann zwischen den Eltern schon weit fortgeschritten. Der Einsatz des Gutachters als letzter Versuch, die familiäre Verstrickung zu entflechten und die kindliche Perspektive aufzuzeigen, um eine Situation herzustellen, die dem Kind in höherem Maße gerecht wird als eine Gerichtsentscheidung, ist der reinen Informationsgewinnung sicher vorzuziehen. Die Beratung zu einem früheren Zeitpunkt, in dem die konträren Positionen der Eltern noch nicht so verhärtet sind, könnte jedoch viel erfolgreicher und auch weniger zeitaufwendig sein.

Hier könnte der selbst bei hochstrittigem Sorgerecht erfolgreiche Ansatz von Fthenakis (1986) die Grundlage für eine allgemeine Sorgerechtsberatung bilden, wenn es gelingt den Zeitaufwand dieses Konzeptes zu reduzieren. Vorteil des Ansatzes ist die umfassende Berücksichtigung aller System-ebenen in der Beratung. Neben dem Familiensystem finden für die Sorge-rechtsentscheidung auch das soziale Netz und die materiellen Gegebenheiten Berücksichtigung. Zur Sicherstellung der Umsetzung des Sorgerechtsmo-dells werden das Jugendamt und die Rechtsanwälte mit einbezogen und nachsorgende Beratungsangebote zur Verfügung gestellt.

Im Gegensatz zu diesen Konzepten, in denen der Gutachter eine Position der Allparteilichkeit einnimmt und seine Interventionsmöglichkeiten nutzt, wird im „Denver Modell" eine Maximierung der Objektivität angestrebt. Ob die gerichtlichen Sorge- und Umgangsrechtsentscheidungen auf Grundlage dieser umfangreichen Begutachtung auch wirklich zur besseren Umsetzung der Entscheidungen in der Familie und damit zum Kindeswohl führen, muß dagegen bezweifelt werden. Die familiären Verstrickungen sind durch die gerichtliche Entscheidung nicht zu lösen, somit kann mit einer positiven Entwicklung einer nachehelichen Elternschaft nur in Fällen mit geringem Konfliktpotential gerechnet werden.

Ebenfalls als problematisch muß der Ansatz der anwaltlichen Vertretung des Kindes als dritte Partei im Scheidungsverfahren angesehen werden. Es ist zwar wichtig, im Scheidungsverfahren auch die Rechte des Kindes ausrei-chend zu berücksichtigen, ob das Kindeswohl in Konkurrenz zu den Positio-nen der Eltern herstellbar ist, erscheint dagegen zweifelhaft. Es besteht vielmehr die Gefahr der Konfliktverschärfung durch die Vertretung der unterschiedlichen individuellen Interessen im Anwaltsmodell. Die Wahrneh-mung der Familie als Ganzes mit einer eigenen Dynamik geht verloren. Hier scheinen kooperative Modelle wie die oben genannten Begutachtungskon-zepte oder auch außergerichtliche Regelungen sehr viel angemessener. Die Seite des Kindes wird dabei vom Berater oder Gutachter im Blick behalten und den Eltern vermittelt. Darüber hinaus wird im deutschen Scheidungs-recht die Seite des Kindes in hohem Maße vom Familienrichter wahrgenom-men, u. a. durch den Zwang zur Regelung des Sorgerechts durch das Gericht.

Modelle zur außergerichtlichen Regelung der Scheidungsfolgen ziehen in den letzten Jahren verstärkte Aufmerksamkeit auf sich, verwirklicht und in den Rechtsprozeß eingebunden sind sie jedoch vor allem in den USA. In Kalifornien besteht seit 1980 sogar eine gesetzliche Verpflichtung für die Eltern, bei Sorgerechts- und Umgangsregelungsauseinandersetzungen an Schlichtungsverhandlungen teilzunehmen, und in weiteren 13 Staaten der USA ist die freiwillige oder vorgeschriebene Beratung bei Sorgerechtsaus-einandersetzungen gesetzlich gewährleistet. Darüber hinaus gibt es auch in vielen weiteren Staaten von den jeweiligen Familiengerichten eingerichtete Mediationsprogramme (New Jersey Report 1988).

Als Vorteile einer außergerichtlichen Konfliktregelung gegenüber der Re-gelung der Scheidungsfolgen im Scheidungsprozeß können folgende Punkte angeführt werden (siehe dazu auch Modellprojekt des Deutschen Familien-rechtsforums 1982):

1. Die außergerichtliche Regelung der Scheidungsfolgen fördert einen Klärungs- und Veränderungsprozeß in der Familie, wie es durch eine einmalige Entscheidung (Gerichtsbeschluß) nicht möglich ist.
2. Probleme der Konfliktregelung werden als Beziehungsstörung begriffen, die vor allem in ihren emotionalen Anteilen geklärt werden muß. Die Kommunikation zwischen den Partnern wird gefördert, die Kooperation wieder hergestellt, und z.T werden die Partner auch in der Aufarbeitung der Konfliktentwicklung unterstützt. In Gerichtsverfahren wird der zugrundeliegende Paarkonflikt dagegen verrechtlicht.
3. Die Eigenverantwortlichkeit der Partner für die Entwicklung ihrer Beziehung und auch für die Gestaltung der nachehelichen Beziehung wird gestärkt, so daß sich die Bereitschaft erhöht, getroffene Regelungen umzusetzen. Im Gerichtsverfahren wird die Verantwortlichkeit dagegen weitgehend an Anwälte und Richter abgegeben.
4. Die konstruktive Regelung der Konflikte in einem kooperativen Prozeß wird unterstützt, so daß Kompromisse möglich werden. So werden destruktive Formen der Konfliktregelung verhindert, wie sie sich z.T. im Scheidungsprozeß entwickeln, in dem aus Angst vor dem Verlust nur noch um das Gewinnen gekämpft wird. Auch erweist sich das juristische Denken und Handeln vielfach durch den Strafprozeß als Modell geprägt, strafrechtliche Umgangsformen werden auf das Familiengerichtsverfahren übertragen und widersprechen damit einer Zielsetzung, die vorwiegend kooperative Regelungen und Kompromißbildung anstrebt.

Insgesamt können somit außergerichtliche Angebote zur Regelung der Scheidungsfolgen im Rahmen einer Vermittlung oder Schlichtung (s. Kap. 4) der besonderen familiären Situation während Trennung und Scheidung sehr viel eher gerecht werden als die bisherige gerichtliche Verfahrenspraxis. Insbesondere sind so eher die nacheheliche Elternschaft zu gewährleisten und Konflikteskalationen zu vermeiden.

Besondere Aufmerksamkeit verdienen die erst in den letzten Jahren entwickelten Mediation-Konzepte, die in den USA schon recht breite Anwendung finden. Als Vorteile, die Mediation gegenüber einem herkömmlichen Scheidungsprozeß bietet, werden die folgenden angeführt, die sich z.T. auf die oben genannten Vorteile der außergerichtlichen Konfliktregelung beziehen:

1. Im Mediation-Ablauf werden Auseinandersetzungen zwischen den Partnern nicht durch die Verfahrensstruktur verstärkt.
2. Die Chancen für eine Fortführung der Kooperation und Kommunikation zwischen den Eltern werden verbessert, so daß den Kindern die Beziehung zu beiden Eltern erhalten bleibt.
3. Getroffene Regelungen werden mit mehr Übereinstimmung und Befriedigung betrachtet.
4. Der Zeitaufwand für das Gerichtsverfahren reduziert sich bei abgeschlossenen Übereinkünften.

5. Mediation ist kostengünstiger als ein Gerichtsverfahren.
6. Auseinandersetzungen werden nach der Scheidung weniger häufig in Form von erneuten Gerichtsverfahren wieder aufgenommen.

Daneben wird die Bereitschaft zur Annahme eines Mediation-Angebotes durch Betroffene dadurch erhöht, daß Mediation kein therapeutisches Konzept ist, sondern der Mediator sich um praktische Problemlösungen bemüht.

Diese Form der Vermittlung findet dort ihre Grenzen, wo die Einigungsfähigkeit oder die Einigungswilligkeit des Scheidungspaares stärker beeinträchtigt ist und insbesondere das Wohl des Kindes gefährdet erscheint (s. Salius et al. 1978, s. auch Pkt. 6.2.2.2.).

Diese Beschränkungen werden z.T. in Untersuchungen zur Mediation bestätigt. In schwierigen Scheidungsfällen mit einem hohen Konfliktpotential ist somit zu bezweifeln, ob Übereinkünfte erreichbar sind, ohne daß den Partnern die Möglichkeit zur Aufarbeitung ihrer Verletztheiten gegeben wird.

Trotzdem scheint für ein Mediation-Angebot ein großer Interessentenkreis zu bestehen. Nach Studien aus den USA (u. a. Pearson et al. 1982) wird das Mediation-Angebot vor allem von Personen mit höherem ökonomischen Status genutzt. Die Empfehlung durch einen Rechtsanwalt erhöht die Akzeptanz. Männer sind eher bereit, ein Mediation-Angebot anzunehmen, wenn sie ihre Chance im Gerichtsverfahren gering einschätzen, Frauen bevorzugen Mediation dagegen aufgrund der Ähnlichkeit zur Beratung und der persönlicheren Behandlung (s. Pkt. 6.2.2.2.3.).

Die Akzeptanz kann noch erhöht werden, wenn das Angebot nicht mehr auf privat-wirtschaftlicher Basis erfolgt (wie die vielen Mediation-Ansätze, die durch private Institute angeboten werden), sondern an eine Institution angebunden ist, wie z.B. bei den Conciliation Courts, deren Vermittlungsangebote den Mediation-Konzepten weitgehend entsprechen. Als möglicher Weg erscheint auch die Anbindung einer umfassenden Familienberatung an das Gericht (s. Fthenakis et al. 1982, Proksch 1988). Eine entsprechende Beratungsstelle sollte von Eheberatung über Sorgerechtsberatung und Umgangsregelungsberatung bis zur Scheidungsbewältigung Angebote für alle familiären Konfliktfälle zur Verfügung stellen und auch die außergerichtliche Entwicklung von Übereinkommen bei Trennung und Scheidung fördern (s. Kap. 8).

Bei einer Gerichtsanbindung von Mediation-Angeboten ist jedoch sicherzustellen, daß

1. ausreichend Beratungssitzungen zur Konfliktregelung und eigenverantwortlichen Entwicklung von Übereinkommen durchgeführt werden können (in Kalifornien ist das Angebot z.T. aufgrund eingeschränkter Ressourcen auf ein bis zwei Sitzungen beschränkt, nach Report of the Advisory Panel 1987),
2. die Rollen von Mediator und Gerichtsgutachter getrennt bleiben (siehe entsprechende Forderung im Report of the Advisory Panel 1987).

Die Entwicklung befriedigender Übereinkommen im Rahmen von Mediaton und ihre längerfristige Umsetzung ist, zumindest bei einem Teil der Scheidungspaare, auch von der ausreichenden Berücksichtigung emotionaler Aspekte in den Verhandlungen abhängig (Black & Joffe 1978, Kressel et al. 1980). So hat die Regelung der Scheidungsfolgen im familientherapeutischen Setting (Musetto 1980, Bauers et al. 1986) gegenüber dem reinen Verhandlungskonzept der Mediation-Ansätze den Vorteil, daß Paarkonflikte, die eine Kooperation und Übereinkunft zwischen den Partnern verhindern, bearbeitet werden können. Sind diese Konflikte geklärt, so wird die Basis für die Einhaltung von Übereinkünften breiter und die Verwirklichung der nachehelichen Elternschaft konstruktiver. Entsprechend gilt für das „Family Self-Determination Program" von Milne (1978), daß die Klärung von Sorgerechtsstreitigkeiten eher möglich wird, wenn die Partner Gelegenheit zum Ausdruck ihrer emotionalen Verletztheiten und zur Auseinandersetzung mit der Eheentwicklung bis hin zur Trennung erhalten.

Die Inanspruchnahme dieser Angebote wird jedoch auf ein bestimmtes Klientel beschränkt bleiben, da die Therapiebereitschaft und damit die Bereitschaft zu weitergehendem Infragestellen der eigenen Person und zu größeren Veränderungen vorhanden sein muß. Hier mag die, im Ansatz von Musetto durchgeführte, gerichtlich angeordnete Beratung einen Ausweg bilden. Wie Young (1978) in seiner Studie zeigt (s. Pkt. 6.1.3.), muß die gerichtliche Anordnung nicht kontraproduktiv für die Einschätzung eines Scheidungsberatungsangebotes durch die Klienten sein.

Insbesondere in Fällen mit strittigem Sorgerecht und dem Versagen eines reinen Verhandlungskonzepts (Mediation) ist eine psychologische Beratung der gesamten Familie notwendig, um eine ausreichende Konfliktregelung zu ermöglichen. Die Einbindung der Beratung in den Verfahrensablauf einer Scheidung scheint hier der beste Weg zu sein, um die Verwirklichung des Kindeswohls zu unterstützen und die Beratung möglichst allen Scheidungsfamilien zugänglich zu machen. Diese Einbindung ist dabei auf verschiedenen Wegen möglich. Es wurden Konzepte vorgestellt, in denen die Beratung vom Gericht angeordnet, in den zum Gericht gehörigen Beratungsstellen durchgeführt oder mit der Gutachtenerstellung – sei es durch das Jugendamt oder durch psychologische Gutachter – verbunden wird. Jeder dieser Wege weist Vor- und Nachteile auf (s. o.) und ihre Umsetzbarkeit bedarf der weiteren Überprüfung. Gemeinsam ist ihnen jedoch das systemisch-prozeßhafte Verständnis von Scheidung und Sorgerechtsregelung und die Erkenntnis, daß die Rückgabe der Verantwortlichkeit an die Eltern zur Klärung des Sorgerechtsstreits notwendig ist.

Das für den deutschsprachigen Raum hervorzuhebende „Stuttgarter Modell" weist alle Vorteile der außergerichtlichen Regelung der Scheidungsfolgen auf, wobei zusätzlich die Aufnahme der Übereinkünfte in das Scheidungsurteil abgesichert wird, indem die Rechtsanwälte und das Jugendamt in die Verhandlungen mit einbezogen werden, so daß auch von diesen Seiten die Übereinkünfte mitgetragen werden. Das Modell umfaßt eine sehr breite

Angebotspalette von unterschiedlichen therapeutischen Angeboten bis hin zur Beratung in praktischen Fragen, z. B. der Rente. So ist zum einen ein individuelles Angebot möglich, das dem jeweiligen Einzelfall entspricht, und zum anderen wird der Konflikt umfassend auf allen Ebenen bearbeitet.

Diese Komplexität des Angebotes mag sich aber auch negativ auswirken. Die Beratung der Familie durch das gesamte Team von verschiedenen Experten birgt die Gefahr in sich, den Betroffenen die angestrebte Eigeninitiative und Eigenverantwortlichkeit wieder zu nehmen und sie zu einem „Fall" werden zu lassen, der durch die Experten behandelt wird. Zudem erscheint dieses Modell für den Einzelfall, der ja nicht immer hochstrittig sein muß, als recht zeit- und kostenaufwendig.

Aus einer zusammenfassenden Betrachtung der Konzepte zur Regelung der Scheidungsfolgen ergeben sich folgende Forderungen, insbesondere für die Regelung des Sorge- und Umgangsrechts:

– Ist eine außergerichtliche Regelung der Scheidungsfolgen möglich und von den Betroffenen erwünscht, so ist diese einer gerichtlichen Klärung vorzuziehen. Es müssen entsprechende Angebote zur Verfügung stehen, die der Komplexität der in einer Scheidung anstehenden Fragen gerecht werden. Eine psychologische Beratung kann dabei sicher wichtig sein, es müssen aber auch Angebote zur Entwicklung von rein pragmatischen Lösungen vorhanden sein.
– Steht ein strittiges Sorge- oder Umgangsrecht zur Klärung an, so ist die ausreichende Berücksichtigung der emotionalen Seite der Scheidung im Rahmen eines psychotherapeutisch orientierten, die gesamte Familie einbeziehenden Vorgehens notwendig. Eine enge Anbindung des Programms an das Gericht, die Verpflichtung zur Beratung oder die Integration in den Verfahrensweg des Scheidungsprozesses fördern die breitere Akzeptanz und Effektivität und sichern das Wohl der Familie und damit das Kindeswohl am besten.
– Können jedoch gerichtliche Auseinandersetzungen bei einer Scheidung nicht umgangen werden, so ist es wichtig, den Verfahrensablauf dem Gegenstand des Verfahrens, der Familie, anzupassen. Beteiligte Fachleute sollten sich entsprechend der dargestellten Konzepte als Helfer für die Familie verstehen und nicht so sehr als Ermittlungshelfer des Gerichtes, denn gerichtliche Entscheidungen sind nur bei einem entsprechenden familiären Hintergrund auch durch- und umsetzbar.

5.4.3. Bewältigungshilfen

In einer umfassenden Scheidungsberatung stellen Hilfen zur Bewältigung von Trennung und Scheidung eine für alle Betroffenen, auch für die Kinder notwendige Ergänzung zu Angeboten der Regelung von Scheidungsfolgen dar. Häufig mag die Regelung der Scheidungsfolgen für eine günstige Bewältigung der Trennung nicht ausreichen, sie bildet hierfür zwar die notwendige Grundlage, es bedarf jedoch weitergehender Aufarbeitung emotionaler Verletztheiten, Unterstützung im Umgehen mit den veränderten Anforderungen und bei der Neuorientierung der Scheidungsfamilie.

Eine günstige Bewältigung der Scheidung durch alle Betroffenen wird durch folgende Zielsetzungen, die in den dargestellten Konzepten zur Scheidungsbewältigung zumindest zum Teil verwirklicht werden, unterstützt:

- Konstruktive Scheidung, d. h. die Verstrickung der Partner im Paar- oder Familiensystem wird aufgehoben, so daß sie ihre Eigenständigkeit entwickeln können.
- Entlastung der Kinder und Jugendlichen, d. h. einerseits den Eltern die kindlichen Perspektive zur Trennung zu vermitteln und veränderte Verhaltensmöglichkeiten zu entwickeln, andererseits den Kindern und Jugendlichen in gesonderten Angeboten Möglichkeiten zur Entlastung und Aufarbeitung zu geben.
- Information, d. h. Weitergabe von Information sowohl bezüglich des Verhaltens der Kinder und eines günstigeren Elternverhaltens als auch bezüglich praktischer Fragestellungen (z. B. Arbeitsplatz, Wohnung, Sozialhilfe).
- Neuorientierung, d. h. Anpassung an die veränderte Lebenssituation nach der Scheidung und Entwicklung neuer Perspektiven.

Für die USA wurde vom US Department of Health, Education and Welfare ein übergreifendes Konzept zur Förderung der Scheidungsbewältigung vorgestellt, das folgende drei einander ergänzende Beratungsmodelle umfaßt (nach Sokacic-Mardorf 1983, S. 124ff):

1. *Familienberatung:*
Zur Begrenzung negativer Auswirkungen von Trennung und Scheidung auf die Kinder werden zeitlich begrenzte Beratungen mit der gesamten Familie durchgeführt. Ziele sind die emotionale Scheidung der Eltern, die Wiedererrichtung der Generationsgrenzen und die Definition des Familiensystems sowie die Stützung positiver Bewältigungsstrategien.

2. *Informations- und Trainingsmodell:*
In Seminaren mit unterschiedlicher Dauer werden Eltern Informationen zu den Reaktionen von Kindern auf die Scheidung und Wiederheirat gegeben sowie spezielle Erziehungsfähigkeiten vermittelt. Mit Kindern und Jugendlichen werden die Reaktionen der Eltern und ihre eigenen Umgangsmöglichkeiten mit den Veränderungen besprochen.

3. *Selbsthilfemodell:*
In Selbsthilfegruppen für Geschiedene werden individuelle Fähigkeiten gestärkt und die Einbindung in ein soziales Netz sowie die gegenseitige Unterstützung gefördert.

Grundlage einer Konzeptentwicklung für die BRD und für differenzierte Angebote zur Bewältigung von Trennung und Scheidung sollte dabei die jeweilige Situation des Ratsuchenden bilden. Ist noch ein gemeinsames Vorgehen der Partner möglich, so stellt sich ein familientherapeutisches Konzept als gute Möglichkeit zur gemeinsamen Aufarbeitung der Konflikte dar. Es können sowohl die Konfliktentstehung bearbeitet werden wie auch die momentanen Schwierigkeiten zwischen den Partnern, um so die Auseinandersetzungen im Prozeß von Trennung und Scheidung zu reduzieren und eine Konflikteskalation zu vermeiden. Durch eine gemeinsame Konfliktbearbeitung und eine erfolgreiche psychische Scheidung wird der Erhalt einer gewissen Gemeinsamkeit zugunsten der Kinder gefördert.

Durch die Neustrukturierung des Familiensystems können die Kinder in hohem Maße entlastet werden. Speziell in der mehrgenerationellen Familientherapie wird daneben noch die Tradierung der Beziehungsmuster durch Bearbeiten der Konflikte in der Herkunftsfamilie unterbrochen (Bauers et al. 1986).

Der breite Einsatz dieses Angebotes wird eingeschränkt durch die hohen Anforderungen an die Therapiebereitschaft der Klienten, die auch ihre Herkunftsfamilien zur Teilnahme bewegen müssen sowie durch den recht großen Zeitaufwand (langer Zeitraum) für die Interventionen.

Ist dagegen der Prozeß der Trennung und Scheidung schon so weit fortgeschritten, daß die Fronten zwischen den Partnern verhärtet sind und ein gemeinsames Vorgehen nicht mehr möglich ist, so stellt die Scheidungsbewältigung in der Gruppe ein sinnvolles Angebot dar. Ziel dieser Angebote ist die Entwicklung des einzelnen. Es wird sowohl die Möglichkeit gegeben, mit dem Vergangenen abzuschließen, als auch, momentane Probleme aufzugreifen und zum Teil praktische Lösungen mit wechselseitiger Unterstützung zwischen den Gruppenmitgliedern zu erarbeiten.

Im Gruppenprogramm von Siewert (1983) wird vor allem die psychische Scheidung angestrebt und eine Entlastung sowohl der Erwachsenen als auch der mitbetroffenen Kinder erreicht. Neben der psychologischen Ebene bietet das Seminarkonzept auch Raum für die wichtige Informationsvermittlung. Außerdem wird auch die Neuorientierung nach der Scheidung thematisiert. Ein besonderer Vorteil des vorgestellten Konzeptes ist die Einbindung in therapeutische Vorgespräche und nachsorgende Selbsthilfegruppen.

Eine größere emotionale Krise nach einer Trennung ist in diesem Rahmen jedoch nicht aufzufangen. Hier bedarf es eines speziellen psychotherapeutischen Angebotes zur Krisenintervention (z. B. Hassall & Madar 1980).

Das vorgestellte Informationsangebot für Eltern in der Scheidung ist dagegen vor allem als Angebot anzusehen, das eine möglichst breite Öffentlichkeit erreichen und mit der Scheidungsproblematik und der Perspektive der Kinder vertraut machen kann. Eine entsprechende Einführung kann dann an weitere Scheidungsberatungsangebote heranführen und Mediation als Möglichkeit der Konfliktregelung bekannt machen.

Gesonderte Angebote für die betroffenen Kinder sind von besonderer Wichtigkeit, da den Kindern die wenigsten Bewältigungsmöglichkeiten zur Verfügung stehen und sie auch in der Familie während der Zeit großer emotionaler Belastungen meist nur unzureichende Unterstützung erhalten. Daneben kann ein solches Angebot zur teilweisen Entlastung der Eltern von Schuldgefühlen beitragen und sie in ihrem Bemühen unterstützen, ihren Kindern gerecht zu werden.

Damit Eltern entsprechende Angebote jedoch auch nutzen, ist vor allem eine weitergehende Information über die Auswirkung der Scheidung auf die Kinder notwendig. Als ergänzende vertrauensbildende Maßnahme kann eine parallel zur Kindergruppe verlaufende Gesprächsgruppe für die Eltern ihre Akzeptanz fördern.

Ein umfassendes Beratungskonzept zur Scheidungsbewältigung sollte für alle Betroffenen folgende Angebote beinhalten:

- Informationen für die Eltern, um die Auswirkungen der Scheidung auf die Kinder zu verdeutlichen und die kindliche Perspektive der Scheidung zu vermitteln. So können Eltern ein verändertes Verhalten ihrer Kinder besser verstehen und ihre Reaktionen darauf einstellen. Außerdem wird die Teilnahmebereitschaft an Kindergruppen gefördert;
- eigenständige präventive Angebote für Kinder und Jugendliche zur Förderung ihrer Scheidungsbewältigung durch die Möglichkeit zur Auseinandersetzung mit in der Familie nicht gestatteten Gefühlen und durch die Entwicklung sozialer Rückhalte;
- therapeutische Angebote für die gesamte Scheidungsfamilie zur Klärung und Neuorientierung der Beziehungen, Trennung von Eltern- und Paarebene, Aufarbeitung der Konfliktentwicklung, Entwicklung von notwendigen Regelungen und Stabilisierung einer nachehelichen Elternschaft;
- Gruppenseminare für Scheidungsbetroffene, bei denen eine Verarbeitung der Scheidung gemeinsam mit der gesamten Familie nicht möglich ist, zur Förderung ihrer Auseinandersetzung mit Trennungsschock und Trauer, mit den veränderten Beziehungen in der Familie und zu Freunden und mit anstehenden Problemen der praktischen Lebensgestaltung sowie zur Überwindung von Isolation und zur Entwicklung einer Neuorientierung nach der Scheidung;
- weitergehende Krisenintervention bei starken Trauerreaktionen, wie sie im Rahmen der Gruppenseminare nicht aufzufangen sind;
- Initiierung von Selbsthilfegruppen zur langfristigen Betreuung im Sinne des Selbsthilfe-Modells.

5.4.4. Scheidungsberatung – eine Begriffsbestimmung

Als Ergebnis der Betrachtung der unterschiedlichen Beratungskonzepte im Rahmen von Trennung und Scheidung wollen wir im folgenden eine nähere Fassung des Begriffes Scheidungsberatung vornehmen. Diese Definition soll die zentralen Zielsetzungen der verschiedenen Ansätze noch einmal zusammenführen, um so die Aufgaben eines zu entwickelnden Scheidungsberatungskonzeptes zu umreißen.

In Anlehnung an N. L. Paul (1980) sollte Trennungs- und Scheidungsberatung im übergreifenden Sinne somit verstanden werden als:

umfassender auf Prävention ausgerichteter Beratungsprozeß zur Befriedigung der Informations-, Entscheidungs-, Regelungs-, Klärungs- und Bewältigungsbedürfnisse der Betroffenen. Die Beteiligten werden vor, während und nach der Scheidung darin unterstützt, sich selbst als Individuum, Partner, geschiedener Ehepartner und fortwährender Elternteil wahrzunehmen und auf dieser Grundlage Entscheidungen zu fällen, Regelungen zu erarbeiten und das Geschehene zu bewältigen.

Auf eine komplexere Modellbildung gehen wir in Kapitel 8 ein.

6. Scheidungsberatung in Forschung und Praxis

Die Untersuchung der Auswirkungen von Trennung und Scheidung auf die Betroffenen und ihre Kinder ist ein Gebiet, dem zumindest seit der klassischen Studie von Goode (1956) eine zunehmende Aufmerksamkeit gewidmet wird. Im Gegensatz zu dieser inzwischen sehr umfangreichen *Defizitforschung* (s. Kap. 2) steht die sogenannte *Versorgungsforschung*, die sich mit Möglichkeiten zur besseren Bewältigung von Trennung und Scheidung beschäftigt, noch am Beginn. Insbesondere sind Studien über Auswirkungen und Erfolge von Modellen der Scheidungsberatung noch recht selten.

Eine Ausnahme bildet hierbei die Begleitforschung zu Modellen der „Mediation" in den USA. So wird die Darstellung dieser Ergebnisse auch einen recht großen Anteil des folgenden Kapitels in Anspruch nehmen. Damit soll jedoch die Bedeutung anderer Scheidungsberatungskonzepte, wie sie weiter oben exemplarisch vorgestellt wurden (s. Kap. 5), nicht geschmälert werden. Vielmehr zeigt sich auch hier die Notwendigkeit, umfassende Konzepte zur Scheidungsberatung zu entwickeln und durch Begleitforschung abzusichern.

In einer empirischen Studie zum Scheidungsberatungsangebot in der Bundesrepublik Deutschland kommen Wiedl und Strunk (1987) zu dem Ergebnis, daß eine integrative Scheidungsberatung (ein interdisziplinärer, methodisch-pluralistischer Arbeitsansatz, der sowohl dem Phasenverlauf von Trennung und Scheidung als auch den unterschiedlichen Problembereichen und den verschiedenen psychischen Bewältigungsprozessen Rechnung trägt (Wiedl 1987)), bisher nur in ersten Ansätzen existiert. In der Umfrage, in der nur 17 von 87 angeschriebenen Institutionen verwertbare Informationen lieferten, zeigte sich, daß die vorhandene Beratung bei Trennung und Scheidung unterschiedliche Organisationsformen mit verschiedensten institutionellen Anbindungen aufweist. Als besonderes Manko wurden jedoch die fehlenden Begleituntersuchungen bzgl. der Wirksamkeit von Beratungsformen und der Angemessenheit organisatorischer Modelle herausgestellt. Als weiteres Ergebnis wurde eine Differenzierung vorgenommen zwischen Scheidungsberatungsstellen, die Angebote für den gesamten Ablauf der Trennung und Scheidung zur Verfügung stellen, die unterschiedlichen Problem- und Bewältigungsbereiche abdecken und auch die verschiedenen intrapsychischen Bewältigungsprozesse (s. Wiedl 1987) berücksichtigen, und Beratungsangeboten von Interessensverbänden (z.B. Interessen- und Schutzgemeinschaft unterhaltspflichtiger Mütter und Väter, ISUV), die sich in ihren Beratungen häufig auf ein Problemfeld (z. B. finanzielle oder rechtliche Fragen) beschränken und sich z. T. auch als parteiliche Vertreter einer Gruppe von Scheidungsbetroffenen verstehen. Deutlich wurde in der Befragung außerdem die große Methodenvielfalt in der Scheidungsberatung, die geringe Pflege des Selbsthilfeprinzips sowie eine Vernachlässigung der Beratung von Risikogruppen. Eine weitere Unterscheidung, die in der Studie deutlich wird und auch bei der Entwicklung von Beratungsangeboten zu berücksichtigen ist, ist die Differenzierung zwischen dem Vermittlungsmodell, in dem die Beratungsstelle vor allem als Anlaufstelle fungiert, die vermittelt und koordiniert und dem Behandlungsmodell, in dem die Scheidungsberatungsstelle verschiedene Aufgaben über längere Zeit selbst abdeckt.

Neben den empirischen Ergebnissen zur *Mediation* und einem weiteren Beratungsansatz zur Regelung der Scheidungsfolgen im Rahmen der familienrechtlichen *Begutachtung* durch psychologische Gutachter werden wir eine mögliche Struktur von Ambivalenzberatung vorstellen sowie empirische Ergebnisse zu zwei Beratungsangeboten bzw. -techniken (Informationsprogramme und „Strukturierte Trennung"). Für den Problembereich der *Scheidungsbewältigung* wird vor allem auf Studien zu unterschiedlichen Gruppenseminaren zur Verarbeitung von Trennung und Scheidung eingegangen sowie der Erfolg eines *familientherapeutischen Ansatzes* bewertet. Daneben werden auch *Angebote für Kinder* in ihren Ergebnissen betrachtet.

Die Begleitforschung zum „Stuttgarter Modell" wird in Kapitel 7 vorgestellt.

6.1. Evaluation von Beratungskonzepten zur Ambivalenzklärung und Entscheidungsfindung

Die Frage nach der Ambivalenz der Betroffenen gegenüber Trennung und Scheidung stellt ein Problemfeld dar, das häufig noch nicht in die Ansätze einer Scheidungsberatung mit einbezogen wird. Entsprechend selten sind Studien zu speziellen Beratungsangeboten zur Ambivalenzklärung.

Jedoch scheint die Klärung dieser Ambivalenz bei Partnern mit Trennungsüberlegungen der erste Schritt zu sein, der beendet werden muß, um im Rahmen anderer Angebote der Scheidungsberatung effektive Interventionen zu ermöglichen. So sind für Milne (1978) ein großes Hindernis für eine produktive Regelung der Scheidungsfolgen die Ambivalenz und die emotionale Verletztheit durch die Trennung. Vor der Entwicklung einer Regelung muß zuerst eine endgültige Entscheidung über die Partnerschaft gefallen sein, deshalb entwickelte Milne ihr „Family Self-Determination Program", das einen gründlichen Rückblick auf die Gründe für den Trennungs- und Scheidungsentschluß umfaßt.

Zu einem ähnlichen Ergebnis kommen Kressel et al. (1980), die feststellen, daß Mediation u. a. für Paare mit höherem Konfliktniveau und größerer Ambivalenz ineffektiv ist. Kressel schlägt deshalb vor, für diese Paare ein einleitendes Scheidungstherapieangebot zu entwickeln, u. a. zur Veränderung von Interaktion und Kommunikation. Die Notwendigkeit einer Ambivalenzklärung als Grundlage für die erfolgreiche Regelung der Scheidungsfolgen wird ebenfalls gestützt durch eine Studie von Johnston et al. (1985), die chronisch streitende Scheidungspaare untersuchten.

Tiefeninterviews mit 21 Scheidungstherapeuten über ihr Vorgehen, die in einer Studie von Kressel und Deutsch (1977) ausgewertet werden, liefern eine Grundlage für die Konzeption und Strukturierung einer entsprechenden Ambivalenzberatung.

Eine Technik der Ambivalenzklärung, die meist in Ehetherapien Anwendung findet, die „Strukturierte Trennung", erweist sich nach zwei Studien (Greene et al. 1973, Toomin 1972, einen Überblick geben Schweitzer, Weber 1985 und Storm et al. 1986) als Intervention insbesondere zur Reduzierung emotionaler Spannungen und als Hilfe bei der Entscheidungsfindung.

Informationsprogramme für scheidungswillige Eltern sind Hilfen, die ebenfalls zur Entscheidung beitragen können, jedoch vor allem auf den Umgang mit den Kindern nach Trennung und Scheidung Einfluß nehmen. Weitere Informationsprogramme wenden sich auch gezielt an Partner und Eltern nach der Scheidung (s. Pkt. 5.3.3. und 6.3.1.1.).

6.1.1. Strukturierung der Ambivalenzberatung

In halbstrukturierten Interviews mit 21 erfahrenen Ehe- und Familientherapeuten, die zu einem Teil auch Scheidungsklienten beraten (durchschnittlich etwa 20% ihres gesamten Beratungsaufkommens) erarbeiteten Kressel und Deutsch (1977) die Grundlagen einer *Therapie zur konstruktiven Scheidung* (einen Überblick gibt Sokacic-Mardorf 1983).

Scheidungstherapien in diesem Sinne verfolgen zwei unterschiedliche Ziele:

1. die Entscheidungsfindung
2. das Verhandeln von Übereinkommen

Die Scheidungsbewältigung, als dritter Zielbereich, ist nicht in die Untersuchung mit einbezogen worden.

Es zeichnen sich nach Kressel und Deutsch drei Arten von Strategien ab, die von Therapeuten eingesetzt werden, um diese Ziele zu erreichen. Die jeweiligen Taktiken sind dabei auch abhängig vom angestrebten Ziel. Auf Taktiken in der Verhandlungsphase soll hier nicht eingegangen werden, insbesondere auch deshalb, weil die meisten befragten Therapeuten das Verhandeln von praktischen Problemen nur als Randproblem in der Lösung der Beziehungsdynamik betrachten oder davon ausgehen, daß nach der

Lösung der emotionalen Probleme die Regelungen auch ohne die Hilfe von Dritten zu entwickeln sind. Diese Sichtweise, die auch heute in der Bundesrepublik noch weit verbreitet ist, steht in deutlichem Gegensatz zu den Ansätzen von Mediation (s. Pkt. 5.2.2.1.), in denen gerade die Strukturierung des Verhandelns als wichtige Voraussetzung für dessen Ergebnis begriffen wird.

Zur Unterstützung der Entscheidungsfindung lassen sich nun die folgenden Interventionen differenzieren (nach Kressel & Deutsch 1977):

1. *Reflexive Strategien:*
   Sie dienen der Orientierung des Therapeuten und der Vertrauensentwicklung zwischen Therapeut und Klient und bilden so die Basis für die weiteren Interventionen.
   Als zentrale Grundlage für ihre Interventionen wird von den Therapeuten der Aufbau eines Vertrauensverhältnisses zu ihren Klienten betont. Zu den Vorgehensweisen gehört dabei die Zusicherung von Unterstützung und von Aufrechterhaltung der Vertraulichkeit (im Einzelgespräch geäußerte Vertraulichkeiten werden nur vom Klienten selbst dem Partner mitgeteilt, der Therapeut unterstützt jedoch diese Öffnung).
   Daneben ist auch das Verdeutlichen der Unparteilichkeit des Therapeuten als Voraussetzung für erfolgreiche Interventionen ein Thema, über das die größte Übereinstimmung zwischen den Befragten besteht. Unparteilichkeit umfaßt in diesem Verständnis auch die Wahrung der Interessen aller Beteiligten und das Eintreten dafür (angemessener mag somit der Sprachgebrauch „Allparteilichkeit" sein, s. Pkt. 5.2.1.2.).
   Als dritte Voraussetzung für effektives therapeutisches Handeln wird von einem Teil der Befragten die Notwendigkeit hervorgehoben, Informationen zur ehelichen Situation zu bekommen und speziell die Frage zu klären, ob eine Trennung angestrebt wird oder nicht. Als Hindernisse dabei werden die Fehleinschätzung durch den Klienten, die Unbekanntheit von Hilfen bei Trennung und Scheidung sowie ein Fehlen von eindeutigen Kriterien für ein notwendiges Ende der Beziehung genannt.

2. *Kontextuelle Interventionen:*
   Sie dienen der Herstellung von Bedingungen, die es dem Paar erlauben, eigene Entscheidungen zu fällen.
   Dazu gehört insbesondere das Reduzieren der emotionalen Spannungen zwischen den Partnern. In den Interviews zeichnen sich zwei Komplexe von Strategien dafür ab.
   Die Verhaltensstrategien, die therapeutische Interventionen während der Sitzungen umfassen, dienen dazu:
   – die richtige Quelle des Ärgers zu klären,
   – die Wahrnehmung vom anderen weg auf den jeweiligen Partner selbst zu verlagern,
   – positive Interaktionen zu verstärken,
   – Ängste abzubauen.

124

- Die strukturellen Strategien beschreiben Veränderungen der äußeren Bedingungen – des therapeutischen Rahmens – zum Abbau der emotionalen Spannungen. (Diese Strategien bedürfen auch der besonderen Beachtung bei der Entwicklung von Angeboten zur Ambivalenzklärung, s. Pkt. 5.1.) Dazu gehören:
- die Wahl des Settings: Der Einsatz von Ambivalenz-Paargruppen oder die Beratung durch ein Therapeutenpaar fördern den Spannungsabbau.
- die Empfehlung, getrennt zu leben: Die Technik der „Strukturierten Trennung" verhindert die Eskalation von Feindseligkeiten und den Ausbruch von Gewalttätigkeit.
- die Empfehlung zur Rechtsinformation: Informationen zur Scheidung durch den Rechtsanwalt dienen dazu, Ängste abzubauen und unrealistische Erwartungen zu korrigieren.

    Neben dem Abbau emotionaler Spannungen geht es auch darum, die Quellen des Ehekonflikts zu klären und dabei sowohl die gegenwärtigen Muster und Rollen im Konflikt verständlich zu machen als auch die Hintergründe in der Herkunftsfamilie zu verdeutlichen.

3. *Bestärkende Interventionen:*
Sie sind im Gegensatz zu den kontextuellen Interventionen Strategien, in denen der Therapeut aktiv und direktiv eingreift, um den Konflikt zu klären. Dazu gehört auch, daß er einen eigenen Standpunkt entsprechend seiner Konfliktwahrnehmung einnimmt und so die Konfliktlösung insbesondere in Sachfragen fördert.

Als wichtigste Strategie zur Klärung der Ambivalenzen in der Scheidungstherapie dient die Auseinandersetzung mit der Motivation der Partner zur Trennung. Zeichnet sich dann ein Entschluß zur Scheidung ab oder wird die Notwendigkeit für diesen Entschluß in den Gesprächen deutlich, so soll der Therapeut diese Motivation konsequent unterstützen. Das heißt z. B., durch getrennte Sitzungen Versöhnungsphantasien den Boden zu entziehen (entgegen der Sichtweise in Mediation, wo es darum geht, gemeinsame Sitzungen und ein gewisses gegenseitiges Verständnis zur Entwicklung von Regelungen zu fördern), die physische Trennung zu fördern, Angst vor der Scheidung auszuräumen und die Wahrnehmung von Scheidung als persönliches Versagen abzubauen. Es gehört auch dazu, die soziale Attraktivität des Einzelnen zu heben und die Unterstützung durch Familie und Freunde zu sichern.

Diese drei Strategien liefern die Grundlage für das Vorgehen zur Förderung der Entscheidungsfindung. Für die Konzeptionsentwicklung sind jedoch vor allem die strukturellen Strategien von besonderer Bedeutung mit ihrer Differenzierung verschiedener Angebotskonzepte.

Ergebnisse zu einer Strategie, zur Technik der „Strukturierten Trennung", werden im folgenden dargestellt.

6.1.2. Studien zur „Strukturierten Trennung"

Die „Strukturierte Trennung" (s. Pkt. 5.1.2.), eine Strategie zur Reduzierung emotionaler Spannungen und zur Klärung ausgeprägter Ambivalenzen zwischen den Partnern, wird in zwei Studien überprüft.

Greene et al. (1973) erhoben Einschätzungen von Therapeuten über die Auswirkung einer „Strukturierten Trennung" bei 73 Paaren. Ein Teil der Paare bewohnte dabei weiterhin eine gemeinsame Wohnung. Bei 23% der Paare wurde von den Therapeuten eine Verbesserung der Beziehungssituation festgestellt, 44% ließen sich nach der Intervention scheiden. Bei den übrigen Paaren ergab sich keine weitergehende Verbesserung in der Beziehung oder klare Entscheidung für oder gegen die Fortführung der Ehe.

Toomin (1972) befragte 18 Paare, die im Rahmen einer Therapie über 3 Monate an einer „Strukturierten Trennung" teilnahmen. Während dieser Zeit trafen sich die Partner nur zu den gemeinsamen Therapiesitzungen. Eine Nachfolgeuntersuchung nach einem Jahr ergab, daß ein Drittel der Paare sich entschieden hatten, ihre Ehe weiter zu führen, 12 Ehepaare ließen sich scheiden. Jedoch waren alle Paare mit ihrer jeweiligen Entscheidung zufrieden, und lediglich von einem Paar wurden die Gefühle zum Partner nicht als gut bezeichnet. Von den Geschiedenen hatte nur ein Paar gerichtliche Hilfe zur Eigentumsaufteilung in Anspruch genommen, und 23 der 24 Geschiedenen meinten nach der dreimonatigen Beratung, ihre Stabilität als Einzelperson wiedergefunden zu haben.

Insgesamt zeigen diese Untersuchungen, die aufgrund methodischer Mängel (keine Zufallsauswahl, Einfluß der Therapeuten- und Klientenvariablen auf die Ergebnisse nicht berücksichtigt, keine Kontrollgruppe) nur sehr vorsichtig zu interpretieren sind, daß eine „Strukturierte Trennung" zwar keine Scheidung verhindern, jedoch zu einer Verminderung der Erbitterung zwischen den Partnern beitragen kann. Somit scheint die „Stukturierte Trennung", die im Rahmen einer Paartherapie durchgeführt wird, zumindest ein Weg zu einer konstruktiven Scheidung zu sein. Die Entwicklung und Überprüfung weiterer Ansätze zur Ambivalenz-Beratung im Rahmen einer Scheidungsberatung erscheinen notwendig. Dabei kann jedoch die Verhinderung von Scheidungen und die Wiederversöhnung der Partner nicht wie in diesen Studien und z. T. auch in Studien zur Effektivität von „Conciliation Court Services" als Erfolgskriterium gelten. Es ist vielmehr notwendig, hierzu ein Kriterium festzulegen wie z. B. das Erreichen einer gemeinsamen Entscheidung beider Partner, unabhängig davon, ob dies eine Entscheidung für oder gegen die Fortsetzung der Ehe ist.

Entsprechend diesem Kriterium kamen in der Studie von Greene et al. 73% der Paare zu einer klaren Entscheidung, und in der Studie von Toomin konnten fast alle Paare eine Entscheidung herbeiführen. Die „Strukturierte Trennung" kann somit als eine Möglichkeit angesehen werden, für die erfolgreiche Regelung der Scheidungsfolgen, die häufig an eine Klärung der Ambivalenz gebunden ist, eine Grundlage zu schaffen. Die Entwicklung und Überprüfung weiterer Konzepte ist jedoch notwendig.

6.1.3. Informationsprogramme zur Entscheidungsfindung

Eine weitere Strategie zur Reduzierung emotionaler Spannungen besteht in der Vermittlung von Informationen. Das Informationsbedürfnis von Scheidungswilligen, die meist einer ihnen völlig unbekannten Situation gegenüberstehen, wird in Gesprächen mit Personen in Trennung und Scheidung immer wieder als zentrales Bedürfnis ihrerseits deutlich. Studien zu Informationsprogrammen bestätigen dieses Bedürfnis und deuten auf eine große Zufriedenheit der Teilnehmenden mit den Angeboten hin. Deutlich wird jedoch auch ein weitergehendes Beratungsbedürfnis, daß durch reine Informationsprogramme nicht abzudecken ist.

Young (1978a, b) führte eine Befragung von Teilnehmerinnen eines vierstündigen Informationsprogramms zur Scheidung durch, das vom Family Court of Allen County, Indiana, angeboten wurde. Die Teilnahme wurde bei Beteiligung minderjähriger Kinder an der Scheidung vom Gericht für die Partei verbindlich vorgeschrieben, die den Scheidungsantrag einreichte. Der anderen Partei war die Teilnahme freigestellt. Da der Scheidungsantrag meist von Frauen gestellt wird, machten sie auch 83% der Teilnehmer aus. Die Befragung wurde aus diesem Grund auf die teilnehmenden Frauen beschränkt.

Das Seminarkonzept orientierte sich an dem weiter oben beschriebenen Programm „The Divorce Experience" (s. Pkt. 5.1.3.). Es umfaßte Informationen zu rechtlich-finanziellen, emotionalen und kindbezogenen Themen.

In einer ersten Studie (Young 1978a) wurden 75 Teilnehmerinnen vor und nach dem Seminar mit einem speziell entwickelten Fragebogen befragt. Insgesamt waren die Teilnehmerinnen mit dem Programm und seinen Teilen zufrieden, wobei die Einschätzungen positiv mit der Zahl der jeweils betroffenen Kinder korrelierten. 58% der Teilnehmerinnen meinten, zukünftig Nutzen aus der Programmerfahrung ziehen zu können, 91% der Befragten würden auch freiwillig ein entsprechendes Angebot nutzen, und 71% gaben an, sie würden auch an mehr Zeit beanspruchenden Programmen teilnehmen.

In einer Follow-up-Studie (Young 1978b) wurden 25 Teilnehmerinnen drei Monate später nochmals interviewt. Die Ergebnisse der ersten Befragung konnten bestätigt werden. Für die meisten Teilnehmerinnen hatten die Informationen auch über einen längeren Zeitraum einen größeren Wert, insbesondere wurden Informationen bezüglich der Kinder (von 37% der Befragten), rechtliche Informationen (von 25%) und das Ansprechen emotionaler Aspekte (von 21%) als besonders hilfreich bewertet. Trotz der seit dem Scheidungsantrag verstrichenen Zeit wurde bei den Befragten wiederum ein ausgeprägtes Beratungsbedürfnis deutlich. Nach der Meinung von 23% sollte ein entsprechendes Seminar mehr Sitzungen und Informationen umfassen, 54% wären auch bereit, an längeren Programmen teilzunehmen.

Ein kurzes, strukturiertes Informationsprogramm über die unterschiedlichen Aspekte der Scheidung findet somit eine deutliche Resonanz bei den Betroffenen. Inwieweit die Verbindlichkeit der Teilnahme auch Einfluß auf die Datenerhebung gehabt haben mag, kann ohne Vergleich zu einer freiwilligen Gruppe nicht festgestellt werden. Nach dieser Studie noch offengeblieben sind Fragen nach der Spezifizierung der weitergehenden Beratungsbedürfnisse, nach den längerfristigen Auswirkungen des Angebots und danach, wie Männer entsprechende Informationsangebote einschätzen. Einige Antworten ergeben sich aus den folgenden Ergebnissen.

Ein in München vom Staatsinstitut für Frühpädagogik und Familienforschung durchgeführtes Informationsprogramm wurde von Betroffenen sehr gut aufgenommen. Nach einer Studie von Niesel et al. (1989) fanden vier Informationsabende zu der Frage was Eltern, die sich trennen wollen, für ihre Kinder tun können, ein solch starkes Interesse, daß an der Veranstaltung 80 Eltern teilnahmen und weiteren Interessenten abgesagt werden mußte.

Im Gegensatz zu den obigen Ergebnissen waren bei diesem Angebot auch die Männer in hohem Maße zur Teilnahme bereit; sie machten etwa die Hälfte der Teilnehmer aus. Auch die Teilnahmebereitschaft des Expartners oder der Expartnerin war ausgesprochen hoch, fast die Hälfte der Eltern war gemeinsam mit dem ehemaligen Partner gekommen.

In einer nach Beendigung der Veranstaltung durchgeführten Befragung wurde deutlich, daß es gelang, die Kompetenz der Eltern bzgl. ihrer Trennung und der Auswirkung auf die Kinder wesentlich zu erhöhen. So gaben jeweils etwa 75% der Teilnehmer an, sie könnten nun ihre Kinder und deren Reaktionen besser verstehen, sie würden die Situation ihrer Kinder neu überdenken und die Kinder auch in anstehende Entscheidungen stärker miteinbeziehen. Außerdem entschlossen sich über die Hälfte der Eltern das Gespräch mit dem Expartner bzgl. der Kinder wieder aufzunehmen.

Entsprechend der oben dargestellten Reaktionen wurde auch von den Teilnehmern dieser Informationsveranstaltung ein weitergehendes Beratungsbedürfnis geäußert. Fast zwei Drittel der Befragten wollten anschließend eine Beratungsstelle aufsuchen, insbesondere um Fragen nach der Gestaltung von Sorge- und Umgangsrecht zu klären.

Die Akzeptanz des Informationsangebots, insbesondere durch die Männer, ist vor allem auf die Form der Veranstaltung, als anonyme Informationsvermittlung ohne Zwang zu einem persönlichen Beratunggespräch, zurückzuführen. Als besonders hilfreich wurde von den Teilnehmern auch die Anonymität in den Gesprächsgruppen erlebt.

Über längerfristige Auswirkungen liegen noch keine Ergebnisse vor, jedoch weisen Niesel et al. darauf hin, daß die Umsetzung der erhaltenen Informationen in die Praxis schwierig scheint. Hier bedarf es also weitergehender Beratungangebote insbesondere zur Klärung von Kommunikationsproblemen mit dem Partner.

Informationsveranstaltungen sind somit vor allem dazu geeignet, eine breite Öffentlichkeit zu erreichen, den Gedanken fortgesetzter Elternschaft trotz Scheidung zu verbreiten sowie die Auseinandersetzung mit der Bedeutung von Trennung und Scheidung für die gesamte Familie zu fördern. Außerdem werden Teilnehmer verstärkt mit ihren Bedürfnissen nach Beratung in Kontakt gebracht. Diese Angebote stellen jedoch nur einen ersten, aber sehr wichtigen Schritt in der Beratung von Scheidungsfamilien dar.

6.1.4. Ambivalenzberatung im Überblick

Zur Schaffung eines Gesamtkonzepts von Ambivalenzberatung leistet vor allem die Studie von Kressel und Deutsch (1977) einen wichtigen Beitrag. Den Rahmen für die Durchführung bildet die Differenzierung zweier Strategien therapeutischen Handelns. Mit *verstehend-unterstützendem* Handeln wird die Selbstauseinandersetzung des Klienten vom Therapeuten gefördert, und emotionale Spannungen werden reduziert. Anschließend wird dann zur Stabilisierung der Klientenentscheidung *aktiv-förderndes* Therapeutenverhalten notwendig.

Besonderer Beachtung bedürfen – neben dem herkömmlichen therapeutischen Handeln – Interventionen zur Reduzierung der emotionalen Spannungen zwischen den Partnern durch Klärung der jeweils eigenen Anteile der Partner am Konflikt. Ziel ist dabei (nach Bernhardt 1989) die Aufhebung des ehelichen Projektionssystems und damit die Entlastung der Paarbeziehung und die Belastung der Partner. Daneben kommt auch den beschriebenen strukturellen Strategien, in denen durch die Schaffung äußerer Bedingungen der Entscheidungsprozeß der Partner gefördert wird, eine zentrale Rolle in der Ambivalenzberatung zu.

Zu den strukturellen Strategien gehören die Beratung durch ein Co-Therapeutenpaar, die Klärung der Ambivalenzen in einer Paargruppe (s. Familien-Notruf München 1985, Pkt. 5.1.1.), die Rechtsinformation und der Einsatz der „Strukturierten Trennung". Der Erfolg der „Strukturierten Trennung" beim Abbau emotionaler Spannungen und bei der Schaffung klarer Entscheidungen konnte in zwei speziellen Studien nachgewiesen werden. Auch die Informationsweitergabe an Eltern im Rahmen eines freiwilligen oder verbindlichen Informationsprogrammes wurde von den befragten Teilnehmern sehr positiv aufgenommen und trug zur Entlastung der Elternbeziehung bei.

Strukturelle Strategien sind also für die Konzeptionsentwicklung zu beachten. Damit wird Scheidungsberatung auch als ein Beratungsangebot deutlich, das einer Spezialisierung und Weiterbildung des Therapeuten bedarf.

6.2. Evaluation von Beratungskonzepten zur Regelung der Scheidungsfolgen

Konzepte zur möglichst konfliktfreien Regelung der Scheidungsfolgen streben sowohl eine bessere Bewältigung der Scheidung durch die Beteiligten und damit die Sicherung des Kindeswohls an als auch eine Reduzierung der Belastung der Familiengerichte mit komplizierten, langdauernden Scheidungsfällen und zahlreichen wiederholt aufgenommenen Streitigkeiten insbesondere um das Sorgerecht und die Umgangsregelung. Verschiedene Studien zur Effektivität derartiger Regelungshilfen werden im folgenden dargestellt.

Studien zu Scheidungsregelungsangeboten beschränken sich in der Hauptsache auf die sehr umfangreiche und genaue Erforschung der Vermittlungskonzepte in den USA, die unter dem Begriff Mediation zusammengefaßt werden. Diese Formen außergerichtlicher Scheidungsfolgenregelung werden sowohl von gerichtsunabhängigen Institutionen angeboten als auch im Rahmen der „Conciliation Courts Services" und „Family Court Services" in gerichtsgestützten Beratungs- und Vermittlungsstellen. Pearson, Thoennes und Milne zählen 1982 in den USA mehr als 400 Anbieter von „Divorce Mediation" im öffentlichen und privaten Sektor. Auf Studien zu weiteren Scheidungs- und Eheberatungsangeboten der „Conciliation Courts Services" und „Counseling Services", die nicht speziell auf die Regelung der Scheidungsfolgen ausgerichtet sind, soll hier nicht näher eingegangen werden.

Neben der außergerichtlichen Konfliktregelung im Rahmen von Mediation kommt auch der gerichtlichen Regelung von Sorge- und Umgangsrechtsstreitigkeiten eine wichtige Rolle zu. Eine Studie, die sich mit der Bedeutung psychologischer Gutachten in Sorgerechtsfällen beschäftigt, wird im folgenden vorgestellt.

6.2.1. Die familienrechtliche Begutachtung von Sorgerechts- und Umgangsregelungsfällen

In strittigen Sorgerechts- und Umgangsregelungsfällen werden vom Familiengericht neben dem Gutachten des Jugendamtes z. T. Stellungnahmen psychologischer Gutachter angefordert. In diesen Gutachten bemühen die Psychologen sich meist um eine möglichst objektive Ermittlung von Kriterien des Kindeswohls wie beispielsweise der Bindungsstärke zwischen Eltern und Kindern, der Erziehungsfähigkeit der Eltern, der Familienstruktur sowie der prognostischen Beurteilung der am wenigsten schädlichen Alternative. Dem Bedürfnis der Eltern nach Mitwirkung an diesen sehr grundlegenden Entscheidungen und dem Beratungsbedürfnis wird dabei nur in wenigen gutachterlichen Modellen Rechnung getragen (s. dazu Pkt. 5.2.1.).

Eine Studie, die die Einschätzung der familienrechtlichen Begutachtung von Sorgerechts- und Umgangsregelungsfällen durch die Betroffenen erfaßt, wurde von Siefen und Neuhäuser (1985) vorgestellt.

Die Stichprobe umfaßt 60 Gutachten zu Sorgerechts- und Umgangsregelungsfragen, die durch Gutachter der Kinder- und Jugendpsychiatrie der Universität Marburg und der neuropädiatrischen Abteilung der Universitätskinderklinik Gießen erstellt wurden.

Die Bedeutung einer gutachterlichen Empfehlung für die Gestaltung der Regelung wird in der folgenden Zahl deutlich: In 86% der Fälle (52 von 60) erfolgte der Gerichtsbeschluß oder die Einigung der Eltern (in 11 Fällen, 18%) entsprechend des Gutachtervorschlages.

Die Interviews mit den Betroffenen (n = 42) ergaben die folgenden subjektiven Einschätzungen über den Gutachter und seine Tätigkeit. 75% der befragten Eltern hatten einen positiven Eindruck vom Gutachter, und 71% meinten, die Gutachterempfehlung entspräche dem Kindeswohl. Leider läßt sich aus diesen Zahlen nicht entnehmen, inwieweit die positiven Einschätzungen der Eltern mit einem von ihnen gewünschten Ergebnis des Gutachtens zusammenhängen (zumindest zeigt sich hier jedoch, daß die Gutachter zu einem Teil der Eltern eine positive Beziehung herstellen konnten).

Das Beratungsbedürfnis der Befragten wird in folgenden Ergebnissen deutlich: 40% der Eltern wünschten sich zusätzliche Gespräche vor der Gutachtenerstellung, 57% wünschten Beratungsgespräche nach dem Gutachten, und ein Drittel wollte statt eines Gutachtens lieber eine längere Beratung (während die übrigen zwei Drittel dagegen waren).

Diese Studie zeigt somit, daß selbst in streitigen Sorgerechtsfällen, in denen Gutachter hinzugezogen werden müssen, noch Einigungspotentiale vorhanden sind. Ein Teil der Betroffenen würde sogar die Beratung einem Gutachten und damit einer Entscheidung durch Dritte vorziehen. In diesen Fällen bietet sich die eigenverantwortliche Regelung der Scheidungsfolgen unter der Mithilfe eines neutralen Dritten an, wie sie in der Mediation oder in den Konzepten der gutachterlichen Beratung praktiziert wird (s. Pkt. 5.2.2.1. und 5.2.1.2.).

Auch hier wird das große allgemeine Beratungsbedürfnis in Scheidungsfällen deutlich. Die Bewertung des Gutachters als angenehm und kompetent läßt auf Einflußmöglichkeiten schließen, wie sie in den oben beschriebenen Konzepten zur Beratung durch den Gutachter vorgestellt wurden (s. Pkt. 5.2.1.2.).

Diese Konzepte, die noch expliziter empirischer Überprüfung bedürfen, scheinen, entsprechend der erfragten Bedürfnisse und Einschätzungen der Betroffenen, eine Möglichkeit zur effektiven Regelung von Sorge- und Umgangsrechtsproblemen im Sinne des Kindeswohls zu beinhalten (s. auch Fthenakis 1986).

6.2.2. Regelung der Scheidungsfolgen durch Verhandeln – Mediation und verwandte Konzepte in Forschung und Praxis

Studien zur eigenverantwortlichen Regelung der Scheidungsfolgen im Rahmen von Mediation oder von vergleichbaren Vermittlungskonzepten lassen sich zwei zentralen Fragestellungen zuordnen:

1. Es wird die Frage nach der Effektivität des Konzeptes gestellt, vor allem bezüglich der Möglichkeiten, bei strittigen Scheidungen zur einvernehmlichen Regelung der Scheidungsfolgen zu kommen. Dazu gehören die Fragen nach:
   - der Zufriedenheit der Beteiligten,
   - den Auswirkungen auf Sorgerechtsvereinbarungen und auf die Kinder,
   - der Auswirkung auf die psychische Situation der Beteiligten und auf die Beziehung zum Expartner,
   - der Auswirkung auf den Kostenaufwand für die Scheidung und auf die Kosten für die Kommunen,
   - der Auswirkung auf die Wiederaufnahme von Gerichtsverfahren,
   - der längerfristigen Auswirkungen auf alle an der Scheidung Beteiligten.
   Die Ergebnisse von Paaren in Mediation werden meist verglichen mit Ergebnissen von Paaren in herkömmlichen Scheidungsverfahren.
2. Es wird die Frage nach den Grenzen des Mediation-Ansatzes gestellt. Dazu wird gefragt:
   - für welche Personen Mediation ungeeignet ist,
   - für welche Paarkonstellationen Mediation ungeeignet ist,
   - von wem Mediation abgelehnt bzw. von wem sie gewünscht wird,
   - welches Mediator-Verhalten Einigungen unterstützt, und welches sie behindert.

Empirische Studien zu diesen beiden Fragen (Kressel & Pruitt 1985 differenzieren vier Fragestellungen, die hier zusammengefaßt wurden; zu methodologischen Problemen s. Pkt. 6.4.), die Rückschlüsse auf die Einsetzbarkeit der Mediation-Konzepte im Rahmen einer Scheidungsberatung zulassen, sollen im folgenden vorgestellt werden.

6.2.2.1. Effektivität von Mediation – Ergebnisse im Überblick

Zur Beurteilung des Erfolges von Mediation-Angeboten bei der gemeinsamen, eigenverantwortlichen Regelung der Scheidungsfolgen durch die Partner bzw. Eltern sind verschiedene Zielsetzungen zu unterscheiden, die mit sehr unterschiedlichen Motiven zur Einführung von Mediation als alternative Konfliktregelungsstrategie einhergehen.

Zu diesen Zielen gehören:

- die Reduzierung der öffentlichen Kosten und der Gerichtskosten durch weniger Gerichtszeit pro Fall und weniger erneute Verfahren nach Abschluß der Scheidung;
- die bessere Berücksichtigung der Bedürfnisse der Kinder bei der Scheidung durch mehr gemeinsames Sorgerecht, großzügigere Umgangsregelungen, bessere Einhaltung von Übereinkommen und einen weniger konfliktgeladenen Umgang der Eltern miteinander;
- die verbesserte Konfliktregelung und Scheidungsverarbeitung durch Verständigung der Partner und Entwicklung eigenverantwortlicher Entscheidungen.

Es werden also durch die Einführung von Mediation sowohl objektive Veränderungen, wie z. B. Kostenersparnis, erwartet als auch subjektive Veränderungen, wie eine größere Zufriedenheit der Beteiligten und eine verbesserte Verarbeitung der Scheidung durch Eltern und Kinder. Diese vielfältigen und zum Teil sehr hochgesteckten Erwartungen drücken sich vor allem auch in der sehr unterschiedlichen Konzeptionierung der in den USA praktizierten Mediation-Programme aus. So mag die Verpflichtung zu Mediation bei Sorgerechtsauseinandersetzungen u. a. zurückzuführen sein auf einen Wunsch nach staatlichem Schutz für die Scheidungskinder, von anderen Mediation-Anbietern wird dagegen die eigenverantwortliche Beendigung der Partnerschaft und Einigung über die Scheidungsfolgen als grundlegend für eine erfolgreiche Regelung angesehen und deshalb die Freiwilligkeit der Teilnahme an Mediation zur Grundlage gemacht. Betrachtet man den sehr unterschiedlichen Zeitumfang bei Mediation, so sind Kurzinterventionen sicher geeignet Kosten zu sparen, Ziel weniger zeitlich eingegrenzter Angebote mag dagegen sein, der Entwicklung einer günstigen Konfliktregelung und einer besseren Scheidungsverarbeitung den Vorzug vor kurzfristigen Einsparungen zu geben. Im Sinne der Kostenersparnis ist auch die Praxis einiger kalifornischer Familiengerichte zu sehen, in denen der Mediator gleichzeitig auch die Aufgabe des Gerichtsgutachters übernimmt (Report of the Advisory Panel 1987), ein Vorgehen, das im Sinne der Eigenständigkeit der Regelung und der Vertraulichkeit des Verhandelns als problematisch zu werten ist und von den Conciliation Courts von Los Angeles abgelehnt wird.

6.2.2.1.1. Vergleichbarkeit der Mediation-Programme

Die in den USA etablierten Mediation-Angebote unterscheiden sich vor allem in zwei wichtigen Faktoren. Zum einen sind gerichtsgebundene öffentliche Programme von den gerichtsunabhängigen Angeboten zu unterscheiden, wobei im Rahmen der öffentlichen Angebote meist nur Sorgerechts- und Umgangsregelungsauseinandersetzungen zu verhandeln sind, während im privaten Angebot auch die finanziellen Probleme geregelt werden (eine Beschränkung des öffentlichen Angebots, die in neusten Überlegungen auch in Frage gestellt wird, siehe Report of the Advisory Panel 1987), zum anderen ist die Freiwilligkeit der Teilnahme zu unterscheiden von durch das Gericht angeordneter Mediation.

Daneben wird die Beteiligung der Kinder an den Verhandlungen von den einzelnen Mediation-Anbietern sehr unterschiedlich gehandhabt. Häufig werden die Kinder von den Mediatoren allein interviewt (wie z. B. in Kalifornien, Report of the Advisory Panel 1987), z. T. werden die Kinder jedoch auch in den Verhandlungsprozeß mit den Eltern mit einbezogen, um so ihre Position in der Familie zu verdeutlichen und Einigungsunwilligkeiten der Eltern zu überwinden (s. Salius & Maruzo 1988).

Bei einem Teil der Mediation-Angebote wird von den Mediatoren auch ein Gespräch mit den Rechtsanwälten geführt (s. Report of the Advisory Panel 1987, Salius & Maruzo 1988), wenn es notwendig erscheint. Die Billigung und Unterstützung der Verhandlungen durch die Rechtsanwälte ist nach verschiedenen Studien eine entscheidende Grundlage für den erfolgreichen Abschluß der Verhandlungen (s. Irving et al. 1979 und Pearson, Thoennes & Vanderkooi 1982).

Ein wesentlicher Aspekt bei der Betrachtung der Mediation-Angebote in den USA und auch in der Bewertung der zahlreichen Studien zu Mediation ist die Unterscheidung in freiwillige und angeordnete Beratung. Diese Differenzierung, die nicht immer deckungsgleich ist mit der Gegenüberstellung von privaten und gerichtsgebundenen Angeboten, ergibt sich aus der gesetzlichen Festschreibung der Teilnahme an Mediation bei Sorgerechts- und Umgangsregelungsauseinandersetzungen in verschiedenen Staaten der USA. Dabei kann es sich um eine generelle Verpflichtung zur Teilnahme an Vermittlungsgesprächen handeln, wie in Kalifornien seit 1980 praktiziert, oder um die Überweisung in Beratung, die unter Berücksichtigung des jeweiligen Einzelfalls durch das Gericht ausgesprochen wird, wie z. B. vom Connecticut Superior Court durchgeführt.

Obwohl angeordnete, obligatorische Mediation auf denselben Prinzipien der eigenständigen Konfliktregelung fußt, bestehen gegenüber freiwilliger Mediation jedoch wesentliche Unterschiede (nach Shattuck 1988):

1. Es werden nur Sorge- und Umgangsregelungsstreitigkeiten geregelt, Finanzen sind als Regelungsthema bisher meist ausgeschlossen.
2. Die Teilnahme an der Vermittlung ist verbindlich und kann (zumindest in Kalifornien) unter Strafandrohung erzwungen werden.
3. Die Erlangung einer Gerichtsentscheidung ist erst nach dem Scheitern der Vermittlung möglich, Mediation kann somit nicht umgangen werden.
4. Der Mediation-Prozeß ist durch die autoritäre Natur des Settings gekennzeichnet, so daß die Parteien einem deutlichen Druck zur Konfliktbeilegung unterliegen, der sich aus der Einbindung der Vermittlung in das Scheidungsverfahren ergibt und nicht auf den Mediator zurückzuführen ist.
5. In Kalifornien fungiert der Mediator aktiv als Anwalt des Kindes und vertritt in den Sitzungen den Eltern gegenüber dessen Standpunkt.

Daneben ist die verbindliche Mediation kostenlos und beschränkt sich meist auf nur wenige Sitzungen.

Die Inanspruchnahme gesetzlich angeordneter Mediation ist auch die letzte Möglichkeit zur Regelung der Konflikte, bevor das Gericht eine Entscheidung trifft. Die Teilnahme an privaten Vermittlungsangeboten ist dann meist schon gescheitert. So wird die gesetzlich vorgeschriebene Mediation von Sorgerechts- und Umgangsregelungsstreitigkeiten an den Familiengerichten oder Conciliation Courts zur Anlaufstelle für alle Klienten. In Kalifornien werden keine Familien aufgrund erschwerender Bedingungen aus den Vermittlungsgesprächen ausgeschlossen.

Shattuck (1988) stellte bei einer Stichprobe von 41 Familien, die sie am San Francisco Superior Court beraten hatte, bei 32% der Familien vorangegangene Gewalttätigkeiten fest, und 29% der Eltern zeigten deutliche Psychopathologien. Im Gegensatz zur Praxis in Kalifornien werden am Connecticut Superior Court entsprechende Fälle als ungeeignet für Mediation ausgeschlossen (Salius & Maruzo 1988, s. Pkt. 6.2.2.2.).

In der Rate der erreichten Übereinkommen findet dieses unterschiedliche Vorgehen jedoch keine Entsprechung: Während in Kalifornien für das Finanzjahr 1984/85 durchschnittlich 62% der Mediation-Teilnehmer Vereinbarungen erreichten (Report of the Advisory Panel 1987) und sich die Eltern in der oben beschriebenen Stichprobe in 63% der Fälle einigten (Shattuck 1988), wurden in Connecticut über einen Zeitraum von 5 Jahren durchschnittlich 64% der Fälle erfolgreich abgeschlossen (Salius & Maruzo 1988).

Auch im Vergleich zur freiwilligen Mediation ist die gesetzliche Verbindlichkeit der Teilnahme oder die Anordnung durch das Gericht nicht weniger erfolgreich beim Entwickeln gemeinsamer Übereinkommen. Einigungsraten zwischen 60% (umfassende oder zeitlich befristete Übereinkommen, Pearson & Thoennes 1984a) und 71% (Shattuck 1988) bei verbindlicher Mediation in Kalifornien und von 50% bei gerichtlicher Anordnung in New Jersey (New Jersey Report 1988) unterscheiden sich nicht wesentlich von Ergebnissen bei freiwilliger Teilnahme an Mediation. Im Rahmen des Denver Custody Mediation Projects schlossen 58% der freiwilligen Teilnehmer die Beratung erfolgreich ab, mit einer Steigerung auf 80% gemeinsamer Übereinkommen vor dem Termin der gerichtlichen Festlegung (Pearson & Thoennes 1982).

Insgesamt scheinen sich somit gerichtsgebundene, verbindliche Mediation-Programme im Ergebnis kaum von den gerichtsunabhängigen oder freiwilligen Angeboten zu unterscheiden. Zwar weist eine Studie gerichtsgebundener Mediation von Pearson und Thoennes (1988) mehr erneute Gerichtsverhandlungen aus als Studien über freiwillige Mediation, dieses Ergebnis wird jedoch durch andere vergleichbare Studien widerlegt (s. Margolin 1973, Doyle & Caron 1979). Die Angaben über größere Unstimmigkeiten zwischen den Expartnern bezüglich der Handhabung von Sorgerecht und Umgangsregelung unterscheiden sich nicht, und in beiden Angebotsformen ist die Zufriedenheit der Betroffenen mit den Interventionen ausgesprochen hoch.

Den geringen Einfluß von Freiwilligkeit oder Verbindlichkeit einer Beratung auf das Ergebnis zeigt auch eine weitere Studie. Beim direkten Vergleich zweier Gruppen mit angeordneter Eheberatung bzw. freiwilliger Teilnahme (Sampel & Seymour 1980) zeigten sich nur minimale Differenzen zwischen den Gruppen. Ein Ergebnis gibt dabei jedoch zu denken: Während in der Gruppe der Freiwilligen die befragten Frauen stärker zur Selbstauseinandersetzung bereit waren und sich stärker in Frage stellten, reagierten Teilnehmerinnen der angeordneten Beratung mit stärker zuschreibendem Verhalten dem Partner gegenüber, das die Selbstauseinandersetzung und Regelung der Konflikte erschwert. Bei den Männern konnten entsprechende Unterschiede nicht festgestellt werden. Hier ist somit die Frage zu stellen und in weiteren Studien zu klären, ob bei angeordneter Mediation eine geringere Selbstauseinandersetzungsbereitschaft bei den Teilnehmern auftritt und möglicherweise langfristige Auswirkungen hat, da eine psychische Konfliktregelung nicht erreicht wurde.

Ein weiterer wesentlicher Unterschied zwischen öffentlichen und privaten oder gerichtsunabhängigen Mediation-Angeboten zeigt sich in der Ausnutzung des Angebotes durch die Klienten. Während öffentliche Mediation-Angebote in sehr großem Umfang genutzt werden – z. T. aufgrund der Verbindlichkeit von Mediation bei Sorgerechtsauseinandersetzungen – weisen freiwillige, private Angebote nur geringe Fallzahlen auf. Über die Hälfte der privaten Anbieter führt weniger als 10 Fälle im Jahr durch, und nur 7% erledigen mehr als 50 Fälle (Pearson, Ring & Milne 1983).

Im Gegensatz dazu wurden z. B. im Finanzjahr 1984/85 in Los Angeles County 5043 Mediation-Fälle von 21 Vollzeit-Mediatoren beraten und in Alameda County, Kalifornien, 1166 Fälle von 18 Vollzeit-Beratern erledigt (Report of the Advisory Panel 1987). Mediatoren in öffentlichen Programmen können somit auf eine deutlich größere Erfahrung zurückblicken, ein Faktor, den Pearson, Thoennes und Vanderkooi (1982) als entscheidend für den Mediation-Erfolg beurteilen. Jedoch muß in diesem Zusammenhang auch die Frage gestellt werden, ob bei entsprechend hohen Fallzahlen (in Kalifornien zwischen 65 und 240 Fällen pro Mediator und Jahr) und sehr kurzen Beratungszeiten im öffentlichen Sektor den betroffenen Eltern ausreichend Gelegenheit zur eigenständigen Regelung ihrer Streitigkeiten gegeben wird.

Während in privaten Mediation-Angeboten der durchschnittliche Fall 6,2 Sitzungen beansprucht (bei 66% der Fälle mit 5 und mehr Sitzungen), werden im öffentlichen Sektor nur 3,4 Sitzungen gebraucht (bei 1/3 der Fälle, die nach 1 bis 2 Sitzungen beendet werden) (Pearson, Ring & Milne 1983). Ein privater Mediator (Elson 1988) gibt seine durchschnittliche Beratungszeit bei erfolgreichen Fällen sogar mit 21 Stunden an, bei Paaren, die ihre Konfliktregelung dann doch durch das Gericht durchführen ließen, lag die Beratungszeit bei durchschnittlich 13 Stunden.

Dagegen wird in Kalifornien 1985 von durchschnittlich 2,5 Stunden pro Fall in Mediation ausgegangen und die Überbelastung und Unterbesetzung der Mediation-Programme beklagt (Report of the Advisory Panel 1987). In einem anderen öffentlichen Mediation-Programm in Essex County, New Jersey, werden durchschnittlich 5 Sitzungen mit über 8 Stunden Zeitaufwand benötigt (New Jersey Report 1988). Es unterscheiden sich also auch die Umsetzungen von Mediation zwischen den unterschiedlichen Familiengerichten und den verschiedenen Staaten. Hier mag auch die unterschiedliche Gewichtung der oben genannten Zielsetzungen durch die jeweiligen Anbieter eine Rolle spielen (s. Report of the Advisory Panel 1987).

Einen wichtigen Hinweis gibt das Ergebnis einer Befragung von Teilnehmern gerichtsgebundener Mediation in drei Gerichtsbezirken: Zwischen 1/4 und 1/3 der Befragten hätten sich mehr Zeit für die Verhandlungen gewünscht. Unterstrichen wird diese Aussage noch dadurch, daß 45% der Befragten sich in den Verhandlungen ärgerlich oder in die Defensive gedrängt fühlten. Im gerichtsunabhängigen Denver Custody Mediation Project wurde eine entsprechende Aussage nur von 15% der Befragten gemacht. (Pearson & Thoennes 1988)

In gerichtsgebundenen Vermittlungsangeboten scheint also der Einigungsdruck durch den Mediator höher, und die zur Verfügung stehende Zeit wird als unzureichend bewertet.

Aussagen über Unterschiede zwischen den verschiedenen Mediation-Programmen sind insgesamt jedoch nur sehr begrenzt möglich. Eine Berücksichtigung der Auswirkungen von Konzept und Durchführung auf das Ergebnis des Verhandelns findet kaum statt. Hier bedarf es dringend weiterer Forschung, insbesondere bezüglich der Hintergrundfaktoren für die erfolgreiche Konfliktregelung und zur Entwicklung entsprechender Programme (s. auch Pkt. 6.2.2.2.1. und 6.2.2.2.2.). Es muß also eher der von Kressel und Deutsch aufgeworfenen Frage nachgegangen werden, wie erfolgreiche Mediation auszusehen habe, als der Frage, ob Gerichtsverfahren oder aber Mediation das effektivere Konfliktregelungsverfahren sei.

6.2.2.1.2. Einigungshäufigkeit bei Mediation im Vergleich zum herkömmlichen Verfahren

Als wichtiger Vorteil des Mediation-Konzeptes im Vergleich zum herkömmlichen juristischen Verfahren zur Regelung der Scheidungsfolgen wurde und wird von allen Vertretern des Mediation-Konzeptes die Förderung einer eigenverantwortlichen Regelung der Scheidung durch die Beteiligten selbst hervorgehoben. Diese Eignung von Verhandlungen unter der Beteiligung eines neutralen Dritten für die Regelung von Konflikten wird in sehr hohen Einigungsraten bei Mediation deutlich. Im Denver Custody Mediation Project kamen 80% der Teilnehmer während oder nach Abschluß der Verhandlungen zu einem eigenständigen Übereinkommen über Sorgerechts- und Umgangsregelungsprobleme (Pearson & Thoennes 1982), und im Rahmen von gerichtsgestützten Mediation-Programmen in Los Angeles, Minneapolis und Connecticut wurden von ca. 40% der Teilnehmer entsprechende Übereinkommen erreicht, weitere 20% – 30% kamen zu teilweisen oder zeitlich begrenzten Übereinkommen (Pearson & Thoennes 1988). Entsprechend berichtet Shattuck (1988), daß 71% der Mediation-Teilnehmer Übereinkommen erreichen und von den verbleibenden 29% letztlich nur 2% auf die gerichtliche Entscheidung angewiesen sind. Vergleichbare Einigungsraten werden auch in anderen Studien berichtet. Nach Kressel und Pruitt (1985) liegen die Einigungsraten für die meisten Mediation-Programme zwischen 40% und 70% (s. auch Proksch 1989a,b).

Anteil eigenständiger Übereinkünfte bei Sorgerechts- und Umgangsregelungsauseinandersetzungen (prozentualer Anteil an der Gruppe):

	Mediation-Teilnehmer	herkömmliches Sorgerechtsverfahren
Margolin 1973	97%	1%
Doyle & Caron 1979	77%	21%
Irving et al. 1979	22%	8%
Irving et al. 1981	70%	–
Pearson & Thoennes 1982	80%	50%
Emery, Wyer 1987	75%	25%
New Jersey Report 1988	50%	–
Report of the Advisory Panel 1987	62%	–

Im Vergleich zu den Übereinkommensraten bei Mediation fällt die Rate eigenständiger Einigungen der Eltern vor dem Gerichtstermin in herkömmlichen Sorgerechts- oder Umgangsregelungsverfahren deutlich geringer aus. Außergerichtliche Vereinbarungen werden dann in höchstens 50% der Fälle von den Eltern erreicht, in vielen Studien ist der Anteil eigenständiger Übereinkommen auch deutlich geringer. Im herkömmlichen Scheidungsverfahren wird die Entscheidung über das Sorgerecht und die Ausgestaltung der Umgangsregelung sehr viel eher dem Richter überlassen, gleichzeitig wird damit die Eigenverantwortlichkeit der Partner für die Beendigung ihrer Beziehung und insbesondere ihre Verantwortung für die Gestaltung der nachehelichen Elternschaft an Dritte abgegeben.

Mediation ist dagegen ein Konfliktregelungsverfahren, das für Um- und Ausgestaltung der familiären Beziehungen nach der Scheidung sehr viel angemessener ist. Dies zeigt sich vor allem in dem deutlich größeren Umfang, in dem ein gemeinsames Sorgerecht verwirklicht wird. Während bei Sorgerechtsauseinandersetzungen im herkömmlichen Gerichtsverfahren gemeinsames Sorgerecht nur in 0% bis 30% der Fälle angestrebt wird, liegt der Anteil bei den Mediation-Teilnehmern zwischen 20% und 88% (berücksichtigt wurden die Studien von Pearson & Thoennes, von Koopman et al. 1984, Emery, Wyer 1987, Report of the Advisory Panel 1987).

Auch die Ausgestaltung der Umgangsregelung bei alleiniger Sorge ist im

Rahmen von Mediation häufig sehr viel großzügiger, während Umgangsregelungen im Rahmen von Mediation in durchschnittlich 6,5 Tagen pro Monat den Kontakt des Nicht-Sorgeberechtigten zum Kind erlauben, reduziert sich die Umgangsregelung auf durchschnittlich 5 Tage im Monat bei gerichtlicher Entscheidung (Pearson & Thoennes 1988). Daneben sind die ausgearbeiteten Übereinkommen umfangreicher und der jeweiligen familiären Situation auch sehr viel eher angemessen (Margolin 1973). Mediation ist somit sehr viel eher als ein Gerichtsverfahren in der Lage, die Konfliktregelung wegzuführen von einer Alles-oder-Nichts-Entscheidung hin zur Kompromißbildung unter der Berücksichtigung aller Beteiligten.

Die hohen Einigungsraten und die günstigen Sorgerechts- und Umgangsregelungen im Rahmen von Mediation sind für sich genommen noch nicht besonders aussagekräftig, vielmehr ist es notwendig, die Einigung in ihrer langfristigen Bedeutung für die beteiligten Familienmitglieder zu untersuchen, um so Aussagen über den Einfluß von Mediation auf Konfliktregelung und Scheidungsverarbeitung machen zu können.

Daneben haben hohe Raten außergerichtlicher Einigung in Scheidungsauseinandersetzungen jedoch auch einen Einfluß auf die Arbeits- und Kostenbelastung der Gerichte.

6.2.2.1.3. Einsparungen durch Mediation: Zeit- und Kostenreduzierung, weniger nachfolgende Gerichtsverfahren

Zu den objektiven Veränderungen durch Mediation, die viele Familiengerichte in den USA zur Einrichtung von Mediation-Programmen veranlaßten, ermittelte Brown (1982), unter Heranziehung diverser unveröffentlichter Studien, eine Reduzierung der Gerichtskosten um 75% bei erfolgreicher Mediation und einen Rückgang der Wiederaufnahme von Sorgerechtsauseinandersetzungen um ein Drittel. Nach Bahr (1981), der verschiedene veröffentlichte und unveröffentlichte Untersuchungen auswertete, konnten die Gerichtskosten von Gerichten mit angeschlossenem Mediation-Angebot gegenüber Gerichten ohne diese Möglichkeit um 10% (in Los Angeles und Toronto) bis 50% (in Minnesota und Australien) gesenkt werden. McIsaac (1981) konnte durch die Verpflichtung zu Vermittlungsgesprächen bei Sorgerechtsauseinandersetzungen im Jahr 1978 Kostenreduzierungen um 175 000 $ bei den Gerichten von Los Angeles feststellen (bei einem Beratungsaufkommen von 747 Fällen) sowie in einer einjährigen Nachuntersuchung von 200 Mediation-Fällen eine Beschränkung erneuter Gerichtsverfahren auf 14%. Aufgrund dieser Erfahrungen wurde Mediation bei Sorgerechts- und Umgangsregelungsstreitigkeiten 1980 in Kalifornien gesetzlich festgeschrieben.

Vergleichbare Einsparungen werden auch in neueren Studien berichtet, so kostet z. B. ein Gerichtstag in Alameda County 9000 $ im Gegensatz zu 561 $ für Mediation (Report of the Advisory Panel 1987).

Es gibt jedoch auch gegenteilige Untersuchungsergebnisse: In Clackamas County, Oregon, liegen die Gerichtskosten für familienrechtliche Auseinandersetzungen pro Fall zwischen 96 $ und 247 $, Mediation für entsprechende Fälle kostet dagegen durchschnittlich 307 $ bis 338 $ (Cohen 1982).

Für die Geschiedenen selbst konnten Pearson und Thoennes (1982a) ebenfalls Kosteneinsparungen feststellen. Im Denver Custody Mediation Project sanken die Rechtsanwaltshonorare von durchschnittlich 2360 $ bei gerichtlicher Klärung auf 1660 $ bei erfolgreicher Mediation. Selbst für Klienten, die keine Einigung durch Mediation erreichten, lagen die Anwaltskosten durchschnittlich noch geringer (2010 $). Ähnliche Kostenersparnisse für die Betroffenen konnten auch bei gerichtsgestützten Mediation-Programmen ermittelt werden (s. Pearson & Thoennes 1988).

Ebenfalls durch Mediation reduziert wird nach Bahr (1981) die Zahl der nach abgeschlossenem Sorgerechtsverfahren erneut aufgenommenen gerichtlichen Auseinandersetzungen. In Minnesota kamen 26% der in traditionellen Verfahren entschiedenen Sorgerechtsfälle innerhalb von zwei Jahren erneut vor Gericht, bei Regelungen mit Hilfe von Mediation wurden nur 10% der Fälle wieder vor Gericht gebracht. Für Wisconsin sind die Zahlen ähnlich, 34.3% der Fälle aus den herkömmlichen Verfahren stehen 10.5% Wiederaufnahmen nach Mediation gegenüber.

Zu vergleichbaren Ergebnissen kommen verschiedene weitere Studien:

Anteil erneuter gerichtlicher Auseinandersetzungen nach abgeschlossenem Sorgerechts- oder Umgangsregelungsverfahren (prozentualer Anteil an der Gesamtgruppe):

	Mediation-Teilnehmer	herkömmliches Sorgerechtsverfahren
Margolin 1973	12%	79%
Doyle & Caron 1979	10%	36%
Irving et al. 1981	10%	–
Pearson & Thoennes 1984 (2 j. Follow-up bei (der erfolgreichen) freiwilliger Mediation)	13%	35%
Pearson & Thoennes 1988 (1 j. Follow-up bei verbindlicher Mediation)	21%	36%

Für die gerichtsunabhängige Mediation im Denver Custody Mediation Project ermittelten Pearson und Thoennes (1984) in einer zweijährigen Nachuntersuchung Wiederaufnahmeraten von nur 13% bei erfolgreicher Mediation. Im Gegensatz dazu erscheinen 35% der Fälle, in denen die Sorgerechts- oder Umgangsregelungsauseinandersetzungen durch das Gericht entschieden wurden, innerhalb der zwei Jahre wieder vor Gericht. Bei der Untersuchung gerichtsgebundener Mediation-Programme (s. Pearson & Thoennes 1988) wurden dagegen Wiederaufnahmeraten innerhalb eines

Jahres von 21% bei erfolgreicher Mediation (6% führten sogar zweimal gerichtliche Auseinandersetzungen), von 31% bei Paaren, die zu keiner Übereinkunft in Mediation kamen, und von 36% bei der Konfliktentscheidung durch das Gericht festgestellt (13% der Gerichtsgruppe verhandelten zwei Probleme vor Gericht). In einer retrospektiven Untersuchung von Sorgerechtsfällen, die 4 bis 5 Jahre zuvor entschieden wurden, ergaben sich für alle Gruppen unabhängig davon, ob Mediation erfolgreich beendet wurde oder nicht oder ob die Entscheidung vom Gericht gefällt wurde, Wiederaufnahmeraten von ca. 25%. Hier stellt sich also die Frage, ob diese ungünstigen Ergebnisse für gerichtsgebundene Mediation-Programme mit der Ausformung des Angebots z. B. sehr kurzer Interventionen und der gerichtlichen Anordnung der Vermittlung zusammenhängen (s. o.). Andere Studien (z. B. Margolin 1973, Doyle & Caron 1979) widersprechen dieser Vermutung.

In diesem Zusammenhang muß jedoch auf ein Problem bei der Datenerhebung hingewiesen werden, das in verschiedenen der vorgestellten Studien zum Tragen kommt. Zum Teil erfolgte die Zuweisung zur Mediation-Gruppe nicht nach Zufallskriterien, sondern durch Überweisung des zuständigen Gerichts. Es ist zu vermuten, daß zum Teil schwierigere Fälle nicht zur Mediation überwiesen, sondern im Rahmen des herkömmlichen Verfahrens erledigt wurden. Diese Vermutung wird durch die Studie von Doyle und Caron (1979) erhärtet, wonach die Gerichte Paare mit einer längeren Geschichte von Sorgerechtsauseinandersetzungen, hohem Konfliktniveau, einer größeren Anzahl von Problemen in Verbindung mit dem Sorgerechtsstreit oder bei Sorgerechtsproblemen nach der Scheidung eher dem herkömmlichen Sorgerechtsverfahren überantworten als zur Mediation überweisen.

Die Ausformung der Mediation-Angebote bedarf also dringend weiterer Analysen. Insgesamt zeigt sich zumindest, daß das Angebot einer eigenständigen Konfliktregelung durch das Verhandeln der beteiligten Expartner keinesfalls zu höheren Wiederaufnahmeraten und damit zu einer schlechteren Regelung der Konflikte führt, als es bei einer Konfliktentscheidung durch das Gericht der Fall ist.

Zur weiteren Einschränkung der dargestellten Ergebnisse sei nochmals auf die Studie von Pearson und Thoennes (1982) hingewiesen, in der festgestellt wird, daß bei nicht erfolgreicher Mediation sowohl der Zeitaufwand als auch die Kosten für die Betroffenen den Aufwand im traditionellen Sorgerechtsverfahren übersteigen. Auch scheint die Gesamt-Arbeitsbelastung der Gerichte nicht reduziert zu werden, da ein größerer Teil der Mediation-Klienten noch kein Gerichtsverfahren eingeleitet hat (Pearson 1983). Außerdem wird das Angebot freiwilliger Mediation von ca. 50% der Scheidungspaare zurückgewiesen (Pearson & Thoennes 1984).

Diese Ergebnisse relativieren somit die oben beschriebenen Einsparungen bei den Gerichtskosten und die Reduzierung wiederaufgenommener Sorgerechtsverfahren. Hierauf weist auch Bahr (1981) bezüglich der von ihm zusammengestellten Ergebnisse hin. Bahr geht jedoch trotzdem von erheblichen Kosteneinsparungen für den US-Haushalt aus, wenn gerichtsgestützte Mediation an allen Gerichten angeboten würde.

Neben diesen objektiv zu ermittelnden Auswirkungen von Mediation sind es vor allem die subjektiven Einschätzungen der Scheidungspaare, die für die außergerichtliche Regelung der Scheidungsfolgen sprechen.

6.2.2.1.4. Mediation und die Einschätzung der Konfliktregelung durch die Betroffenen

Die Zufriedenheit der Befragten mit der Intervention und den erreichten Übereinkommen ist in den meisten Studien zu Mediation außerordentlich hoch. Kressel und Pruitt (1985) gehen davon aus, daß der Anteil zufriedener Teilnehmer von Mediation-Programmen meist größer als 75% ist. Nach Pearson und Thoennes (1982) ist sogar in der Gruppe nicht erfolgreicher Mediation-Teilnehmer die Zufriedenheit mit diesem Angebot so groß, daß 81% der Befragten Mediation weiterempfehlen würden.

Insbesondere im Vergleich mit dem herkömmlichen Rechtssystem erweist sich Mediation in den Einschätzungen der Teilnehmer als überlegen. Die Zufriedenheit der Befragten bei gerichtlicher Entscheidung ist deutlich geringer. 40% bis 60% der Befragten waren mit dem Verfahren der Sorgerechtsregelung und -begutachtung unzufrieden und empfanden es als unfair, und von 50% bis 70% der Befragten (unabhängig von ihrer Teilnahme an Mediation oder am Gerichtsverfahren) wird das Rechtssystem generell als nicht zufriedenstellend bewertet (Pearson & Thoennes 1988).

Als Gründe für die größere Zufriedenheit der Mediation-Teilnehmer sind insbesondere anzunehmen (s. Pearson & Thoennes 1988):

1. der im Gegensatz zum juristischen Verfahren veränderte Rahmen, in dem die Verhandlungen geführt und die Entscheidungen entwickelt werden, größere Privatheit, persönlicheres Angesprochen-Sein, Kontrolle über den Verhandlungsablauf,
2. die Möglichkeit zur Darstellung des eigenen Standpunktes und zum Äußern von Klagen,
3. die Vergrößerung des Verständnisses für die Bedürfnisse der Kinder,
4. die Möglichkeit, ein Verständnis für die Hintergründe des Konflikts zu entwickeln.

Ein Teil der Befragten ist jedoch mit den Mediation-Angeboten auch unzufrieden und bewertet die Auseinandersetzung als unangenehm. 45% der befragten Teilnehmer am Divorce Mediation Research Project fühlten sich durch den Mediator in eine Verteidigungshaltung gedrängt, und 15% der Teilnehmer des Denver Custody Mediation Project meinten außerdem, der Mediator hätte die Auseinandersetzung besser kontrollieren sollen. Daneben wurden Inhalt und Form der Angebote von einem Teil der Benutzer

142

kritisiert. Insbesondere wurden die zu geringe Zeit für den Verhandlungsprozeß und die Unkenntnis über die Ziele von Mediation beanstandet (Pearson & Thoennes 1988). Diese Klagen bei gerichtsgestützten, verbindlichen Mediation-Programmen weisen auf den häufig unzureichenden Zeitrahmen und einen übermäßigen Einigungsdruck in dieser Angebotsform hin. Außerdem wird die Notwendigkeit deutlich, die Zielsetzungen aller an den Verhandlungen Beteiligten abzuklären und auch über Absicht und Verlauf von Mediation ausreichend zu informieren.

Abweichungen von den generell sehr positiven Einschätzungen von Mediation sind auch in einzelnen weiteren Studien zu verzeichnen: So stellen Emery und Wyer (1987) eine größere Zufriedenheit der Mütter mit dem herkömmlichen Verfahren fest, während von den Vätern Mediation bevorzugt wird. Dies Ergebnis läßt vermuten, daß Mütter ihre „Gewinnchancen" im juristischen Verfahren häufig noch als größer einschätzen, während die Väter sich eher Chancen bei Modellen der alternativen Konfliktregelung ausrechnen (s. auch Pkt. 6.2.2.2.3.).

Somit ist weitere Information über die Ziele von Mediation notwendig, um Eltern so von einer „Alles-oder-Nichts-Strategie" bei der Regelung der Scheidungsfolgen wegzuführen, hin zu einer Strategie der gemeinsamen Gewinnmaximierung (s. Pkt. 4.1.), die auch den betroffenen Kindern besser gerecht wird.

In Gegensatz zum Ergebnis von Emery und Wyer waren in einer Studie aus Essex County, New Jersey (New Jersey Report 1988) weniger die Väter als vielmehr die Mütter mit den Verhandlungsergebnissen zufrieden.

Für einen großen Teil der Mediation-Teilnehmer drücken jedoch die folgenden Einschätzungen ihre Erfahrungen aus und zeigen ihr Bemühen um eine gemeinsame Lösung der Konflikte zur Sicherung des Kindeswohls.

Nach der Teilnahme an Mediationssitzungen berichteten die Befragten:

– Sie könnten wieder besser miteinander reden und umgehen und auch den Kindern wieder besser gerecht werden (Pearson & Thoennes 1982).
– Sie könnten die Bedürfnisse ihrer Kinder besser wahrnehmen und ihre Gefühle besser verstehen (Pearson & Thoennes 1988).
– Sie hätten durch Mediation die Möglichkeit erhalten, ihren eigenen Standpunkt auszudrücken sowie die im Hintergrund stehenden Konfliktthemen zu erkennen (Pearson & Thoennes 1988).
– Sie wären mit der Umgangsregelung und ihrer Ausgestaltung zufrieden (Margolin 1973).
– Ihre Lebensqualität hätte sich wieder erhöht (Irving et al. 1979, 1981).
– Mediation hätte positive Effekte auf die Kinder (Angabe der Mütter); Mediation hätte positive Effekte für sie selbst und für die Beziehung zum Expartner (Angabe der Väter) (Emery, Wyer 1987).

Inwieweit diese große Zufriedenheit der Teilnehmer mit Mediation, die ein entscheidender Vorteil dieser Form der Konfliktregelung ist, auch in der Beziehung zu den Kindern, der Beziehung der Expartner zueinander und bei der Verarbeitung von Trennung und Scheidung ihre Entsprechung findet, soll im folgenden untersucht werden.

6.2.2.1.5. Einfluß von Mediation auf die nacheheliche Beziehung zu den Kindern

Als wesentliches Ziel der Mediation von Sorgerechts- und Umgangsregelungskonflikten (wie sie von den gerichtsgebundenen Conciliation Court Services angeboten werden) wird die Sicherung des fortdauernden Kontakts der Kinder zu beiden Elternteilen auch nach der Scheidung herausgestellt. Dies muß jedoch nicht zwangsläufig die Durchführung eines gemeinsamen Sorgerechts beinhalten, vielmehr wird in zunehmendem Maße auf das Recht des Kindes nach Kontakt zu beiden Elternteilen hingewiesen, unabhängig von einem bevorzugten Sorgerechtsmodell (s. Report of the Advisory Panel 1987).

Über den Einfluß einzelner Sorgerechtsmodelle (alleinige Sorge von Mutter oder Vater oder gemeinsame Sorge) auf die psychische Verarbeitung der Scheidung und die weitere Entwicklung des Kindes sind bisher erst recht wenige Untersuchungsergebnisse bekannt. Erste Ergebnisse einer Studie von Wallerstein und Kollegen, die 101 Kinder zwei Jahre nach der Scheidung untersuchten, zeigen, daß gemeinsames Sorgerecht dem Wohl des Kindes nicht besser gerecht wird als andere Sorgerechtsmodelle. Es konnten keine Unterschiede der psychischen Gesundheit der Kinder in Abhängigkeit vom Sorgerecht festgestellt werden. Auch für die Jungen konnte der fortdauernde Kontakt zum Vater nicht die erwarteten positiven Konsequenzen erbringen. In einer Studie von Johnston und anderen zeigte sich das gemeinsame Sorgerecht sogar insbesondere für die Mädchen als verletzender als die alleinige Sorge. Auch für die Scheidungsverarbeitung bei den Vätern konnten die erwarteten positiven Folgen des gemeinsamen Sorgerechts durch ihre weitergehende Einbindung in die Familie in einer Studie von Coysh nicht bestätigt werden (Kolata 1988).

Eine Studie von Steinman (1981) weist darauf hin, daß ein wöchentlicher Wohnungswechsel bei gemeinsamer elterlicher Sorge für die Kinder eine Überforderung bedeuten kann. Ein Drittel der befragten Kindern zeigten in diesem Zusammenhang Überforderungen.

Diese Ergebnisse machen deutlich, daß die Bevorzugung eines Sorgerechtsmodells nur aufgrund seiner strukturellen Bedingungen nicht erfolgreich sein kann. Hier ist es notwendig, in weiteren Studien die Umsetzung der jeweiligen Sorgerechtsmodelle durch die Eltern genau zu klären. So ist sicher ein gemeinsames Sorgerecht, das in der täglichen Praxis nur durch einen erheblichen Druck auf die Kinder umgesetzt wird und möglicherweise auch der Beziehung der Eltern zueinander nicht entspricht (bei z. B. einer weiterhin durch Konflikte sehr eingeschränkten Kooperation), in seinen

Auswirkungen viel schädlicher als eine alleinige Sorge (s. Steinman 1981, Derdeyn & Scott 1984).

Neueste Ergebnisse aus der Bundesrepublik zeigen, daß die Sicherstellung und positive Unterstützung des Kontakts zu beiden Elternteilen für die Kinder von entscheidender Bedeutung ist. Ist der Kontakt zu einem Elternteil (meist zum Vater) nicht mehr möglich, da der Kontakt einseitig abgebrochen wurde oder die Eltern keinen oder nur einen emotional sehr angespannten Kontakt miteinander haben, treten bei vielen Kindern langfristige scheidungsbedingte Störungen auf (Napp-Peters 1988).

Somit ist also eine konstruktive Ausgestaltung der Sorgerechts- und Umgangsregelung durch die Eltern gefordert, wozu auch ein konstruktiver Kontakt der Eltern zueinander und die Kommunikation ohne Fortsetzung der Scheidungskonflikte sichergestellt sein muß.

Hier wollen die Modelle alternativer Konfliktregelung durch Mediation entsprechende Konfliktregelungsmöglichkeiten zur Verfügung stellen.

Bisherige Ergebnisse zeigen jedoch, daß die Wahl der Konfliktregelungsmethode, Entscheidung durch Gericht oder Entwicklung eines Übereinkommens in Mediation, keinen Einfluß auf die Verarbeitung der Scheidung bei den Kindern hat (New Jersey Report 1988, Pearson & Thoennes 1988).

Zwar wird Mediation den Belangen der Kinder nach Einschätzung der Mütter eher gerecht und hat auch weniger negative Auswirkungen auf die Kinder (Emery & Wyer 1987), und Pearson und Thoennes (1984) konnten im Rahmen des Denver Custody Mediation Projects mehr gemeinsames Sorgerecht und großzügigere Umgangsregelungsvereinbarungen bei Mediation-Teilnehmern im Vergleich zur Gruppe mit herkömmlicher Konfliktregelung durch das Gericht feststellen, Erkenntnisse zu den langfristigen Auswirkungen dieser Übereinkommen und Regelungsformen auf die Kinder fehlen jedoch.

Entsprechende Untersuchungen wurden im Rahmen des Divorce Mediation Research Projects (Pearson & Thoennes 1988) in drei Gerichtsbezirken durchgeführt. Hier konnten zwischen Mediation-Teilnehmern und Teilnehmern am Gerichtsverfahren kaum Unterschiede bezüglich der Sorgerechts- und Umgangsregelung festgestellt werden. Auch zwölf Monate nach den Entscheidungen wurden unabhängig von der Art des Zustandekommens der Entscheidungen von 60% der Befragten Zufriedenheit mit dem jeweiligen Kontakt zu den Kindern geäußert, während 40% unzufrieden mit der mit den Kindern verbrachten Zeit waren.

Ebenfalls konnte kein Einfluß der Konfliktregelungsmethode auf die psychische Verarbeitung der Scheidung bei den Kindern festgestellt werden. Wesentlich für den Erfolg der Verarbeitung waren nicht die Intervention, sondern Faktoren der Familiendynamik wie physische Gewalt in der Ehe, Kooperationsfähigkeit der Eltern, das Wissen des Kindes über den Ärger zwischen den Eltern und Rahmenbedingungen wie Alter des Kindes, Veränderungen in der Lebenssituation z. B. durch Umzug, Häufigkeit des Kontakts zum nichtsorgeberechtigten Elternteil. Hier zeigt sich somit, daß kurze Inter-

ventionen, wie sie Mediation von Sorgerechts- und Umgangsregelungsauseinandersetzungen im Rahmen gerichtsgebundener Mediation-Angebote
häufig darstellen, zwar günstige Rahmenbedingungen durch großzügigere
Vereinbarungen und eine teilweise Förderung der Kooperation (s.u.) ermöglichen, jedoch keinen wesentlichen Einfluß auf die Scheidungsverarbeitung
nehmen. Auf einen größeren Zeitraum und auf die Klärung des Konflikts
zwischen den Eltern angelegte Angebote mögen hier zu anderen Ergebnissen führen, wenn so ein weniger konfliktgeladener und offenerer Kontakt
zwischen den Eltern entwickelt werden kann. Hier bedarf es also dringend
weiterer Realisierungen von Scheidungsberatung und Studien darüber (s.
dazu auch Pkt. 6.3.2.).

Einen wichtigen Beitrag zur Verbesserung der Lage der Scheidungskinder
leistet Mediation dennoch: Nach Aussage von 60–90% der Teilnehmer gerichtsgebundener und -unabhängiger Mediation-Angebote versetzen die Interventionen sie in die Lage, ihren Blick stärker auf die Bedürfnisse ihrer
Kinder zu richten.

6.2.2.1.6. Einfluß von Mediation auf die nacheheliche Beziehung zum Partner

Ein weiteres Ziel von Mediation ist die Verbesserung der meist durch Trennung und Scheidung sowie häufig auch durch verletzende Auseinandersetzungen sehr belasteten Beziehung zum Partner. Insbesondere die Verbesserung der Kommunikation und Kooperation und der Abbau des Ärgers zwischen den Partnern ist eine wichtige Voraussetzung dafür, daß eine
gemeinsame, eigenverantwortliche Regelung der Scheidungsfolgen möglich
wird. Einen noch sehr viel größeren Stellenwert erhält diese Entlastung der
Beziehung, wenn gemeinsame Kinder vorhanden sind, denen auch nach der
Scheidung ein möglichst unbelasteter Kontakt zu beiden Eltern gesichert
werden soll.

Nach einer Studie von Kelly et al. (1988) ist u.a. ein wesentlicher Grund
für die freiwillige Teilnahme von Eltern an Mediation deren Wunsch nach
einer weniger verletzenden Alternative zur Regelung ihrer Konflikte im
Vergleich zum Gerichtsverfahren. Mediation wird als Prozeß angesehen, der
die Kontinuität der elterlichen Verantwortung und die längerfristige Kooperation trotz Trennung und Scheidung unterstützt.

Nach den Ergebnissen verschiedener Studien kann dieser Wunsch durch
Mediation als Kurzzeitintervention ohne wesentliche beraterische Anteile
nur in sehr begrenztem Umfang erfüllt werden. Kressel und Pruitt (1985)
betonen, daß Mediation nur für einen Teil der Betroffenen das Nachschei-
dungsklima verbessert. So gaben befragte Männer eine Verbesserung der
Beziehung zur Partnerin nach Mediation an, während dies von den befragten
Frauen nicht entsprechend beurteilt wurde, Mediation konnte nach Ansicht
der Männer mehr Probleme mit der Partnerin beilegen und bedingte weniger

Schwierigkeiten, als es im Gerichtsverfahren der Fall war (Emery & Wyer 1987).

Mehr Verständnis für den Ehepartner und Verbesserungen in der Kommunikation und Interaktion nach Mediation gaben Teilnehmer eines gerichtsungebundenen Mediation-Programmes an (Pearson & Thoennes 1982).

Insbesondere für die nicht erfolgreichen Teilnehmer von Mediation ist kaum eine Verbesserung des Kontaktes zum Partner festzustellen, und nur in wenigen Fällen ist auch Kooperation möglich. Dabei ist nach einem Ergebnis von Kelly et al. (1988) kaum ein Unterschied zwischen erfolgreichen und nicht erfolgreichen Mediation-Teilnehmern vor der Intervention feststellbar hinsichtlich des Konfliktausmaßes und ihrer Kooperationsfähigkeit (im Gegensatz zu Kressel et al. 1980 und Thoennes & Pearson 1985, s. Pkt. 6.2.2.2.1. und 6.2.2.2.2.). Im Rahmen gerichtsungebundener Mediation (Pearson & Thoennes 1982) gaben Befragte dagegen an, nach Mediation mehr Verständnis für den Ehepartner aufzubringen und eine Verbesserung der Kommunikation und Interaktion feststellen zu können. Pearson und Thoennes (1988) stellten in Interviews drei Monate nach dem jeweiligen Erstkontakt fest, daß 40% der Interviewten in gerichtlicher Auseinandersetzung die Intervention als zerstörerisch bewerteten, während dies nur von 15% der Teilnehmer gerichtsgebundener Mediation entsprechend geäußert wurde. Eine Verbesserung der Beziehung zum Partner wurde bei der Konfliktregelung durch das Gericht von 15% der Befragten angegeben, während erfolgreiche Mediation in 30% der Fälle zur Verbesserung beitrug. Konnte kein Übereinkommen erreicht werden, so wurde eine Verbesserung der Beziehung dagegen nur von 7% der Befragten angegeben. In Abschlußinterviews etwa ein Jahr später waren die Verhältnisse ähnlich: 30% der Teilnehmer am juristischen Konfliktregelungsverfahren meinten, daß Kooperation mit dem Expartner möglich sei, erfolgreiche Mediation-Teilnehmer konnten diese Aussage sogar zu 60% bestätigen, während nur 10% der nicht erfolgreichen Mediation-Teilnehmer Kooperationsmöglichkeiten sahen.

Diese Zunahme der Kooperationsfähigkeit der Eltern über die Zeit wird auch in der Studie von Kelly et al. (1988) bestätigt. Sie ermittelten als wesentlich für die Verbesserung des Klimas zwischen den Partnern den Einfluß der verstrichenen Zeit seit der Scheidung. Mediation war im Vergleich zum juristischen Verfahren nur wenig erfolgreicher im Abbau des Ärgers gegenüber dem Partner und in der Förderung ihrer Kooperation. Insbesondere veränderte sich durch Mediation die Wahrnehmung des Partners: Eine realistischere Einschätzung des gegenseitigen Ärgers wurde möglich. Jedoch war die Wahrnehmung des Partners auch schon vor Beginn der Intervention in der Mediation-Gruppe positiver gewesen. Teilnehmer an freiwilliger Mediation schatzten ihre Partner als ehrlicher, fairer, flexibler und verhandlungsbereiter ein, als es bei den Teilnehmern am juristischen Verfahren der Fall war.

Die besten Möglichkeiten zur nachehelichen Kooperation der Eltern hatten Befragte, bei denen das Sorgerecht oder die Umgangsregelung nicht umstritten waren (Pearson & Thoennes 1988).

Diese Ergebnisse deuten (ähnlich wie in der Veränderung der Elternbeziehung zu den Kindern durch Mediation, s. o.) darauf hin, daß für eine Klärung der Partnerbeziehung und ihre Entlastung von Konflikten und Verletzungen, die sich über viele Jahre entwickelt haben, eine Kurzzeitintervention, wie sie insbesondere bei angeordneter Mediation praktiziert wird, kaum ausreichend ist. Zwar können in den Verhandlungen in vielen Fällen Übereinkommen entwickelt werden, und auch die Zufriedenheit der Teilnehmer mit dem Vorgehen ist recht hoch, jedoch kann eine längerfristige Verbesserung der Kooperation der Eltern nicht immer erreicht werden. Eine wichtige Voraussetzung für den Erfolg scheint vor allem in der Wahrnehmung des Partners als nicht böswillig und starr begründet zu liegen. Im Gegensatz zum juristischen Verfahren ist Mediation die geeignetere Form zur Regelung der familiären Konflikte, insbesondere wirkt sie weniger destruktiv.

6.2.2.1.7. Mediation und die psychische Belastung der Betroffenen

Ein weiteres Ziel von Mediation ist die Reduzierung des psychischen Leidens der Betroffenen. Im Gegensatz zum juristischen Verfahren bieten die meisten Mediation-Modelle auch Raum für den Ausdruck von Gefühlen, die mit der Trennung und den Verhandlungsthemen verbunden sind und die entscheidend zur Aufrechterhaltung der Konflikte um die Regelung der Scheidungsfolgen beitragen. Art und Ausmaß, in denen die Gefühle aufgenommen oder bearbeitet werden, ist in den verschiedenen Angeboten sehr unterschiedlich und reicht von der emotionalen Bewertung der Konfliktthemen bis zur therapeutischen Bearbeitung der auftretenden Emotionen im Timeout (s. Pkt. 5.2.2.1.1.).

In empirischen Studien zur Mediation wird die psychische Belastung der Teilnehmer nur selten berücksichtigt, und der Einfluß der Interventionen darauf ebenfalls nur selten untersucht. Insbesondere liegen noch keine Ergebnisse von Langzeitstudien vor, wie sie zur Beurteilung der Scheidungsverarbeitung unumgänglich sind. Entsprechend den Ergebnissen der Defizitforschung (s. Kap. 2) war die psychische Belastung von Teilnehmern an einem freiwilligen Mediation-Angebot bzw. von Befragten im juristischen Scheidungsverfahren nach einer Studie von Kelly et al. (1988) höher als die Belastung einer Normstichprobe der Durchschnittsbevölkerung. Im Vergleich zu einer Patientenstichprobe aus ambulanter psychiatrischer Behandlung war die Belastung der Scheidungsbetroffenen jedoch geringer.

Vor Beginn der Intervention konnten zwischen den Teilnehmern an Mediation und Befragten im juristischen Verfahren keine Unterschiede in der

Ausprägung ihres Ärgers auf den Partner festgestellt werden. Freiwillige Mediation wird also nicht etwa von den Scheidungsbetroffenen zur Konfliktregelung gewählt, die weniger ärgerliche Gefühle auf den Partner haben und deshalb das Verhandeln eher zulassen können. 28% aller Befragten gaben unabhängig von der Intervention einen sehr hohen Grad an Ärger auf den Partner an, und von 30% wurde Ärger in mittlerem Ausmaß geäußert. Dagegen bestanden jedoch deutliche Unterschiede zwischen den Geschlechtern. Insgesamt war das Potential des Ärgers auf den Partner bei den Frauen signifikant größer als bei den Männern. Nach 6 Monaten war bei den befragten Frauen dann jedoch eine deutliche Reduzierung des Ärgers feststellbar, während bei den Männern nur wenige Veränderungen auftraten. Diese festgestellten Veränderungen lassen sich nicht auf die Art der Intervention zurückführen, Mediation war bei der Reduzierung des Ärgers nicht erfolgreicher als das juristische Verfahren.

Unterschiede zwischen der Gruppe der Mediation-Teilnehmer und den Teilnehmern am juristischen Verfahren konnten jedoch bezüglich der Ausprägung von Depression und Schuldgefühlen festgestellt werden. Scheidungsbetroffene, die Mediation zur Konfliktregelung ausgewählt hatten, zeichneten sich durch einen signifikant höheren Grad an Depression und Schuldgefühlen aus als die Befragten im juristischen Verfahren. Zu einem vergleichbaren Ergebnis kamen Emery und Wyer (1987), die bei Frauen in Mediation ebenfalls stärkeres psychisches Leiden feststellten. Daneben sahen die Mediation-Teilnehmer auch ihre Partner als mehr von Streß und Schuldgefühlen belastet an (Kelly et al. 1988).

Die Wahrnehmung der eigenen psychischen Situation (ermittelt über Selbsteinschätzungsskalen) und die Wahrnehmung der psychischen Befindlichkeit des Partners zeichnen sich bei Scheidungsbetroffenen, die an einer einvernehmlichen Konfliktregelung interessiert sind, somit durch deutlich größere Sensibilität aus. Und sie sind sehr viel weniger bereit, als Betroffene in der juristischen Auseinandersetzung, den Partner grundsätzlich abzulehnen. Dies zeigt sich auch in der Einschätzung des Partners als fair und flexibel und in der Förderung der elterlichen Kooperation durch Mediation (Kelly et al. 1988).

Diese verstärkte Wahrnehmung des psychischen Leidens, die auch die Grundlage für eine verbesserte Verarbeitung der Scheidung und Trennung legen kann, bedingt jedoch keine verstärkte Abnahme von Depression, Streß und Schuldgefühlen. Auch ist Mediation als Intervention nicht erfolgreicher im Abbau der psychischen Belastung als das juristische Verfahren. Insgesamt konnten Kelly et al. (1988) jedoch in einer zweiten Messung sechs Monate nach Beginn des juristischen Verfahrens bzw. nach Abschluß von Mediation eine Reduzierung der psychischen Symptome unabhängig von der Intervention feststellen, obwohl die Belastung noch über der einer durchschnittlichen Normstichprobe lag. Als wichtigsten Faktor für diese Reduzierung sehen sie somit nicht die Art der Intervention an, sondern die zwischen den beiden Meßzeitpunkten vergangene Zeit.

Zur Erklärung der geringen Bedeutung von Mediation für die Reduzierung der psychischen Belastung ist vor allem die Form des Angebotes als Kurzzeitintervention zu berücksichtigen, in der der Bearbeitung des emotionalen Hintergrundes kaum Raum bleibt. Auf eine stärkere Auseinandersetzung mit der Beziehung zum Partner und damit auf erste Ansätze zur Verarbeitung weist jedoch ein weiteres Ergebnis hin, nach dem im Verlauf von Mediation die Ambivalenzen gegenüber der Trennung steigen. Diese Ambivalenzen dürfen in den Verhandlungen nicht vernachlässigt werden.

Dagegen ist insbesondere gerichtsgestützte Mediation eine kurze Intervention, bei der auch der Einigungsdruck von Seiten des Mediators hoch ist. So werden Mediation-Sitzungen von 50% der Teilnehmer als spannungsgeladen und unangenehm eingeschätzt, und 45% der Befragten, insbesondere befragte Frauen, fühlten sich durch den Mediator in eine Verteidigungshaltung gedrängt (Pearson & Thoennes 1988). Diese Rahmenbedingungen sind für die emotionale Verarbeitung jedoch wenig förderlich.

Weiterhin ist der Zeitrahmen der durchgeführten Studie zu berücksichtigen. Sechs Monate sind für Aussagen über die langfristigen Prozesse der Scheidungsverarbeitung zu kurz, hier müssen die Ergebnisse der Langzeitstudie abgewartet werden.

Mediation ist somit zwar in der Lage, auf dem Hintergrund der besseren Wahrnehmung von sich selbst und dem Partner die Kooperation zwischen ihnen zu fördern, zu einer Verbesserung der Scheidungsverarbeitung und zum Abbau des psychischen Leidens über eine zeitlich bedingte Abnahme hinaus ist diese kurze Intervention jedoch nicht geeignet. Hier bedarf es weitergehender Angebote (s. Pkt. 5.3. und 6.3.).

6.2.2.2. Grenzen von Mediation

Während wir bisher vor allem die Effektivität von Mediation als Konfliktregelungs*modell* einer Analyse unterzogen und im Vergleich zur herkömmlichen Form der Konfliktregelung – dem Scheidungsprozeß – bewertet haben, soll im folgenden verstärkt der Frage nachgegangen werden, wie eine erfolgreiche Mediation von Scheidungskonflikten auszusehen hat. Dazu gehört es zum einen festzustellen, unter welchen Bedingungen Mediation eine geeignete Form der Konfliktregelung ist und wo sie an ihre Grenzen stößt, zum anderen ist es notwendig, den Mediation-Prozeß näher zu untersuchen, um Bedingungen für ein optimales Angebot zu beschreiben, das nicht nur effektiv ist, sondern auch von den Betroffenen akzeptiert wird.

Die Grenzen von Mediation werden von der „Family Division" des „Connecticut Superior Court" dort gezogen, wo sie das Kindeswohl durch den traditionellen gerichtlichen Weg der Scheidungsfolgenregelung besser gewahrt sehen.

Für Mediation ungeeignet sind (Salius et al. 1978):

A. Fälle, in denen Kinder mißhandelt oder vernachlässigt werden oder dies angeben.
B. Fälle, in denen bereits verschiedene soziale oder psychiatrische Dienste für die Erwachsenen oder Kinder tätig wurden.
C. Fälle, in denen nach dem Scheidungsurteil langanhaltende, erbitterte Konflikte zwischen den Parteien ausgetragen wurden und mehrfache gerichtliche Auseinandersetzungen vorliegen.
D. Fälle, in denen bei mindestens einem der Erwachsenen schwerwiegende psychische Probleme, Gewalttätigkeit, Unberechenbarkeit oder schwerwiegende antisoziale Verhaltensauffälligkeiten vorliegen.
(zit. nach Pearson et al. 1982, S. 27; übersetzt von den Autoren)

Nach diesen Grundsätzen mag von vielen Gerichten bei der Überweisung von Sorgerechts- und Umgangsregelungsfällen an Mediation-Angebote oder Conciliation Courts Services verfahren werden.

Ob in allen diesen Fällen das eigenverantwortliche Verhandeln der Scheidungseltern nicht zum Ziel führt, bedarf einer genaueren wissenschaftlichen Untersuchung. Erste Ergebnisse von Kelly et al. (1988) weisen darauf hin, daß Pathologien zwar für den Verhandlungsverlauf hinderlich sein können und zu erhöhten Abbruchquoten führen, jedoch der erfolgreichen Einigung nicht in jedem Fall im Wege stehen. Keinesfalls sollten hier Grenzen für die Scheidungsberatung mit ihren sehr vielfältigen Möglichkeiten gezogen werden, insbesondere das Angebot therapeutischer Hilfe mag in manchem dieser Fälle sehr notwendig sein. In diesem Sinne wird im Report of the Advisory Panel (1987) die Forderung nach Weiterbildung der Mediatoren bzgl. Interventionsstrategien bei Kindesmißhandlung und Gewalttätigkeit in der Familie aufgestellt, und in Kalifornien wird (nach Shattuck 1988) obligatorische Mediation durchgeführt, unabhängig von der ehelichen Konfliktsituation und der psychischen Befindlichkeit der Teilnehmer.

Eine Frage, die bei der Bewertung von Mediation als günstige Konfliktregelungsmethode meist ausgeklammert wird, ist die Frage danach, unter welchen Bedingungen Vermittlungsgespräche für die Beilegung von Scheidungsauseinandersetzungen oder nachehelichen Auseinandersetzungen besonders nützlich sind und bei welchen Scheidungspaaren andere oder zusätzliche Angebote notwendig sein mögen oder auch die juristische Regelung vorzuziehen ist.

Dieser Frage haben sich Kressel et al. (1980) im Sinne eines familiendynamischen Konzepts angenommen, indem sie vier Konfliktmuster von Scheidungspaaren differenzierten und in Verbindung mit den Ergebnissen des Vermittlungsprozesses setzten. Die Bedeutung insbesondere des Mediator-Verhaltens für das Erreichen einer Scheidungsvereinbarung untersuchten Thoennes und Pearson (1985).

Eine Frage, die insbesondere für die Etablierung von Mediation-Angeboten von Wichtigkeit ist, ist die Frage nach der Akzeptanz von Mediation, einem für die meisten Menschen sehr ungewohnten Konzept der Konfliktregelung, durch Scheidungspaare. So stellte Tomasic (1980) einen merkwürdigen Mangel an spontaner Nachfrage nach Mediation-Services in der Allgemeinheit fest, ganz im Gegensatz zum ausgeprägten Interesse auf Seiten der professionell mit Scheidung Befaßten. Nach Cohen (1980) wird sowohl von privaten Mediatoren als auch aus kostenlosen, an ein Gericht angebundenen Vermittlungsprogrammen mit freiwilliger Mediation-Teilnahme von geringen Fallzahlen berichtet und von Problemen, Klienten für Mediation zu interessieren. Ein Trend zur zunehmenden Akzeptanz von Mediation durch Scheidungspaare in den USA scheint jedoch vorhanden; 1982 gab es über 400 Mediation-Angebote (Pearson, Thoennes & Milne 1982), nach Thoennes und Pearson (1985) gibt es eine dramatische Zunahme in der Benutzung von Mediation-Angeboten zur Beilegung von Scheidungskonflikten. Insbesondere die Einbindung von Mediation in den gerichtlichen Verfahrensablauf und die Anordnung von Mediation durch das Gericht scheint hier ihre Folgen zu zeigen. Die Bereitschaft eines Individuums, ein Mediation-Angebot zu akzeptieren oder es abzulehnen, untersuchten Pearson, Thoennes und Vanderkooi (1982) in ihrer Studie.

6.2.2.2.1. Mediation-Erfolg in Abhängigkeit von Konfliktausmaß und Mediator-Verhalten

Die Einschätzung des Mediator-Verhaltens durch die Teilnehmer sowie die Beurteilung des Konfliktausmaßes ihrer Partnerschaft werden in einer Studie von Thoennes und Pearson (1985) in ihrem Einfluß auf den Erfolg einer Konfliktregelung durch Mediation untersucht.

Dazu wurden von ihnen 271 Personen mit Sorgerechts- und Umgangsregelungsstreitigkeiten, die an Mediation dreier Gerichtsbezirke (Los Angeles Conciliation Court, Superior Court von Hennepin County, Minnesota und Connecticut Superior Court) teilnahmen, befragt. Die Auswahl der Teilnehmer und Überweisung an die gerichtsgestützte Mediation erfolgte durch die Gerichte. Mit den Mediation-Teilnehmern wurde ein Eingangsinterview über bisherige Auseinandersetzungscharakteristika geführt sowie ein zweites Interview drei Monate danach über ihre Erfahrungen mit dem Mediation-Prozeß und den Ergebnissen.

Mit Hilfe des Mediation-Angebotes kamen 38% der Teilnehmer zu endgültigen Regelungen der Sorge- und Umgangsrechtsprobleme, und 25% erreichten ein teilweises Übereinkommen.

Obwohl die Vorhersagefähigkeit der ermittelten Faktoren begrenzt war, insbesondere bezüglich der Vorhersage von nicht erfolgreichen Fällen (kein Abkommen erreicht, keine Bereitschaft, Mediation weiter zu empfehlen), konnten mehrere wichtige Prädiktoren gefunden werden. Das wahrgenommene Mediator-Verhalten scheint dabei von größerer Bedeutung für den

Mediation-Erfolg als die Art der Auseinandersetzung oder die Charakteristika der Betroffenen. Die Förderung der Kommunikation der Partner durch den Mediator und seine Hilfe zur Selbstauseinandersetzung und Selbstklärung der Partner sind die jeweils am höchstens gewichteten Prädiktoren in Diskriminanzanalysen bezüglich der Vorhersage erfolgreicher Regelungen durch Mediation und der Bereitschaft, Mediation weiter zu empfehlen. Die Förderung der Kommunikation durch den Mediator umfaßte dabei u. a., inwieweit der Mediator in der Lage war, den Partnern beim Herausfinden der Problempunkte und ihrer jeweiligen Gefühle zu helfen, ihnen die Chance zu geben, ihren jeweiligen Standpunkt auszudrücken, und die Verhandlungen auf die Bedürfnisse der Kinder auszurichten.

Daneben erwiesen sich die Dauer der Sorgerechts- und Umgangsregelungsauseinandersetzungen, die Intensitätseinschätzung bezüglich dieser Auseinandersetzungen und die Qualität der Beziehung zum Expartner als weitere wichtige Prädiktoren.

Um zu besseren Ergebnissen zu kommen, schlagen Thoennes und Pearson vor, folgende Variablen in zukünftigen Untersuchungen zu berücksichtigen: Die Kommunikationsmuster während der Ehe, den Verhandlungsstil des jeweiligen Rechtsanwaltes und den Zeitdruck, unter dem die Verhandlungen stehen. Außerdem sollte eine Vorauswahl der Mediation-Fälle durch das Gericht vermieden werden.

Das Mediator-Verhalten scheint nach einer qualitativen Analyse von Beobachtungsdaten von 35 Mediation-Fällen, der schriftlichen Darstellung 22 weiterer Fälle sowie von 15 Interviews mit erfolgreichen Mediatoren zum Erreichen von Übereinkommen zwischen den Partnern wesentlich beizutragen (Vanderkooi & Pearson 1983). Mediatoren des „Denver Custody Mediation Projekts" unterschieden sich in ihren Erfolgsquoten erheblich, bei einer Bandbreite zwischen 30% und 80% erfolgreicher Beendigung der Mediation. Als besonders effektiv im Erreichen gemeinsamer Übereinkommen zeigten sich Berater mit strukturierendem Vorgehen, die direktiv und aktiv auftreten, d. h. auch ein hohes Maß an Eingaben in den Prozeß einbringen, und die den Verlauf der Sitzungen unter Kontrolle behalten. Ohne wesentlichen Einfluß scheint dabei der Stil zur Bildung einer Vertrauensatmosphäre zu sein. Von Vanderkooi und Pearson wurden zwei Vorgehensweisen unterschieden, wobei von der einen Gruppe von Mediatoren eine informelle und gleichberechtigte Atmosphäre geschaffen wurde und von der anderen eine geschäftsmäßig aufgabenorientierte. In jedem Fall erwies sich jedoch ein teilweise strukturierendes Vorgehen als sinnvoll, während Unstrukturiertheit dazu neigte, den Mediation-Prozeß zu behindern. Das aktive Verhalten des Beraters sollte jedoch die Beteiligung und Eigenverantwortlichkeit der Parteien nicht beeinträchtigen.

Die in diesen Studien aufgezeigten Grenzen für Mediation scheinen somit vor allem in den Fähigkeiten des Mediators zu liegen, die Kommunikation zwischen den Partnern herzustellen und den Prozeß der Verhandlungen zu lenken. Der Kommunikation, Auseinandersetzung und Verhandlung setzen unterschiedliche Paare auch verschiedene Widerstände entgegen. Mit dieser Frage setzt sich die folgende Studie von Kressel et al. auseinander.

6.2.2.2.2. Mediation-Erfolg in Abhängigkeit von Konfliktmustern des Scheidungspaares

In einer Studie von Kressel et al. (1980) wurde das von O. J. Coogler (1978) entwickelte Vermittlungsangebot der „Structured Mediation", wie es bei der F.M.A. (Family Mediation Association) praktiziert wird, überprüft. Es wurden neun Paare, die an drei bis acht zweistündigen Mediation-Sitzungen teilnahmen, verglichen mit fünf Paaren, die ihre Scheidung im herkömmlichen Gerichtsverfahren regelten. Ergänzt wurden die Gruppen noch durch drei Einzelpersonen, zwei in Mediation und eine im Gerichtsverfahren, die zwar selbst zu Interviews bereit waren, deren Partner jedoch nicht an der Untersuchung teilnahmen. Im Gegensatz zu vielen anderen Studien zur Mediation standen in diesen Fällen nicht nur Sorgerechts- und Umgangsregelungsstreitigkeiten zur Klärung an, sondern u. a. auch Unterhaltszahlungen und Vermögensteilung.

In den Ergebnissen zeigte sich eine starke Differenzierung zwischen Verlassenden und Verlassenen. Eine Gemeinsamkeit des Scheidungsentschlusses bestand zum Zeitpunkt erster ernsthafter Gespräche über die Scheidung nur bei 3 der 14 Paare, zum Zeitpunkt der Gespräche über die Regelung der Scheidungsfolgen, nachdem die Scheidung feststand, charakterisierten sich lediglich bei 5 Paaren beide Partner als gleichmäßig bereit, die Ehe zu beenden.

Im Mediation-Prozeß hatten die Verlassenen, die die Scheidung nicht initiiert hatten, größere Schwierigkeiten, das Vorgehen und die Regeln der „Structured Mediation" voll zu begreifen, als die Verlassenden. In den Verhandlungen nahmen die Verlassenen häufiger extreme und unflexible Positionen ein, zum Teil mit der Begründung, zum Wohle der Kinder zu handeln, und brachten dabei auch ihren Ärger zum Ausdruck, um so Übereinkünfte und damit die endgültige Beendigung der Ehe zu verhindern.

Weiterhin stellten Kressel et al. heraus, daß Paare mit hohem Konfliktniveau, geringen Übereinstimmungen im Scheidungsentschluß, sehr negativem emotionalem Klima und wenig zufriedenstellenden Erfahrungen mit gemeinsamer Eheberatung das herkömmliche Scheidungsverfahren der Mediation vorziehen. Paare, die Mediation vorziehen, haben etwa ein mittleres Konfliktniveau, und vor allem von den Frauen werden das emotionale Klima und die Chancen für ein Übereinkommen positiver gewertet.

Neben diesen Ergebnissen haben Kressel et al. vor allem Zusammenhänge aufgedeckt zwischen unterschiedlichen Beziehungstypen mit bestimmtem Interaktionsverhalten und bestimmten Mustern des Trennungsverlaufs und der Möglichkeit, in Mediation zu Übereinkünften zu kommen. Es werden vier Muster bei Scheidungspaaren unterschieden, zum Teil in Anlehnung an Arbeiten Minuchin's (nach Kressel & Deutsch 1980, S.107ff):

– *Verstricktes Muster:*
(Dem Muster wurden 4 Mediation-Fälle und 3 Nicht-Mediation-Fälle zugeordnet.)
Es ist gekennzeichnet durch hohes Konfliktniveau, große Ambivalenz, ausgeprägte Kommunikation und viele Diskussionen über die Scheidung.
In der Mediation stellten sich Verhandlungen mit diesen Paaren als schwierig und frustrierend heraus, ohne daß eindeutige Hindernisse einer Regelung entgegenstanden. Es zeigte sich vielmehr ein unbewußter Widerstand gegen ein endgültiges Abkommen. Beide Partner waren auch mit dem Übereinkommen unzufrieden. Regelungen bezüglich der Kinder waren besonders schwierig.

– *Autistisches Muster:*
(Dem Muster wurde ein Mediation-Fall und ein Nicht-Mediation-Fall zugeordnet.)
Es ist gekennzeichnet durch Vermeidung offener Konflikte und offener Kommunikation über die Möglichkeit einer Scheidung. Die Ambivalenz ist zumindestens bei einem Partner hoch, wird jedoch nicht ausgetragen.
In der Mediation konnten Übereinkünfte schnell und ohne großes Feilschen, mit nur gelegentlichen emotionalen Ausbrüchen erreicht werden, wobei die Regelung eines Themas jeweils von einem Partner ohne Verhandeln bestimmt wurde. Entsprechend unzufrieden waren die Partner in der Nachscheidungszeit mit dem Übereinkommen.

– *Direktes Konfliktmuster:*
(Dem Muster wurden vier Mediation-Fälle und zwei Nicht-Mediation-Fälle zugeordnet.)
Es ist gekennzeichnet durch ein relativ hohes Niveau offen ausgetragener Konflikte (geringer als im verstrickten Muster), offener Gespräche über eine Scheidungsmöglichkeit und durch eine Ambivalenz, die zu Beginn sehr hoch ist, im Verlauf der Zeit jedoch deutlich absinkt.
In der Mediation konnten nach oberflächlicher Ruhe und Kooperation, gefolgt von offenen Ausbrüchen der Konflikte, gemeinsame Übereinkünfte erreicht werden. Die Nach-Scheidungsphase ergab Unzufriedenheiten mit den Übereinkünften, besonders bezüglich der Finanzen, und Spannungen in der Beziehung zum Expartner. Die nacheheliche Elternschaft wurde dagegen kooperativ gehandhabt.

– *Nicht engagiertes Konfliktmuster:*
(Dem Muster wurden zwei Mediation-Fälle zugeordnet.)
Es ist gekennzeichnet durch ein geringes Maß an Ambivalenz, wenig Intimität und wenig Interesse, ein geringes Konfliktniveau und wenig Gespräche über die Scheidung.
In der Mediation herrscht ein kooperatives Klima trotz gelegentlicher

scharfer Gegensätze und eines gespannten Verhältnisses der Partner. Beide Partner wollen die Ausweitung des Konfliktes durch den Einsatz von Rechtsanwälten vermeiden. Die Verhandlungen sind die schnellsten der gesamten Stichprobe.

Insgesamt zeigt die Studie, daß Mediation, in der eine Klärung des Paarkonfliktes sowie die Auseinandersetzung mit dem Interaktionsstil des Paares nicht das Ziel ist, sondern das Verhandeln konkreter Themen und das Erreichen gemeinsam angestrebter Übereinkünfte angestrebt wird, für die direkten und die nicht-engagierten Konflikttypen zu guten Ergebnissen kommt. Hier können gerechte Übereinkommen entwickelt werden. Im Vergleich zu den Paaren des direkten Konfliktmusters im herkömmlichen Scheidungsverfahren zeigt sich eine Überlegenheit der Regelungen durch Mediation. Die Paare ohne Mediation sind mit der Festlegung durch das Gericht sehr viel unzufriedener und haben auch mehr Konflikte. Insbesondere werden die Kinder zum Brennpunkt der Konflikte. Auch die persönliche Bewältigung der Scheidung und die Aufnahme neuer Partnerschaften ist bei diesen Paaren erschwert.
Weniger erfolgreich ist Mediation dagegen bei den verstrickten und autistischen Mustern.
Die verstrickten Paare kommen aufgrund ihres starken emotionalen Engagements kaum zu tragfähigen Übereinkünften, Auseinandersetzungen gehen auch nach der Scheidung zum Teil mit großer Heftigkeit weiter. Über die Ergebnisse des herkömmlichen Gerichtsprozesses lassen sich für diese Paare keine eindeutigen Aussagen machen. Die große Ambivalenz drückt sich jedoch zum Teil im Verhalten den Anwälten gegenüber aus, sie werden für die Scheidung engagiert, und dann wird alles von den Klienten wieder rückgängig gemacht.
Für autistische Paare scheint Mediation, vor allem bei großer emotionaler Verletzlichkeit, die nicht nach außen getragen wird, ungeeignet, da es zu Übereinkünften führt, die in der Nachscheidungsphase als unbefriedigend empfunden werden. Kann die Ambivalenz und starke emotionale Beteiligung von den Partnern dagegen überwunden werden, so führt auch das herkömmliche Scheidungsverfahren zu guten Ergebnissen.
Für diese Paare in verstrickten oder autistischen Mustern empfehlen Kressel et al. vor der Aufnahme von Verhandlungen noch eine vorgeschaltete Scheidungstherapie zur Veränderung u. a. von Interaktion und Selbstwahrnehmung. Um ungeeignete Paare für Mediation herauszufinden, sollte der Mediation ein diagnostisches Gespräch vorausgehen.

6.2.2.2.3. Akzeptanz von Mediation

Eine Analyse der Faktoren und Gründe, die mit der Annahme oder Ablehnung eines kostenlosen Mediation-Angebotes bei Sorgerechts- und Umgangsregelungsauseinandersetzungen im Zusammenhang stehen, führten

Pearson, Thoennes und Vanderkooi (1982) im Rahmen des Denver Custody Mediation Projekts durch. Dabei wurden die Sozial- und Interview-Daten von 279 Personen, die an Mediation teilgenommen hatten (101 Paare) oder daran interessiert waren, ohne daß der Ehepartner zur Teilnahme bereit war (40 Männer, 36 Frauen) verglichen mit den Ergebnissen aus Telefoninterviews mit 111 Personen (61 Frauen, 50 Männern), die das Mediation-Angebot abgelehnt hatten.

Als vorherrschende Gründe für die Ablehnung von Vermittlungsgesprächen wurden von 44% der Frauen Erklärungen gegeben, die im Zusammenhang mit dem Ex-Ehemann standen. 28% der Frauen mißtrauten dem Expartner oder fürchteten ihn, 16% wollten eine Begegnung vermeiden. Weitere Gründe wie die Überzeugung, daß Mediation nicht funktioniert (18%), und die Investition in das herkömmliche Gerichtsverfahren (21%), sind für die ablehnenden Männer mit 38% und 28% die Hauptgründe ihrer Ablehnung. Daneben war für die Männer noch die Einschätzung, das Gerichtsverfahren gewinnen zu können, von Bedeutung. Im Gegensatz zu den Erwartungen waren Frauen nicht stärker, sondern etwas weniger an Mediation interessiert (69% der Frauen interessiert) als Männer (74% der Männer bereit zur Teilnahme).

Die Analyse der Sozialdaten ergab, daß die Gruppe der Mediation-Akzeptierenden in ihren demographischen Variablen Personen entspricht, die nach Ergebnissen der Innovationsforschung Neuerungen insbesondere der Bildungs- und Familienplanung am schnellsten übernehmen. Mediation wurde von Männern und Frauen mit durchschnittlich höherem Bildungsniveau als dem der Zurückweisenden akzeptiert. Der Berufsstatus interessierter Männer war durchschnittlich höher, die Unterschiede zwischen interessierten und ablehnenden Frauen waren dagegen geringer. Auch das Einkommen der Interessierten war vor und nach der Scheidung höher als das Durchschnittseinkommen der Ablehnenden. Damit scheint die Frage der Akzeptanz von Mediation eine Frage der Innovationsdurchsetzung zu sein.

Pearson et al. fanden jedoch noch weitere Hintergrundfaktoren für Akzeptanz oder Ablehnung von Mediation. Als entscheidender Faktor stellte sich die Überwindung der Ambivalenz in einer gemeinsamen Trennungs- oder Scheidungsentscheidung heraus: Frauen zeigten bei einer gemeinsamen Entscheidung weniger Interesse an Mediation als bei der Einseitigkeit des Trennungsentschlusses, unabhängig davon, von wem die Entscheidung getroffen wurde. Männer waren dagegen eher zur Mediation bereit, wenn die Trennung von der Frau ausging, als bei gemeinsamer oder eigener Entscheidung. Pearson et al. sehen dies Ergebnis als Anzeichen dafür, daß Mediation von vielen Männern und Frauen als Möglichkeit gesehen wird, den Partner von einer Versöhnung zu überzeugen. Für Frauen, die sich als verantwortlich für die Scheidung ansehen, mag Mediation ein Versuch sein, ihre Männer von der Entscheidung zu überzeugen. Hier zeigen sich Motive für die Teilnahme an der Vermittlung, die ohne Klärung dieser Ambivalenzen einem erfolgreichen Abschluß der Verhandlungen entgegenstehen können.

Keinen Einfluß auf die Entscheidung zur Teilnahme hatten dagegen die folgenden Faktoren: Ausmaß der Konflikte und Gewalttätigkeit, psychopathologische Reaktionen, Dauer der Auseinandersetzung, geringe Kooperationsfähigkeit.

Ein weiterer Faktor für die Ablehnung von Mediation ist in der Kommunikationsfähigkeit der Scheidungspaare zu sehen. Bestanden kaum Kommunikationsmöglichkeiten, so wurde Mediation auch eher abgelehnt. 60% der Männer, die Mediation ablehnten, sprachen nicht mit ihren Exgattinnen im Gegensatz zu nur 15% der Männer, die an Mediation interessiert waren. Für die Frauen sind die Unterschiede etwas weniger krass: 43% der Frauen, die Mediation ablehnten, gaben an, daß es keine Gespräche mit den Expartnern gäbe, im Gegensatz zu 11% der Zustimmenden.

Als einer der entscheidenden Gründe für die Befragten, sich für Mediation zu entscheiden, stellte sich der Rat ihres Rechtsanwaltes heraus. Bei Annahme des Mediation-Angebotes hatte bei 68% der Männer und 72% der Frauen der Anwalt zur Teilnahme geraten, in der Gruppe der Ablehnenden hatten nur 32% der Männer und 18% der Frauen diesen Rat erhalten.

Weitere Einflußfaktoren sind in der Einschätzung des Gerichtsverfahrens durch die Betroffenen zu sehen. So waren Frauen, die Mediation wählten, unzufriedener mit dem Rechtssystem, sie beklagten sich über die unpersönliche Behandlung und die Unfähigkeit des Gerichtes, Sorgerechtsauseinandersetzungen beizulegen sowie die Diskriminierung der Männer durch das Gericht; demgegenüber standen bessere Erfahrungen mit therapeutischen Ansätzen. Sie wählten Mediation, obwohl sie ihre Chancen im Gerichtsverfahren als besser einschätzten als die Frauen, die Mediation ablehnten. Dagegen war bei den Männern die Entscheidung zu Verhandlungen verstärkt mit der negativen Einschätzung ihrer Gewinnchancen im herkömmlichen Sorgerechts- und Umgangsregelungsverfahren gekoppelt. Im Gegensatz dazu schätzten die Mediation ablehnenden Männer ihre Gewinnchancen als sehr viel besser ein. Daneben waren an Mediation interessierte Männer stärker mit dem Gericht unzufrieden, glaubten eher an eine Diskriminierung der Männer durch das Gericht und hatten häufiger kleinere Kinder, kein Sorgerecht und größere finanzielle Belastungen. Pearson et al. interpretieren dies Ergebnis so, daß Mediation von Frauen eher aus kooperativen Aspekten gewählt wird, während Männer eher die Verlustmöglichkeit im kompetitiven System zur Grundlage ihrer Entscheidung machen.

Insgesamt ist die Akzeptanz von Mediation entsprechend dieser Studie somit multifaktoriell bedingt. Ein wichtiger Ablehnungsgrund scheint jedoch die Unbekanntheit und Neuheit von Mediation zu sein. Mediation wird eher von Individuen akzeptiert, die bereit sind, Innovationen anzunehmen, insbesondere wenn Meinungsträger, in diesem Fall die Rechtsanwälte, bereit sind, die Innovation zu empfehlen. Zu einem ähnlichen Ergebnis kamen Irving et al. (1979). Hieraus ergibt sich die Notwendigkeit, zur Durchsetzung von Vermittlungskonzepten eine allgemeine Bekanntheit bezüglich dieser Ideen herzustellen, insbesondere bei den Rechtsanwälten und Richtern, deren Unterstützung wesentlich erscheint. Im New Jersey Report (1988) wird dazu der Einsatz von Informationsveranstaltungen für die Scheidungswilligen vorgeschlagen.

Neben diesen Durchsetzungsfaktoren haben jedoch auch Faktoren eine Bedeutung für die Annahme von Mediation, die sich auf die persönlichen Erfahrungen der Betroffenen und ihre Situation im Trennungsprozeß beziehen. So ist die Bereitschaft zur Teilnahme größer, wenn noch eine gewisse Ambivalenz bezüglich des Trennungsbeschlusses zwischen den Partnern besteht und in der Beziehung noch eine gewisse Kommunikationsfähigkeit vorhanden ist. Außerdem bewirkt eine negative Einschätzung des herkömmlichen Gerichtsverfahrens eine positive Einstellung gegenüber Mediation.

6.2.2.2.4. Ergebnisse und neue Fragen

Die Grenzen von Mediation werden in einer Reihe von Studien in den folgenden Punkten gezogen.

Für Mediation ungeeignet oder weniger erfolgreich sind Paare (Zusammenstellung in Anlehnung an Storm et al. 1986, S.283; übersetzt von den Autoren):

1. mit vielen, umkämpften ökonomischen oder kindbezogenen Problemen (Doyle & Caron 1979, Pearson & Thoennes 1982),
2. mit hohem Konfliktniveau und geringer Fähigkeit mindestens eines Partners, sich selbst darzustellen und in Verhandlungen den eigenen Standpunkt zu vertreten (Kressel et al. 1980),
3. die sich nicht zu Kooperation oder Kommunikation mit dem Partner in der Lage sehen (Kressel et al. 1980),
4. mit einem hohen Grad weiterhin bestehender gegenseitiger Bindung und Uneinigkeit über die Trennungsentscheidung (Irving et al. 1979, 1981, Kressel et al. 1980),
5. deren Scheidungsentschluß schon länger feststeht, insbesondere wenn bereits zeitweilige oder abschließende Gerichtsentscheidungen vorliegen (Pearson, Thoennes & Vanderkooi 1982a, Doyle & Caron 1979),
6. an deren Auseinandersetzungen Dritte, z.B. Großeltern, neue Partner oder Freunde, beteiligt sind (Doyle & Caron 1979, Pearson, Thoennes & Vanderkooi 1982a),
7. mit niedrigem Einkommen oder großen finanziellen Belastungen (Doyle & Caron 1979, Kressel et al. 1980, Pearson, Thoennes & Vanderkooi 1982a),
8. deren Rechtsanwälte Mediation ablehnen.
   (Irving et al. 1979, 1981, Pearson & Thoennes 1982)

So bleibt Mediation beschränkt auf Paare mit begrenzten Problemen, mittlerem Konfliktausmaß, ausreichendem Selbstbewußtsein der Partner und einer gewissen Akzeptanz der Scheidung sowie der Fähigkeit zu einem

Mindestmaß an Kommunikation und Kooperation. Dieses scheinen Kandidaten zu sein, die der Hilfe kaum noch bedürfen.

Die Frage danach, welche Hilfen für die übrigen Scheidungspaare besser zur Herstellung von Familien- und Kindeswohl geeignet sind, bedarf der dringenden Untersuchung. Hier weisen Kressel et al. (1980) mit ihrer Aufgliederung der Konfliktmuster von Scheidungspaaren einen ersten Weg. Es wäre z. B. zu klären, ob Paare mit verstrickten oder autistischen Konfliktmustern im Rahmen therapeutischer Angebote besser aufgehoben wären.

Eine weitere Grenze für den Einsatz und Erfolg von Mediation stellt die Bereitschaft von Individuen dar, an Mediation teilzunehmen. Ohne eine Freiwilligkeit der Teilnahme kann auch ein Konzept freiwilliger Mediation nicht zum Erfolg führen. Alternativen sind dann nur gerichtlich angeordnete Beratung oder die obligatorische Mediation von Sorge- und Umgangsrechtsstreitigkeiten.

Bereitschaft zur Teilnahme an Mediation besteht eher bei (nach Pearson et al. 1982):

1. Männern und Frauen mit höherem Bildungsniveau, Berufsstatus und Einkommen,
2. Ambivalenz des Scheidungsentschlusses:
   – bei Frauen unabhängig davon, wer den Entschluß gefaßt hat,
   – bei Männern bei Scheidungsentschluß seitens der Frau,
3. Männern und Frauen bei bestehender Kommunikationsmöglichkeit mit dem Partner,
4. Frauen bei negativer Einschätzung des herkömmlichen Gerichtsverfahrens bezüglich der unpersönlichen Behandlung und der Unfähigkeit des Gerichts in der Beilegung von Sorgerechtsauseinandersetzungen,
5. Männern bei negativer Einschätzung ihrer Gewinnchancen im herkömmlichen Gerichtsverfahren,
6. Männern und Frauen, deren Rechtsanwalt die Teilnahme empfohlen hatte.

Als weitere Frage, die in zukünftigen Untersuchungen ebenso wie bei der Konzeptentwicklung zu stellen ist, ergibt sich die Frage danach, wie betroffene Scheidungspaare anzusprechen sind, damit ihre Teilnahmebereitschaft erhöht werden kann.

6.2.3. Zusammenfassung

Die Regelung der Scheidungsfolgen durch das Gericht auf einen gemeinsamen Vorschlag der betroffenen Partner und Eltern hin ist sicher die häufigste Form der Scheidungsfolgenregelung. Im Konfliktfall bleibt die Regelung jedoch meist noch den Familiengerichten allein überlassen. Scheidungsberatung zur Festlegung von Sorge- und Umgangsrecht hat in der Bundesrepublik Deutschland bisher noch eine sehr geringe Bedeutung. Eine Ausnahme bildet hier die in den Rechtsprozeß eingebundene Hinzuziehung eines psychologischen Gutachters in strittigen Fällen.

Ein Studie zur Bedeutung des psychologischen Gutachters in Sorgerechts- und Umgangsregelungsfällen zeigt, daß die meisten Eltern eine sehr positive Beziehung zum Gutachter entwickeln und ein deutliches Bedürfnis nach beratenden Gesprächen haben. Ein Drittel der Befragten würde sogar die Beratung der Begutachtung vorziehen. Selbst in strittigen Sorgerechtsfällen ist also häufig noch ein Einigungspotential vorhanden, das nur der Unterstützung durch einen neutralen Dritten bedarf. Beratungsmöglichkeiten zur außergerichtlichen Einigung der Eltern sollten somit verstärkt zur Verfügung gestellt werden.

Im Rahmen der psychologischen Begutachtung geschieht dies in zunehmendem Maße durch die systemisch orientierten Gutachter (s. Pkt. 5.2.1.2.). Ein Angebot zu Vermittlungsgesprächen unter Beteiligung eines neutralen Dritten, wie sie in den USA unter dem Begriff Mediation immer stärkere Verbreitung finden, fehlt bei uns noch weitgehend.

Eine Vielzahl von Studien aus den USA zeigt, daß erfolgreiche Mediation, insbesondere bei strittigen Sorgerechts- und Umgangsregelungsfällen, die Gerichtskosten bei Scheidungen senken und die Wiederaufnahme der gerichtlichen Auseinandersetzungen nach dem Scheidungsurteil reduzieren kann. Erhöht wird die Zufriedenheit der Beteiligten, die Verständigung der Expartner miteinander sowie die Möglichkeit, daß beide Eltern den Bedürfnissen der Kinder besser gerecht werden. Die an das Mediation-Konzept geknüpften sehr hohen Erwartungen können jedoch nicht eingelöst werden. Mediation ist nicht das erwartete „Allheilmittel" bei Streitigkeiten im Verlauf einer Scheidung (s. Kressel & Pruitt 1985, Pearson & Thoennes 1988, New Jersey Report 1988). Es ist jedoch auch keine schlechtere Konfliktregelungsstrategie als das herkömmliche Gerichtsverfahren und in vielen Bereichen der familiären Trennungssituation angemessener, was sich u. a. in der hohen Zufriedenheit der Teilnehmer ausdrückt.

Insbesondere ist bei Mediation ein im Vergleich zum herkömmlichen juristischen Sorgerechtsverfahren sehr viel größerer Anteil an eigenständigen Übereinkünften der Eltern zu verzeichnen, und auch ihre Kompromißbereitschaft steigt, sichtbar an dem großen Anteil gemeinsamen Sorgerechts. Mediation führt somit zu außergerichtlichen Vereinbarungen, die im Vergleich zur gerichtlichen Festlegung dem Familienwohl sehr viel angemessener sind u. a. durch detaillierte Umgangsregelungsübereinkommen. Damit wird auch dem Kindeswohl sehr viel eher Rechnung getragen.

Wird das Vermittlungsgespräch jedoch nicht erfolgreich mit einer gemeinsamen Übereinkunft abgeschlossen, so erhöhen sich Zeitaufwand und Kosten für das Scheidungsverfahren erheblich. Die meist sehr positiven Ergebnisse in Studien zur Mediation sind außerdem in ihrer Beurteilung zu relativieren durch eine Praxis der Familiengerichte, wonach häufig nur Paare in Mediation überwiesen werden, die sich nicht durch ein übermäßiges Konfliktpotential auszeichnen. Schwierigere Fälle bleiben damit, außer in Kalifornien, der herkömmlichen Konfliktregelung durch das Gericht überlassen. Ferner wird ein Angebot freiwilliger Mediation nur von der Hälfte der angesprochenen Scheidungspaare akzeptiert. Daneben ist zu vermerken, daß sich auch die Gesamtarbeitsbelastung der Familiengerichte durch Einsatz von Mediation nicht in der erwarteten Weise reduziert.

Diesen deutlichen Einschränkungen der sehr hohen Erwartungen an Mediation durch die objektiven Ergebnisse der Intervention stehen jedoch die subjektiven Einschätzungen der Teilnehmer gegenüber.

Während das gerichtliche Scheidungsverfahren meist als nicht zufriedenstellend und unfair bewertet wird, erfreut sich Mediation dagegen einer sehr positiven Einschätzung durch die Teilnehmer. Meist mehr als 75% der Befragten sind sehr zufrieden mit dem Mediation-Angebot. Insbesondere steigt das Verständnis für die Kinder und für den Partner. Nach Aussagen von Teilnehmern bietet Mediation ferner die Möglichkeit, den eigenen Standpunkt verständlich zu machen. Außerdem wird auch die Selbstauseinandersetzung der Eltern durch die Intervention erhöht. So wird eine wichtige Grundlage zur Förderung des Familienwohls gelegt.

Dieses verstärkte Verständnis der Konfliktsituation schlägt sich nach bisherigen Studien jedoch nicht in einer verbesserten Scheidungsverarbeitung bei den Kindern nieder. Hierauf scheint auch die Wahl eines Sorgerechtsmodells (gemeinsame Sorge oder alleinige Sorge von Vater oder Mutter) kaum Einfluß zu haben. Vielmehr ist zu vermuten, daß die Ausformung und die alltägliche Handhabung von Sorgerecht und Umgangsregelung durch die Eltern von entscheidendem Einfluß ist.

Die hierfür wichtige Verbesserung der Beziehung zum Partner ist durch eine Kurzzeitintervention, wie sie insbesondere bei angeordneter Mediation-Teilnahme durchgeführt wird, nur begrenzt leistbar. Mediation bedingt jedoch auch keine Verschärfung der Probleme. Die gerichtliche Auseinandersetzung wird dagegen durch die Teilnehmer als sehr viel zerstörerischer bewertet. Nach Ergebnissen von Pearson und Thoennes (1988) wurde die Kooperation mit dem Partner ein Jahr nach der Intervention bzw. der Gerichtsentscheidung von erfolgreichen Mediation-Teilnehmern zu 60% als möglich bewertet. Bei nicht erfolgreichem Abschluß von Mediation gaben dagegen nur 10% der Teilnehmer Kooperationsmöglichkeit mit dem Partner an. Wurde die Regelung durch das Gericht vorgenommen, wurde von immerhin noch 30% der Befragten die Kooperation als möglich eingeschätzt. Mediation scheint somit zur Entlastung der Beziehung der Partner nur in begrenztem Umfang in der Lage. Voraussetzung ist die Kompromißbereitschaft der Partner, wenn eine längerfristige Kooperation möglich werden soll.

Auch auf die Scheidungsverarbeitung und die psychische Belastung der Teilnehmer nimmt Mediation trotz Stärkung der Selbstauseinandersetzung kaum Einfluß.

Insgesamt bedarf es somit jedoch auch in diesem schon sehr breit untersuchten Gebiet der Scheidungsberatung noch weiterer Studien. Insbesondere über die längerfristigen Einflüsse von Mediation sind noch zu wenig Daten

162

vorhanden. Auch ist es notwendig, die häufig sehr unterschiedlichen Beratungsformen zu differenzieren, in denen Mediation praktiziert wird, und sie in ihrem Einfluß auf das Ergebnis zu bewerten. Es muß also verstärkt der Frage nachgegangen werden, wie eine erfolgreiche Mediation auszusehen hat.

Verschiedene Ergebnisse hierzu weisen darauf hin, daß es zwischen gerichtlich angeordneter und freiwilliger Mediation kaum Unterschiede bezüglich ihrer Effektivität gibt. Jedoch werden gerichtsgestützte verbindliche Mediation-Angebote in sehr viel höherem Maße durch die Klienten genutzt als private freiwillige Angebote. Damit wird auch die Erfahrung der Mediatoren bei verbindlicher Mediation sehr viel größer, ein Faktor, der als entscheidend für den Mediation-Erfolg anzusehen ist. Ein wesentlicher Nachteil gerichtsgebundener Mediation ist jedoch die zeitliche Begrenzung auf meist nur bis zu drei Sitzungen. Befragte Teilnehmer bemängeln diesen begrenzten Zeitrahmen und einen damit einhergehenden Einigungsdruck von Seiten der Mediatoren immer wieder. Die psychische Auseinandersetzung mit der Trennung und Scheidung und damit auch eine längerfristige Konfliktregelung kann unter diesen Bedingungen kaum erreicht werden. Entsprechend konnte auch bei freiwilliger Mediation eine erhöhte Selbstauseinandersetzungsbereitschaft von Teilnehmerinnen festgestellt werden.

Die sehr enge Anbindung insbesondere von verbindlicher Mediation an das Gericht hat vor allem in Kalifornien zu einer Aufhebung des Charakters von Mediation als Form der außergerichtlichen Konfliktregelung geführt. Mediation setzt sich so der Gefahr aus, zu einer neuen Form der Konfliktregelung durch das Gericht zu werden, speziell wenn Mediatoren auch gleichzeitig Gutachterfunktionen übernehmen, und damit den Betroffenen nicht die Möglichkeit der eigenständigen, außergerichtlichen Konfliktregelung ausreichend nutzbar gemacht wird.

Einen wichtigen Einfluß auf den Erfolg der Konfliktregelung nimmt die Art des Konfliktmusters des Scheidungspaares. Paare mit höherem Konfliktniveau, mehr Streitpunkten, größerer Ambivalenz und geringerer Kommunikationsfähigkeit erreichen Übereinkommen sehr selten. Zwar sinkt auch bei nicht erfolgreichem Abschluß der Mediation die Rate der Wiederaufnahmen von Gerichtsverfahren, die Scheidungskosten und die bis zum Abschluß des Verfahrens benötigte Zeit steigen jedoch und liegen deutlich höher als bei Scheidungen nach herkömmlichem Verfahren. Hier ist die Frage zu stellen, ob zusätzliche oder andere Angebote eher in der Lage sind, diesen Scheidungspaaren zur Beilegung ihrer Konflikte zu verhelfen. So mag ein vorgeschaltetes therapeutisches Angebot zur Klärung der Ambivalenz bei verstrickten Konfliktmustern oder zur Erhöhung der Kommunikationsfähigkeit bei autistischen Konfliktmustern beitragen. Hier ist zusätzliche Forschung gefragt.

Daneben sind weitere Einflußfaktoren auf die erfolgreiche Regelung der Scheidungsfolgen zu berücksichtigen. So bedarf es einer umfangreichen Schulung der Mediatoren, da die Fähigkeit des Mediators, die Kommunikation zwischen den Partnern herzustellen und sie zu Selbstauseinandersetzung und Selbstklärung zu führen, als einer der wichtigsten Faktoren für das Erreichen von Regelungen anzusehen ist. Ein direktives, aktives und strukturierendes Mediator-Verhalten scheint dabei besonders erfolgreich zu sein. Außerdem ist die Einbeziehung der Kinder in die Beratung förderlich. Von entscheidender Bedeutung ist es auch, durch ausreichende Informationen, die Unterstützung der Rechtsanwälte für Mediation-Programme zu erhalten.

Als Ergebnis der Vielzahl von Studien zur Mediation zeichnet sich somit ab:

Mediation ist ein Angebot zur Konfliktregelung, daß in seinen Ergebnissen der Regelung der Scheidungsfolgen durch das Gericht nicht nachsteht, jedoch dem familiären Trennungserleben sehr viel eher gerecht werden kann.

Gerichtlich angeordnete Mediation in gerichtsgebundenen Beratungsstellen ist ähnlich erfolgreich wie freiwillige Mediation, kann die betroffenen Eltern jedoch in sehr viel besserem Maße erreichen. Daneben sind auch Angebote freiwilliger Mediation notwendig, da hier die Auseinandersetzungsbereitschaft der Teilnehmer deutlich größer ist und der psychischen Unterstützung und der psychologischen Beratung und Therapie eher Raum gegeben werden kann.

Für den Erfolg der Regelungsangebote ist zum einen die ausreichende Ausbildung der Mediatoren notwendig, zum anderen bedarf es ergänzender Angebote der Scheidungsberatung, um spezifischen Konfliktmustern mancher Scheidungspaare gerecht zu werden. Insbesondere sind vorgeschobene Angebote zur Ambivalenzklärung notwendig.

Die Erfolgsmöglichkeiten zeitlich sehr begrenzter Vermittlungsgespräche im Rahmen von Mediation sollten jedoch nicht zu überschwenglich beurteilt werden. Insbesondere zur langfristigen Etablierung geeigneter Konfliktregelungsstrategien bei den Eltern bedarf es weiterer begleitender Beratungsangebote.

Zur Förderung der Scheidungsverarbeitung ist ein Verhandlungskonzept wie Mediation nicht ausreichend geeignet. Grundlagen können hierzu zwar gelegt werden, es bedarf jedoch weiterer spezieller Angebote (s.u.).

Als ersten Schritt zur Etablierung der eigenständigen Regelung von Sorgerechts- und Umgangsregelungsproblemen durch die Betroffenen selbst sind die auch in strittigen Fällen häufig geäußerten Einigungs- und Beratungsbedürfnisse der Betroffenen im Rahmen der vorhandenen Möglichkeiten zu nutzen. Hier stehen die psychologischen Gutachter sowie die Jugendämter (s. Pkt. 5.2.1.) durch ihre Einbindung in das Scheidungsverfahren einer besonderen Aufgabe gegenüber.

6.3. Evaluation von Beratungsangeboten zur Scheidungsbewältigung

Das dritte Problemfeld, das in der Scheidungsberatung neben der Ambivalenzklärung und der Regelung der Scheidungsfolgen anzusprechen ist, ist der Bereich der emotionalen und auch der konkret-praktischen Bewältigung der Trennung und Scheidung. Für die Betroffenen selbst, ebenso wie für die mitbetroffenen Kinder, steht nach einer Trennung die Auseinandersetzung mit ihren Gefühlen (u. a. der Trauer, des Verlustes, des Ärgers und der Schuld) einerseits und mit veränderten Lebensumständen und daraus sich ergebenden neuen Anforderungen andererseits an, um eine Neustrukturierung der Familie und Neuorientierung des Einzelnen zu ermöglichen.

Dieser Prozeß wird häufig durch Nachscheidungskonflikte belastet, die insbesondere aus folgenden Gründen entstehen (s. Reich & Bauers 1988):

1. durch die unzureichende Verarbeitung der Scheidungsursachen: Die Ehekonflikte sind zwischen den Partnern noch ungeklärt und bewirken immer wieder heftige Enttäuschungen und Kränkungen, die sich oft als Schuldzuweisungen äußern oder über die Kinder ausagiert werden;
2. durch die Scheidung selbst: Das emotionale Erleben der Trennung ist noch nicht ausreichend verarbeitet und äußert sich beispielsweise in depressiven Reaktionen und Ängsten;
3. durch die mit der Scheidung verbundenen Folgen und Veränderungen: Den veränderten Anforderungen an die Teilfamilie oder den Geschiedenen stehen nur ungenügende Bewältigungsstrategien gegenüber, und notwendige Informationen fehlen, mögliche Reaktionen sind Ängste und Gefühle der Überforderung bei den Betroffenen und ihre zunehmende soziale Isolation sowie übermäßige Belastungen der Kinder in der veränderten Familienstruktur.

Beratungsangebote zur Scheidungsbewältigung wollen diesen Entwicklungen, die die Verarbeitung der Trennung und Scheidung erschweren und sich möglicherweise langfristig in psychischen oder psychosomatischen Beeinträchtigungen der Erwachsenen oder der Kinder äußern (s. u. a. Hetherington et al. 1981, Wallerstein & Kelly 1980, Fthenakis et al. 1982, Bojanovsky 1983, Napp-Peters 1988 und Kap. 2), vorbeugen. Hiervon abzugrenzen sind herkömmliche psychotherapeutische Angebote zur Bearbeitung entstandener Beeinträchtigungen, die nicht explizit zur Bewältigung von Trennung und Scheidung entwickelt wurden und auch nicht in erster Linie präventive Zielsetzungen verfolgen. Auf diese Konzepte und Angebote werden wir nicht näher eingehen.

Die Zielsetzung präventiver Angebote der Scheidungsberatung besteht dagegen vor allem darin, die Betroffenen zu einem möglichst für alle Beteiligten, insbesondere auch für die Kinder, günstigen Umgehen mit der Trennungserfahrung und der veränderten Lebenssituation in die Lage zu versetzen. Erreicht werden soll dieses Ziel in den verschiedene Ansätzen durch unterschiedlichste Angebote und Herangehensweisen.

Dabei sind drei Schwerpunkte in der Angebotsvielfalt auszumachen:

1. *Angebote für den getrenntlebenden oder geschiedenen Erwachsenen:*
Die meist als Gruppenseminare unterschiedlicher Dauer konzipierten Programme wenden sich an die getrennt lebende oder geschiedene Einzelperson und bieten Unterstützung durch:
– Vermittlung von Informationen zur Scheidung und zu den emotionalen und sozialen Folgen sowie zu den Reaktionen der Kinder,
– Training spezieller Fertigkeiten wie des Kommunikationsverhaltens und der Empathiefähigkeit,
– Therapeutische Aufarbeitung der Trennungserfahrung, insbesondere Unterstützung des Trauerprozesses und Bearbeitung depressiver Reaktionen und entstandener Ängste,
– Kombination der genannten Teile in einem umfassenden Gruppenprogramm zur Scheidungsverarbeitung.

2. *Angebote für die gesamte Scheidungsfamilie:*
In einem meist familientherapeutisch-orientierten Angebot besteht bei Teilnahme der gesamten Familie die Möglichkeit, zum einen die weiterbestehenden Ehekonflikte zu bearbeiten und so Wachstum und Neuorientierung der Familienmitglieder zu ermöglichen und zum anderen durch Wiederaufbau der Generationsgrenzen die Kinder zu entlasten.

3. *Angebote für Scheidungskinder:*
In präventiven Gruppenangeboten erhalten von der elterlichen Scheidung mitbetroffene Kinder Unterstützung bei der Auseinandersetzung mit ihren Gefühlen, und sie haben die Möglichkeit zur emotionalen Entlastung, die in der Familie häufig nicht gegeben ist, daneben werden ihnen angemessene Konfliktlösestrategien vermittelt.

Empirische Studien zur Evaluation dieser Beratungsangebote werden im folgenden vorgestellt. Insbesondere Gruppenangebote zur Scheidungsbewältigung für die Erwachsenen und schulbezogene Förderungsprogramme für die Scheidungskinder sind neben den speziellen Angeboten zur Regelung der Scheidungsfolgen durch Mediation die am häufigsten empirisch überprüften Konzepte der Scheidungsberatung.

6.3.1. Scheidungsbewältigungsangebote für den Einzelnen

Beratungsangebote zur Bewältigung von Trennung und Scheidung und zur Entwicklung neuer Lebensperspektiven richten sich meist an den Einzelnen. Eine gemeinsame Aufarbeitung der in der Regel als „gescheitert" bewerteten Partnerschaft und die psychische Scheidung als gemeinsamer Prozeß ist nur für wenige Berater und auch nur für wenige Betroffene selbst denkbar (s. Familientherapie mit Scheidungsfamilien, Pkt. 5.3.2. und 6.3.2).

Häufig wird eine gemeinsame Fortführung der Scheidungstherapie mit beiden Partnern nach dem Entschluß zur Trennung von den Beratern als Hindernis bei der konsequenten Umsetzung des Entschlusses bewertet, und die Förderung von Ambivalenzen wird befürchtet (s. Kressel & Deutsch 1977). Zur Bewältigung von Nachscheidungsproblemen wird so die Entwicklung der Geschiedenen zu unabhängigen und eigenständigen Personen in den Vordergrund gestellt, und Angebote werden für das Individuum und nicht für das Paar oder die Familie konzipiert (s. Storm & Sprenkle 1982). Dieses Vorgehen bildet einen deutlichen Gegensatz zu Konzepten zur Regelung der Scheidungsfolgen durch Mediation, deren zentrales Ziel in der Förderung gemeinsamer Verhandlungen des Scheidungspaares besteht (s. Pkt. 5.2.2. und 6.2.2.). Auch von den Betroffenen selbst wird, nachdem eine Entscheidung zur Trennung gefallen ist, das getrennte Beratungsangebot vorgezogen.

Die Förderung individueller Scheidungsbewältigung setzt nun an sehr unterschiedlichen Bedürfnissen und Fragestellungen an. Es werden wichtige Informationen vermittelt, spezielle Fähigkeiten wie das Kommunikationsverhalten gefördert oder die psychische Verarbeitung der Trennungserfahrung unterstützt. Gemeinsam ist diesen verschiedenen Ansätzen jedoch die Erwartung, durch spezifische Interventionen auch die allgemeine Verarbeitung von Trennung und Scheidung zu fördern.

Meist wird als Angebotsform das Gruppenseminar gewählt. Die Scheidungsgruppe weist gegenüber der Einzelberatung verschiedene Vorteile auf: Gruppenangebote sind für mehr Menschen zugänglich, sie sind meist kostengünstiger als Einzelberatungen. Vor allem bieten Gruppenangebote jedoch die Unterstützung durch den Kontakt zu ebenso betroffenen Teilnehmern, so kann ein wichtiges Nachscheidungsproblem – die soziale Isolation – abgebaut werden, und die Erfahrung von Trennung und von Nachscheidungskonflikten als individuelles Problem wird relativiert. Daneben wird in einer Gruppe die Auseinandersetzung mit Selbst- und Fremdwahrnehmung gefördert, und individuelle Entwicklungen werden durch die Gruppendynamik unterstützt, Aspekte, die den häufig sehr ausgeprägten Verunsicherungen nach Trennungserfahrungen entgegenwirken.

Gruppenangebote zur Scheidungsbewältigung sind jedoch nicht für alle Betroffenen gleich gut geeignet. Nach Henry (1981) ist es für eine erfolgreiche Beendigung des Bewältigungsprogramms notwendig, daß die Teilnehmer Schock und Verleugnung nach der Trennung bereits überwunden haben und sich in der Phase der Trauer befinden. Salts (1983) fand bei der Analyse der Daten von Therapieabbrechern, daß diese durchschnittlich länger getrennt lebten (durchschnittlich 17 Monate), häufiger Kinder und auch sehr niedrige Einkommen hatten. Salts vermutet, daß in einem Scheidungsseminar mit dem Ziel der Förderung des persönlichen Wachstums die überlebensnotwendigen Fragestellungen dieser Teilnehmer nicht ausreichend berücksichtigt werden. Es scheint somit ein weiteres Mal als notwendig, den unterschiedlichen Bedürfnissen und auch den verschiedenen Phasen des Trennungsprozesses in der Ausgestaltung der Angebote ausreichend Rechnung zu tragen. Insbesondere sind die Bedürfnisse nach praktischer Beratung und Unterstütztung stärker in Betracht zu ziehen (s. Pkt. 6.3.1.4.).

Eine Alternative zum Gruppenangebot stellt die Einzelberatung dar. Sieht man jedoch von umfassenderen psychotherapeutischen Behandlungen ab, so wird zu Nachscheidungsproblemen zwar sehr viel Einzelberatung geleistet, strukturierte, speziell auf die Bewältigung von Trennung und Scheidung ausgerichtete Beratungskonzepte gibt es jedoch vor allem als Gruppenangebote. Auch die empirischen Überprüfungen von Beratungskonzepten beschränken sich auf Gruppenprogramme. Deshalb konzentrieren auch wir uns im folgenden auf die strukturierten Gruppenangebote.

In diesem Zusammenhang sei auch noch auf das Ergebnis einer Studie hingewiesen, wonach bzgl. der Förderung der Scheidungsverarbeitung keine signifikanten Unterschiede zwischen einem strukturierten Gruppenprogramm und strukturierten Einzelberatungen festgestellt werden konnte (Farenhorst 1982).

6.3.1.1. Informationsprogramme zur Scheidungsbewältigung

Das Angebot von Informationsprogrammen zur Scheidungsbewältigung trägt einem wesentlichen Bedürfnis Betroffener im Verlauf von Trennung und Scheidung Rechnung, dem Bedürfnis nach Informationen über die Bewältigung der unbekannten Situation Trennung. Schwerpunkte dieser Konzepte liegen zum einen in der Vermittlung von Informationen zur emotionalen Verarbeitung des Trennungsprozesses (z. B. über die Stadien des Trauerprozesses und die emotionalen Reaktionen auf die Trennung) und zu veränderten Rollenanforderungen und Lebensumständen sowie zu Wegen der Neuorientierung, zum anderen werden Eltern über Reaktionsweisen ihrer Kinder informiert, und ihnen werden Hinweise auf günstiges Verhalten gegeben.

Diese Informationsprogramme sind als Alternative zu Scheidungsbewältigungsgruppen mit therapeutisch-trainingsorientiertem Schwerpunkt und zu Selbsthilfeangeboten in der Nachscheidungsphase (z. B. Gruppen Alleinerziehender und Gruppen nicht-sorgeberechtigter Elternteile) zu verstehen. Sie unterscheiden sich in ihren Zielsetzungen auch von den oben beschriebenen Informationsprogrammen vor der Scheidung (s. Pkt. 5.1.3. und 6.1.3.), die, neben Informationen zur Scheidungsbewältigung, vor allem günstige Bedingungen für die insbesondere den Kindern angemessene Regelung der Scheidungsfolgen und die möglichst konfliktfreie Gestaltung des Trennungsverlaufs schaffen wollen und außerdem über die rechtliche Seite von Trennung und Scheidung informieren.

Gemeinsam ist allen diesen Informationsprogrammen die Struktur des Angebots: Ein einführender Vortrag zum jeweiligen Thema wird mit einer anschließenden Gruppendiskussion kombiniert. Der Umfang der Veranstaltungen variiert jedoch sehr stark, z. T. bleibt das Angebot auf ein einmaliges mehrstündiges Treffen beschränkt, z. T. umfassen die Programme jedoch auch mehrere Sitzungen in wöchentlichem Abstand.

Allgemein werden entsprechende Informationsveranstaltungen durch die Teilnehmer sehr positiv bewertet (s. Young 1978, Sobota & Cappas 1979). Neben dieser Zufriedenheitseinschätzung stellt sich jedoch vor allem auch die Frage nach der Auswirkung von Informationsprogrammen auf die Scheidungsverarbeitung von Teilnehmern. Hierzu gibt die Studie von Sobota und Cappas (1979) erste Antworten.

Befragt wurden in zwei unabhängigen Untersuchungsstichproben insgesamt 39 Teilnehmer eines schon häufig durchgeführten Vortragsprogramms der „Michigan Inter-Professional Association on Marriage, Divorce, and the Family" in der Region Detroit. Das Programm umfaßte vier Sitzungen in wöchentlichem Abstand mit Unterrichtung u. a. über Themen wie die psychosoziale Entwicklung, die Gefühle in Zusammenhang mit der Scheidung, den Trauerprozeß, die Auswirkungen auf die Kinder, dem eigenen Leben mit neuen Kontakten, Wiederheirat und Alleinleben.

Ziel der Untersuchung war es, im Pre-Post-Test-Vergleich Einstellungsänderungen der Teilnehmer gegenüber 15 scheidungsrelevanten Konzepten (wie u. a. das Selbst, die Trennung, der Expartner, die Zukunft) zu ermitteln. Die Einschätzungen wurden mit Hilfe eines Semantischen Differential bzgl. der Dimensionen Bewertung (z. B. gut – schlecht), Stärke (z. B. stark – schwach) und Aktivität (z. B. aktiv – passiv) erhoben.

Die Resultate der Studie stützen die Hypothese, daß Informationsprogramme auch über die reine Vermittlung von Kenntnissen hinaus Auswirkungen auf die Scheidungsverarbeitung der Teilnehmer nimmt. Beim Vergleich der Ergebnisse zweier unabhängiger Stichproben (n_1= 26, n_2= 13) wurden von den signifikanten Veränderungen der ersten Stichprobe (in 10 Konzepten) in der zweiten Stichprobe die folgenden 7 Konzepte repliziert: Signifikante Einstellungsänderungen zeigten sich in einer positiveren und stärkeren Einschätzung des Selbst, einer positiveren Bewertung der Begriffe Trennung, Scheidung und Gegenwart, einer negativeren Bewertung des Begriffs Expartner sowie einer höheren Bewertung des Begriffs Kinder auf der Dimension Stärke. Darüber hinaus wurden noch weitere nicht replizierte Einstellungsänderungen in beiden Stichproben festgestellt. Insgesamt zeigten sich die Veränderungen nach der Intervention besonders auf der Dimension Bewertung und z. T. bzgl. der Einschätzung der Stärke von Begriffen.

Die Möglichkcit zur Interpretation der Ergebnisse über die reine Feststellung der Einstellungsänderung hinaus ist begrenzt. Zwar deuten sich inhaltliche Interpretationsmöglichkeiten an, aufgrund des Untersuchungsinstruments, der wenig einheitlichen Ergcbnisse sowie der sehr kleinen Stichproben und der sehr unterschiedlichen Geschlechterverteilung (Stichprobe 1: 77% Frauen, Stichprobe 2: 62% Männer) erscheinen diese jedoch unzweckmäßig. Insbesondere Hintergründe der Einstellungsänderung sowie die längerfristigen Auswirkungen vor allem in der konkreten Umsetzung sind nicht bekannt. Hier bedarf es weiterer Studien und auch des Einsatzes anderer oder zusätzlicher Untersuchungsinstrumente. Sinnvoll ist z.B. der Einsatz von Persönlichkeitstests und Scheidungsverarbeitungsskalen (s. unten, Pkt. 6.3.1.2. und 6.3.1.3.) zur Beurteilung von Veränderungen im persönlichen Umgehen mit der Trennung.

Die Hypothese, daß Informationsveranstaltungen über die reine Informationsvermittlung hinaus Veränderungen fördern, die für eine günstige Scheidungsverarbeitung relevant sind, wird auch durch eine weitere Studie gestützt. In diesem Falle konnten Veränderungen in der Wahrnehmung bzw. im Handeln von Eltern bzgl. ihrer Kinder festgestellt werden.

Rugel und Sieracki (1981) befragten Teilnehmer eines achtwöchigen Workshops für alleinerziehende Eltern. In den dreistündigen Sitzungen wurde zum einen über allgemeine Themen informiert wie über die Prinzipien der Verhaltensänderung, die Entwicklungsphasen von Kindern und die Möglichkeiten zur Verbesserung der Eltern-Kind-Kommunikation, zum anderen standen scheidungsspezifische Themen im Mittelpunkt wie die Konflikte der Kinder bei der Trennung der Eltern und konkrete staatliche Hilfen für Alleinerziehende.

Ziel des Informationsprogramms war es, durch eine Intervention bei den Eltern scheidungsbedingte Probleme der Kinder zu lindern.

In ihrer Studie befragten Rugel und Sieracki 27 von 70 teilnehmenden Eltern, die sich für eine Befragung freiwillig zur Verfügung gestellt hatten. Aus einer Warte-Kontrollgruppe waren 26 Eltern zur Teilnahme an der Untersuchung bereit. In den Befragungen bei Beginn und nach Abschluß der Intervention wurden die Eltern gebeten, das Verhalten des von der Trennung am stärksten betroffenen Kindes mit Hilfe der „Burks Child Behavior Rating Scale (einer Skala zur Einschätzung von pathologischem Verhalten bei Kindern) zu beschreiben.

Als Ergebnis der Befragung zeigten sich in beiden Gruppen für die meisten Bereiche eine Reduzierung der wahrgenommenen Beeinträchtigungen der Kinder, ein Ergebnis, das auf eine geringe Test-Retest-Stabilität der Skalen hindeuten mag, möglicherweise aber auch auf einen Zeiteffekt zurückzuführen ist (ein Ergebnis im Zusammenhang mit der Scheidungsverarbeitung, auf das auch Kelly et al. (1988, s. Pkt. 6.2.2.1.7.) und Salts & Zongker 1983 hinweisen).

Signifikante Veränderungen, die sich auf die Intervention zurückführen lassen, ergaben sich jedoch nur in der Wahrnehmung der Eltern bzgl. neurotischer Charakterzüge ihrer Kinder. Insbesondere wurde das Ausmaß der Ängste der Kinder als deutlich verringert wahrgenommen. Keine Einflüsse konnten dagegen auf Verhaltensauffälligkeiten wie Unreife und Aggressivität der Kinder festgestellt werden.

Inwieweit diese Ergebnisse wirkliche Veränderungen im Verhalten der Kinder beschreiben oder das Informationsprogramm nur Ängste der Eltern abbaut ist nicht zu ermitteln. Hierfür ist das Design der Studie, in der das kindliche Verhalten nicht direkt erfaßt wird, ungeeignet. Ergebnisse von Stolberg und Garrison (1985) lassen jedoch vermuten, daß eine Intervention bei den alleinerziehenden Eltern die Scheidungsbewältigung der Kinder nicht direkt fördert. Unter beiden Bedingungen ist jedoch von einer Entlastung der Eltern-Kind-Beziehung auszugehen. Entweder können Eltern nach der Informationsvermittlung das scheidungsbedingte kindliche Verhalten angemessener einschätzen und werden sich dann auch in ihrem Verhalten und ihren Erwartungen besser auf die Kinder einstellen, oder die achtwöchige Intervention hat direkte Verhaltenskonsequenzen bei den Kindern, in jedem Fall wird die Scheidungsverarbeitung in der Restfamilie gefördert. Über längerfristige Auswirkungen der Intervention liegen leider keine Aussagen vor.

Insgesamt zeigen die Studien, auch wenn sehr viele Fragen offen bleiben, daß Informationsprogramme, über die reine Informationsvermittlung hinaus, auch einen wichtigen Beitrag zur Förderung der Scheidungsverarbeitung leisten können. Dabei ist zu berücksichtigen, daß diese Angebote von sehr viel mehr Betroffenen akzeptiert werden als stärker therapeutisch orientierte Programme.

6.3.1.2. Kommunikationstraining und Information

Gruppenprogramme für Geschiedene, in denen die Informationvermittlung mit einem Training kommunikativer Fähigkeiten gekoppelt wird, wollen insbesondere die Bewältigungs- und Kommunikationsstrategien der Teilnehmer der durch Trennung und Scheidung veränderten sozialen Situation anpassen. Wichtigstes Ziel des Kommunikationstrainings ist es, die durch die Trennung meist gestörte Kontinuität der sozialen Beziehungs- und Unterstützungssysteme der Scheidungsbetroffenen wieder herzustellen oder die Teilnehmer in die Lage zu versetzen, einen neuen Freundeskreis aufzubauen. So soll der sozialen Isolation der Betroffenen entgegengewirkt werden und die zur Verarbeitung der Trennungskrise notwendige Verfügbarkeit guter sozialer Unterstützung gefördert werden.

Als weiteres Ziel wird in Kommunikationstrainingsprogrammen die Förderung des Selbstwertgefühls der Teilnehmer angestrebt. Thiessen et al. (1980) betrachten das Selbstwertgefühl als die zweite wichtige Größe, die Einfluß auf die Scheidungsverarbeitung nimmt.

Insgesamt scheinen Kommunikationstrainingsgruppen, wie das von Thiessen et al. (1980) empirisch überprüfte fünfzehnstündige Kommunikationstraining mit 13 getrenntlebenden Frauen, in der Lage zu sein, die Auseinandersetzung der Teilnehmerinnen mit der Scheidungserfahrung zu fördern. Die globale Einschätzung der Scheidungsverarbeitung zeigte in der Interventionsgruppe eine signifikante Steigerung. Auch erhöhte die Gruppenerfahrung die Fähigkeit der Teilnehmerinnen, auf andere Personen einzugehen (Erhöhung der Empathie-Fähigkeit). Auf die Nutzung ihres eigenen sozialen

Stützsystems scheint die Erfahrung jedoch kaum Einfluß zu haben, denn weder die Wahrnehmung sozialer Unterstützung noch die Selbstdarstellungsfähigkeit stiegen signifikant an. Ein Follow-up (Goethal et al. 1983), erhoben einen Monat nach Ende einer vergleichbaren Intervention, bestätigte diese Feststellungen. Diese der eigentlichen Zielsetzung des Programms widersprechenden Ergebnisse werden jedoch in einer dritten Studie relativiert. In diesem Zusammenhang ist ferner zu überlegen, ob Auswirkungen auf das soziale Verhalten der Befragten nicht erst in einem viel größeren Zeitrahmen feststellbar sind. Ein Zeitabstand von einem Monat zwischen Intervention und Befragung ist sicher höchst unzureichend.

Eine Veränderung der Selbstwahrnehmung der Teilnehmerinnen und ihrer psychischen Situation, wie sie über die Messung des Selbstwertes ermittelt werden soll, ist ebenfalls in beiden Studien kaum feststellbar. Hier ist zu vermuten, daß ein reines Kommunikationstraining für die Aufarbeitung der emotionalen Reaktionen auf die Scheidung ein unzureichendes Mittel sein mag. Bessere Ergebnisse zeigen dort Scheidungsbewältigungsprogramme, die die emotionale Situation von Geschiedenen explizit zum Thema machen (s. Pkt. 6.3.1.3.).

In einer weiteren Studie (Avery & Thiessen 1982) wurden die speziellen Auswirkungen eines vergleichbaren Kommunikationstrainings auf die Fähigkeiten der Teilnehmer im Umgang mit sozialer Unterstützung untersucht. Im Gegensatz zu den obigen Untersuchungen nahmen an diesem Angebot auch betroffene Männer teil.

Die Experimentalgruppe bestand aus 5 getrenntlebenden Männern und 8 getrenntlebenden Frauen, die Kontrollgruppe aus 5 Männern und 9 Frauen.

In dieser Studie konnte in der Interventionsgruppe eine signifikante Zunahme des Grades wahrgenommener sozialer Unterstützung festgestellt werden. So konnten Teilnehmer hier also in die Lage versetzt werden, sich auf Stützungsangebote einzulassen und somit eher Hilfen z. B. des Freundeskreises wahrzunehmen und zu akzeptieren. In der Fähigkeit, sich selbst zu öffnen und damit auch ihre Hilfsbedürftigkeit anderen mitzuteilen sowie in der Empathie-Fähigkeit wurden die Frauen deutlich stärker gefördert als die Männer.

Männer sind somit, trotz eines Trainingsprogramms, sehr viel weniger in der Lage, sich die für sie notwendige Unterstützung in der Trennungssituation aus ihrem sozialen Stützsystem abzufordern. Den betroffenen Frauen scheint dies sehr viel eher möglich.

Dieses geschlechtsspezifisch unterschiedliche Umgehen mit der Trennungsverarbeitung, das sich in dieser Studie andeutet und auch in den Untersuchungen von Bloom et al. (1982, 1985) bestätigt wird, ist leider in den übrigen der vorgestellten Studien nicht ausreichend berücksichtigt, so daß sich keine weiteren Schlüsse bzgl. der Ausgestaltung von Beratungsangeboten ziehen lassen. Zur Klärung der Frage, wie auch Männer eine bessere Stützung in der Scheidungskrise erhalten können, bedarf es weiterer Studien.

Schlußfolgerungen darüber, ob getrennte Gruppen für Männer und Frauen in der Trennungskrise einem gemischten Angebot überlegen sind und ob die zu erwartenden Veränderungen der Gruppendynamik die Scheidungsverarbeitung fördern oder behindern, können aus den untersuchten Gruppen nicht abgeleitet werden.

Für die Konzeption einer Zusammenfassung von Informationsvermittlung mit einem Kommunikationstrainingsprogramm zeigt sich zwar insgesamt, daß dieses Angebot in der Lage war, die Teilnehmer in ihrer Auseinandersetzung mit der Scheidungserfahrung zu fördern und damit auch die Scheidungsbewältigung positiv zu beeinflussen, die spezifischen Ziele – die Stärkung der Hilfssysteme und die Veränderung der Selbstwahrnehmung – waren jedoch nur sehr eingeschränkt zu verwirklichen.

Ein auf das Kommunikationstraining begrenztes Angebot scheint somit als Scheidungsbewältigungsprogramm unzureichend. Sinnvoll eingesetzt werden kann ein entsprechendes Training dagegen als ein Aspekt eines umfangreicheren und verstärkt auch auf die therapeutische Bewältigung der Trennungserfahrung ausgerichteten Programms, wie z. B. des Gruppenseminar für Getrenntlebende von Siewert (1983, s. Pkt. 6.3.1.4.).

6.3.1.3. Scheidungsbewältigung in der therapeutischen Gruppe

Die Förderung der Scheidungsbewältigung im Rahmen eines gruppentherapeutischen Angebots stellt eine weitere Alternative dar in der Vielzahl von Beratungsangeboten in der Nachscheidungsphase. Zielsetzung dieser Angebote ist es, psychische Beeinträchtigungen nach Trennung oder Scheidung zu bearbeiten und Trauerarbeit zu ermöglichen, um so die Scheidungsbewältigung zu fördern.

Graff et al. (1986) überprüften die Effektivität zweier unterschiedlicher therapeutischer Ansätze zur Behandlung depressiver Reaktionen und psychischer Labilität nach der Trennung. Verglichen wurden die Interventionsgruppen (jeweils n = 12) mit einer Warte-Kontrollgruppe (n = 11) und einer Wartegruppe mit minimaler Intervention (n = 11). Die Teilnahme wurde auf getrennt lebende Frauen beschränkt mit einer Trennungsdauer von 8 Monaten bis zu 2 Jahren. Die Zuweisung zu den vier Gruppen erfolgte nach einer Zufallsauswahl.

Veränderungen in der Depressivität, dem Selbstwert und der psychischen Labilität wurden durch Fragebogenuntersuchungen mit standardisierten Tests (ein Persönlichkeitstest, zwei Depressionsskalen, eine Selbstwertskala) vor und nach der Intervention sowie in einem Follow-up nach vier Monaten ermittelt.

Als therapeutische Strategien wurden in der einen Interventionsgruppe kognitiv-verhaltenstherapeutische Methoden im Sinne der Rational-Emotiven Therapie zum Abbau irrationaler Annahmen über die Trennung angewandt. Die andere Interventionsgruppe wurde vor allem durch Einsicht fördernde Strategien in der Selbstauseinandersetzung mit den Trennungsproblemen, ihren jeweils eigenen Beiträgen dazu und den Hintergründen unterstützt, und alternative Verhaltensmöglichkeiten wurden entwickelt. Beide Angebote umfaßten circa 20 Stunden Therapie in einem Zeitraum von etwa 4 Wochen.

Die Ergebnisse zeigen, daß beide Interventionsstrategien dazu in der Lage waren, positive Veränderungen bei den Teilnehmerinnen zu erreichen. So förderte der Einsatz der kognitiven Verhaltenstherapie das Selbstwertgefühl und reduzierte Neurotizismus und Depression im Vergleich zu den Kontrollgruppen in signifikantem Ausmaß. Diese deutlichen Veränderungen der psychischen Situation der Getrenntlebenden waren auch nach vier Monaten im Follow-up noch nachweisbar.

Auch die die Selbstauseinandersetzung fördernde Strategie unterstützte die Scheidungsbewältigung. Zwar stieg im Vergleich zur Warte-Kontrollgruppe der Selbstwert und Neurotizismus und Depression nahmen signifikant ab, in der Nachuntersuchung waren diese positiven Veränderungen jedoch nur noch zu einem Teil nachweisbar.

Beim Vergleich der beiden Interventionen zeigte sich die kognitive Verhaltenstherapie besser zur Reduzierung des Neurotizismus geeignet, während bezüglich Depression und Selbstwert beide Ansätze positive Veränderungen ermöglichten. Insgesamt blieben die Effekte der Verhaltenstherapie jedoch länger nachweisbar.

Zur Reduzierung der psychischen Beeinträchtigung durch eine Kurzintervention scheint ein stark strukturiertes Angebot wie die kognitive Verhaltenstherapie somit besser geeignet als eine wenig strukturierte, unterstützende und die Selbstauseinandersetzung fördernde Strategie. Insbesondere die Förderung von Entscheidungsfähigkeit und Selbstakzeptanz sowie der Abbau irrationaler Vorstellungen ist nach einer Studie von Polizoti (1976) bei scheidungsbetroffenen Frauen eine wichtige Voraussetzung für die günstige Verarbeitung.

Ob andere strukturierte Strategien nicht ähnlich effektiv sind, läßt sich aus dieser Untersuchung von Graff et al. nicht folgern. Die Sichtung verschiedener veröffentlichter und unveröffentlichter Studien durch Salts (1989) bestätigt jedoch, daß strukturierte Kurzinterventionen unstrukturierten Angeboten überlegen sind. Jedoch auch mit längerfristig angelegten therapeutisch-unterrichtenden Strategien zur Scheidungsbewältigung sind gute Erfolge zu erzielen, die zudem noch über einen langen Zeitraum (4 Jahre) wirksam bleiben (s. Pkt. 6.3.1.4., Studie von Bloom et al. 1985).

Auch eine weitere Frage muß unbeantwortet bleiben: Ist ein spezielles therapeutisches Angebot wie von Graff et al. beschrieben besser zur Bearbeitung psychischer Beeinträchtigungen nach Trennung und Scheidung geeignet als ein umfassendes Gruppenprogramm zur Scheidungsbewältigung (z.B. Siewert 1983, s. Pkt. 6.3.1.4.), das neben psychisch-emotionaler Stützung auch praktische, soziale und familiäre Anforderungen nach der Scheidung berücksichtigt? Hierzu wäre es insbesondere notwendig festzustellen, ob therapeutische Kurzintervention bei starker psychischer Beeinträchtigung und Depression nach der Trennung erfolgreich eingesetzt werden kann, wie es sich im Modell von Hassall und Madar (1980, s. Pkt. 5.3.1.) andeutet.

6.3.1.4. Strukturierte Gruppenseminare zur Scheidungsbewältigung

Die im folgenden betrachteten Bewältigungsprogramme für Geschiedene stellen eine Synthese der bisher beschriebenen Angebote dar. Schwerpunkte sind sowohl Informationsweitergabe und Training spezifischer Fertigkeiten als auch die Unterstützung der emotionalen Aufarbeitung der Trennung, die Loslösung vom Partner und die Entwicklung von Neuorientierungen. Auch wird z. T. innerhalb der Gruppen eine notwendige praktische Unterstützung geleistet.

Eine Vielzahl von Studien zeigt, daß strukturierte Kurzinterventionen von meist 8 bis 10 Wochen Dauer insgesamt erfolgreich in der Förderung der generellen Scheidungsverarbeitung sind (s. Fisher 1976, Kessler 1978, Hoopes et al. 1979, Salts & Zongker 1983, Siewert 1983, Salts 1989). Zwar konnten z. T. auch in den Kontrollgruppen Verbesserungen in einzelnen Bewältigungsbereichen festgestellt werden (z. B. von Salts & Zongker 1983), die über die Zeit eine Zunahme des Selbstkonzepts sowohl in den Interventions- als auch in den Kontrollgruppen feststellen konnten), insgesamt waren die Veränderungen in den Interventionsgruppen jedoch signifikant größer. Vergleiche strukturierter mit unstrukturierten Angeboten weisen auf die Überlegenheit eines strukturierten Vorgehens hin (s. Salts 1989). Kessler (1978) geht davon aus, daß in einer Zeit starker Verunsicherungen und oft auch des Abwartens – wie die Nachtrennungszeit häufig erlebt wird – Klarheit und die Förderung der Aktivität durch das Angebot notwendig sind, um Initiative und Selbstsicherheit des Getrenntlebenden wieder aufzubauen. Darüber hinaus wird eine unstrukturierte Kurzintervention von den Teilnehmern am Ende des Angebotszeitraums als noch nicht abgeschlossen erlebt. Gruppenbildungsprozesse scheinen hier einen sehr viel größeren Raum einzunehmen, und zentrale Themen entwickeln sich langsamer und können nicht so schnell bearbeitet werden wie in einem strukturierten Angebot. Unstrukturierte Trennungsgruppen werden deshalb auch meist für einen längeren Zeitraum, z. B. für ein Jahr, konzipiert (s. u. a. Familien-Notruf München 1985, 1989).

Durch strukturierte Gruppenseminare bedingt konnten folgende spezifische Veränderungen in der Scheidungsverarbeitung der Teilnehmer festgestellt werden:

– Förderung der individuellen psychischen Situation durch Stärkung des Selbstwertes und/oder Verringerung depressiver Tendenzen (Fisher 1976, Kessler 1978, Hoopes 1979, Henry 1981),
– Förderung der Akzeptanz der Scheidung und Klärung der Beziehung zum Partner durch die emotionale Lösung (Fisher 1976, Henry 1981),

– Überwindung der sozialen Isolation durch Förderung der Beziehungsfähigkeit und Unterstützung des Kontakts zu Freunden und Verwandten
und des Wiederaufbaus eines sozialen Netzes (Fisher 1976).

Empirische Ergebnisse zu weiteren wichtigen Zielsetzungen umfassender
Scheidungsverarbeitungsprogramme fehlen leider: So wurden die Auswir-
kungen der Informationsweitergabe nicht ermittelt, die Verbesserung im
Umgehen mit praktischen Problemen und die mögliche Unterstützung durch
die Gruppe war kein Thema in den Studien, und auch die Auswirkungen der
Programme auf die häufig mitbetroffenen Kinder wurden nicht untersucht.
Ergebnisse von Bloom et al. (1982) deuten darauf hin, daß themenspezifische
Hilfsangebote zwar generell die Scheidungsverarbeitung fördern und Ängste
abbauen, auf die Ausprägung der spezifischen Probleme (wie z. B. auf kind-
bezogene Probleme) nehmen diese Angebote jedoch kaum Einfluß.

Zu den langfristigen Auswirkungen und Erfolgen der Teilnahme an Schei-
dungsbewältigungsprogrammen gibt jedoch eine Studie von Bloom et al.
(1985) Auskunft. Über einen Zeitraum von vier Jahren (ein Zeitrahmen, wie
er für die Verarbeitung von Trennung und Scheidung als häufig notwendig
angesehen wird) konnten bei den Teilnehmern eines umfassenden präventiven Stützungsprogramms mit kognitiv orientierter Gruppen- und Einzelberatung sowie themenspezifischen Angeboten für Getrenntlebende positive
Effekte auf die Förderung der Scheidungsverarbeitung nachgewiesen werden. Die Interventionsgruppe zeigte dabei eine ausgeprägtere und kontinu-
ierlicher steigende Anpassung an die neue Lebenssituation nach der Trennung als die Kontrollgruppe. Insbesondere wurden die psychischen Symptome (Ängste, Neurasthenie) stärker reduziert, und die generelle
Lebenszufriedenheit stieg deutlicher an. Auswirkungen der Intervention
konnten auch nachgewiesen werden im Rückgang spezifischer Probleme wie
Einsamkeit, Schuldgefühle nach der Trennung sowie Konzentrationsstörun-
gen.

Auch für die Bundesrepublik Deutschland können die oben beschriebenen Ergebnisse US-amerikanischer Studien zu Scheidungsbewältigungspro-
grammen bestätigt werden. Siewert (1983) untersuchte das von ihm konzi-
pierte und durchgeführte Gruppenseminar für Getrenntlebende und Geschiedene (SGG), das im Kapitel 5 vorgestellt worden ist, und kam zu den
folgenden Ergebnissen: Insgesamt zeigte sich nach Ende des Seminars und
in einem dreimonatigen Follow-up eine verbesserte psychische Anpassung
an die Scheidungssituation. Während in den Kontrollgruppen Ängste (neu-
rotische Angst und Zukunftsangst) und zwanghafte Gedanken zunahmen,
konnten für die Interventionsgruppen signifikante Reduzierungen festgestellt werden. Die Sehnsucht nach dem Expartner wurde im Verlauf der
Gruppenteilnahme ebenfalls verringert, und Depressivität und Gehemmt-
heit (gemessen mit dem FPI-K) konnten abgebaut werden.

Somit ist auch unter unseren – gegenüber der amerikanischen Gesellschaft
– veränderten kulturellen Bedingungen (einem möglicherweise nicht über-

einstimmenden Verständnis von Trennung und Scheidung und einer anderen Einbettung von Beratung und Therapie in die Gesellschaft) ein strukturiertes Programm zur Scheidungsbewältigung eine erfolgreiche Kurzintervention.

6.3.2. Scheidungsbewältigung in der Familie

Das oben vorgestellte Konzept der Behandlung von Scheidungsfamilien im mehrgenerationellen Kontext (s. Pkt. 5.3.2.) wurde in einer Studie von Bauers et al. (1986; s. auch Reich et al. 1986) überprüft.

In die Untersuchung einbezogen wurden 38 Familien in unterschiedlichen Phasen des Scheidungsgeschehens. 12 Familien waren geschieden, die übrigen 26 Familien befanden sich in der Ambivalenz- oder Scheidungsphase. Zehn dieser Familien trennten sich während oder nach der Therapie oder ließen sich scheiden.

Als Kontrollgruppe dienten zwölf geschiedene Familien, die keine psychotherapeutische Hilfe in Anspruch genommen hatten. Sie wurden in Tiefeninterviews befragt.

Die Daten für die Interventionsgruppe ergaben sich aus den Therapiegesprächen und den Veränderungen während der Therapie sowie aus einem Follow-up, bestehend aus etwa vierstündigen Interviews mit 42 Personen, die zwischen ein und zwei Jahren nach Beendigung der Therapie durchgeführt wurden. Anlaß für die Teilnahme am Therapieangebot waren bei 20 Familien Symptome der Kinder gewesen, in 15 Fällen stand der Ehekonflikt im Vordergrund, der sich zum Teil auch im Streit um die Kinder manifestierte.

Das Gelingen der Behandlung wurde anhand von 27 Kriterien beurteilt, die sich auf dem Hintergrund der analytischen Mehrgenerationen-Familientherapie, auf das Verhältnis der Partner zueinander beziehen, auf die einzelnen Partner, die Kinder, das Interaktions- und Beziehungsmuster der Gegenwartsfamilie sowie das Interaktions- und Beziehungsmuster zur Herkunftsfamilie.

Als Ergebnis der Familienbehandlung konnten in 8 Familien die Konflikte behoben und in 16 Familien gebessert werden, 7 Familien brachen die Therapie ab und bei weiteren 7 hatte die Intervention keinen Erfolg. Insgesamt erreichten die eingetretenen Veränderungen, wie sie sich in der Follow-up-Studie darstellten, nur ein mittleres Niveau, da der Veränderungsprozeß für die Scheidungsfamilien auch nach bis zu zwei Jahren noch nicht abgeschlossen war. Vielmehr kann mit einer Bewältigung der Scheidungsfolgen und einer Stabilisierung erst nach drei bis vier Jahren nach Trennung und Scheidung gerechnet werden. Zu diesem Ergebnis kamen Bauers et al. in der Untersuchung einer therapeutisch unbehandelten Gruppe von Scheidungsfamilien.

Ein entsprechender Untersuchungszeitraum ist sicher für tiefergehende

Veränderungen, wie sie in einem therapeutischen Konzept angestrebt werden, angemessen, für Beratungs- und insbesondere Informationsprogramme mit einem geringeren Zeithorizont mag auch eine kürzere Zeitspanne ausreichen.

Die deutlichsten Veränderungen bezogen sich bei den behandelten Familien auf die folgenden Bereiche (nach Bauers et al. 1986, S. 94f):

1. *Das Verhältnis der Partner zueinander:*
In den befragten Familien konnten vor allem die an den Partner gerichteten Erwartungen als Projektion von Wünschen und Bedürfnissen aufgedeckt und eigene Konfliktanteile verdeutlicht werden. Die Delegation an den Partner wurde in einem Drittel der Fälle ganz, in weiteren 50% teilweise aufgegeben. Eine Zunahme von Eigenverantwortlichkeit und persönlicher Kompetenz als Teil individueller Scheidungsverarbeitung war dagegen nur bei der Hälfte der Paare und nur in mittlerem Ausmaß festzustellen.

2. *Die Situation der Scheidungskinder:*
Bei den Kindern machte sich insbesondere die Klärung der Elternbeziehung (positive Veränderung oder psychische Scheidung, Kooperation auf der Elternebene, Abbau destruktiver Konfliktlösungsmuster) und der Beziehung der Eltern zu ihren Herkunftsfamilien (Aufgabe von Abhängigkeiten) bemerkbar sowie die Entwicklung von Eigenverantwortlichkeit der Elternteile und die Wiederherstellung der Generationsgrenzen innerhalb der Familie. Ein Drittel der mitbetroffenen Kinder zeigte eine deutliche Besserung von Symptomen, weitere elf Kinder eine teilweise. Sorgerechtsstreitigkeiten konnten, bis auf eine Ausnahme, in allen entsprechenden Fällen beigelegt werden. Die Aufrechterhaltung der Beziehung des Kindes zum abwesenden Elternteil wurde in drei Viertel aller Familien von beiden Elternteilen befürwortet.

3. *Die Beziehung der Partner zu ihren Herkunftsfamilien:*
In allen Familien, in denen eine Bearbeitung der Eltern-Großelternbeziehung möglich war (bei zehn Paaren kam dies nicht zustande), konnte die individuelle Scheidungsverarbeitung gefördert, das Verhältnis der Partner zueinander entlastet und die Neuorientierung unterstützt werden (Zunahme von Einsichtsfähigkeit, persönlicher Kompetenz und dem Verantwortungsgefühl gegenüber den eigenen Kindern sowie der Bereitschaft neue Beziehungen einzugehen, Abnahme von Projektionen auf den Partner).

Bei der familientherapeutischen Behandlung von Scheidungsfamilien handelt es sich um ein Scheidungsberatungskonzept, das auf dem Hintergrund eines systemischen Therapieansatzes entwickelt wurde. Entsprechend sind auch die Ergebnisse der Therapiebegleituntersuchung weniger individuelle Aussagen über die Scheidungsbewältigung des einzelnen, sondern zum größten Teil Aussagen über Veränderungen der Beziehungen in der Familie, zwischen den Partnern und gegenüber der Herkunftsfamilie. Dabei sind es vor allem die psychischen Veränderungen, die im Vordergrund der Untersuchung stehen, wobei sowohl die Bewältigung der Scheidungskrise als auch Veränderungen in den zukünftigen Gestaltungsmöglichkeiten von Beziehungen in die Fragestellung eingehen. Dieser Aspekt einer weitergehenden therapeutischen Veränderung, die den Betroffenen im Rahmen der Familientherapie ermöglicht wird, tritt in den zuvor vorgestellten Studien zur Scheidungsbewältigung gegenüber dem Ziel der Krisenbewältigung weitgehend in den Hintergrund. In diesen Studien werden kurzfristigere Veränderungen angestrebt und auch entsprechend überprüft.

Neben den Veränderungen des emotional-psychischen Bewältigungsbereiches werden in der Studie von Bauers et al. auch die Auswirkungen der Veränderungen in der Beziehung zwischen den Eltern auf die Scheidungskinder überprüft sowie Veränderungen in der Beziehung zu den Kindern. Auch die Entwicklung von Regelungen bei Sorgerechtsstreitigkeiten ist ein Thema in der Studie.

Somit wird diese Studie der Komplexität der Scheidungssituation schon sehr viel eher gerecht, als dies in den bisher vorgestellten Studien der Fall ist. Ein Großteil der Bewältigungsbereiche, die sich nach der Scheidung als Probleme dem Betroffenen stellen, werden berücksichtigt. Nicht überprüft werden, ebenso wie in den übrigen Studien, die rein praktischen Bewältigungsbereiche Finanzen, Haushalt, rechtliche Probleme.

6.3.3. Präventive Gruppenprogramme für die mitbetroffenen Kinder

Bei Trennung und Scheidung der Eltern und bei den damit verbundenen emotionalen und praktischen Anforderungen an beide Partner geraten die mitbetroffenen Kinder oft aus dem Blick der belasteten Erwachsenen. Aber auch diese Kinder sind von den Veränderungen, den Verlust der bisherigen Familie und ihren damit einhergehenden emotionalen Reaktionen sehr belastet. Möglichkeiten der Entlastung und einer in dieser Zeit besonders notwendigen emotionalen Unterstützung der Kinder können Eltern in der Trennungsphase und auch danach häufig nicht in ausreichendem Maße leisten und Bedürfnisse nicht wahrnehmen (Young 1989) aufgrund ihrer eigenen Belastung durch die Trennung, der Unbekanntheit der Situation und dem Mangel an Wissen über die scheidungsbedingten Reaktionen der Kinder.

Hier setzen präventive Angebote für die von Trennung und Scheidung der Eltern mitbetroffenen Kinder an. Ihr zentrales Ziel ist es, Möglichkeiten zur emotionalen Unterstützung und zur Entlastung dieser Kinder zu schaffen. Im Rahmen dieser Angebote besteht für die Kinder und Jugendlichen die Möglichkeit, sich mit ihren durch die Trennung entstandenen Gefühlen auseinanderzusetzen, Gefühlen, die in der Familie häufig nicht gestattet sind (wie z.B. der Trauer, der weiterbestehenden Liebe zum nicht-sorgeberechtigten Vater, der Wut und der Ängste). In einer Gruppe Gleichbetroffener und außerhalb der Familie können auch belastende Loyalitätshaltungen gegenüber einem Elternteil eher überdacht und der Konflikt zwischen den Eltern eher als Sache der Eltern und nicht der Kinder bewertet werden.

Von diesen präventiven Angeboten für mitbetroffene Kinder abzugrenzen sind Beratungs- und Therapieangebote für Kinder mit scheidungsbedingten Auffälligkeiten (z. B. verminderte schulische Leistungen, Verhaltensauffälligkeiten, psychosomatische Reaktionen). Eine therapeutische Bearbeitung dieser Konflikte, die u. a. aus der nicht ausreichenden Verarbeitung des Trennungserlebens und dem häufigen Verlust des Vaters als Bezugsperson heraus entstehen, wird im Rahmen herkömmlicher Beratungsangebote – z. B. der Erziehungsberatung – geleistet. Auf diese Beratungsangebote werden wir im folgenden nicht näher eingehen.

Im Rahmen der Scheidungsberatung ist vielmehr Augenmerk auf ein begleitendes, präventives Angebot für die Kinder zu richten.

Entsprechende Programme können in sehr unterschiedlichem institutionellen Rahmen angeboten werden. Am häufigsten empirisch untersucht worden sind Programme in den USA, die in Schulen durchgeführt werden. Hodges (1986) sieht die Schulen – in denen alle Kinder erreichbar sind – als das natürliche Ziel derartiger primärer Präventionen an. Daneben werden präventive Kindergruppen auch von Scheidungsberatern und Beratungsstellen angeboten (Kessler & Bostwick 1977, Bornstein et al. 1985, s. auch Pkt. 5.3.4.). Ein ungewöhnlicher Rahmen wurde von Young (1980, 1984) gewählt: Er führte Workshops für Kinder und Jugendliche durch, die gerichtlich zur Teilnahme verpflichtet wurden.

Ablauf und Inhalt präventiver Gruppenprogramme für Scheidungskinder ist vor allem vom Alter der Kinder abhängig. So wird von Kelly und Wallerstein (1980) für Vorschulkinder vor allem die Arbeit mit den Eltern vorgeschlagen und für jüngere Schulkinder der „Scheidungsmonolog" (s. Pkt. 5.3.4.1., s. auch Hodges 1986, Cebollero et al. 1987). Die im folgenden näher betrachteten Kindergruppen sind im wesentlichen für 2 Altersstufen konzipiert: zum einen für 8 bis 12jährige, zum anderen für Jugendliche von 12 bis 17 Jahren. In der Programmgestaltung findet diese Alterseilung jedoch kaum einen Niederschlag, und es ist auch eher als Zufall zu werten, daß die untersuchten Angebote für Jugendliche (Kessler & Bostwick 1977, Young 1980) als eintägige Workshops konzipiert wurden. Hodges (1986) geht dagegen davon aus, daß Jugendliche aufgrund größerer Reflexionsfähigkeiten weniger strukturierter Angebote bedürfen.

An Schulen durchgeführte Präventionsprogramme für die 8 bis 12jährigen werden meist für 8 bis 10 Sitzungen mit wöchentlichem Abstand und einer Dauer von ein bis eineinhalb Stunden entwickelt. Für alle Programme wurde eine Gruppengröße zwischen 5 und maximal 10 Teilnehmern gewählt. Zeitlicher Umfang und Gruppengröße waren dabei nicht abhängig von der Altersverteilung der Teilnehmer.

Zentrales Ziel aller dieser Angebote ist die emotionale Unterstützung der von der elterlichen Scheidung mitbetroffenen Kinder.

180

Nach Wallerstein und Kelly (1976) sind es vor allem die folgenden drei Bereiche, die für Scheidungskinder dabei geklärt werden sollten:

- Emotionen: Verstehen der Gefühle und mit ihnen umgehen lernen.
- Kognitionen: Verstehen der elterlichen Scheidung und des Warum.
- Problemlösen: Entscheiden, was ein günstiges Handeln in Problemsituationen ist.

Entsprechend wurden die Schwerpunkte in den Zielen und Inhalten der untersuchten Programme gesetzt (s. Cantor 1977, Kessler & Bostwick 1977, Young 1980, 1984, Kalter et al. 1984, Bornstein et al. 1985, Pedro-Carroll & Cowen 1985, Roseby & Deutsch 1985, Pedro-Carroll et al. 1986, Omizo & Omizo 1987, Tedder et al. 1987).

Im Verlauf des Gruppenprogramms sollen die Kinder:

- feststellen, daß es anderen Kindern ähnlich wie ihnen geht, um so den häufigen Gefühlen von Scham, Verschiedenheit und Isolation zu begegnen,
- die elterliche Scheidung besser verstehen lernen, um Schuldgefühlen und Gefühlen des Ausgeliefert-Seins entgegenzuwirken und eine realistische Einschätzung der eigenen Situation zu entwickeln (Versöhnungsphantasien abbauen, Zukunftsperspektiven entwickeln),
- Verhaltens- und Bewältigungsstrategien sowie Kommunikationsfähigkeiten zur besseren Problemlösung entwickeln, um schwierige Situationen im Umgang mit beiden Elternteilen besser zu bewältigen.

Zum Erreichen dieser Ziele wird als Vorgehen in den Angeboten vor allem die Gruppendiskussion gewählt, meist initiiert durch Film- oder Textausschnitte, die typische Situationen von Scheidungskindern aufgreifen. Entsprechende Situationen werden auch im Rollenspiel durchgespielt, die entstehenden Gefühle geklärt und Lösungswege entwickelt. Daneben werden zur Entwicklung von Verhaltensstrategien in den meisten der untersuchten Programme Trainingseinheiten für bestimmte kognitive Fähigkeiten eingeplant, wie Kommunikations- und Problemlösetrainings und Förderung der Ärgerkontrolle (Bornstein et al. 1985, Pedro-Carroll & Cowen 1985, Stolberg & Garrison 1985, Pedro-Carroll et al. 1986), Entscheidungstrainings (Tedder et al. 1987), Selbstbehauptungstrainings (Kessler & Bostwick 1977, Roseby & Deutsch 1985), aber auch spezielle Programmteile zur Förderung des Selbstwertes (Pedro-Carroll et al. 1986).

Roseby und Deutsch (1985) konnten in ihrer Studie zeigen, daß der Einsatz kognitiver Trainingsprogramme zur Förderung der Kommunikationsfähigkeit, der Selbstbehauptung und der Fähigkeit, eigene und fremde Gedanken und Gefühle wahrzunehmen und einzuschätzen, im Vergleich zu einem Vorgehen, daß sich nur auf Identifizierung und Diskussion der Gefühle und Einschätzungen der elterlichen Scheidung in der Gruppe beschränkte, signifikant positivere Ergebnisse erbrachte. Durch das kognitive Training konnten insbesondere die Einstellungen der Kinder gegenüber der Scheidung der

Eltern verändert werden: Vor allem wurden Schuldzuweisungen an Mutter, Vater oder sich selbst reduziert, Ängste vor dem Verlassenwerden durch beide Eltern sowie vor den Reaktionen der Freunde wurden abgebaut, und auch Versöhnungshoffnungen wurden geringer. Keine signifikanten Veränderungen gegenüber der Kontrollgruppe ergaben sich dagegen bezüglich Depression und Schulverhalten.

Insgesamt wird in den betrachteten Studien die Gruppenteilnahme durch die Kinder und auch durch die befragten Eltern sehr positiv bewertet (Cantor 1977, Kessler & Bostwick 1977, Kalter et al. 1984, Pedro-Carroll & Cowen 1985, Pedro-Carroll et al. 1986). Selbst bei gerichtlich angeordneter Teilnahme, wie in den Konzeptionen von Young (1980, 1984), sind nach Überwindung anfänglicher Widerstände über 50% der Teilnehmer sehr zufrieden. Dabei waren jüngere Teilnehmer eher bereit, ihre Widerstände aufzugeben, als die 12 bis 17jährigen, bei denen auch das Rückzugsbedürfnis stärker ausgeprägt ist. Auch die Bereitschaft zur freiwilligen Teilnahme an Kindergruppen zur Scheidung sinkt mit zunehmendem Alter deutlich. Als wichtigster Faktor für die Bewertung der Gruppenteilnahme durch die Kinder und Jugendlichen stellte sich jedoch die Einstellung der Eltern zum Angebot heraus. Eine ausreichende Information der Eltern über das Programm oder ein paralleles Gruppenangebot auch für sie erscheint somit günstig (s. auch Pkt. 5.3.4.3.).

Zu ihrer Teilnahme befragte Kinder bewerteten es als besonders wichtig, mit Gleichaltrigen über ihre Probleme sprechen zu können (Cantor 1977, Kalter et al. 1984) und sich in den Gruppen eingebunden zu fühlen (Pedro-Carroll & Cowen 1985, Omizo & Omizo 1987). Es gibt aber auch immer einige Kinder, denen das Gespräch in der Gruppe nicht angenehm ist, wobei das reine Zuhören für sie als Unterstützung ausreichen mag (Kalter et al. 1984, Young 1980, 1984).

Für die meisten Kinder bieten präventive Gruppenprogramme jedoch die Möglichkeit, ihre Isolations- und Schamgefühle zu überwinden und eine wichtige emotionale Stützung zu erhalten.

Die Auseinandersetzung mit der Scheidung in vorgestellten Beispielen und durch Erzählungen der anderen Kinder ermöglicht es den Teilnehmern vor allem, das Scheidungsgeschehen besser zu verstehen und realistischer einzuschätzen. Die Scheidung der Eltern wird weniger negativ gesehen (Pedro-Carroll & Cowen 1985, Pedro-Carroll et al. 1986), den Eltern wird mehr Verständnis entgegengebracht (Kessler & Bostwick 1977), und auch die Bereitschaft, zu Hause über Scheidung und Umgangsregelung zu sprechen, erhöht sich (Kalter et al. 1984). Insbesondere sind diese Interventionen auch geeignet, Schuldgefühle abzubauen und Gefühle der Verantwortung für die Eltern zu reduzieren (Kalter et al. 1984, Pedro-Carroll & Cowen 1985, Pedro-Carroll et al. 1986), Versöhnungshoffnungen abzubauen (Kalter et al. 1984) und das Gefühl der Kontrolle über das eigene Leben zu fördern (Omizo & Omizo 1987).

Auch das Verständnis für die eigenen Gefühle wird erhöht (Kessler &

Bostwick 1977), und Ängste werden verringert (Pedro-Carroll & Cowen 1985, Pedro-Carroll et al. 1986, Omizo & Omizo 1987).

Weiterreichende Auswirkungen dieser emotionalen und kognitiven Bewältigungsansätze konnten nur in wenigen Studien festgestellt werden. So konnten Kalter et al. (1984) und Tedder et al. (1987) bezüglich Verhaltens und Schulproblemen der Teilnehmer keine signifikanten Veränderungen feststellen, und das positive Ergebnis von Pedro-Carroll und Cowen (1985) ist zumindest teilweise auf Überschätzungsfehler der befragten Lehrer und Eltern aufgrund ihres hohen Engagements zurückzuführen. Ebensowenig sind für stabilere Merkmale wie das Selbstwertgefühl Veränderungen nachweisbar (Pedro-Carroll & Cowen 1985).

Entsprechende Veränderungen und auch Auswirkungen der Interventionen auf die Handlungsebene sind jedoch bei Befragungen kurz nach Beendigung der Intervention, wie in den oben erwähnten Studien, auch nicht zu erwarten. Dagegen konnte eine Nachbefragung von Kindern fünf Monate nach der Intervention Verbesserungen in den sozialen Fertigkeiten nachweisen (Stolberg & Garrison 1985).

Weitere Follow-up-Studien scheinen somit sehr notwendig, um handlungsbezogene Veränderungen aufgrund von Kurzinterventionen feststellen zu können. Hierbei ist von besonderem Interesse, inwieweit sich das scheidungsbezogene Problemlöseverhalten der Kinder verändert – ein Thema, dem in den Angeboten ein breiter Raum gegeben wird, das jedoch in den Evaluationsstudien keine Berücksichtigung findet. Gerade diese angestrebten Verhaltensänderungen des Scheidungskindes gegenüber seiner Familie sind es jedoch, die ihm die bessere emotionale Unterstützung durch beide Elternteile sichern und ein günstigeres Umgehen mit der Scheidungssituation ermöglichen sollen.

Präventive Gruppenprogramme für Scheidungskinder stellen somit sowohl als Angebote im Rahmen der Schulen als auch als eigenständige Beratungsangebote für Kinder und Jugendliche zwischen 8 und 17 Jahren recht erfolgreiche und die Kinder entlastende Kurzinterventionen dar. Insbesondere sind diese präventiven, nicht-therapeutischen Programme in der Lage, Kognitionen ebenso wie Gefühle im Zusammenhang mit der elterlichen Scheidung zu klären und zu verändern. Hierfür scheint der Einsatz von speziellen kognitiven Trainingsprogrammen zur Förderung von Kommunikationsfähigkeit, Selbstbehauptung und Auseinandersetzung mit den eigenen Gefühlen und denen der Eltern besonders geeignet.

Damit werden zwei Ziele abgedeckt, die nach Wallerstein und Kelly (1976) zentral für eine erfolgreiche Scheidungsbewältigung durch die Kinder sind. Der dritte Klärungsbereich, das erfolgreiche Lösen von Problemen in der Nachscheidungsfamilie durch die Kinder, ist zwar ein wesentlicher Inhalt der Programme, seine Auswirkungen auf die Scheidungsverarbeitung ist jedoch aufgrund mangelnder Daten nicht abzuschätzen.

Notwendige Angebote für die kleineren Kinder (unter 7 bis 8 Jahren) sind nur sehr wenige entwickelt, empirische Studien fehlen.

6.3.4. Beratungsangebote zur Scheidungsbewältigung im Überblick

Grundlage für eine günstige Verarbeitung von Trennung und Scheidung durch alle Betroffenen wird sowohl durch die eindeutige Klärung von Ambivalenzen als auch durch eine der gesamten Familie angemessene Regelung der Scheidungsfolgen geschaffen, zur Anpassung an die neue Lebens- und Familiensituation, zur Klärung weiterhin bestehender Konflikte, zur emotionalen Entlastung und Stützung aller Beteiligten, zur Entwicklung von Eigenständigkeit und neuen Bewältigungsstrategien sowie zur Neuorientierung bedarf es jedoch weitergehender Beratungsangebote.

Ein umfassendes Beratungsangebot zur Scheidungsbewältigung sollte dabei verschiedene Schwerpunkte beinhalten:

Durch Informationsprogramme mit Kurzreferaten und Gruppendiskussionen zu Themen wie der emotionalen Verarbeitung der Trennung, den veränderten Rollenanforderungen und Lebensumständen sowie den scheidungsbedingten Reaktionen der Kinder wird dem großen Informationsdefizit der Betroffenen Rechnung getragen, was sich in den sehr positiven Bewertungen der Veranstaltungen durch die Teilnehmer ausdrückt. Befragungen von Teilnehmern zeigen darüber hinaus, daß Informationsprogramme auch in der Lage sind, Einstellungsänderungen zu bewirken und somit die Scheidungsverarbeitung des einzelnen zu fördern. Positive Veränderungen zeigen sich sowohl bei Einstellungen gegenüber Trennung und Scheidung als auch in der Wahrnehmung der mitbetroffenen Kinder.

Strukturierte Gruppenseminare mit therapeutisch-unterrichtendem Vorgehen haben dagegen eine weitergehende Förderung der Scheidungsverarbeitung für die einzelnen Getrenntlebenden und Geschiedenen zum Ziel. Verschiedene Studien zeigen, daß entsprechende Programme in der Lage sind, die individuelle psychische Situation zu stabilisieren durch Förderung von Selbstwert und Lebenszufriedenheit und durch Abbau von Depressionen und Ängsten. Auch die Akzeptanz der Scheidung und die emotionale Lösung vom Partner werden gefördert, womit die Eigenständigkeit der Geschiedenen steigt. Es gehört auch dazu, daß der Aufbau von Beziehungsfähigkeit und die Einbindung in ein soziales Netz sowie Kontakte zu Freunden und Verwandten unterstützt werden. Scheidungsbewältigungsangebote, in denen vor allem Kommunikationstrainingsprogramme zur Förderung sozialer Einbindung und Wahrnehmung sozialer Unterstützung durchgeführt werden, sind dagegen zur generellen Förderung der Scheidungsverarbeitung weniger gut geeignet – als Teil eines weitergehenden Angebots erscheinen sie jedoch sinnvoll. Positive Ergebnisse zeigen dagegen gruppentherapeutische Kurzinterventionen zur Reduzierung psychischer Beeinträchtigung nach Trennung und Scheidung. Dabei erwies sich ein stark strukturiertes Angebot mit kognitiver Verhaltenstherapie einem wenig strukturierten, unterstützenden und vor allem die Selbstauseinandersetzung der Teilnehmer fördernden Angebot überlegen. Insgesamt zeigen sich strukturierte Kurzinterventionen zur Scheidungsbewältigung (Dauer 8 bis 10 Wochen) unstrukturierten überlegen, mit längerfristig angelegten wenig strukturierten therapeutisch-unterrichtenden Strategien sind jedoch auch gute Erfolge zu erzielen. Langfristige Auswirkungen präventiver Stützungsprogramme auf die Scheidungsverarbeitung der Teilnehmer lassen sich auch nach bis zu vier Jahren noch feststellen – die Anpassung an die neue Lebenssituation gelingt besser und spezifische Probleme wie Einsamkeit, Schuldgefühle oder Ängste werden stärker reduziert als bei Fehlen der Intervention.

Scheidungsbewältigung mit der gesamten Familie in einer mehrgenerationellen Familientherapie ist ebenfalls ein recht erfolgreiches Angebot, das insbesondere die Kinder entlastet und scheidungsbedingte Symptome abbaut, die jeweilige Eigenständigkeit der Eltern fördert und so Nachscheidungsauseinandersetzungen reduziert sowie durch Aufarbeiten der Eltern – Großelternbeziehung die Tradierung von Konfliktmustern unterbricht. Dieses Angebot wird zwar der Komplexität der Scheidungssituation sehr viel eher gerecht als eine Kurzintervention, es scheint jedoch aufgrund des zeitlichen Aufwands und der Notwendigkeit einer sehr hohen Therapiebereitschaft nur für wenige Scheidungsfamilien geeignet.

Neben den Angeboten für die Erwachsenen, die auch indirekt immer positive Auswirkungen auf die mitbetroffenen Kinder haben, sind eigenständige Angebote für die Kinder notwendig und ebenfalls sehr erfolgreich in der Förderung ihrer Scheidungsverarbeitung. Die vor allem an Schulen durchgeführten präventiven, nicht-therapeutischen Gruppenprogramme für 8 bis 12jährige Kinder und 13 bis 17jährige Jugendliche waren neben der generellen emotionalen Stützung vor allem in der Lage zu vermitteln, daß es anderen Kindern ähnlich geht, um so die Isolation der Scheidungskinder aufzuheben. Entsprechend wurde auch die Gruppenteilnahme durch die Kinder sehr positiv bewertet. Außerdem konnte ein besseres Verständnis für die elterliche Scheidung entwickelt werden, so daß die Kinder die Scheidung realistischer einschätzten; Hoffnungen auf Wiederversöhnung und Schuldgefühle wurden abgebaut und zu Hause wurde auch eher über Scheidung und Umgangsregelung gesprochen. Verhaltensänderungen aufgrund der Kurzintervention insbesondere im schulischen Bereich konnten dagegen nicht festgestellt werden, und Veränderungen im Problemlöseverhalten in scheidungsbezogenen Situationen in der Familie (einem zentralen Teil der Programme) wurden nicht überprüft. Auch bei diesen Kurzinterventionen waren strukturierte Angebote unstrukturierten wiederum überlegen. Die Überprüfung von Angebotskonzepten für die jüngeren Kinder steht dagegen noch aus.

Präventive Kurzinterventionen sind somit sowohl für die Erwachsenen als auch für die mitbetroffenen Kinder gut geeignet, die Scheidungsbewältigung zu unterstützen. Eine umfassende Beratung zur Scheidungsbewältigung bedarf also Informationsangebote und Gruppenseminare für die Getrenntlebenden und Geschiedenen, therapeutischer Programme für die einzelnen und die Familien sowie eigenständiger Angebote für die Kinder.

6.4. Bedeutung der empirischen Forschung für die Entwicklung einer Scheidungsberatung

Empirische Studien liegen zu den unterschiedlichsten Ansätzen der Scheidungsberatung vor, obwohl die Beratung bei Trennung und Scheidung erst in den letzten zwanzig Jahren zunehmend Aufmerksamkeit gefunden hat. Vor allem sind es Beratungsansätze wie Mediation, Kurzinterventionen zur Scheidungsbewältigung und Gruppenprogramme für mitbetroffene Kinder, die in einer größeren Zahl von Studien überprüft wurden. Zu anderen Ansätzen der Trennungs- und Scheidungsberatung, wie u. a. der Ambivalenzberatung, der gutachterlichen Tätigkeit zur Klärung von Sorgerechts- und Umgangsregelungsproblemen und der Scheidungsbewältigung in längerfristigen, therapeutischen Angeboten und im Rahmen der Selbsthilfe liegen dagegen nur vereinzelte Studien vor. Eine Verwirklichung von Beratungsangeboten in Deutschland fehlt noch weitgehend, entsprechend selten sind auch die dazugehörigen empirischen Studien – für die Bewertung von Scheidungsberatungsangeboten und -konzepten muß deshalb meist auf Studien aus den USA zurückgegriffen werden.

Für die Entwicklung eines umfassenden Konzepts zur Scheidungsberatung können diese Studien jedoch häufig nur Anhaltspunkte bieten, empirisch gesicherte Aussagen sind insbesondere bei der Überprüfung spezifischer Beratungskonzepte selten, da u. a. der Stichprobenumfang zumeist nur heuristische Ergebnisse zuläßt, Vergleichs- und Kontrollgruppen oft fehlen und eine fehlende Zufallsauswahl oder eine Teilnehmerauswahl nach bestimmten Kriterien (z. B. geringe Konfliktstärke) die Ergebnisse beeinflussen. Zudem werden als Meßinstrumente in der Regel Selbstbeschreibungsskalen für die Teilnehmer und/oder Berater eingesetzt, so daß die Objektivierbarkeit der Ergebnisse in Frage zu stellen ist. Auch Ausgangsbedingungen wie die Konfliktpotentiale der Teilnehmer und weitere Klientenvariablen sowie Therapeutenvariablen (z. B. Direktivität, Erfahrung) werden im allgemeinen nicht berücksichtigt (zur Bewertung der empirischen Forschung siehe auch Kressel & Pruitt 1985, Storm et al. 1986).

Insbesondere zwei Faktoren führen zur eingeschränkten Bedeutung empirischer Studien für die Konzeptentwicklung:

1. Langzeitauswirkungen sind nur in wenigen Fällen untersucht, der Zeitraum zwischen Hauptuntersuchung und Follow-up ist meist zu kurz.
   Da für die Bewältigung einer Trennung bzw. Scheidung durch die Betroffenen mindestens drei bis vier Jahre anzusetzen sind, ist eine Nachuntersuchung zur längerfristigen Auswirkung der Intervention nach drei Monaten oder einem Jahr zu kurz gegriffen. Der Bewältigungsprozeß ist zu diesem Zeitpunkt noch nicht abgeschlossen. Der Vergleich mit einer – zudem häufig nicht einmal miterhobenen – Kontrollgruppe ist dann wenig aussagekräftig. Eine Ausnahme bilden die Langzeitstudien zum „Denver

Custody Mediation Project" von Pearson und Thoennes (1985), die Evaluation der mehrgenerationellen Familientherapie durch Bauers et al. (1986) sowie eine langfristige, auf vier Jahre angelegte Überprüfung von Scheidungsbewältigungsangeboten in der Studie von Bloom et al. (1985).

2. Die Vergleichbarkeit der Studien ist eingeschränkt.

Ein Vergleich unterschiedlicher Studien zur Scheidungsberatung zur Ermittlung eines günstigen Beratungskonzeptes ist nur mit Einschränkungen möglich. Selbst in einem relativ einheitlichen Problembereich, wie er von Mediation abgedeckt wird, gibt es eine Vielzahl relevanter Faktoren, die variieren, jedoch nicht in den Studien berücksichtigt wurden und damit einen Vergleich und die Konzeptentwicklung erschweren (über die Effektivität von Mediation als einheitlichem Konzept ist so kaum eine Aussage zu machen, siehe Kressel & Pruitt 1985). So sind u. a. zu unterscheiden:

- Studien über Mediation-Projekte in Anbindung an das Gericht oder in unabhängigen Institutionen,
- Studien über Angebote mit einer vom Gericht angeordneten oder mit freiwilliger Teilnahme,
- Studien über Projekte mit Beratern unterschiedlichster Profession und Ausbildung,
- Studien mit zufällig ausgewählten Teilnehmern oder systematischer Auswahl nach unterschiedlichen Faktoren entweder durch die Untersucher oder durch vermittelnde Institutionen (z. B. Gericht),
- Studien mit oder ohne Kontrollgruppe,
- Studien mit oder ohne Follow-up.

Eine weitere Schwierigkeit besteht darin, daß die meisten Studien zur Scheidungsberatung in den USA angefertigt wurden. Hier stellt sich die Frage, inwieweit diese auf Europa, insbesondere Deutschland, zu übertragen sind. Es müssen zumindest zwei wichtige Einschränkungen berücksichtigt werden: Zum einen bestehen zwischen den USA und der Bundesrepublik Deutschland kulturelle Unterschiede, die sich u. a. in unterschiedlichen Einstellungen zu Scheidung, Annahmebereitschaft von Beratungsangeboten und Akzeptanz von sowie Vertrautheit mit außergerichtlicher Konfliktregelung niederschlagen mögen. Zum anderen ist auch die juristische Seite von Trennung und Scheidung unterschiedlich. Dies findet u. a. im Scheidungsrecht, in den Überweisungsmöglichkeiten der Richter zur Beratung, in der Rechtsauslegung durch die Richter sowie in der Etablierung außergerichtlicher Konfliktregelung seinen Niederschlag. Überprüfungen von Modellen zur Scheidungsberatung in der Bundesrepublik gibt es bisher nur sehr wenige, sogar deutlich weniger als die langsam zunehmende Zahl an Beratungsangeboten.

Hier gilt es, ein erhebliches Defizit sowohl an Angeboten und speziell auch Konzeptentwicklungen als auch in der Überprüfung der Möglichkeiten und Ergebnisse von Scheidungsberatung zu füllen. Grundlage hierfür muß aber auch die Verbreitung der Erkenntnis bilden, daß Scheidungsberatung nicht gleich Eheberatung ist. Denn entsprechend der Studie von Kressel und Deutsch (1977) ist Scheidungsberatung eine Form der Intervention, die einer Spezialisierung der Therapeuten und Angebotsformen bedarf.

Zur empirischen Überprüfung unterschiedlicher Beratungsansätze bezüglich ihrer Möglichkeiten, zur Klärung des Trennungsentschlusses beizutragen und die Konfliktregelung sowie die Verarbeitung von Trennung und Scheidung zum Wohle aller Beteiligten zu unterstützen, wäre zu fordern (s. auch Kressel & Pruitt 1985, Roehl & Cook 1985, Storm et al. 1986):

– Zufallsauswahl der Befragten,
– Miterhebung einer Kontrollgruppe,
– zufällige Zuordnung zu Interventions- und Kontrollgruppe,
– Längsschnittuntersuchung mit Follow-up nach mindestens drei Jahren,
– klare Spezifizierung von Angebotskonzept und Beraterausbildung,
– Berücksichtigung aller Bewältigungsbereiche in der Überprüfung,
– Berücksichtigung von Randbedingungen, speziell Klienten- und Therapeutenvariablen,
– Vergleich von Interventionsgruppen mit unterschiedlichen Beratungskonzepten.

Trotz der beschriebenen Einschränkungen sind eine Reihe von Resultaten für die Entwicklung einer Scheidungsberatung zu berücksichtigen, weitere der dargestellten Ergebnisse können zumindest als Anregung dienen. Eine intensivere Überprüfung, insbesondere der Umsetzung von Konzepten in die deutsche Beratungspraxis, ist jedoch notwendig.

Auf dem Hintergrund der vorgestellten Studien scheint für die Konzeption einer Scheidungsberatung vor allem ein Gesichtspunkt von zentraler Bedeutung: Beratungsangebote müssen der Komplexität der Scheidungssituation in ausreichender Weise gerecht werden. Diese Forderung gilt sowohl für die Zielsetzung des Beratungsangebotes als auch für seine Überprüfung. Dabei sind insbesondere die unterschiedlichen Bewältigungsbereiche zu berücksichtigen sowie die im Vordergrund stehenden Fragestellungen, entsprechend der jeweiligen Phase im Trennungsprozeß. Als Bewältigungsbereiche sind unter Berücksichtigung der zu diesem Thema sehr umfangreichen Scheidungsliteratur (u. a. Pais & White 1979, Fthenakis et al. 1982, Bojanowski 1983, Siewert 1983, Hetherington, Cox & Cox 1981) zu nennen:

– Beziehung zum Partner,
– Beziehung beider Eltern zum Kind,
– Beziehung zu Eltern und Schwiegereltern,
– emotionale Probleme,
– psychosomatische Probleme,
– Belastung der Kinder,
– praktische, ökonomische und berufliche Probleme,
– Probleme mit der Regelung der Scheidungsfolgen,
– Probleme mit dem juristischen Verfahren.

Zentrale Fragestellungen sind Ambivalenzklärung und Entscheidungsfindung, Entwicklung von Regelungen sowie Bewältigung der Trennungserfahrung und Entwicklung neuer Perspektiven.

Die Forderung nach ausreichender Berücksichtigung der Komplexität wird erhärtet durch das Ergebnis von Kressel et al. (1980), wonach Scheidungspaare mit verstrickten oder autistischen Konfliktmustern nicht für eine Regelung der Scheidungsfolgen durch Mediation geeignet sind. Vielmehr bedürfen sie einer vorhergehenden Scheidungstherapie zur Klärung der Ambivalenzen bzw. Förderung der Auseinandersetzungsfähigkeit. Diese Studie zeigt, daß ein Beratungsangebot nicht für alle Konfliktmuster und damit für alle Scheidungspaare angemessen sein mag, will man die Klärung nicht allein den Beratern und ihrem Einfallsreichtum überlassen. Es ist vielmehr notwendig, eine Reihe von sich ergänzenden Angeboten zu entwickeln, die den Bedürfnissen der Klienten angepaßt sind (s. auch Pkt. 8.1.).

Aus den Ergebnissen der vorgestellten Studien sowie der praktischen Umsetzung der Scheidungsberatung besonders in den USA ergibt sich für die Konzeptionierung einer Scheidungsberatung die folgende Struktur:

Eine umfassende Scheidungsberatung sollte einführende Informationsprogramme anbieten zur Reduzierung des Informationsdefizits von Betroffenen bezüglich der psychischen und der rechtlichen Seite von Trennung und Scheidung sowie bezüglich der Reaktionen der mitbetroffenen Kinder. Außerdem besteht hier die Möglichkeit, über weitergehende Beratungs- und Vermittlungsangebote zu informieren. Entsprechende Informationsprogramme werden von Teilnehmern als nutzbringend erlebt und beeinflussen über die reine Wissensvermittlung hinaus auch ihre Einstellung zu Trennung und Scheidung.

Daneben bildet die Klärung der Ambivalenzen eine wichtige Grundlage für die Entwicklung angemessener Regelungen des Sorge- und Umgangsrechts sowie anderer Scheidungsfolgen und für eine günstige Verarbeitung von Trennung und Scheidung. Die Interventionsstrategie der strukturierten Trennung ist in diesem Rahmen eine recht erfolgreiche Möglichkeit zur Klärung von langwierigen „Hin und Her"- Mustern von Trennung und Wiederversöhnung. Es bedürfen jedoch auch Paare mit weniger ausgeprägten symbiotischen Konfliktmustern der Unterstützung in der Entscheidungsfindung. Hier bieten sich, wie von Kressel und Deutsch (1977) beschrieben, kontextuelle und bestärkende Vorgehensweisen an: Insbesondere sind Strategien zum Abbau emotionaler Spannungen, zur Aufhebung des ehelichen Projektionssystems und zur Reduzierung von Ängsten, aber auch die konsequente Unterstützung von Entscheidungen der Partner wichtige Mittel der Ambivalenzberatung. Der Einsatz weiterer Angebote oder spezifischer Settings, wie Co-Beratung oder Ambivalenzpaargruppen, bedarf noch der Überprüfung.

Ein weiterer Schwerpunkt der Scheidungsberatung liegt in der Unterstützung außergerichtlicher und vor allem eigenverantwortlicher Regelungen der Scheidungsfolgen, speziell von Sorge- und Umgangsrecht, durch die

Eltern selbst. Verhandlungskonzepte wie z. B. Mediation führen hier zu erfolgreichen Lösungen. Insbesondere bei streitiger Sorgerechts- und Umgangsregelung sind Vermittlungskonzepte des Jugendamtes, von Beratungsstellen am Familiengericht oder von psychologischen Gutachtern sowie die Anordnung von Beratung durch das Gericht Alternativen zur freiwilligen Teilnahme am Angebot einer institutionell nicht gebundenen Beratungsstelle. Verhandlungskonzepte wie Mediation sind dabei in der Lage, Betroffene zu einem sehr hohen Prozentsatz bei eigenständigen Lösungen zu unterstützen, die ihrem Gefühl der Ausgewogenheit von Regelungen und ihrer Familien- und Lebenssituation am besten entsprechen. Diese Regelungen erfreuen sich auch einer langfristig sehr hohen Akzeptanz durch die Beteiligten. Entsprechend reduzieren sich Zeit- und Kostenaufwendungen bei den Gerichten. Die Verfahren sind kürzer, und Wiederaufnahmen z. B. von Sorgerechts- und Umgangsregelungsstreitigkeiten nach der Scheidung gehen zurück. Entscheidenden Einfluß auf den Erfolg von Mediation nehmen Konfliktpotential und Beziehungsstruktur der Betroffenen sowie die Klärung von Ambivalenzen gegenüber der Trennung. Bei hohem Konfliktpotential, großer Ambivalenz sowie verstrickten oder autistischen Konfliktmustern bedarf es weitergehender psychotherapeutischer Interventionen, bevor eigenständige Regelungen durch die Partner möglich werden. In manchen Fällen bleibt jedoch die Entscheidung durch das Gericht der erfolgreichere und entlastendere Weg für die Betroffenen. Im Rahmen von Mediation werden die Teilnehmer mit für sie neuen Konfliktregelungsmodellen vertraut gemacht, die auch in Zukunft bei Auseinandersetzungen anwendbar sind und die Beziehung zwischen den Partnern entlasten, indem sie zeigen, daß eine sachliche Verständigung noch möglich ist.

Die Verarbeitung von Trennung und Scheidung wird von Mediation dagegen nur am Rande unterstützt. Hierzu bedarf es weiterer spezieller Angebote der Scheidungsberatung. Strukturierte Gruppentrainingsprogramme mit Getrennten und Geschiedenen sind vor allem gut geeignet, die individuelle psychische Situation zu stabilisieren und die soziale Einbindung zu unterstützen. Sie fördern aber auch die emotionale Lösung vom Partner, die Akzeptanz der Scheidung und die Entwicklung der Eigenständigkeit der Geschiedenen. Ergänzende Nachsorge im Rahmen von Selbsthilfegruppen mag ein weiteres Angebot sein, das die Bewältigung der Trennung fördert und speziell der Isolation nach der Trennung entgegenwirkt, entsprechende Konzepte müssen jedoch noch in der empirischen Forschung Berücksichtigung finden. Daneben bedarf es zum Auffangen sehr ausgeprägter emotionaler Reaktionen nach einer Trennung des Angebotes einer psychologischen Krisenintervention. Zur Klärung der Beziehungen in der Nachscheidungsfamilie ist die mehrgenerationelle Familientherapie ein geeignetes Verfahren, das jedoch hohe Anforderungen an die Therapiebereitschaft der Scheidungsfamilie stellt. Neben der Beziehungsklärung, die ganz wesentlich zur Entlastung der Kinder beiträgt, wird hier vor allem unter präventivem Gesichtspunkt die Konflikttradierung mit der Scheidungsfamilie und den Herkunftsfamilien aufgearbeitet, um so die Weitergabe von Partnerschaftskonfliktmustern von einer Generation zur nächsten zu unterbrechen.

Ein weiterer Schwerpunkt, den Scheidungsberatung umfassen muß, besteht in einem Entlastungsangebot für die Scheidungskinder. Hier erweisen sich strukturierte präventive Gruppenprogramme für 8 bis 12jährige Kinder und 13 bis 17jährige Jugendliche als besonders erfolgreich. Neben der wichtigen emotionalen Stützung, die diese Angebote bieten, sind sie vor allem auch in der Lage, den Kontakt zu Gleichaltrigen in ähnlicher Lage zu fördern und so die Isolation von Scheidungskindern aufzuheben, das Verständnis der Kinder für die elterliche Scheidung zu fördern und ihre jeweilige Einschätzung der Zukunft realistischer zu gestalten.

Scheidungsberatung ist also als komplexes Angebot zu verstehen, das sowohl unterschiedlichen Fragestellungen und den Phasen des Trennungsprozesses als auch verschiedenen Konfliktmustern von Scheidungspaaren Rechnung tragen muß. Scheidungsberatung als innovatives Angebot ist nur in Zusammenarbeit bzw. unter Mitwirkung der traditionell im Scheidungsprozeß engagierten Kräfte wie Familiengericht, Jugendamt, Rechtsanwälte und psychologische Gutachter denkbar.

7. Scheidungsberatungsstellen in der Bundesrepublik Deutschland

Im folgenden werden exemplarisch Initiativen und Beratungsstellen vorgestellt, die in der „alten" BRD explizit Hilfen für Betroffene vor, während und nach einer Trennung oder Scheidung anbieten. Einige dieser Beratungsstellen sind Mitglied in einer Arbeitsgemeinschaft von Trennungs- und Scheidungsberatungsstellen, die sich im Sommer 1988 konstituiert hat.

Die hier wiedergegebenen Informationen und Daten wurden uns von den Beratungsstellen auf Anfrage zum Teil schriftlich, zum Teil mündlich übermittelt. Außerdem dienten uns die Programme der Beratungsstellen als Informationsmaterial. Die wiedergegebenen Daten und Informationen über den Familien-Notruf in München entstammen den von dort herausgegebenen Jahresberichten. Ebenso wurde statistisches Datenmaterial über die praktische Tätigkeit der Beratungsstelle des Deutschen Familienrechtsforums e. V. in Stuttgart verwendet.

Die Autoren bedanken sich herzlich für die gefundene Unterstützung bei der Übermittlung des Informationsmaterials.

Inhaltlich spiegeln die einzelnen Beratungsangebote teilweise und in unterschiedlichem Ausmaß die in Kapitel 5 vorgestellten Konzepte wider (Anschriften einzelner Beratungsstellen s. Anhang).

7.1. ARBEITSKREIS „HUMANE SCHEIDUNG" in Rosenheim

7.1.1. Gründung und Träger

Dieser Arbeitskreis wurde auf private Initiative eines von einer Scheidung betroffenen Mannes gegründet.

Diesem Arbeitskreis gehören Menschen an, die beruflich oder persönlich von Trennung und Scheidung betroffen sind. In 6–8wöchigen Abständen treffen sich die ca. 20–40 Mitglieder, um über Themen aus den Problembereichen, mit denen Menschen in Trennungs- und Scheidungssituationen konfrontiert sind, interdisziplinär zu diskutieren.

7.1.2. Arbeitsinhalte und Zielsetzung

Der Arbeitskreis „Humane Scheidung" geht davon aus, daß es dringend erforderlich ist, auf den Problembereich Trennung und Scheidung spezialisierte Einrichtungen mit entsprechend ausgebildetem Personal zu schaffen. Daraus ergibt sich als Langzeitziel für diesen Arbeitskreis auch die Arbeit an gesellschaftlichen und berufspolitischen Veränderungen.

Im einzelnen verfolgt er die Ziele:

- eine Zusammenarbeit der beteiligten Professionen zu ermöglichen bzw. zu verbessern,
- bestehende Hilfsangebote für Betroffene durchschaubar zu machen. Der Arbeitskreis gibt eine Liste mit allen privaten und öffentlichen Hilfsangeboten bei Ehe-, Trennungs- und Scheidungsproblemen im Einzugsgebiet der Stadt Rosenheim heraus,
- ein Angebot von Veranstaltungsreihen und Selbsthilfegruppen bereit zu halten,
- Öffentlichkeitsarbeit zu leisten. Dabei geht es vor allem darum, ein Problembewußtsein für die gesellschaftlichen und politischen Rahmenbedingungen zu schaffen, innerhalb derer sich eine Scheidung mit ihren zum Teil immer noch katastrophalen Auswirkungen (und dieses auch immer noch überwiegend für Frauen) abspielt.

7.2. ARBEITSKREIS „PARTNERSCHAFTSKRISE TRENNUNG UND SCHEIDUNG E. V." in Frankfurt am Main

7.2.1. Gründung und Träger

Der Verein wurde 1983 als Arbeitskreis von Soziologen, Juristen und Psychologen zusammen mit Betroffenen gegründet. Finanziell wird er teilweise durch die Stadt Frankfurt gefördert und zum Teil vom Arbeitsamt bezuschußt. Seit dem 1.10.1988 ist eine Stelle im Rahmen von Arbeitsbeschaffungsmaßnahmen hauptamtlich mit einer Psychologin besetzt. Im Übrigen wird dort sehr viel ehrenamtliche Arbeit geleistet.

7.2.2. Das Beratungsangebot

Das konkrete Beratungsangebot des Vereins umfaßt:

- Gespräche für Getrenntlebende und Paare, die an Trennung denken. Angeboten werden hier Einzel- oder Paargespräche zur Entscheidungsfindung oder/und zur gemeinsamen Regelung der Trennung. In diesem Bereich wird in Kooperation von Juristen und Psychologen „mediation" angeboten.
- Beratung für Familien, Eltern, Geschiedene und Alleinerziehende in Krisensituationen. In diesem Bereich geht es überwiegend um die Probleme, die im Zusammenhang mit einer Trennung oder Scheidung von der Familie zu bewältigen sind. Hierzu gehören neben Ängsten, Unsicherheiten und Erziehungskonflikten auch Probleme im Umgang mit Sorge- und Umgangsrechtsregelungen.
- Gruppenveranstaltungen und gemeinsame Veranstaltungen für Interessierte und Betroffene. Hier lassen sich drei Angebotsformen unterscheiden:
- Einmal im Monat gibt es ein offenes Treffen zum Kennenlernen, miteinander reden und einander zuhören.
- Daneben wird 1–2mal im Monat ein offener Diskussionsabend zu jeweils bestimmten Themen aus dem Problemfeld Partnerschaft, Trennung und Alleinleben angeboten. Hier können Betroffene Erfahrungen austauschen und Schwierigkeiten im persönlichen und praktischen Alltag unter fachlicher Leitung besprechen. Ein wichtiges Anliegen dieses Vereins ist es, die betroffenen Menschen aus ihrer sozialen Isolation zu holen. Dazu werden einmal im Monat gemeinsame Wochenendunternehmungen angeboten, die dabei helfen können neue soziale Netzwerke aufzubauen. Solche Angebote sind auch als Hilfe zur Selbsthilfe zu verstehen.
- Neben diesen terminierten Angeboten gibt es eine offene Sprechstunde und an drei Nachmittagen in der Woche eine Telefonsprechstunde.

In seiner Beratungstätigkeit ist der Arbeitskreis inhaltlich und methodisch an systemischen, klientenzentrierten und psychoanalytischen Ansätzen orientiert.

7.3. Die Beratungsstelle für Ehe-, Familie- und Lebensfragen des Deutschen Familienrechtsforums e. V. in Stuttgart

7.3.1. Gründung und Träger

Die Beratungsstelle des Deutschen Familienrechtsforums e. V. wurde 1981 als Modellberatungsstelle für Menschen in Trennungs- und Scheidungssituationen eingerichtet (vgl. auch Kap. 5 „Stuttgarter Modell"). Die Modellberatung fand ursprünglich im Team statt. Nachdem die Beratungsstelle zunächst 1985 wegen fehlender finanzieller Mittel schließen mußte, konnte jedoch im November 1986 die Arbeit im Rahmen von Arbeitsbeschaffungsmaßnahmen wieder aufgenommen werden.

Für die inhaltliche Arbeit gilt das „alte" Konzept, es wird jedoch mit eingeschränktem Team gearbeitet. Neben einem hauptamtlich angestellten Psychologen sind alle anderen Professionen zur Zeit dort durch ehrenamtlich tätige Mitarbeiter vertreten.

80% der derzeitigen Beratungsgespräche finden in Form von Einzelberatung statt, laufen aber von „prozeßbegleitenden" bis hin zu Nachtrennungs- und Nachscheidungstherapien.

7.3.2. Das Beratungsangebot

Das Angebot der Beratungsstelle richtet sich an:
Getrenntlebende, Geschiedene, Alleinerziehende, Paare, Familien und Kinder.
Hilfe wird angeboten:

- bei Problemen in Partnerschaft und Familie,
- in Ehekrisen und bei Trennungs- und Scheidungsüberlegungen,
- bei „Störungen" der Kinder aufgrund einer familiären Krisensituation,
- bei der Notwendigkeit eines Sorgerechtsgutachtens.

Das Angebot umfaßt:

- Informationsgespräche über psychische, soziale und rechtliche Probleme, die im Verlauf einer Trennung oder Scheidung auftreten können,
- Einzel- und Paarberatung bei individuellen Problemen und Partnerschaftskonflikten,
- Familienberatung für Eltern, die gemeinsam einen konstruktiven Weg aus ihrer Krise suchen wollen,
- Teamberatung von Psychologen, Sozialarbeitern und Juristen, um gemeinsam mit dem Paar eine einvernehmliche Lösung für die Konfliktsituation Trennung/Scheidung zu erarbeiten,

- einen offenen 14tägigen Treffpunkt für Menschen, die nach einer Trennung/Scheidung das Gespräch mit Gleichbetroffenen suchen,
- mehrere Gruppenangebote, darunter u. a. Selbsterfahrungsgruppen zu verschiedenen Themen aus dem Problembereich Trennung/Scheidung.

Inhaltlich ist die praktische Tätigkeit an familiendynamischen Ansätzen orientiert. Dabei variiert die Form der Beratungsarbeit zwischen allgemeinen Informationsgesprächen über Trennung und Scheidung, Einzel-, Ehe- oder Erziehungsberatung sowie Paar-, Sexual-, Familien-, Gruppen- und anderen Therapien. Neben den allgemeinen Informationsgesprächen nimmt dabei das Aufarbeiten der Trennung den breitesten Raum ein.

7.3.3. Klientel und Sozialdaten

1983 kamen 291 Personen als „neue Fälle" in die Beratungsstelle. Davon waren 185 Frauen (63,5%) und 106 Männer (36,4%), darunter 51 Paare. Mit in die Beratung einbezogen wurden 45 Kinder; von der Krise mitbetroffen waren insgesamt 376 Kinder.

Im Vergleich mit dem Durchschnitt in der Gesamtbevölkerung waren „Nur-Hausfrauen" relativ gering vertreten. Bei den Männern überwog der Anteil an Akademikern. Männliche Klienten aus der Unterschicht waren unterrepräsentiert. Das durchschnittliche Nettoeinkommen der Ratsuchenden lag über dem der Gesamtbevölkerung.

7.3.4. Beratungsinhalte

Die Problembereiche, in denen die Klienten um Hilfe nachsuchten und an denen sich die Beratungsinhalte orientierten, unterschieden sich danach, ob die Klienten einzeln oder als Paar in die Beratungsstelle kamen. Sie stellten sich nach Rangplätzen geordnet wie folgt dar:

Trennungsprobleme

Hierunter wurden alle Probleme zusammengefaßt, die sich unmittelbar auf eine Trennungssituation zurückführen ließen. Darunter fielen sowohl praktische Probleme wie z. B. Wohnungssuche als auch „Sich vom Partner unabhängig machen" bis hin zum Problem der Neuorientierung. Waren Kinder von der Trennungssituation mitbetroffen, nahmen Probleme aus dem Bereich der Sorgerechts- und Umgangsrechtsregelung den breitesten Raum ein. Insgesamt wurden hier alle Fragen bearbeitet, mit denen der Mensch bei der Bewältigung einer Trennungssituation konfrontiert ist.

Eheprobleme

In diesen Bereich fielen alle Probleme, die in der Paarbeziehung und im Umgang der Partner miteinander sichtbar wurden. Hier wurde auch die Frage nach der Aufrechterhaltung der Ehe gestellt und zu klären versucht. Auffallend war, daß die Probleme in diesem Bereich überwiegend von Frauen und Paaren ins Gespräch gebracht wurden.

Juristische Probleme

Unter diesen Punkt wurden alle Probleme subsumiert, die sich aus der rechtlichen Veränderung der Familiensituation ergaben. Ausgehend von der Gesamtstichprobe kamen ca. von der Hälfte der Klienten Fragen zu diesem Bereich. Da es für eine Trennung/Scheidung einen gesetzlich geregelten Verfahrensweg gibt, ergaben sich Fragen zu diesem Bereich fast zwangsläufig. Viele Klienten nutzten die juristischen Fragen auch als Einstieg in die Beratung und traten so über die „Hemmschwelle". Die Beratung in diesem Problembereich umfaßte zum einen die allgemeine Abklärung der gesetzlichen Rahmenbedingungen für eine Trennung und/oder Scheidung, auf der anderen Seite jedoch auch die Abklärung spezieller Fragen nach den Regelungen von Unterhalt, Sorge- und Umgangsrecht. Hervorzuheben ist, daß überwiegend bei Paaren die Problematik der Sorge- und Umgangsrechtsregelungen zur Sprache kam und häufig der Wunsch nach einer einvernehmlichen, von beiden getragenen Lösung geäußert wurde. Allen diesen Paaren wurde die *Teamberatung* empfohlen und zu 87% wurde sie von den Paaren genutzt.

Psychologische Probleme

Als psychologische Probleme wurden alle persönlichen Probleme und Störungen angesehen, die die einzelnen Familienmitglieder für sich selbst angaben und die sich für sie subjektiv aus der Veränderung ihrer familiären Beziehungsstrukturen ergaben. Von den Klienten, die um Beratung nachsuchten, betrachtete sich fast jeder Dritte aufgrund solcher persönlichen Störungen als psychotherapeutisch behandlungsbedürftig. Auffallend war, daß eine Veränderung in den familiären Beziehungen offensichtlich eine Vielzahl von unterschiedlichen Störungen hervorbringen oder etablieren kann. Die Rangreihe der vorherrschenden psychischen Probleme der Hilfesuchenden ging von der reaktiven Depression und Ängsten über den Abusus von Alkohol und Medikamenten bis hin zu einer irrationalen Vorstellung von Zukunft und Neubeginn. In diesen Haltungen lag aber auch gleichzeitig die Chance einer konstruktiven Beratungsarbeit:

Durch das Aufzeigen der positiven Anteile einer Trennungs-/Scheidungssituation wird oft ein Neuanfang möglich. Eine Besonderheit für die Therapie von „individuellen" Problemen, die sich häufig als Reaktion auf die jeweiligen Veränderungen des familiären Beziehungssystems darstellen lassen, ergab sich eben genau aus diesem Umstand. Zu diesem Zeitpunkt konnte die Familie dem Betroffenen weder beistehen, noch konnte sie in eine Therapie mit einbezogen werden. Die therapeutischen Interventionen konnten sich hier nur auf eine Stärkung der sozialen und psychologischen Kontingenzen des Einzelnen beziehen, um so über eine Erhöhung seines Selbstwertgefühls eine Verbesserung seiner individuellen Situation als betroffenes Familienmitglied zu erreichen.

Wirtschaftlich-soziale Probleme

In dieser Rubrik wurden alle Probleme genannt und bearbeitet, die sich aus den veränderten wirtschaftlichen Verhältnissen der Familie ergaben. Stichworte zu diesem Problembereich waren u. a. Berufstätigkeit der Frau, Vermögensauseinandersersetzung.

Diese Probleme wurden deutlich seltener angesprochen als z. B. die Trennungs- oder Eheprobleme. Dasselbe galt im Vergleich mit den juristischen Problemen. Zwei Gründe könnten dafür genannt werden: Die Bearbeitung der anderen Probleme war für die Ratsuchenden vorrangiger, oder aber die Regelung dieser Sachverhalte gelang ohne größere Schwierigkeiten, wie es in der Mittelschicht, aus der die meisten Klienten stammten, häufig der Fall ist.

Probleme nach der Scheidung

Diesem Bereich wurden Probleme zugeordnet, die erst nach einer Scheidung aufgetreten waren. Sie betrafen häufig die Neudefinition der Beziehungen der Familienmitglieder untereinander, die eigene psychische Stabilisierung oder aber auch die Integration eines neuen Partners.

Familienprobleme

Die Klassifizierung dieser Probleme wurde anhand der Indikationsstellung zur Familientherapie vorgenommen, insbesondere hat man sich hier am Konzept des „identifizierten Patienten" orientiert d. h. eindeutige Schuldzuweisungen wurden in Richtung auf systemische Zusammenhänge und eigene Anteile hin bearbeitet. Hierunter fielen aber auch Erziehungsprobleme etc.

Andere Problembereiche

Die hier angesprochenen Probleme wurden von Klienten eingebracht, die sich weder in einer Trennungs-, noch in einer Scheidungssituation befanden. Die Probleme lagen in den Bereichen der Sexualität, der Selbstsicherheit u. ä.

7.3.5. Erwartungen der Klienten

Die Erwartungen der Klienten an die Beratungsarbeit unterschieden sich zunächst danach, ob sie als Paar oder als Einzelperson die Beratungsstelle aufsuchten. Paare, die in die Beratung kamen, nannten als Grund zu 64,7% Eheprobleme. Von ihnen wurde dann Hilfestellung bei der Gestaltung ihrer Beziehung gewünscht. Als Beratungsziel wurde in diesen Fällen die Aufrechterhaltung der Ehe genannt. Häufig wurde dann jedoch im Verlauf der Beratung die mangelnde Bereitschaft eines Partners (manchmal auch beider) sichtbar, sich auf notwendige Veränderungen einzulassen. Demzufolge kam es dann im Anschluß an die Beratung doch zur Trennung. Oft nahmen diese Paare dann zusammen eine Teamberatung bzw. eine Trennungsberatung wahr.

Bei Ehepartnern, die allein in die Beratungsstelle kamen, standen dagegen von vornherein Belastungen durch Trennungsprobleme im Vordergrund. Dieses galt sowohl für Frauen als auch für Männer. Paare, die zum Zeitpunkt, an dem sie die Beratungsstelle aufsuchten, bereits getrennt oder geschieden waren, wollten unter Zuhilfenahme der Beratung gemeinsam von beiden getragene Regelungen für verschiedene strittige Scheidungsfolgen wie z. B. Sorgerecht, Umgangsrecht, Hausratsauflösung etc. erreichen. Hier wurde immer Teamberatung angeboten und vom größten Teil der Klienten auch genutzt.

7.3.6. Beratungsergebnisse

Von den 51 Paaren, die 1983 gemeinsam in die Beratung kamen, entschlossen sich 12 Paare ihre Ehe fortzusetzen, nachdem sie zunächst eine Eheberatung wahrgenommen hatten. Daran schloß sich häufig eine Paar-, Familien- und/oder Sexualtherapie an. Bei den verbleibenden 39 Paaren war entweder die Trennungsentscheidung schon gefallen, die Trennung bereits vollzogen oder es waren zum Teil schon juristische Schritte eingeleitet worden. Da sie jedoch gemeinsam in die Beratung kamen, wurde ihnen eine Teamberatung empfohlen, die auch von 34 Paaren (87%) genutzt wurde.

An dieser Stelle sei nochmals auf das Hauptanliegen der Teamberatung hingewiesen: Die Teamberatung durch ein interdisziplinäres Team bietet sich in Trennungs- und Scheidungssituationen aufgrund der Mehrdimensionalität der dort entstehenden Probleme an. Den Klienten bleiben Wege, Zeit und Kosten erspart. Fragen, Probleme und Lösungen aus den verschiedenen Problembereichen können in der Teamberatung aufeinander bezogen oder gegeneinander abgegrenzt bzw. gegeneinander abgewogen von beiden Partnern mit Hilfe kompetenter Fachkräfte bearbeitet werden. In der Stuttgarter Beratungsstelle gilt dieses insbesondere für die Regelung des Sorge- und Umgangsrechts. Eltern neigen in der Regel dazu, von den Kindern eine Entscheidung für einen und damit auch immer gegen den anderen Elternteil zu verlangen. Dieses stellt für fast alle Kinder eine ungeheure Überforderung dar und es sieht sich schweren Loyalitätskonflikten ausgesetzt, die es nicht bewältigen kann. In den 1983 durchgeführten Teamberatungen versuchten die Mitarbeiter der Beratungsstelle bei den Eltern das Bewußtsein dafür zu schaffen, daß Kinder auch nach einer Trennung oder Scheidung der Eltern beide Elternteile brauchen.

Dieses Anliegen wurde in allen Fällen erreicht. Alle Eltern versuchten gemeinsame Regelungen für die Kinder zu finden. Die ins Auge gefaßten Möglichkeiten reichten dabei vom gemeinsamen Sorgerecht bis hin zu flexiblen Regelungen insgesamt beim Sorge- und Umgangsrecht.

Auch für andere zu regelnde Scheidungsfolgen hat sich die Teamberatung als erfolgreich erwiesen. Streitigkeiten über Haushaltsauflösungen, Zugewinn- und Vermögensausgleich konnten häufig einvernehmlich gelöst werden. So blieben den Klienten lange und teure gerichtliche Auseinandersetzungen erspart.

Es wurde bereits gesagt, daß bei vielen Klienten, die einzeln in die Beratung kamen, überwiegend der Problemkreis Trennung im Vordergrund stand. Bei vielen von ihnen konnte in der Beratung deutlich gemacht werden, daß die eheliche Beziehung auch solche Anteile beinhaltete, die durchaus als Ressourcen für die Möglichkeit der Aufrechterhaltung der Ehe zur Verfügung standen.

Hier trug die Beratung dazu bei, sogenannte Kurzschlußscheidungen zu verhindern. Oft kamen diese Klienten jedoch in die Beratungsstelle, nachdem die Trennung bereits vollzogen und/oder das Scheidungsverfahren bereits juristisch eingeleitet war. In wenigen Fällen wurde nach einer Beratung ein vorschnell gestellter Scheidungsantrag zurückgenommen.

In den Fällen, in denen die Trennungsentscheidung selbst nicht mehr Gegenstand der Beratung war, wurden dem Ratsuchenden die Möglichkeiten einer unstrittigen Trennung vermittelt.

Dies beinhaltete dann auch immer das Anliegen von Seiten der Berater, den Partner des Klienten mit in die Beratung einzubeziehen. Gelang es dem Ratsuchenden nicht, seinen Partner zur Teilnahme zu bewegen, wurde dieser von der Beratungsstelle direkt dazu eingeladen. In 33% der Beratungskontakte war dieser Weg erfolgreich.

Den Hilfesuchenden, deren Partner nicht bereit waren an der Beratung teilzunehmen, wurde in der Beratung Hilfestellung bei der Bewältigung des Verlustes gegeben.

In Fällen stark verminderter Selbstwertgefühle – dies war überwiegend bei Frauen der Fall – wurde therapeutisch interveniert. Mit Hilfe von Einzelgesprächen und/oder Gruppentherapien konnten die Persönlichkeiten soweit gestärkt werden, daß der Aufbau neuer sozialer Kontakte, neuer Partnerbeziehungen oder auch – dies galt wiederum überwiegend für Frauen – die Wiederaufnahme einer Berufstätigkeit möglich wurde.

Auch hier galt das Anliegen der Berater, den Klienten, wenn sie Kinder hatten, ein Bild davon zu zeichnen, wie Kinder die Trennung ihrer Eltern erleben. So wurde auch hier ein Bewußtsein dafür geschaffen, daß Kinder auch nach der elterlichen Trennung beide Elternteile brauchen. Erreicht wurde darüber z. B. eine großzügigere Handhabung von Umgangsregelungen. Auch Informationen über die Möglichkeit einer gemeinsamen elterlichen Sorge wurden in den meisten Fällen angenommen und zum Teil in eigene Überlegungen zur Gestaltung der Beziehungen nach der Trennung integriert.

Die Einbeziehung von Kindern in die Beratung fand zum einen im Rahmen von Familientherapie statt, zum anderen nahmen sie an Beratungen zu Sorgerechts- oder Umgangsrechtsregelungen teil.

Den meisten dieser Kinder konnte so die Kontinuität des Kontaktes zu beiden Elternteilen gesichert werden. Dies stellte für sie eine immense Entlastung dar.

„Störungsbilder", die die Kinder in der Angst vor dem Verlust eines Elternteils aufgebaut hatten, konnten aufgegeben werden.

7.3.7. Ergebnisse in Zahlen

Stange (1982) listet für die ersten eineinhalb Jahre der praktischen Tätigkeit der Beratungsstelle u. a. folgende Erfahrungen und Ergebnisse auf:

Mit 44% männlichen Klienten, gegenüber einem weiblichen Anteil von 65%, liegt die Beratungsstelle über dem Durchschnitt anderer, ähnlicher Einrichtungen. Dieses ist hier jedoch darauf zurückzuführen, daß viele Ehemänner, die zunächst nicht an der Beratung teilnahmen, später dazu kamen. Insgesamt konnte mehr als die Hälfte aller Ehepartner, die beim Erstgespräch nicht dabei waren, später für die Beratung gewonnen werden.

91% der Hilfesuchenden hatten minderjährige Kinder.

In 52% der Fälle wurde es möglich, eine konstruktive Trennung herbeizuführen; nur in 17% der Fälle konnte der destruktive Verlauf nicht gestoppt werden.

23% der Paare entschlossen sich, ihre Ehe weiterzuführen, davon ca. 50% nach durchgeführter Konfliktbearbeitung.

In 19% der Fälle wurde um das Sorgerecht gestritten. Auch hier konnte in ca. der Hälfte der Fälle eine einvernehmliche Lösung erarbeitet werden.

7.3.8. Zusammenfassende Erfahrungen

Als wertvolle Erfahrungen aus der praktischen Tätigkeit der Beratungstelle im Jahr 1983 lassen sich folgende Aspekte festhalten:

– Bei unbefriedigenden Familienbeziehungen wagen es Eltern erst, ihre Beziehung zueinander neu zu definieren, wenn die Kinder älter sind. Dabei fehlt das Bewußtsein darüber, daß es möglich ist, gemeinsamen

Kindern auch nach der Auflösung der Paarbeziehung als Elternteile erhalten zu bleiben.

Zu bedenken ist hierbei, daß es sich bei der Sorge um das Wohl der Kinder auch immer um eine Projektion bzw. eine Rationalisierung der Unfähigkeit der Erwachsenen, sich aus einer unbefriedigenden Beziehung lösen zu können, handeln kann. Die Familie, die dann letztlich in die Beratungsstelle kommt, um mittels professioneller Hilfe ihre familiären Beziehungen zu verändern, stellt sich so dar:

Ihre Mitglieder lassen sich der Mittelschicht zuordnen. Das Paar ist ca. 15 Jahre verheiratet und hat ein bis zwei schon etwas ältere Kinder. Das Einkommen dieser Familie liegt etwas über dem Durchschnitt der Gesamtbevölkerung. Wenn Männer allein in die Beratungsstelle kommen, gehören sie fast nie der Unterschicht an. Insgesamt sind bei den Männern Akademiker überrepräsentiert.

- Ein großer Teil der Hilfesuchenden ist bereit, eine Beratungsstelle, die auf seine Probleme spezialisiert ist, auch in größerer Entfernung aufzusuchen.
- Insbesondere dokumentieren die Beratungsinhalte, daß es der Beratungstelle gelungen ist, sich mit ihrem Arbeitsansatz als spezialisierte Einrichtung für Beratung bei Ehekrisen, in Trennungs- und Scheidungssituationen sowie bei Problemen in der Nachscheidungsphase darzustellen und einzuführen.
- Die Notwendigkeit solcher spezialisierten Beratungsstellen auch für die Bundesrepublik wird insbesondere daran deutlich, daß sie überwiegend von Ratsuchenden frequentiert wurde, die sich entweder in einer Beziehungskrise der Paar- oder Familiengemeinschaft befanden oder mit Problemen konfrontiert waren, wie sie in Trennungs- und Scheidungssituationen auftreten.
- Die geäußerten Probleme traten auf den verschiedenen Ebenen gleichzeitig und gleichwertig auf.
- Wegen eben dieser Mehrdimensionalität der Probleme ist eine Beratungsstelle gefordert, die einen interdisziplinären und mehrdimensionalen Arbeitsansatz vertritt.

7.4. Der „FAMILIEN NOTRUF" in München

7.4.1. Gründung und Träger

Die Beratungsstelle „Familien-Notruf" in München wurde im April 1982 im Rahmen eines Modellversuchs eingerichtet.

Trägerverein ist die Deutsche Arbeitsgemeinschaft für Jugend-und Eheberatung e. V. (DAJEB e. V.).

Pate bei der Einrichtung stand die Erkenntnis, daß ein sich trennendes Paar sich zum einen mit einer Scheidung voneinander distanzieren will, daß es aber auf der anderen Seite nicht gleichzeitig die Verantwortung für die gemeinsamen Kinder abgeben kann und daß es eine Forderung des „Kindeswohls" ist, als Elternpaar weiterhin kooperativ miteinander umzugehen.

7.4.2. Zielsetzungen

- Zunächst ist es das Ziel der Beratungsarbeit, vermeidbare Scheidungen und sogenannte Kurzschlußscheidungen zu verhindern.
- Wenn es zur Trennung/Scheidung kommt, gilt es, den Betroffenen umfassende Informationen über das Scheidungsverfahren sowie die zu regelnden Folgesachen und Konsequenzen der Scheidung zu vermitteln, bei gleichzeitiger Klärung der objektiven und subjektiven Folgen der Scheidung für den einzelnen Betroffenen.
- Paaren, Familien, Geschiedenen und Alleinerziehenden soll im Prozeß der Ehekrise, der Trennung, der Scheidung, der emotionalen Ablösung bis hin zur Neuorientierung psychologische Begleitung und Beratung geboten werden.
- Unter der Leitthese „Rückkehr zur Gemeinsamkeit" sollen die angebotenen prophylaktischen, begleitenden und nachsorgenden Hilfen im wesentlichen der Erhaltung bzw. der Wiederherstellung der Dialogfähigkeit von Eltern dienen, um darüber günstige Voraussetzungen zur Wahrung der gemeinsamen elterlichen Verantwortung, auch nach Beendigung der Ehe, zu schaffen.
- Dem Kind soll so mit Hilfe der Beratung der Kontakt und die Loyalität zu beiden Elternteilen gewährleistet werden.
- Obwohl im Trennungs-/Scheidungsprozeß selten das Bedürfnis nach einer Klärung des Paarkonfliktes besteht, ist dieses für die Beratungsarbeit konzeptionell vorgesehen. Begründet ist die Zielsetzung dadurch, daß, wie häufig in Beratungen in der Nachscheidungsphase gesehen wird, der Paarkonflikt auch nach der Scheidung die Beziehung der ehemaligen Partner zueinander bestimmt und sich in endlosen Streitigkeiten z. B. um die Kinder manifestiert.

7.4.3. Der formale Rahmen des „FAMILIEN-NOTRUF"

In der Beratungsstelle arbeitet ein interdisziplinäres Team von hauptamtlichen Mitarbeitern aus den Disziplinen Familientheraphie, Sozialpädagogik, Eheberatung und Psychologie. Daneben sind weitere Mitarbeiter aus diesen Disziplinen dort nebenberuflich tätig. Zu den Beratungen wird ggf. ein Rechtsanwalt hinzugezogen. Das Team wird von einem Diplom-Psychologen und Familientherapeuten supervidiert.

7.4.4. Beratungsinhalte und -ergebnisse

Unterschiede in den Inhalten der Beratung ergeben sich aus dem Prozeßverlauf des Trennungsgeschehens. Abhängig von der jeweiligen Phase, in der die Beratung stattfindet, lassen sich dann auch Ergebnisse darstellen:

Ambivalenzberatung:

Hier wird psychische Arbeit für eine Entscheidungsfindung geleistet. Dabei orientiert man sich sowohl an realen Bedingungen (sozio-ökonomische Gegebenheiten) als auch an psychischen Widerständen.

Es konnten im Wesentlichen die Möglichkeiten, die für eine Aufrechterhaltung der Ehe sprachen, abgeklärt, übereilte Entschlüsse verhindert und eine realistische Einschätzung der Situation erarbeitet werden. Starre Fronten wurden durch den wiederaufgenommmenen Dialog erweicht. Die Annahme eigener Anteile an der Krise entgiftete das Familienklima. Dadurch konnten Eltern wieder eher die Bedürfnisse der Kinder wahrnehmen und ihnen besser gerecht werden. Abhängigkeiten zu den Herkunftsfamilien konnten gelockert werden und damit mehr Verantwortung für die Partner- und Elternschaft übernommen werden.

Trennungsberatung:

Je nachdem, wer an der Beratung teilnimmt, sind hier die Inhalte unterschiedlich. Für Familien gilt der Schwerpunkt: Schonräume für die Kinder schaffen und konkrete Vereinbarungen treffen. Danach beginnt dann erst die eigentliche Trennungsarbeit mit den Erwachsenen.

Für Eltern konnte hier hauptsächlich erreicht werden, daß sie die Kinder innerhalb ihrer Auseinandersetzungen „freilassen" konnten. Sie lernten, die Zukunft der Kinder auch weiterhin als gemeinsame Aufgabe anzusehen. Unterhalts-, Sorgerechts- und Umgangsrechtsregelungen konnten erarbeitet werden. Zunehmend mehr Eltern entwickelten Ideen zu einem gemeinsamen Sorgerecht.

Nachscheidungsberatung:

Hier geht es inhaltlich häufig um das Nachholen von unterlassener Trennungs- und Trauerarbeit. Darüberhinaus wird Hilfestellung gegeben bei der Verbessserung der Kontakte der Kinder zu beiden Elternteilen. Außerdem ist oftmals Hilfe bei der Neuorientierung sowohl des Einzelnen als auch des Alleinerziehenden oder auch der „Stieffamilie" erforderlich.

Kinder lernten, ihre Gefühle und Verunsicherungen auszudrücken. Die so erfahrene Entlastung ermöglichte ihnen die Aufgabe von „Störungsbildern", die sie im Verlauf der elterlichen Trennung entwickelt hatten. Für die Kinder wurden offene Kontakte zu beiden Elternteilen möglich. Einschränkungen oder Abbrüche von Kontakten der Kinder zu den nichtsorgeberechtigten Elternteilen konnten in vielen Fällen verhindert werden. Bei zu treffenden Entscheidungen wurde gemeinsames pädagogisches Handeln der Eltern wieder möglich.

Insgesamt können nachfolgende Auswirkungen der Beratung auf die Beziehung der Eltern zueinander und die Beziehungen der einzelnen Elternteile zu den Kindern festgehalten werden:

- Eltern lernten, die Enttäuschungs- und Wutreaktionen der Kinder zu verstehen und deren Trauer auszuhalten.
- Eltern konnten regelmäßige Besuche beim nicht-sorgeberechtigten Elternteil gestalten und schützten so die Kinder vor der Idealisierung bzw. der Verteufelung eines Elternteils.
- Eltern lernten, Kontakte zum gleichgeschlechtlichen, nicht-sorgeberechtigten Elternteil zu fördern, um die Geschlechtsidentität ihrer Kinder nicht zu verunsichern.
- Dadurch, daß Eltern in der Beratung ihre Schuldgefühle bearbeiten konnten, waren sie in der Lage aufzuhören, ihre Kinder zu verwöhnen.
- Offenes Sprechen der Eltern mit den Kindern über die Trennung oder Scheidung baute die Verunsicherungen der Kinder, sie seien Schuld an der Trennung, ab.
- Ebenso trug das Schaffen von klaren Verhältnissen und unmißverständlichen Regelungen dazu bei, zu verhindern, daß die Kinder sich in falschen Versöhnungshoffnungen verfingen.
- Zuverlässige Kontakte zu den Eltern bewahrten die Kinder davor, sich verlassen und/oder abgelehnt zu fühlen.
- Kinder wurden aus der Funktion als Geisel, Botschafter, Bündnispartner und Partnersubstitut entlassen. Eltern suchten Kontakte zu anderen Erwachsenen und gestatteten den Kindern Kontakte zu anderen Kindern.

Zusammengefaßt zeigen diese Beratungsergebnisse, daß es gelang, den Eltern zu vermitteln, daß sie auch nach der Trennung oder Scheidung gemeinsam in der Verantwortung für die Kinder stehen. Die Bereitschaft der Eltern wuchs während der Beratungen, Sorgerechts- und Umgangsrechtsregelungen nicht zum „Zündstoff" juristischer Auseinandersetzungen zu machen, sondern eher eine gemeinsame Regelung oder auch ein gemeinsames Sorgerecht zu erarbeiten.

7.4.5. Gruppenarbeit im „Familien-Notruf"

Die Gruppenarbeit stellt konzeptionell einen wesentlichen Bestandteil der Arbeit im Familien-Notruf dar. Am Phasenverlauf des Trennungsprozesses orientiert werden folgende Gruppen angeboten:

- Ambivalenz – Paargruppen,
- gemischte Trennungsgrupppen,
- geschlechtsspezifische Trennungsgrupppen und
- Gruppen für getrenntlebende Eltern.

Die Laufzeiten der einzelnen Gruppen variieren zwischen einem halben und einem ganzem Jahr. Dies bestimmt sich letztlich durch das „Thema" der Gruppe. So dauern z. B. Trennungsgruppen länger als Ambivalenzgruppen. Ist die Anzahl der Sitzungen nicht von vornherein festgelegt, werden die Gruppen überwiegend als fortlaufende Gruppe gestaltet, wobei jeweils nach einer bestimmten Anzahl von Treffen eine Zäsur gemacht wird, wo jeder Teilnehmer für sich entscheiden kann, ob er weitermachen will oder nicht. Abschiede müssen vorher angekündigt und begründet werden. Verschiedene Gruppen wurden bisher als Selbsthilfegruppen weitergeführt mit der Möglichkeit, sich zwischenzeitlich Hilfestellung durch die ehemalige Leitung der Gruppe zu holen. Für gemischte Gruppen hat sich die Leitung durch ein Paar als notwendig erwiesen. Bei den Trennungsgruppen ist darauf zu achten, daß sowohl aktiv als auch passiv getrennte Frauen und Männer in der Gruppe vertreten sind.

7.4.5.1. Ambivalenz – Paargruppe

Struktur, Verlauf und Inhalt einer solchen Gruppe wurde bereits unter Punkt 5.1.1. dargestellt.

7.4.5.2. Gruppe für getrenntlebende Männer und Frauen

Voraussetzung für die Teilnahme ist, daß die Klienten räumlich getrennt vom Partner leben oder geschieden sind. In zum Teil mehreren Vorgesprächen mit beiden Gruppenleitern wird die aktuelle psychische Situation und die Motivation für die Teilnahme an der Gruppe abgeklärt, insbesondere auch die Frage, ob nicht auch eine Paar- oder Familienberatung möglich wäre. Die Mitarbeiter gehen davon aus, daß bereits die Wahl des Settings eine Intervention darstellt, die mitbestimmend dafür ist, ob Trennung/Scheidung noch als gemeinsame Angelegenheit eines Paares gesehen werden kann. Die Gruppenteilnahme eines Einzelnen kommt nur dann zustande, wenn sich dessen Partner weigert, eine gemeinsame Beratung aufzunehmen. Dabei kommt der Frage nach der tatsächlichen Ablehnung des ehemaligen Partners oder aber nach einer evtl. einseitigen Darstellung des Bewerbers für die Gruppe eine besondere Bedeutung zu.

Ein weiteres Kriterium für die Teilnahme an der Gruppe ist, daß es sich bei den anliegenden Problemen um mehr oder weniger individuelle Probleme handelt wie z. B. Probleme mit der Ablösung oder der Neuorientierung. Die persönliche Krisensituation des Bewerbers sollte sich also relativ unabhängig von der Beziehung zum ehemaligen Partner darstellen.

Ein letzter Punkt, der über die Teilnahme entscheidet, ist die Frage nach den Gründen, aus denen speziell eine Gruppenteilnahme gewünscht wird. Ausschlaggebend dafür ist häufig das Gefühl sozialer Isolation. In der Regel erfolgt ein Rückzug von früheren sozialen Kontakten, weil diese im Zusammenhang mit der Trennung/Scheidung als problematisch erlebt werden.

Gründe für einen solchen Rückzug sind u. a.:

– das Gefühl, andere mit seinem Unglück zu belasten,
– das Gefühl der ganz besonderen Tragik des eigenen Schicksals, insbesondere beim Umgang mit vollständigen Familien oder intakten Partnerschaften,
– das Gefühl des Ausgeschlossenseins. Getrenntlebende und Geschiedene vermuten häufig, daß sie Ängste bei Freunden vor der Auseinandersetzung mit eigenen familiären Schwierigkeiten auslösen bzw. daß sie als nun unabhängige, einzelne und sich neu orientierende Menschen in bestehende Ehen eindringen könnten.

Entscheidend sind aber auch Schamgefühle. Verlassene erleben sich häufig als unvollständig und scheuen sich davor, unter Menschen zu gehen.

Die Bewerbung um eine Gruppenteilnahme stellt in diesem Zusammenhang bereits ein Wiederhervortreten dar, das prognostisch als günstig zu sehen ist.

Im Verlauf einer solchen Gruppe kommt es infolge von Übertragungs- und Gegenübertragungsprozessen zu massiven Trennungskämpfen und/oder juristischen Streitigkeiten mit den ehemaligen Partnern. Diese werden auf allen Ebenen in die Gruppe gebracht und bestimmen die Gruppenbeziehungen so stark, daß auch die Gruppenleiter teilweise mitbetroffen werden können. Hinzu kommt, daß auch die Gruppenleiter während der Gruppenarbeit laufend mit der eigenen Lebensgeschichte, eigenen Trennungs- und Scheidungserfahrungen und damit in Zusammenhang stehenden eigenen unverarbeiteten Anteilen konfrontiert werden. Zum Teil kommt es so zu aktuellen Verstrickungen in den Beziehungen zu einzelnen Teilnehmern. Daraus ergibt sich für die Gruppenleiter die Notwendigkeit, in den Nachbesprechungen auch die persönliche Ehe-, Trennungs- und Scheidungsgeschichte aufzuarbeiten.

In der Gruppe können alle Probleme, mit denen die Teilnehmer im Zusammenhang mit ihrer Trennung oder Scheidung konfrontiert sind, thematisiert werden. Somit ist der Themenkomplex breit gestreut. Einige Stichworte zeigen den Umfang auf:

- weiterbestehende Ambivalenzen,
- Verleugnung der Beendigung der Ehe,
- Wünsche nach Wiederaufnahme der Beziehung,
- anhaltende Treue zum gegangenen Partner,
- Erschütterungen von Verleugnungen, wenn die ehemaligen Partner Schritte unternehmen, um die Scheidung zu regeln,
- Selbstwertkrisen, einschl. Versagensgefühlen und Vernachlässigung der eigenen Person,
- Gefühle von Enttäuschung, Verbitterung, Wut und Verzweiflung,
- soziale Isolation,
- Abusus von Medikamenten, Alkohol und Süßigkeiten,
- Probleme, Ängste und Befürchtungen vor oder mit neuen Beziehungen und Partnerschaften, einschl. ablehnender und abwertender Haltungen gegenüber dem anderen Geschlecht,
- Einsatz der Kinder als Partnersubstitut inklusive der Verpflichtung der Kinder zum Bündnispartner gegen den abwesenden Elternteil und des Mißbrauchs der Kinder als Stütze, Tröster und Lebensinhalt,
- Ängste, auch noch das Kind zu verlieren und daraus resultierende Konsequenzen im Umgang mit Umgangsregelungen,
- Unsicherheiten alleinerziehender Mütter im Umgang mit ihren pubertierenden Söhnen bei fehlendem erwachsenen Sexualpartner,
- Probleme der Männer, Wünschen nach Regression, Rückzug und Schonzeit nicht nachgeben zu dürfen, sondern funktionieren zu müssen, insbesondere im Beruf.

Die Gruppendynamik wird anfangs durch das Gefühl der Gleichbetroffenheit, verbunden mit gegenseitiger Anteilnahme, Trostspenden und Unterstützung bestimmt. Die Wahrnehmung von Abweichendem und Verunsicherndem wird zu diesem Zeitpunkt nicht aktualisiert. Auffallend ist, daß bei einem Teil der Gruppenmitglieder die persönliche Krise in einem Ausmaß anhält, als wäre sie erst gestern eingetreten. Dies hat zur Folge, daß die Projektion der Schuld am Scheitern der Paarbeziehung auf den Partner unvermindert anhält, zunehmend in die Gruppe gebracht wird und in breitem Umfang das Gruppengeschehen bestimmt. Es entwickelt sich sukzessiv eine aggressiv feindselige Stimmung zwischen Männern und Frauen. Es kommt zu Einteilungen in Freund und Feind, zwischen Verlassenen und Verlassenden und zwischen sorgeberechtigten Müttern und umgangsberechtigten Vätern. Entscheidend jedoch ist die Polarisierung der Geschlechter.

Diese Kämpfe innerhalb des Gruppengeschehens spiegeln die Tragik der Trennungskämpfe mit den ehemaligen Partnern wider:

Grundsätzlich verständliche Verhaltensweisen des Partners werden als Bedrohung und Angriff auf die eigene Person wahrgenommen und erlebt, verbunden immer mit der Sicht der eigenen Person als Opfer, so daß eigene Anteile an den Problemen nicht wahrgenommen werden, ebensowenig wie das zum Teil eigene, provokative Verhalten gegenüber dem Partner. Erst mit der Zeit wird es in kleinen Schritten den Teilnehmern der Gruppe möglich, Probleme, Ängste, Opfer und Verzicht beim anderen zu sehen und zu akzeptieren. Insgesamt läßt sich bei einigen Gruppenmitgliedern im Verlauf zunehmend eine versöhnlichere Einstellung zu sich selbst und zum ehemaligen Partner beobachten.

7.4.5.3. Eine Gruppe für getrenntlebende Frauen

Die Voraussetzungen für die Teilnahme ähneln denen der gemischten Trennungsgruppe. Es wird auch hier darauf geachtet, daß es sowohl verlassene als auch verlassende Frauen in der Gruppe gibt. Wichtig ist zudem, daß die Trennungsprobleme nicht durch andere Probleme überlagert sind (wie z. B. durch Homosexualität, Sucht, Krankheit o. ä.). Außerdem ist die Bereitschaft zum Erkennen eigener Anteile an der Trennung/Scheidung Bedingung für die Teilnahme, ebenso die Fähigkeit, Veränderungswünsche und Konfrontationen annehmen zu können.

Die Frauen erwarten im allgemeinen eine Stärkung ihrer Persönlichkeit in der Gleichbetroffenengruppe über die Unterstützung durch andere Frauen. Daneben erhoffen sie für sich die Solidarität der anderen Frauen. Insbesondere wollen sie ihre Enttäuschung über den Partner zunächst in der Ablehnung allen Männern gegenüber ausdrücken. Auch gehen sie davon aus, daß sie in der Frauentrennungsgruppe leichter Ängste und Haßgefühle zeigen können. Die Entscheidung der Frau für eine Gruppe bedeutet zunächst einmal, daß sie sich Zeit für sich selbst nimmt und sich mit sich selbst auseinandersetzt. Hinzu kommt, daß über die Gruppe Kontakte hergestellt werden können, daß sie Unterstützung bekommt und auch welche geben kann. Die Frauen helfen sich gegenseitig dabei, bestehende Ängste vor der Verantwortung für sich selbst zu bewältigen.

In der Frauengruppe wird ihr Weg nicht durch Männer gestört. Mit den Rückmeldungen anderer Frauen kann besser umgegangen werden, persönliche negative Erfahrungen können leichter angesprochen werden.

Im Gruppenprozeß wird deutlich, daß die Frauen sich in jedem Fall schuldig fühlen. Unabhängig davon, ob sie verlassen wurden oder verlassen haben, artikulieren sie Schuldgefühle darüber, den Kinder die Familie genommen zu haben. Entlastung von diesen Schuldgefühlen erfahren die Frauen in der Gruppe u. a. dadurch, daß sie hier das Scheitern ihrer Ehe unter dem Mehrgenerationenaspekt betrachten können.

Ein anderes wichtiges Thema der Gruppe ist das Kind als Partnerersatz auf den verschiedenen Ebenen. Hier wird erfolgreich mit dem Erstellen der Mutter-Kind-Beziehung als Skulptur gearbeitet und den Frauen darüber die Problematik verdeutlicht.

Die Solidarität unter den Frauen erweist sich als positiv, wenn es darum geht das abgewertete Selbst zu stützen und wiederaufzubauen. Der Mann wird in diesem Prozeß zunächst als Feind angesehen und löst Gefühle von Ärger und Wut aus, verbunden mit einer starken Ablehnung und Abwertung. Im Interesse erforderlicher Trauerarbeit ist es jedoch notwendig, daß die Frauen auch eigene Anteile am Scheitern der Ehe sehen und Trauergefühle zulassen können.

7.4.5.4. Eine Gruppe für getrenntlebende Eltern

Diese Gruppe hat zum Ziel, getrenntlebenden Eltern zu helfen, gemeinsame Entscheidungen über Erziehung, elterliche Sorge und den Umgang mit den Kindern zu treffen.

In zwei Vorgesprächen, einmal mit dem einzelnen Elternpaar allein, einmal mit der gesamten Familie, wird vorab die Motivation der Eltern für die Teilnahme geklärt. Wichtig ist die Einstellung der Eltern zu ihrer Trennung. Diese sollte bereits überwiegend akzeptiert worden sein. Daneben werden bis zu dem Zeitpunkt getroffene Regelungen oder aber die Gründe, die bisher Regelungen verhindert haben, nachgefragt. Auch wenn beide Eltern als Grund für ihre Anstrengungen, Regelungen zu treffen, das Wohl der Kinder angeben, überraschen doch die großen Differenzen, die es über die praktische Gestaltung der Regelungen gibt. Um so wichtiger wird es, sehr genau auf die Fähigkeiten der ehemaligen Partner zur Zusammenarbeit und zur Auseinandersetzung zu achten.

Inhalt und Verlauf der Gruppenarbeit mit den getrenntlebenden Eltern werden u. a. bestimmt durch:

- einen Erfahrungsaustausch der Eltern darüber, wie ihre Kinder die Trennungen jeweils ihrer Meinung nach verarbeitet haben. Gemeinsam wird zur Kenntnis genommen, daß die Kinder offensichtlich stets besser über die aktuelle Situation der elterlichen Beziehung informiert sind, als diese denken,
- die Erkenntnis der verlassenen Männer in der Gruppe, daß sie solange ihre Ehe als sehr gut wahrgenommen haben, bis ihre Frauen sich anderen Männern zuwandten. Sie sehen sich in der Rolle des Opfers, dem nun auch noch der Verlust der Kinder droht,
- die Unfähigkeit der Elternteile, sich zunächst kaum gegenseitig positive Qualitäten zuerkennen zu können. Es gelingt jedoch zunehmend aufzuzeigen, daß von ihnen vorgetragene Gegensätzlichkeiten sich für die Kinder in einer positiven Weise qualitativ ergänzen können.

- die Hilfestellung für einen Elternteil bei dem ein Kind nicht leben will, dieses zu akzeptieren,
- die Hilfestellung für Mütter, die sich mit der alleinigen Versorgung der Kinder überfordert fühlen und hier den Vater um Hilfe bitten können.

Während der Gruppentreffen lassen sich erste Veränderungen darin, wie die ehemaligen Partner sich gegenseitig sehen, erkennen. Sie fangen an, sich gegenseitig als wichtige Bezugspersonen für ihre Kinder anzuerkennen. Insgesamt wird im Verlauf der Gruppe deutlich, daß die ursprünglich getroffenen und von allen als problematisch empfundenen Regelungen mehr den Eltern hatten helfen sollen, ihre eigene Situation zu bewältigen. Dagegen können sie jetzt eher die Bedürfnisse der Kinder sehen und berücksichtigen.

7.4.6. Ausgewählte Themenkomplexe und Erfahrungen im Familien-Notruf

Exemplarisch seien hier einzelne Fragestellungen, die in der Beratungsarbeit des Familien-Notrufs thematisiert wurden, dargestellt.

7.4.6.1. Die Person des Beraters im Arbeitsfeld Trennung und Scheidung

Die Tätigkeit des Beraters im Problembereich Trennung und Scheidung konfrontiert den Berater überwiegend mit den negativen Aspekten von Beziehungsstrukturen. Dabei wird nicht nur stets die eigene Lebensgeschichte mit eigenen Trennungs- und Verlusterfahrungen aktualisiert, sondern der Berater läuft auch ständig Gefahr, in Konflikte mit seinen persönlichen, moralischen, politischen und religiösen Einstellungen und der geforderten neutralen Haltung des Beraters zu geraten.

In die praktische Tätigkeit mit Scheidungsfamilien muß deshalb immer auch die Möglichkeit von Fallarbeit in Form von Teambesprechungen und arbeitsbegleitender Supervision eingebunden sein.

Der Berater sollte eine familientherapeutische Zusatzausbildung absolviert haben. Neben Kenntnissen über den Phasenverlauf der eigentlichen Trennungskrise und die emotionalen, persönlichen und familiären Probleme des Trennungsprozesses sowie über die Phase der Neuorientierung, wird vom Berater eine ausreichende Selbsterfahrung über seine eigene Rolle in den Konflikten seiner Herkunftsfamilie verlangt.

Persönlch muß der Berater sich insbesondere für die Arbeit mit der ganzen Familie engagieren und die Fähigkeit mitbringen, in der Co-Arbeit erhöhte Spannungen aushalten zu können. Hinzu kommt als Anforderung in der Co-Arbeit, daß das Beraterpaar als Modell für die Klienten gelten kann, von dem das Paar in der Krise lernen kann. So können Männer ggf. vom männlichen Berater lernen, Gefühle zu zeigen.

Die fachliche Qualifikation des Beraters wird u. a. auch durch folgende Aufgaben gefordert:

- er muß in der Lage sein, die Ressourcen und Chancen einer Familie in einer Krisensituation aufzuzeigen,
- er muß gleichzeitig emanzipatorische Bedürfnisse einzelner Mitglieder der Familie und die Verantwortung der Eltern für ihre Kinder stützen können,
- er muß zwei grundsätzlich gegenläufige Prozesse miteinander verbinden können: die Bewältigung der Trennung der Partner und die Übernahme gemeinsamer elterlicher Verantwortung.

Neben diesen persönlichen und fachlichen Qualifikationen sollte der Berater über die wesentlichen juristischen Kenntnisse des Familienrechts, den juristischen Verfahrensweg und die Dynamik des Scheidungsverfahrens verfügen. Ebenso wichtig sind Kenntnisse über die sozialen, finanziellen und juristischen Auswirkungen von Trennung und Scheidung auf die Familie und Kenntnisse über soziale und finanzielle Hilfen für die Familien. (Ein solcher Anforderungskatalog sollte jedoch nicht auf potentielle Berater auf diesem Gebiet abschreckend wirken. Eine umfassende Einarbeitung ist letztlich in jedem Bereich notwendig, wenn man sich spezialisiert. Folglich sind auch in diesem Bereich die Anforderungen zu bewältigen, insbesondere wenn man gleichzeitig eine kollegiale Supervisionsgruppe besucht.)

7.4.6.2. Forderungen an die Klienten

Die Mitarbeiter des Familien-Notruf verfolgen weiterhin die Tendenz, alle von der Krise betroffenen Familienmitglieder in die Beratung mit einzubeziehen. Bemühungen, auch Partner oder ggf. die ehemaligen Partner zur Teilnahme zu motivieren, waren bisher durchaus erfolgreich. Dies belegt u. a. der Rückgang der Einzelberatungen gegenüber Paar- und Familienberatungen. Es zeigt sich, daß Männer und/oder Väter ihre Schwellenängste vor psychologischer Beratung verlieren, wenn sie sehen, daß es darum geht, Regelungen für den Umgang mit den Kindern und für die gemeinsamen Finanzen zu treffen.

Bei der gewünschten Teilnahme von Kindern an der Beratung zeigen sich starke Widerstände der Eltern, diese mit in die Beratung einzubeziehen. Häufig glauben Eltern, den Kindern Schmerzen ersparen bzw. sie davor schützen zu können. Auf der einen Seite sind bei den Eltern Ängste vorhanden, die Kinder könnten durch die Konflikt- und Trennungssituation Schaden nehmen, auf der anderen Seite weichen sie den Trauer- und Wutgefühlen der Kinder aus. Der Familien-Notruf hält es für unabdingbar, Kinder mit in die Familienberatung einzubeziehen in Fällen, in denen es um strittige Sorgerechts- oder Umgangsrechtsregelungen geht.

Diese Familiensitzungen sind dann unbedingt indiziert:

– damit die Kinder nicht „vergessen" werden (Jahresbericht Familien-Notruf 1985, S. 2),
– damit den Eltern aufgezeigt wird, daß die Krise nicht nur die Erwachsenen betrifft, sondern auch die Kinder mit davon erfaßt sind.

Der Familien-Notruf nimmt Kinder jeglichen Alters mit in die Beratung. Es wird davon ausgegangen, daß auch gerade jüngere Kinder non-verbal vermitteln können, wie sich für sie die familiäre Beziehungssituation darstellt.

7.4.6.3. Übertragbarkeit einer „Methodik" von Trennungs- und Scheidungsberatung

Die Überprüfung der Übertragbarkeit von Trennungs- und Scheidungsberatung in andere psychologische Beratungsstellen ist Bestandteil des Konzeptes des Familien-Notrufs. Hier hält der Familien-Notruf folgendes Vorgehen für möglich:

1. durch Kooperation, Integration und Fortbildung mit bestehenden Ehe- und Familienberatungseinrichtungen,
2. durch Unterstützung von Initiativen neuer Scheidungsberatungsstellen (Jahresbericht des Familien-Notruf 1985, S. 28).

Nach den Erfahrungen des Familien-Notrufs zeigen konfessionelle Beratungsstellen Vorbehalte gegen explizite Trennungs- und Scheidungsberatung. Dagegen äußern Klienten Vorbehalte gegen Eheberatung, weil sie sich vorstellen, dort würde ihnen von der Trennung abgeraten und dafür keine Hilfestellung gegeben werden.

Das bedeutet, daß etablierte Beratungsstellen Trennungs- und Scheidungsberatung deutlich abgegrenzt gegen andere Beratungsinhalte anbieten müssen, wenn die Integration in diesen Beratungsstellen gelingen soll.

Der Familien-Notruf bemüht sich durch verschiedene Aktivitäten, seine bisherigen Erfahrungen weiterzugeben.

Im Jahresbericht 1985 schlägt der Familien-Notruf „erste mögliche Schritte" der Weitervermittlung auf der Basis eines „gegenseitige(n) Prozess(es) des Erfahrungsaustauschs" vor:

„1. Diskussion über die Erfahrungen mit der Auswahl des Beratungsverfahrens bei Trennungs- Scheidungsberatung mit Einzelnen, Paaren, Eltern oder als Familie (...)
2. Erfahrungen mit ‚phasengerechter' Arbeit (d. h. der genauen Beachtung der Bedingungen und Möglichkeiten von Ambivalenz-, Scheidungs- und Nachscheidungsphasen (...)

3. Erfahrungen mit den verschiedenen trennungsdynamischen Phasen (Verleugnung, Wut, Verhandeln, Depression, Annahme), die eben nicht identisch sind mit den Phasen von 2 (...)
4. Krisenintervention in der akuten Trennungs- und Scheidungszeit (...)
5. Beachtung der Zusammenhänge vom familiären und juristischen Trennungsprozeß (...)
6. Systemische und andere methodische Elemente in der Trennungs- und Scheidungsberatung (...).
7. Einarbeitung und Fortbildung in Prozeß- und Familienrecht, Steuerrecht, Sozialhilferecht, Ausländerrecht usw." (Jahresbericht 1985 des Familien-Notruf, S. 29)

7.5. IETE – „Intakte Elternschaft trotz Ehescheidung" in München

7.5.1. Gründung und Finanzierung

Die Beratungsstelle hat sich aus einer bestehenden Selbsthilfegruppe heraus gebildet. Seit dem 1.1.88 sind Gelder aus der sogenannten Regelförderung für die halbe Stelle eines Leiters und für Honorarstunden von zwei Mitarbeiterinnen, einer Diplom-Psychologin und einer Familientherapeutin, bewilligt.

7.5.2. Zielgruppe, Angebot, Zielsetzung

Die Beratungsstelle will Anlaufstelle für Familien vor, während und nach einer Trennung oder Scheidung sein. Beratung wird als Begleitung verstanden, die gerade auch nach einer Scheidung bei auftretenden Problemen mit der Elternschaft geboten sein kann. Die Mitarbeiter der Beratungsstelle sind selbst von Scheidung betroffen. Das Angebot reicht von Informations- und Gruppengesprächen über Einzel-, Paar- und Familienberatungen bis hin zu Vortragsreihen, die organisiert und sonstigen Hilfen, die geleistet werden können.
Wesentliches Ziel der Beratungsarbeit ist:
Das Erarbeiten von konkreten Hilfen und Handlungsstrategien für die Eltern sowie eines einvernehmlichen Elternvertrages, der die Bedürfnisse der Eltern und die der Kinder berücksichtigt und als Grundlage für eine richterliche Entscheidung dienen kann.

7.5.3. Informationen für Eltern

„IETE" hat eine Broschüre für Eltern, auch für nichteheliche, erarbeitet, in der sie die Leitgedanken ihrer Beratungstätigkeit zu den Themen Partnerschaft, Elternschaft, Trennung, Umgangsregelungen, gemeinsames Sorgerecht und nichteheliche Elternschaft offenlegt.

Unter der Prämisse, daß Partnerschaft auflösbar ist, Elternschaft dagegen nicht, wird ausgeführt, wie Kinder den elterlichen Trennungskonflikt erleben. Es wird betont, daß und weshalb Kinder auch nach einer Scheidung der Eltern immer beide Eltern brauchen.

Daran schließt sich die Forderung an die Eltern, Kindern auch nach der Auflösung der ehelichen Gemeinschaft Kontakt zu beiden Elternteilen als Normalfall und nicht als Ausnahme zu gewähren. Ferner werden die Eltern angehalten, die Kinder nicht als Streitobjekt, Informant, Spion oder „Müllplatz" zu mißbrauchen. Gleichzeitig wird den Eltern Hilfe für konkrete Gestaltungsmöglichkeiten für den Umgang mit den Kindern sowie mit den Umgangssituationen angeboten. Mögliche Regelungen werden durch Beispiele illustriert.

„IETE" geht davon aus, daß das Kind sich auch nach der elterlichen Trennung sowohl beim Vater als auch bei der Mutter zu Hause fühlen soll „in dem Bewußtsein, bei beiden zu leben" („IETE", Eine Broschüre für die Eltern, S. 11).

Als anzustrebender Regelfall wird das gemeinsame Sorgerecht für Kinder nach der Scheidung der Eltern mit seinen Vor- und Nachteilen beschrieben. Es werden positive Erfahrungen und Beispiele für die Praktizierung der gemeinsamen elterlichen Sorge im Alltag aufgezeigt.

Nach „IETE" überwiegen die langfristigen Vorteile dieser Regelungen. Laut einer Umfrage des Allgemeinen Sozialen Dienstes in München werden Erfahrungen mit dem gemeinsamen Sorgerecht von Müttern zu 87% und von Vätern zu 89% als positiv bewertet. Im übrigen würden 90% dieser geschiedenen Eltern mit dem gemeinsamen Sorgerecht sich ggf. erneut dafür entscheiden (ebd., S. 14).

7.6. IFK – „Institut für Familien in Konfliktsituationen e. V." in Saarlouis

7.6.1 Theoretische Grundannahmen

Den konzeptionellen Hintergrund für die Arbeit in diesem Institut bildet die Annahme, daß die bisherige Familienforschung es vernachlässigt hat, einer multidisziplinären Betreuung von Scheidungsfamilien nachzukommen.

Familie ist heute als ein dynamisches, offen sich entwickelndes System zu verstehen.

Es ist ein neuer Familienbegriff zu entwickeln.

Für den Fall von Trennung und/oder Scheidung muß gelten: „Man kann sich von seinen Kindern nicht scheiden lassen".

Daraus ergibt sich die Forderung nach einem Fortbestehen gemeinsamer Elternschaft bei getrennter Partnerschaft.

Gemäß dieser Grundannahmen ergeben sich für das „IFK" die nachfolgenden Aufgabenbereiche:

– Beratung und therapeutische Betreuung von Ratsuchenden in familiären Konfliktsituationen,
– Fortbildungsveranstaltungen für Mitarbeiter in anderen Diensten innerhalb des Arbeitsfeldes,
– Öffentlichkeitsarbeit und Entwicklung von Präventionsstrategien,
– Zusammenarbeit mit Forschung und wissenschaftlichen Institutionen sowie anderen auf dem Gebiet tätigen Diensten.

7.6.2. Das praktische Beratungsangebot

Das Beratungsangebot richtet sich an alle Menschen in Trennungssituationen. Es gilt für:

– eheliche und nichteheliche Lebensgemeinschaften,
– Paare im Trennungskonflikt und/oder in der Neuorientierung,
– getrenntlebende Paare nach einer akuten Krise,
– neugegründete „Stieffamilien",
– Eltern im Rechtsstreit um Sorge- und Umgangsrecht,
– Kinder und Jugendliche im Trennungskonflikt ihrer Eltern,
– Kinder und Jugendliche nach Verlust eines Elternteils und in der Neuorientierung.

Daneben kann die Beratung durch das „IFK" aber auch von anderen Menschen in besonderen Lebenslagen wie z. B. Kinderlosigkeit, Behinderungen oder Tod eines Familienmitgliedes, Kindesmißhandlung, Adoptiv- und Pflegefamilienproblematiken, Eltern/Kind/Geschwister-Konflikte etc. in Anspruch genommen werden.

Gearbeitet wird mit Einzelpersonen, Paaren, Gruppen und Familien. Wird mit der Familie gearbeitet, so wird diese nicht in ihre Einzelstrukturen aufgelöst, sondern in ihrem ganzheitlichen Ansatz verstanden. Die beteiligten Personen sollen unter dem Gesichtspunkt der Selbstbestimmungsfähigkeit zur produktiven Konfliktlösung befähigt werden.

Wesentlicher Bestandteil des konkreten Beratungsangebotes ist die Interdisziplinarität des Mitarbeiterteams. Dadurch ergibt sich die Möglichkeit der fächerübergreifenden „Diagnosestellung" und Entwicklung von Beratungsstrategien.

Das Team setzt sich zusammen aus Vertretern der Disziplinen Psychologie, Pädiatrie, Rechtswissenschaft und Sozialarbeit; außerdem gehört ihm eine Verwaltungsfachkraft an.

Den Kontakt zum Klienten hält über die gesamte Zeit ein zuständiger Therapeut bzw. Berater. Die Beratung selbst wird jedoch interdisziplinär diskutiert und weiterentwickelt.

Angeboten wird vom „IFK":

- Scheidungs – und Sorgerechtsberatung,
- Ambivalenzberatung,
- Kriseninterventionen,
- Spieltherapie,
- Arbeit zur Wut- und Trauerbewältigung,
- Kommunikationstrainings für Paare,
- Sozialpädagogische Beratung

Inhaltlich wird mit tiefenpsychologischen, verhaltenstherapeutischen und familientherapeutischen Interventionsmethoden gearbeitet.

7.7. PYSCHOSOZIALE BERATUNGSSTELLE IN FAMILIENKRISEN in Freiburg

Träger der Einrichtung ist der Verein „Bildung und Leben". Daneben trägt die Stadt Freiburg einen hohen Kostenanteil.

7.7.1. Entstehung der Einrichtung

Die Gründung des Projektes in Freiburg folgte der Erkenntnis, daß es eine stetig anwachsende Zahl individueller Krisensituationen innerhalb der Gesellschaft gibt mit immer mehr betroffenen Kindern und Jugendlichen.

Auf der anderen Seite machten die Gründer der Beratungsstelle während ihrer Berufstätigkeit im Strafvollzug die Erfahrung, daß die Eltern jugendlicher Straftäter häufig geschieden waren oder getrennt lebten.

Bisher wird diesen und allen anderen Auffälligkeiten bei Kindern und Jugendlichen aus zerrütteten Familien überwiegend unter dem Aspekt der Resozialisation von Seiten der Eltern, Pädagogen, Therapeuten usw. begegnet.

Dabei bedeutet Resozialisierung entweder Bestrafung oder therapeutische Intervention. Beide Wege sollen durch die funktionell gestörte Familie erlittene Sozialisationsdefizite ausgleichen.

Sieht man einmal von der Frage der Effektivität und der Kosten dieser Resozialisierungsmaßnahmen ab, steht als vorherrschendes Problem, das in der Zukunft bewältigt werden muß, die zu erwartende steigende Anzahl der sogenannten „Nachrücker" im Vordergrund.

Vor diesem Hintergrund wurde die Freiburger Beratungsstelle eingerichtet. Leitgedanke war die Überlegung, einen anderen Weg zu gehen, der verhindern soll, daß Kindern und Jugendlichen nur der Rückzug in psychosoziale Störungsbilder bleibt.

Ein vorstellbarer Weg heißt:
Prävention statt Resozialisation!

7.7.2. Konzept und Zielsetzung

Vorrangiges Ziel der Beratungsarbeit ist es, Ansprechpartner für die von der Familienkrise betroffenen und alleingelassenen Kinder zu sein.

Die einschlägige Literatur belegt, wie groß die psychische Not der Kinder im Trennungsgeschehen ihrer Eltern ist. Die Beratungstätigkeit soll den Kindern helfen, ihre Situation zu bewältigen, ihnen zeigen, daß sie von den Erwachsenen ernst genommen werden und daß ihre Eltern auch nach der Trennung/Scheidung ihre Eltern bleiben.

Bereits zum frühestmöglichen Zeitpunkt soll den betroffenen Eheleuten und Kindern psychologische Hilfe zur Bewältigung der Krise und zur Neugestaltung ihrer Beziehungen geboten werden.

Dabei geht es zuallererst darum, „traumatische und stigmatisierende Effekte(n)" (Brauns-Hermann, Dinse 1985, S. 10) bei den Kindern und Jugendlichen zu verhindern, indem ihnen vermittelt wird, daß Trennung und Scheidung auch eine Chance für neue Entwicklungen bedeuten kann und nicht nur als „Ende" (ebd.) zu sehen ist.

Weiterhin gilt es, den sich trennenden Ehepartnern die Möglichkeit der Mitbestimmung bei den juristischen Entscheidungen zu verdeutlichen. Auch hier geht es um ein anderes, neues Verständnis von Scheidung. Diese soll nicht mehr gleichgesetzt werden mit Gegensätzlichkeiten wie: Gewinn versus Verlust, Unterhaltsanspruch versus Unterhaltspflicht etc.

Ebensowenig sollen die modifizierten Beziehungen zwischen den Elternteilen und den Kindern über die juristischen Vokabeln Umgangsrecht, Sorgerecht, Umgangsrecht u.ä. definiert werden.

Den Rahmen für das Beratungsangebot bildet die These, daß es im Leben eines jeden Menschen unzählige Trennungen gibt, daß jede Trennung erneut traumatisierend erlebt wird und daß Trennung eine Situation für den Menschen darstellt, die analog zum Tod derart bedrohlich empfunden wird, daß scheinbar nur die absolute Tabuisierung ein Überleben möglich macht.

Diesen Überlegungen zufolge bedeutet Trennung als Krisensituation ein psychisches Problem, zu dessen Bewältigung alle davon Betroffenen mit heranzuziehen sind.

Der Anspruch an die Beratungstätigkeit ist, Trennungen überwindbar zu machen in dem Gefühl, konkrete Überlebenschancen zu haben.

7.7.3. Das Beratungsangebot

In der Einrichtung arbeiten zwei hauptamtliche Psychologen und stundenweise eine Sekretärin; Juristen und eine Personalfachkraft stehen auf Honorarbasis zur Verfügung. Daneben sind Ärzte, Pädagogen und Sozialarbeiter ehrenamtlich dort tätig.

Bezüglich der Frage nach konkreten Hilfen vertreten die Mitarbeiter der Beratungsstelle aufgrund gemachter Erfahrungen den Standpunkt, daß es wenig Sinn macht, ein oder zwei ausgewählte Maßnahmen anzubieten, da sinnvolle individuelle Hilfe sehr unterschiedlich aussehen muß.

Ebenso entfällt die Diskussion um die Frage, wer der zu Behandelnde ist, der Einzelne oder sein soziales Umfeld? Da von einer Scheidung mindestens immer zwei Personen, meistens eine Familie betroffen ist, muß diese beraten werden.

Entscheidendere Fragen sind vielmehr die, die nach den Möglichkeiten zu suchen, Paare und Familien in Krisensituationen an einen Tisch zu bekommen und dort den Kindern Gehör zu verschaffen, so daß sie am Entscheidungsprozeß beteiligt werden.

7.7.4. Inhalt und Verlauf der Beratungen

In der Regel melden sich Klienten telefonisch in der Beratungsstelle an. Hier passieren bereits zwei wesentliche Dinge:

Der Anmelder bekommt einen Termin in den nachfolgenden Tagen, mindestens innerhalb einer Woche. Für diese „Eile" steht der Gedanke Pate, daß die Krise bereits manifest und sofortiges Handeln erforderlich ist, um eine Ausweitung des Konfliktes zu vermeiden.

Der Anmelder wird gefragt, ob er einen weiblichen oder einen männlichen Berater wünscht. Damit wird ihm u. a. gezeigt, daß er mit eigenen Entscheidungen am Geschehen beteiligt ist.

Am vereinbarten Termin findet zunächst ein Gespräch statt, in dem es einmal um die psychische Bewältigung der Trennung geht, aber auch um die eine Trennung und/oder Scheidung begleitenden Problembereiche. Für diese unterschiedlichen Problembereiche stehen Fachleute aus den verschiedenen Disziplinen zur Verfügung des Klienten. Nachdem abgeklärt ist, welche der Disziplinen zur Problemlösung benötigt werden, geht es um die Frage der an der Beratung teilnehmenden Personen. Dabei gelingt es nicht immer, alle Betroffenen an einen Tisch zu bringen.

Inhalt, Verlauf und die teilnehmenden Personen hängen eng mit dem Zeitpunkt und dem Geschehen in der Trennung zusammen.

Auch die Mitarbeiter der Freiburger Beratungsstelle beschreiben drei Hauptphasen des Trennungsprozesses:

Die 1. Phase, häufig als Ambivalenzphase beschrieben, wird hier als die Zeit benannt, in der die Familie professionelle Hilfe wünscht, weil sie ihre Probleme nicht mehr ohne Hilfe von außen bewältigen kann. Zu diesem Zeitpunkt sind in der Regel Paar- und Familiengespräche indiziert und die Betroffenen auch am ehesten dazu zu motivieren.

Da in dieser Phase der Paarkonflikt im Vordergrund steht, soll hier noch einmal betont werden, daß die „Freiburger" sich vor allem immer als Dolmetscher der Kinder verstehen. So begleiten sie die Kinder z. B. auf Wunsch zur Anhörung beim Familienrichter oder bringen diesem, im Einverständnis mit den Kindern, deren Wünsche und Bedürfnisse zur Kenntnis.

Die 2. Phase, die Trennungsphase, stellt die sensibelste Phase im Trennungsprozeß dar. Hier kommt es zu Suicid- und/oder Mordphantasien und anderen akuten Krisen, die ein sofortiges Handeln im Sinne einer Krisenintervention nach sich ziehen müssen.

In der 3. Phase, der Trennungsbewältigungsphase, hat sich in der Freiburger Beratungsstelle ein gruppentherapeutisches Angebot als sehr hilfreich erwiesen.

7.8. „TRIALOG" in Münster

Trialog versteht sich als Beratungsstelle bei Familienkrisen, Trennung und Scheidung und will Anlaufstelle für Hilfesuchende in diesen Problembereichen sein.

7.8.1. Der Rahmen

Trialog besteht aus zwei Komponenten:

Ein interdisziplinär besetztes Team, in dem ein Rechtsanwalt, eine Anwältin, eine Familienrichterin, ein Sozialarbeiter des Allgemeinen Sozialen Dienstes der Stadt Münster, eine Familientherapeutin, eine Kinderpsychologin, ein Pädagoge und Psychologe sowie ein weiterer Psychologe arbeiten.

Die 2. Komponente von Trialog ist der Förderverein. Seine Mitglieder sind im Bereich Trennung/Scheidung beruflich Tätige, Interessierte und ehemalige Klienten.

Der Förderverein organisiert Fortbildungen, insbesondere Supervision für die Vereinsmitglieder, jedoch auch Fortbildung für z. B. Rechtsanwälte. Darüber hinaus organisiert er Vorträge von Fachleuten zu einzelnen Themenkreisen des Problemfeldes Trennung und Scheidung.

7.8.2. Angebot und Zielsetzung

Ziel der Arbeit in der Beratungsstelle ist es, kurzfristige und frühzeitige Hilfen für Menschen vor, während und nach der Trennung oder Scheidung anzubieten. Das Angebot richtet sich sowohl an Einzelpersonen -Kinder, Jugendliche oder Erwachsene- als auch an Paare, insbesondere jedoch an Familien.

Dabei bildet der Gedanke, daß es für die Beziehungen zwischen Eltern und Kindern keine endgültige Trennung geben kann, den Hintergrund. Das bedeutet, daß trotz Trennung der Ehebeziehung die gemeinsame Elternschaft weiterbesteht. Es sollen möglichst alle Familienmitglieder in die Beratung mit einbezogen werden.

7.8.3. Form, Inhalt und Verlauf der Beratung

Die Beratung setzt sich aus drei Schwerpunkten zusammen:

Vermittlung von Information

Es wird informiert über z. B. die Bereiche Sorgerecht und Umgangsrecht, zu finanziellen Regelungen, zu juristischen Fragen und zum Scheidungsverlauf.

Die Beratungstätigkeit

Sie richtet sich nach den verschiedenen Phasen der Trennung:
Ambivalenzphase: Hier erfolgt zunächst eine Klärung der Beziehung.
Trennungsphase: Hier soll möglichst die Trennung aufgearbeitet werden als Voraussetzung dafür, daß Regelungen für die Familie möglich werden.

Nachscheidungsphase: Hier werden Fragen des Neuanfangs bzw. der Neuorientierung geklärt, evtl. auch Probleme bezüglich Zweit- oder Stieffamilien.

Vermittlung von Therapie

In der Beratung wird es häufig deutlich, daß eine Vertiefung angespochener Problembereiche erforderlich ist. Es wird dann gemeinsam überlegt, welche Therapie am besten geeignet erscheint. Der Kontakt zu einer entsprechenden Einrichtung wird noch in der Beratungsstelle hergestellt.

Die Beratung umfaßt in der Regel 6–8 Kontakte.

Am Anfang jeder Beratung steht das Anmelde- bzw. Orientierungsgespräch:

Hier werden zunächst die Informationsfragen beantwortet und zu klärende Problembereiche definiert. Anschließend wird mit der Suche nach möglichen Strategien zur Lösung begonnen und Vereinbarungen über das weitere Vorgehen getroffen.

Im Orientierungsgespräch werden 3 Bezugspunkte hergestellt:
– zum zeitlichen Ablauf, d. h. die Phase der Trennung, in der der Ratsuchende sich befindet, wird deutlich gemacht,
– zur Art der Probleme, z. B. Probleme der Finanzen, allgemeine juristische Fragen, Fragen zu Beratung und Therapie,
– zu psychischen oder psychologischen Prozessen, d. h. zu Fragen der Trauer, Fragen der Trennung von Ehe und Elternschaft etc.

Nach dem Anmeldungs- und Orientierungsgespräch folgen in der Regel 5–6 Treffen. Wenn gewünscht, werden dann zuerst alle wesentlichen Informationen über Sorgerecht, Umgangsrecht, Wohnungsangelegenheiten, Vermögensfragen, Prozeßkostenhilfe sowie Informationen zum allgemeinen Ablauf des Scheidungsverfahrens wie auch zu anderen sozialen Hilfen und Beratungsangeboten gegeben.

Als Schwerpunkte der sich anschließenden weiteren Beratungsgespräche haben sich herausgebildet:

1. Klärung der Ambivalenz bezüglich der Paarbeziehung,
2. Verarbeitung der Trennung bzw. Trauerarbeit über den Verlust,
3. gemeinsame Regelungen der elterlichen Verantwortung für die Kinder.

In der Beratung wird von drei Grundannahmen ausgegangen:

1. Es gibt eine Trennung von Ehe- und Elternebene.
2. Auf der Eheebene gibt es einen Zusammenhang zwischen Partnerwahl und Partnerschaftskrise.
3. Kinder wollen sich nicht von den Eltern trennen und müssen durch gemeinsame Regelungen entlastet werden.

Das methodische Vorgehen wird durch die Arbeit mit Skulpturen, „Verknüpfungsmodellen", Familienbildern, kommunikationstherapeutischen Verfahren und Elementen der Gesprächspsychotherapie gestaltet. In den Beratungsgesprächen sollen kurzfristige Entscheidungsmöglichkeiten vermittelt und Hilfestellung beim Treffen von Entscheidungen gegeben werden.

Grenzen der Beratungstätigkeit ergeben sich häufig aus der Schwierigkeit, den abwesenden Partner zu einer Teilnahme zu motivieren. Dieses gelingt, wenn überhaupt, meistens darüber, daß sein Interesse am Wohlergehen der Kinder geweckt bzw. gesteigert wird.

Eine weitere Grenze wird oftmals dadurch gesetzt, daß die erlittenen Verletzungen in der Ehe nicht überwunden werden können. Es gelingt dann zwar, Ehe- und Elternebene gegeneinander abzugrenzen; ein Abschied ist jedoch nicht möglich. Auch nach wie vor anhaltende Bindungen an die Herkunftsfamilien der beiden Partner verhindern auch nach der Trennung das Zustandekommen nachehelicher Partnerschaften.

Schwierigkeiten gibt es auch bei der Vermittlung von Therapien. Nachdem es in der Beratung gerade zum Aufbau einer Beziehung zwischen Beratendem und Ratsuchendem gekommen ist, heißt es dann für letzteren bereits erneut Abschied nehmen.

7.8.4. Kooperation mit anderen Professionen

Die bisherige Zusammenarbeit mit anderen Berufsgrupppen hat sich überwiegend positiv gestaltet. So „überwiesen" teilweise Rechtsanwälte Klienten an die Beratungsstelle, wenn ihnen deren Verhalten widersprüchlich schien.

Die Beratungsstelle lädt wiederum in einigen Fällen, in denen es darum geht, Vereinbarungen zu fixieren und abzusichern, beide beteiligten Rechtsanwälte ein.

Da Familienrichter die Möglichkeit haben, Verfahren auszusetzen, geschieht dies häufig in Bezug auf Sorgerechtsentscheidungen mit der Empfehlung an die Eltern, sich in der Beratung gemeinsam auf eine Regelung zu einigen.

Hierbei ergibt sich jedoch häufig das Problem, daß, in puncto *einer* Scheidungsfolgesache, Gespräche über eine gemeinsam getragene Regelung stattfinden *und* wegen *anderer* Folgesachen, wie z. B. Zugewinnausgleich, wird weiter vor Gericht gestritten.

Auch der Allgemeine Soziale Dienst der Stadt Münster empfiehlt Eltern häufig, eine Einigung mit Hilfe von Trialog zu erzielen. Dabei wurde in der Vergangenheit deutlich, wie wichtig es ist, den Klienten gegenüber die Schweigepflicht der Berater und die Freiwilligkeit der Teilnahme an der Beratung zu betonen. Einige Klienten gehen davon aus, daß sie ihre Chancen für den Erhalt der elterlichen Sorge verschlechtern, wenn sie an einer empfohlenen Beratung nicht teilnehmen.

Trialog hält auch Kontakte zu anderen Beratungsstellen, Selbsthilfegruppen und anderen Institutionen und Organisationen aufrecht und arbeitet mit ihnen zusammen.

7.9. „ZUSAMMENWIRKEN IM FAMILIENKONFLIKT" –
Interdisziplinäre Arbeitsgemeinschaft e. V. in Berlin

Schwerpunkt der Arbeit dieser Beratungsstelle ist der Problembereich Trennung innerhalb des Familienkonflikts.

7.9.1. Zielsetzung

Mit der Arbeit soll erreicht werden, daß:

- betroffene Familien durch interdisziplinäre Erstberatung und durch angebotene Gruppengespräche Unterstützung erhalten,
- aus rechtlichem und psychologischem Blickwinkel heraus zu Inhalt und Dynamik des Familienkonfliktes informiert wird,
- alle am Familienkonflikt und -rechtsstreit beteiligten Professionen zusammentreffen, um sich gegenseitig über ihre Sichtweisen des Konflikts und ihre Arbeitsfelder zu informieren und Erfahrungen auszutauschen. Insbesondere besteht das Bestreben, zu Kooperation und interdisziplinärer Fortbildung zu motivieren.

7.9.2. Das Angebot der Beratungsstelle

Das Angebot der Beratungsstelle gliedert sich in drei Bereiche:
Angebote für Familien, d. h. für Ehepartner, Eltern, Kinder und Jugendliche. Wahrgenommen werden kann eine interdisziplinäre Erstberatung durch ein Beratungteam, das von Juristen und Familientherapeuten gebildet wird.
Außerdem können interdisziplinär geleitete Gesprächsgruppen zu einzelnen Themen aus dem Problembereich Familienkonflikt besucht werden. Es werden Gruppen angeboten, deren Themenkomplexe eher auf der „Elternebene" angesiedelt sind und Gruppen, die sich eher mit der „Paarebene" auseinandersetzen.
Je nach Angebot finden 6–8 Abende jeweils 1× wöchentlich statt.
Bei der Zusammensetzung der Gruppen werden „gemischte" Gruppen, bezogen auf die Teilnahme als Paar oder als Einzelperson sowie auf die Dauer der Trennung und das Alter, favorisiert.
In der Erstberatung wird auch mit Einzelklienten gearbeitet als Abgrenzung zur Paartherapie. Dies kann für die Klienten wichtig sein, weil es ihnen signalisiert, daß ihre Trennungsabsicht akzeptiert wird.
Diese Angebote für Betroffene sind kostenlos.
Der zweite Bereich umfaßt eine Reihe von offenen interdisziplinären Informationsabenden zu rechtlichen und psychologischen Einzelthemen des

Familienkonflikts. Es finden 10 Abende je 1× wöchentlich statt, Dauer ca. zwei Stunden.

Geleitet werden die Abende von jeweils einem Mitglied aus den psychosozialen und juristischen Berufen.

Dieses Angebot ist ebenfalls kostenlos.

Drittens gibt es Angebote für Mitglieder aus anderen am Familienkonflikt beteiligten Berufsgruppen. Diese Angebote sind kostenpflichtig.

Es können unterschieden werden:

Fallbesprechungen mit Supervision, die interdisziplinär zusammengesetzt sind und von Angehörigen aller Berufe besucht werden können.

Oder aber jeweils berufsspezifisch von:

Rechtsanwälten, familienpsychlogischen Gutachtern und Familienrichtern.

Die Teilnehmerzahl ist jeweils auf 12 Personen beschränkt. Es finden mindestens 12 Sitzungen von jeweils ca. 1,5 Stunden statt, im 14tägigen Rhythmus.

Interdisziplinäre Seminare, die überwiegend über zwei Tage laufen. Sie sind themenzentriert konzipiert und werden von Fachleuten geleitet. Die Teilnehmerzahl ist begrenzt.

Außerdem finden monatliche Treffen von Angehörigen einzelner Berufsgruppen zum Erfahrungsaustausch statt. Jeweils an einem Abend im Monat kommen Rechtsanwälte, familienpsychologische Gutachter, Mitarbeiter des Jugendamtes und Familienrichter zu einem berufsspezifischen Erfahrungsaustausch zusammen.

7.10. Vertrauensstelle für Ehe-, Partnerschafts- und Trennungsberatung in Hamburg

7.10.1. Entstehung und Träger

Die Vertrauensstelle ist eine Einrichtung der Stadt Hamburg und dem Amt für Jugend zugeordnet. Ursprünglich war sie jedoch mit einer Institution der öffentlichen Rechtsauskunft verbunden, so daß in dieser Zuordnung bereits der Übergang zwischen rechtlicher und psychologischer Beratung deutlich wird. Gleichzeitig ist in dieser Beratungsstelle ein Übergang zwischen Eheberatung einerseits und Trennungsberatung andererseits möglich.

7.10.2. Das Team

Der Mitarbeiterstab gliedert sich in 2 ½ hauptamtliche Stellen, (1 ½ Diplom-Psychologen und 1 Verwaltungskraft) sowie 12–14 Honorarkräften, Diplom-Psychologen, Sozialpädagogen und einer Juristin.

7.10.3. Beratungsschwerpunkte

Die Klienten suchen diese Beratungsstelle auf, wenn sie meinen, daß es sich um Paar- oder Trennungsprobleme handelt. Diese beiden Seiten der Paarberatung werden in den letzten beiden Jahren auch etwa gleich häufig nachgefragt.

Die Arbeit im Problembereich Trennung und Scheidung beinhaltet folgende Schwerpunkte:

– Ambivalenzberatung: einer der beiden Partner oder beide sind unentschlossen, ob sie eine Trennung anstreben sollen. Es geht um Klärung der Beziehung, der eigenen Gefühle und der Entscheidungsfindung,
– Trennungsberatung: Informationen über allgemeine Rechte und Pflichten nach der Scheidung, gedankliche Neuorientierung hinsichtlich der Alltagsbewältigung sowie Aufklärung über die psychische Situation der Kinder,
– Hilfe bei der Trennungsverarbeitung als Krisenintervention,
– Beratung bei Regelungsproblemen insbesondere bei der Sorgerechts- und Umgangsregelung.

Die Beratungen werden als Einzelberatung, Paarberatung sowie in Gruppen für Erwachsene geführt, insbesondere werden aber auch Gruppen für Kinder zur Bewältigung der Scheidung der Eltern angeboten.

7.10.4. Interdisziplinäre Zusammenarbeit

Die interdisziplinäre Zusammenarbeit wird in der Vertrauensstelle nicht als gemeinsame Arbeit an einem Fall verstanden, sondern ist additiv zu sehen, indem nacheinander, nebeneinander oder wechselseitig mit Klienten gearbeitet wird. Die Kommunikation mit anderen Disziplinen vollzieht sich indirekt über die Betroffenen, d.h. Klienten regeln alle Schritte selbst. Sie entscheiden, welche Informationen sie weitergeben, welche Maßnahmen im juristischen Verfahren sie ergreifen wollen etc. Voraussetzung für eine Zusammenarbeit ist dabei der Kontakt der beteiligten Berufsgruppen (Rechtsanwalt, Familienrichter, Gutachter, Sozialarbeiter und Berater) untereinander, um bestehende Vorurteile abzubauen. Hierzu wurden in Zusammenarbeit mit dem Verein „Interdisziplinäre Beratung bei Trennung und Scheidung in Hamburg e. V." (IBTUS) „Interdisziplinäre Gespräche" durchgeführt.

7.11. Zusammenfassung

Diese ausgewählte Darstellung der Arbeitsweisen einiger Scheidungsberatungsstellen in der Bundesrepublik zeigt, daß deren Arbeit überwiegend von glcichen Grundannahmen und Zielsetzungen ausgeht.

Alle Angebote wollen helfen, daß die Trennung und Scheidung von den Betroffenen eigenverantwortlich gestaltet und damit aktiv in den Lebensweg integriert werden kann. Nur so kann der Entwicklung von Störungen, die sich häufig infolge eines passiven und destruktiven Umgangs mit der Situation manifestieren, präventiv entgegengewirkt werden. Eine erfolgreiche Bewältigung einer Trennung oder Scheidung ist erst dann gegeben, wenn der Betroffene den Verlust positiv und ohne dauerhaft beeinträchtigenden Konflikt in die eigene Lebensgeschichte integriert hat und mutig und fähig ist, neue, intensive Beziehungserfahrungen einzugehen (s. Spiegel 1977).

Die Entstehung dieser Beratungsangebote fußt überwiegend auf den Erkenntnissen, daß:

- Trennung oder Scheidung kein einmaliges Ereignis ist, das dem Menschen zu einem bestimmten Zeitpunkt passiert, sondern daß es sich hierbei um ein prozeßhaftes Geschehen innerhalb der jeweiligen Paar- bzw. Familiendynamik handelt,
- der Prozeßcharakter der Trennungs- oder Scheidungssituation sich funktional in mindestens drei Phasen beschreiben läßt:

Die Ambivalenzphase

Sie umfaßt die Zeit, in der mindestens einer der Partner anfängt, über eine Trennung nachzudenken, bis zum Zeitpunkt der Entscheidung.

Die Trennungsphase

Gemeint ist der Zeitraum von der Mitteilung der Trennungsentscheidung an den Partner bis zum Auszug.

Die Nachtrennungsphase

Damit ist die Zeit des Getrenntlebens vom Partner gemeint,

- die in einer Trennungs- bzw. Scheidungssituation auftretenden Probleme vielschichtig und mehrdimensional sind,
- Trennung oder Scheidung nicht nur für das sich trennende Paar eine Krise bedeutet, sondern für alle betroffenen Familienmitglieder, insbesondere jedoch für die betroffenen Kinder.

Im Wesentlichen orientieren sie sich:

– am *Problem des Informationsdefizites* über den vorgeschriebenen
  Rechtsweg und des juristischen Verfahrens an sich sowie über die psychischen Folgen einer Trennung und Scheidung für alle Betroffenen,
– an einem *Entscheidungsbedürfnis*, wenn die Ehepartner noch unsicher
  bezüglich einer Scheidung sind bzw. wenn nur einer der Partner sich
  scheiden lassen will,
– an der *Problematik der Regelung der Scheidungsfolgen*. Dieses gilt besonders für die Gestaltung der nachehelichen elterlichen Sorge für die
  gemeinsamen Kinder und des Umgangsrechtes des nichtsorgeberechtigten Elternteils mit seinem Kind,
– an einem *Klärungsbedürfnis*, wenn es darum geht zu klären, weshalb die
  Beziehung gescheitert ist,
– an einem *Bewältigungsbedürfnis*, wenn die Trennung oder Scheidung
  vollzogen ist und man sich mit neuen Problemen konfrontiert sieht.

Unter dem Aspekt des Kindeswohls als gesetzlich vorgeschriebenem Herstellungsauftrag, wird hier zum Teil mit dem sich trennenden Paar gearbeitet,
um so seine Dialogfähigkeit als Elternpaar zu erhalten oder wiederherzustel-
len. Auf der anderen Seite wird jedoch auch mit Eltern und Kindern gemeinsam gearbeitet, um im Sinne eines Familienwohls *allen* Mitgliedern qualitativ
positive und verläßliche Beziehungen innerhalb eines modifizierten familiären Beziehungsnetzes zu ermöglichen.

Aus diesen vielfältigen Angeboten, die sich aus den Bedürfnissen der
Betroffenen entwickelt haben, ist jetzt ein integriertes Konzept von Tren-
nungs- und Scheidungsberatung zu entwickeln, das versucht, für eine *Region*
ein aufeinander bezogenes Vorgehen zu systematisieren. Mit dieser Systematik erhält man eine Grundstruktur für den Aufbau und die Entwicklung von
Beratungsangeboten (s. Kap. 8).

8. Ein umfassenderer Modellansatz zur Trennungs- und Scheidungsberatung

Wir haben bisher verschiedene Konzepte und Modelle der Trennungs-und Scheidungsberatung kennengelernt (Kap. 5) und in ihrer Umsetzbarkeit und Effektivität bewertet (Kap. 6). Außerdem sind konkrete Umsetzungen in Angeboten einzelner Beratungsstellen dargestellt worden (Kap. 7). Es fehlt noch ein umfassenderer Rahmen, in den diese Angebote eingebettet und damit für eine Region aufeinander bezogen werden können. Auch die Berührungspunkte zur Eheberatung und Paartherapie müssen angedeutet werden, damit die regionalen Angebote für die potentiellen Klienten aufeinander abgestimmt werden können.

Da jede Form von Beratungsangeboten auch ethische Positionen einer fairen und offenen Auseinandersetzung berührt, wollen wir kurz die verschiedenen Formen der Konfliktregelung bei Paaren behandeln, sofern die Konflikte nicht mehr mit den herkömmlichen Mitteln des Paares lösbar sind. Die Lösungswege, die dann offen stehen, lassen sich durch zwei Dimensionen beschreiben:

a) Übernahme oder Abgabe der Eigenverantwortlichkeit
b) Entscheidung über die Erhaltung der Beziehung

Das ergibt dann die in der Abbildung 1 dargestellten vier idealtypischen Fälle mit den entsprechenden Übergängen. Paare werden zuerst ihre eigenen Mittel zur Konfliktlösung heranziehen, wobei einige dann feststellen, daß der erreichte Zustand von ihnen nicht mehr akzeptiert werden kann. Auch die aktive Vermeidung von Konflikten ohne Lösungen führt zu keinem akzeptablen Zustand. In diesem Fall setzt die Unsicherheit darüber ein, ob man zusammenbleiben kann oder nicht.

Um in dieser Situation der *Ambivalenz*, eine Entscheidung fällen zu können über Trennung oder Erhaltung, sind Informationen über Trennungs- und Scheidungsfolgen als Entscheidungsgrundlage notwendig. Gleichzeitig muß das Paar klären, welche der vier Richtungen es einschlagen will. Generell sollten die Bemühungen in Richtung auf größere Übernahme der Eigenverantwortlichkeit gehen. Dabei ist es allein von der Situation des Paares und seiner eigenverantwortlichen Entscheidung abhängig, welcher Weg eingeschlagen wird. Nur so können auch die besonderen

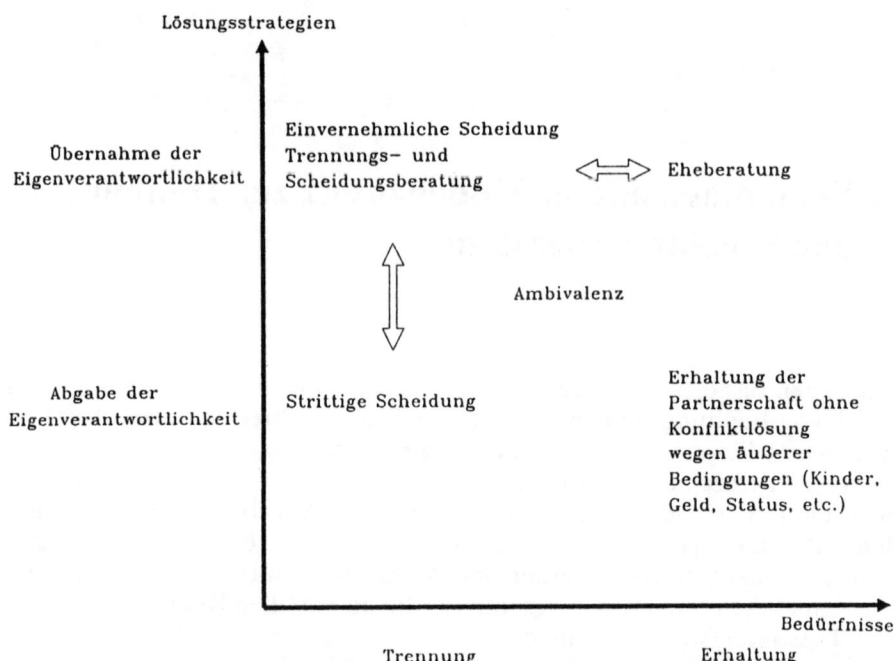

Abbildung 1: Möglichkeiten der Konfliktregelung von Ehe- und Paarkonflikten

Umstände jedes Paares kreativ angegangen werden und es müssen nicht Standard-Regelungen herangezogen werden, die allein für einen abstrakten Durchschnittsfall gelten.

Bei der Scheidung steht ein solches Vorgehen in Form einer strittigen Scheidung als Alternative immer noch zur Verfügung. Es sollte aber eher die Ausnahme bleiben. Obwohl schon heute aus der Sicht des Familiengerichtes und der entsprechenden Statistik die große Mehrheit der Verfahren als nicht strittig aufscheinen, so ist doch die faire Auseinandersetzung und die eigenverantwortliche Erarbeitung der Lösungen durch das Paar die große Ausnahme. Die gefundenen Regelungen werden häufig von außen an die Paare herangetragen und entsprechen nur selten dem Prinzip der Eigenverantwortlichkeit.

Wegen der vorangegangenen Ereignisse ist häufig die gegenseitige Verletzung so stark, daß eine konstruktive eigenverantwortliche Lösung nur bedingt möglich ist. Hier bedarf es der Unterstützung, um eine ausreichende Eigenverantwortlichkeit wieder zu erreichen. Um dann einen *gezielten*, gemeinsamen Weg einschlagen zu können, muß die vorhandene Gemeinsamkeit bei der Lösung aus der Paarbeziehung erst wieder akzeptiert werden. Gleichzeitig ist darauf zu achten, daß sich die beiden Personen zu autonomen Individuen entwickeln, die ein gemeinsames Problem bewältigen müssen. Letzteres ist die Voraussetzung für eine faire Lösung.

Betrachtet man die eigenverantwortlichen Konfliktregelungen genauer, so hängt ihr Vorgehen davon ab, ob ein Trennungs- oder Erhaltungswunsch vorherrscht. Dabei soll der Weg über die Eheberatung/-therapie nur andeutungsweise aufgenommen werden, weil hier Übergänge zur Trennungs- und Scheidungsberatung auftreten. Man muß aber deutlich hervorheben, daß Paare mit Trennungswunsch *nicht* in eine klassische Eheberatung gehen werden bzw. daß generell diese beiden unterschiedlichen Wege von den Paaren eingeschlagen werden können. Hierbei ist dann eine enge Kooperation zwischen den Beratungsstellen bzw. innerhalb dieser notwendig, um die verschiedenen Wünsche zu befriedigen. Insbesondere bei der Trennungs- und Scheidungsberatung ist ferner eine juristische Information über gesetzliche Regelungen als eine Grundlage individueller Entscheidungen nötig, die aber nicht die Rechtsberatung durch den Anwalt ersetzt, was auch nach dem Rechtsberatungsmißbrauchsgesetz verboten ist. Die individuelle Rechtsberatung ist nur von einem niedergelassenen Anwalt zu leisten.

Bei dem Vergleich dieser beiden Wege werden die Übergänge zwischen den Beratungsangeboten sichtbar (s. Abb. 2).

Differenziert man jetzt zwischen den beiden Ausmaßen der Eigenverantwortlichkeit unter *gegebenem* Trennungswunsch, so wird die Beziehung zwischen juristischer und beraterischer Tätigkeit bei der Scheidung deutlich.

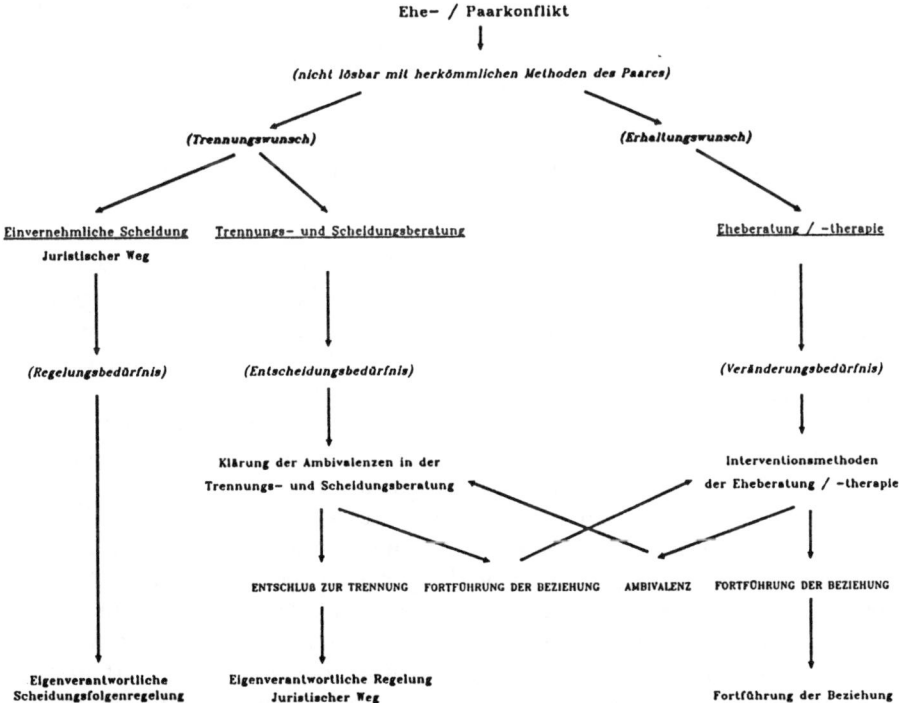

Abbildung 2: Eigenverantwortliche Konfliktregelung von Ehe- und Paarkonflikten

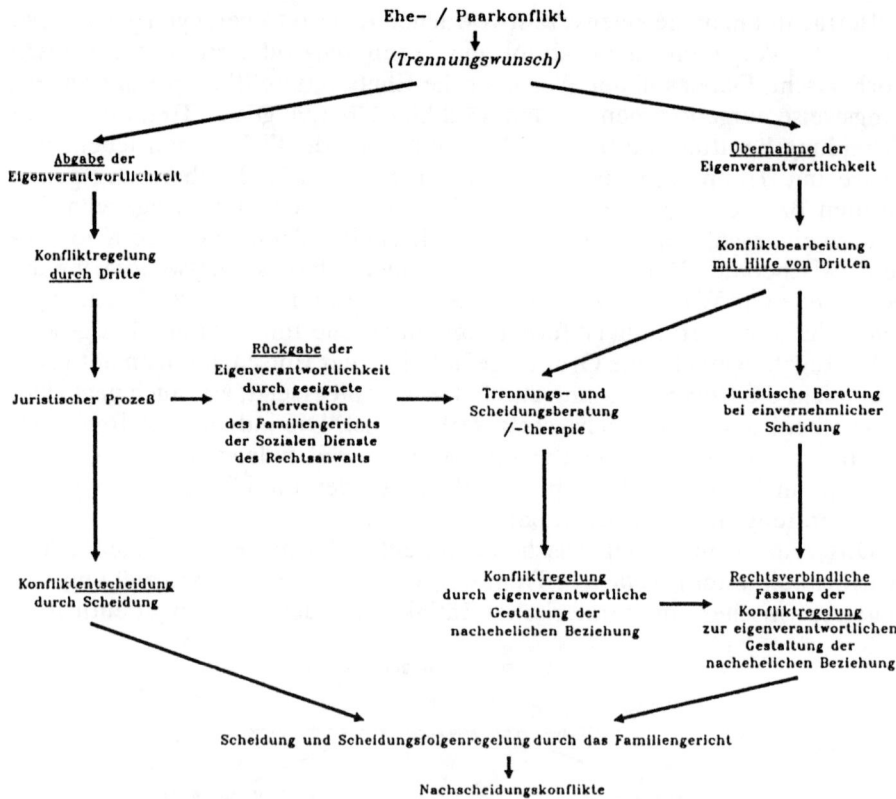

Abbildung 3: Selbst- und fremdbestimmte Konfliktregelung bei Trennungswunsch der Ehepartner

Dabei kann im Rahmen des juristischen Verfahrens die Eigenverantwortlichkeit zurückgewonnen werden, wenn die beteiligten Instanzen ggf. entsprechende Hinweise geben oder Auflagen zur Beratung machen (z. B. Aussetzung des Verfahrens nach §614 ZPO). Diese außer-juristischen Regelungen können nun aber bei entsprechender Einstellung der jeweiligen Personen, die am juristischen Verfahren beteiligt sind, gefördert werden. In unserem Rechtssystem ist das nur über eine freiwillige Teilnahme an dieser Trennungs- und Scheidungsberatung möglich. Leider sind hier die Einstellungen und Kenntnisse der betroffenen Berufsgruppen sowie der Ausbau entsprechender Beratungsangebote noch nicht soweit entwickelt, daß der überwiegende Prozentsatz der Scheidungen sich dieser eigenverantwortlichen Regelung zuwenden würde. Dabei gibt es natürlich auch einen nicht geringen Prozentsatz aller scheidungswilligen Paare, der ohne fremde Hilfe eine eigenverantwortliche Regelung getroffen hat, die dann nurmehr im Rechtsverfahren bei einvernehmlicher Sorgerechtsregelung und Festlegung des Versorgungsausgleichs bestätigt werden muß.

234

Als generelles Ziel der hier dargelegten Maßnahme steht die Stärkung der Eigenverantwortlichkeit von Paaren im Vordergrund. Dieses kann über die Kooperation verschiedener Institutionen zur Ehe- bzw. Trennungsberatung geschehen, wenn der Wunsch nach Erhaltung bzw. Trennung der Ehe ungeklärt ist. Sollte dagegen ein Trennungswunsch vorliegen, dann ist die Eigenverantwortlichkeit teilweise durch Hinweise im juristischen Verfahren herzustellen. Hierzu müssen aber die dortigen Mitarbeiter – Richter, Rechtsanwälte, Sozialarbeiter, Gutachter – eine positive Einstellung dazu entwickeln sowie die notwendigen Beratungsangebote aufgebaut werden, damit dieses erreicht werden kann.

8.1. Eine bedürfnisorientierte Konfliktregelung bei Ehe- und Paarkonflikten

Nachdem wir erste Wege für unterschiedliche Lösungsstrategien skizziert haben, wollen wir uns einem Bedürfniskatalog bei den Trennungswilligen zuwenden, auf den Beratungsangebote abgestellt werden müssen (s. Abb. 4).

Zuerst einmal existiert ein *Informationsbedürfnis* über die Voraussetzungen und Auswirkungen einer Scheidung, was Unterhalt, Renten, Vermögen, Hausrat, Wohnung und Konsequenzen für die Kinder angeht, aber auch über den juristischen Weg, die Sorgerechts- und Umgangsregelung sowie die psychische Wirkung auf alle Betroffenen. Ein solches Bedürfnis ist wahrscheinlich bei sehr vielen Personen, die sich mit Trennungsabsichten tragen, vorhanden. Wie ein solches Bedürfnis abgedeckt werden kann, wird unter Punkt 8.3. behandelt. Die große Bedeutung des Informationsbedürfnisses läßt sich beispielsweise durch solche Veranstaltungen in München aufzeigen, die alle bei entsprechender Publizität sehr stark besucht sind (Niesel et al. 1989; s. Pkt. 6.1.3.). Auch eine im Sommer 1990 in Hamburg durchgeführte Veranstaltung wurde von ca. 80 Betroffenen besucht. Besonders beachtet wurden dabei nach der Auswertung einer anschließenden Fragebogenerhebung die folgenden Themen: Psychische Folgen einer Scheidung, Beratungsmöglichkeiten und Hilfestellungen für die betroffenen Kinder. Insgesamt ergab sich eine sehr positive Einschätzung dieser Informationsveranstaltung, die in folgende Themen durch Kurzvorträge einführte:

Ambivalenzberatung, Vorgehensweisen des Rechtsanwaltes, Mediation, die Arbeit des Jugendamtes, die Tätigkeit der Gutachter, die Tätigkeit der Familienrichter, Hilfsangebote für Kinder während der Trennung und die Aufrechterhaltung der gemeinsamen Elternschaft nach der Scheidung. Diese Veranstaltung dauerte von 9.00 bis 13.00 Uhr. Von der Thematik und dem Ablauf kann man sie als äußerst gelungen bezeichnen, so daß sie einen gewissen Modellcharakter besitzt. Die mittelfristige Auswirkung einer solchen Veranstaltung ist natürlich vielfältig. Sie kann Trennung und Scheidung

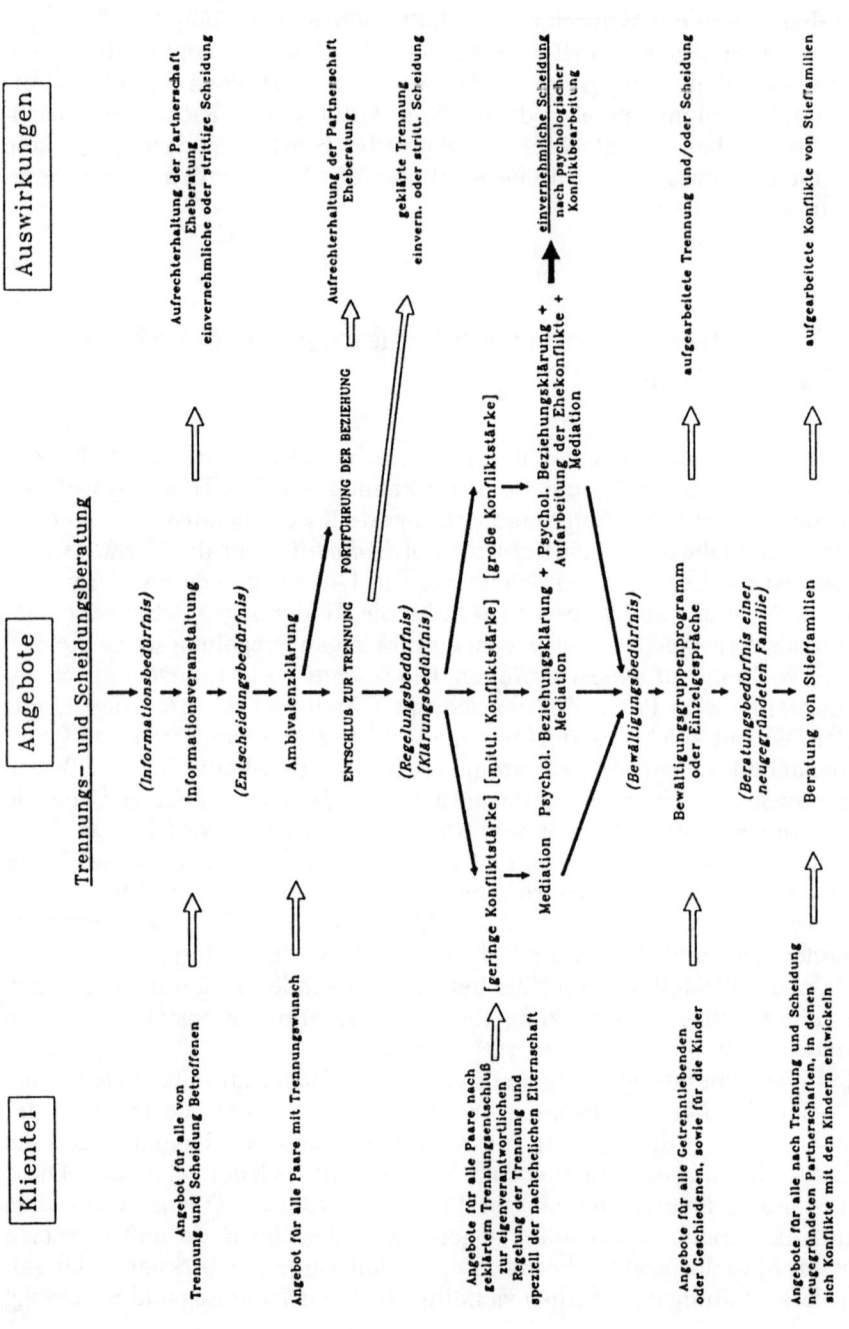

Abbildung 4: Eigenverantwortliche Konfliktregelung in der Trennungs- und Scheidungsberatung

zu einer abgewogeneren Strategie werden lassen bzw. auch eher zu einem Versuch der Erhaltung durch Eheberatung führen. Ebenso aber ist auch eine raschere Durchführung der Trennung möglich, weil die Wege und Ergebnisse konkreter geworden sind. Deutlich ist aber in jedem Fall die Zunahme der Eigenverantwortlichkeit durch Informationsgewinn.

Neben diesem Informationsbedürfnis besteht auch bei einigen Klienten ein *Entscheidungsbedürfnis*. Das ergibt sich einmal durch die Unsicherheit der jeweiligen Partner, ob sie sich überhaupt trennen wollen, aber auch durch die Verschiedenheit der Wünsche: einer möchte sich trennen, der andere an der Ehe festhalten. In diesem Zusammenhang müssen für das Mikrosystem Paar die zukünftigen Schritte geklärt werden.

Die Zahl der Klienten mit einem solchen Bedürfnis ist sicherlich nicht so groß wie für Informationsveranstaltungen. Aber hier liegt ein wichtiger Beratungsgegenstand vor, da häufig das Paar die Klärung allein nicht leisten kann. Auf der Seite eines Beratungsangebotes müssen Methoden der *Ambivalenzklärung* eingesetzt werden, die die Wünsche an den Partner, die Schwierigkeiten mit dem Partner und die zukünftigen Handlungen möglichst in Paarsitzungen abklären helfen.

Sollte der Entschluß zur Trennung feststehen, so bleibt noch unklar, ob es zu einer einvernehmlichen oder strittigen Scheidung kommt. Eine solche Ambivalenzklärung kann einerseits dazu führen, daß anschließend – ohne fremde Hilfe – eigenverantwortlich die Trennungs- und Scheidungsfolgen geregelt werden, oder aber die gewonnene Deutlichkeit zu einer verstärkten Ablehnung des Partners führt und der juristische Weg mit strittiger Scheidung und zwei Anwälten gegangen wird. Die Anwälte übernehmen dann für die Paare das Aushandeln der Regelungen, so daß die eigene Verantwortung für die gefundene Lösung zu einem erheblichen Ausmaß an Dritte delegiert wird. Eine solche Delegation kann eine bewußte und durchdachte Entscheidung sein, sie führt aber zu einer Mitverantwortung von anderen Personen bei der gefundenen Lösung. Diese kann sehr unterschiedliche Ausmaße annehmen von der vollständigen Delegation zu einer Inhaltsschlichtung, wo von einem Dritten nach einer Auseinandersetzung der Betroffenen ein Einigungsvorschlag erfolgt (s. Kap. 5). Im Idealfall der vollständigen Übernahme der Eigenverantwortlichkeit hat der Mediator nur die Aufgabe die Form und Art der Auseinandersetzung zu steuern und in Gang zu halten. Die Lösungen werden von den Betroffenen selber erarbeitet.

Viele der Paare werden aber ein *Regelungsbedürfnis* empfinden, wenn durch die Ambivalenzklärung der Trennungswunsch deutlich geworden ist. Für alle diese Paare mit Trennungswunsch unter eigenverantwortlicher Regelung muß ein Beratungsangebot vorliegen. Hierbei sind Paare mit unterschiedlicher *Konfliktstärke* zu differenzieren. Paare mit *geringer* Konfliktstärke können durch *Mediation* in die Lage versetzt werden, gezielt die gewünschten Regelungen zu erarbeiten. Sie brauchen dazu zwar eine außenstehende Person, aber beide Partner sind in der Lage, gemeinsam Lösungen der anstehenden Probleme zu erarbeiten.

Dagegen sind Paare mit *mittlerer* Konfliktstärke nicht sofort in der Lage, Regelungen zu finden, weil die Beziehung zum Partner durch entsprechende Verletzungen aufgearbeitet werden muß. Hier ist dann zuerst eine Klärung der Beziehung vorzunehmen, und es sind die Verletzungen und Rachegefühle aufzuarbeiten, bevor Mediation als vor allem regelungsorientiertes Vorgehen einsetzen kann. Dabei ist die Beziehungsklärung keine Therapie mit größeren Veränderungseffekten, sondern eine Klärungshilfe (Thomann 1986), um den zukünftigen Entwicklungen unter *gemeinsamer* Perspektive trotz Trennung entgegensehen zu können. Hinter diesem Verlangen nach Aufarbeitung der Beziehung verbirgt sich ein Klärungsbedürfnis, das erst befriedigt werden muß, bevor aus einer gemeinsamen Perspektive Regelungen getroffen werden können.

Bei *großer* Konfliktstärke ergibt sich jetzt die Notwendigkeit für eine *Trennungstherapie*, die die Aufarbeitung der Ehekonflikte erfordert. Es handelt sich hierbei nicht um Ehetherapie mit dem Ziel der Erhaltung der Ehe, sondern um die Entwicklung *individueller* Identitäten bei gleichzeitiger Bereitschaft der Akzeptierung eigener Fehler in der Paarbeziehung und dem Aufbau positiver Erwartungen an die Zukunft ohne Partner. Hier können die Bedürfnisse der einzelnen Partner unterschiedlich sein, so daß auch Einzeltherapie notwendig wird. Dabei müssen aber Rollenkonflikte als Therapeut *einer* Person und Mediator für das *Paar* unterbleiben. Man kann sicherlich nicht beides gleichzeitig bei einem Paar sein. Hier muß man mit einem Einzeltherapeuten kooperieren.

Abhängig von der Konfliktstärke ist außerdem das *Beratungssetting* zu variieren. Bei einer geringen Konfliktstärke reicht es aus, wenn eine Person als Mediator tätig wird. Ist dagegen eine mittlere Konfliktstärke gegeben und muß *zuerst* die Beziehung geklärt werden, dann sollte ein Berater*paar* diesen Fall gemeinsam übernehmen, weil dann eine geschlechtsspezifische Identifikation leichter fällt. Letztere ist aber bei der Beziehungsklärung wichtig. Schließlich sind bei großer Konfliktstärke neben dem Beraterpaar auch noch nach Bedarf Einzeltherapeuten heranzuziehen. Das Ziel ist dann schließlich eine einvernehmliche Scheidung, indem zwischen den Partnern mit Hilfe eines Mediators die notwendigen Regelungen vorgeklärt werden, um anschließend beim Anwalt juristisch fixiert werden zu können.

Bei sehr vielen Personen, selbst wenn sie ohne Beratung eine Regelung mit dem Partner finden konnten, besteht individuell ein *Bewältigungsbedürfnis*, da Trennung und Scheidung eine der schwersten Krisen im Leben von Menschen ausmachen. Dieses Bewältigungsbedürfnis wird am besten durch Gruppenangebote vor, während und nach der Scheidung befriedigt. Manchmal sind auch Einzelgespräche notwendig. Sicherlich aber sind spezielle Angebote für Kinder zu entwickeln, da diese erst dann ins Zentrum der Bewältigungsproblematik rücken, wenn sie später nach der Scheidung in der Schule auffällig werden. Selten sehen Eltern wegen der hohen eigenen Belastung die Bedürfnisse der Kinder. Denn die Kinder müssen die von den Eltern herbeigeführte Situation ohne Eingriffsmöglichkeit so akzeptieren.

Da bekannt ist, daß ein hoher Prozentsatz von Geschiedenen wieder heiratet, ergibt sich durch die größere Komplexität von Stiefbeziehungen ein weiteres Beratungsbedürfnis, das mit zunehmender Anzahl von Scheidungen mit Kindern und Wiederverheiratung in Zukunft eine wichtige Rolle spielen wird (Knaub 1989; Sager 1989). Diesen Punkt wollen wir aber im Augenblick ausklammern. Er wird in Zukunft jedoch eine wichtige Rolle spielen.

8.2. Diagnose von Konfliktkonstellationen einzelner Paare

Es gibt drei Bereiche, in denen Probleme und Konflikte auftreten: Zum einen innerhalb der Lebensumstände des Paares, zum anderen in der Paarbeziehung und zum dritten in der Beratung. In gewissem Umfang gibt es dazwischen auch Zusammenhänge, jedoch sind schwierige Lebensumstände bei einem kooperativen Paar zwar in längerer Zeit, verglichen zu einfacheren, angehbar, aber es gibt einen problemorientierten Zugang in der Beratung. Ist dagegen die Konfliktkonstellation zwischen den Partnern groß, dann ist ein direkter problemorientierter Zugang nicht möglich. Diese Unterteilung entspricht unserer Differenzierung der Paare nach drei Konfliktstärken: gering, mittel, groß. Die Differenzierung ergibt sich aus der Verbindung von Beziehungskonflikt zwischen dem Paar und der Beratungsstrategie, wie wir es in Abbildung 4 angedeutet haben. Ein direkter problemorientierter Zugang in Form von Mediation (Folberg & Milne 1988) ist nur bei geringer Konfliktstärke möglich.

Es ist nun die Aufgabe des Beraters diese Konfliktstärke zwischen den Paaren und ihre Kooperationsbereitschaft in der Beratung zu diagnostizieren, um sein Vorgehen darauf abzustellen. Diese Diagnose sollte dabei drei Aspekte umfassen: a) die Beziehungsprobleme der einzelnen Paarmitglieder, b) die Bereitschaft zur Öffnung und Kommunikation in der Beratungssituation und c) die Möglichkeit von Seiten des Beraters den beiden Personen verschiedenen Geschlechts gerecht werden zu können.

Um die Beziehungsprobleme der einzelnen Personen und ihre Auswirkungen auf die neue Lebensgestaltung erfassen zu können, kann man sich an einen Fragebogen anlehnen, den Kessler (1977) entwickelt hat (s. Salts 1989). Als Antwortskala kann man nach der Belastungsintensität fragen: Als wie belastend finden Sie die folgenden Probleme?

nicht – wenig – mittelmäßig – ziemlich   sehr

   0   1   2   3   4

(s. Rohrmann 1978).

Als Probleme werden die folgenden aufgeführt:

1. Den Ehepartner gehen lassen können
2. Neue Freunde finden
3. Dem Ehepartner vergeben zu können
4. Die Selbstvorwürfe
5. Sich in der Gegenwart anderer Personen unwohl fühlen
6. Sich traurig und niedergeschlagen fühlen
7. Sich ängstlich fühlen
8. Dem Ehepartner etwas abschlagen können
9. Zu großer Alkoholkonsum
10. Schlaflosigkeit
11. Unregelmäßige Mahlzeiten
12. Heftige Gefühlsschwankungen
13. Um die eigene Sexualität besorgt sein
14. Die Bitterkeit loswerden
15. Sich um die Beurteilung von Freunden und Familie sorgen
16. Angst vor neuen Beziehungen haben
17. Sich schuldig fühlen, weil man die Scheidung eingereicht hat
18. Minderwertigkeitsgefühle
19. Nicht mehr wissen, was man selber will
20. Sonstige Probleme

. . . .
. . . .

Die Beantwortung dieses Fragebogens durch die beiden Ehepartner kann ein erster Hinweis auf die Schwierigkeiten in der Beziehung und ihre Auswirkungen auf die Personen sein. Ein grober Anhaltspunkt für die Differenzierung in die Konfliktstärke kann folgende Einteilung sein:

– geringe Konfliktstärke: 6 und weniger Angaben in den Bereichen „ziemlich" und „sehr"
– mittlere Konfliktstärke: 7 bis 12 Angaben in den Bereichen „ziemlich" und „sehr"
– große Konfliktstärke: mehr als 12 Angaben in den Bereichen „ziemlich" und „sehr".

Eine nächste Fragestellung betrifft die Form der Auseinandersetzung zwischen den Partnern. Dabei gibt es zwei Extrempunkte: aktiv-dominant gegenüber passiv-verschlossen. Bei dem ersten Extrempol kommt es zu keinem Gespräch, weil man nicht zuhören kann, beim zweiten Extrempol, weil man sich nicht äußert. Da das für beide Partner gilt, haben wir ein zwei-dimensionales Modell (s. Abb. 5). Sollte ein Paar, weit aus dem Zentrum verlagert, eine schwierige Kommunikationsform bevorzugen, so ist auch hier keine direkte Mediationsmethode einsetzbar. Es muß erst die Voraussetzung für eine gleichgewichtige Kommunikationsform erarbeitet werden, weil Mediation im Ergebnis stark von dem Aushandlungsprozeß abhängig ist.

Bis zu einem gewissen Grade sind durch ‚dämpfende' bzw. ‚fördernde' Eingriffe die Kommunikationen durch den Berater steuerbar, aber das ist nur begrenzt möglich. Eine *dämpfende* Methode besteht darin, den eher Passiven über seine Sicht mit dem Berater sprechen zu lassen, wobei der Aktive zwar im Raum anwesend aber nur als ‚Beobachter' ohne direkte Stellungnahme zugelassen ist.

Eine *fördernde* Maßnahme besteht darin, daß ein Beraterpaar teilweise stellvertretend die Auseinandersetzung mit dem Partner bei Anwesenheit beider führt. Die jeweiligen Berater sich aber immer wieder über die Richtigkeit ihrer Auseinandersetzung bei den Klienten rückversichern und sie zu eigenen Stellungnahmen bewegen.

Die Diagnose eines solchen Kommunikationsverhaltens geschieht am besten in der ersten Sitzung, indem man die beiden Partner zur Lösung eines kleineren Konfliktes auffordert, ohne daß der Berater eingreift. Nach einer gewissen Zeit wird der Kommunikationsstil deutlich. Wenn man jetzt als Berater jeden Partner auf einer 7-stufigen Skala mit drei Stufen passiv-verschlossen und drei Stufen aktiv-dominant mit einer Nullkategorie dazwischen einschätzt, dann gewinnt man einen Punkt im zwei-dimensionalen Raum. Die folgenden Punkte sind dann als *gering* konfliktträchtig für die Beratung anzusehen: (0,0), (–1,0), (+1,0), (–1,+1), (+1,–1) usw. (s. Abb. 5). In den anderen Fällen ist ein Beraterpaar einzusetzen, das eine Beziehungsklärung herbeiführt, die in diesem Falle auch die Form der Auseinandersetzung in der Beratung behandelt.

Der dritte Aspekt schließlich ist eine *Selbst-Diagnose* des Beraters. In dieser sollte er seine Beziehung zu den Klienten und zum Streitgegenstand klären. Dabei ist es nicht selten, daß man den gleichgeschlechtlichen Klienten als Berater besser versteht und eher akzeptieren kann. Sollte das der Fall sein, so kann man an einen Beraterwechsel denken, insbesondere wenn in den beiden ersten Diagnose-Anteilen nur eine geringe Konfliktstärke erkennbar war. Sollte jedoch bereits in den beiden vorigen Diagnoseteilen eine mittlere oder große Konfliktstärke erkennbar geworden sein, so ist ein Berater*paar* einzusetzen.

Am besten führt man ebenfalls für sich nach der ersten Sitzung eine Klassifikation der Beziehung zu jedem Klienten auf einer 7-stufigen Skala durch von negativen über eine neutrale zu drei positiven Beurteilungskategorien:

+3	+2	+1	0	–1	–2	–3
sehr positiv			neutral		sehr negativ	

Wie gut kann ich mich mit dem Klienten identifizieren und wie empfinde ich die Beziehung zu ihm?

Sollte dies einen größeren Unterschied von mehr als drei Punkten ergeben, so ist an die Hinzunahme eines Co-Beraters zu denken. Werden beide

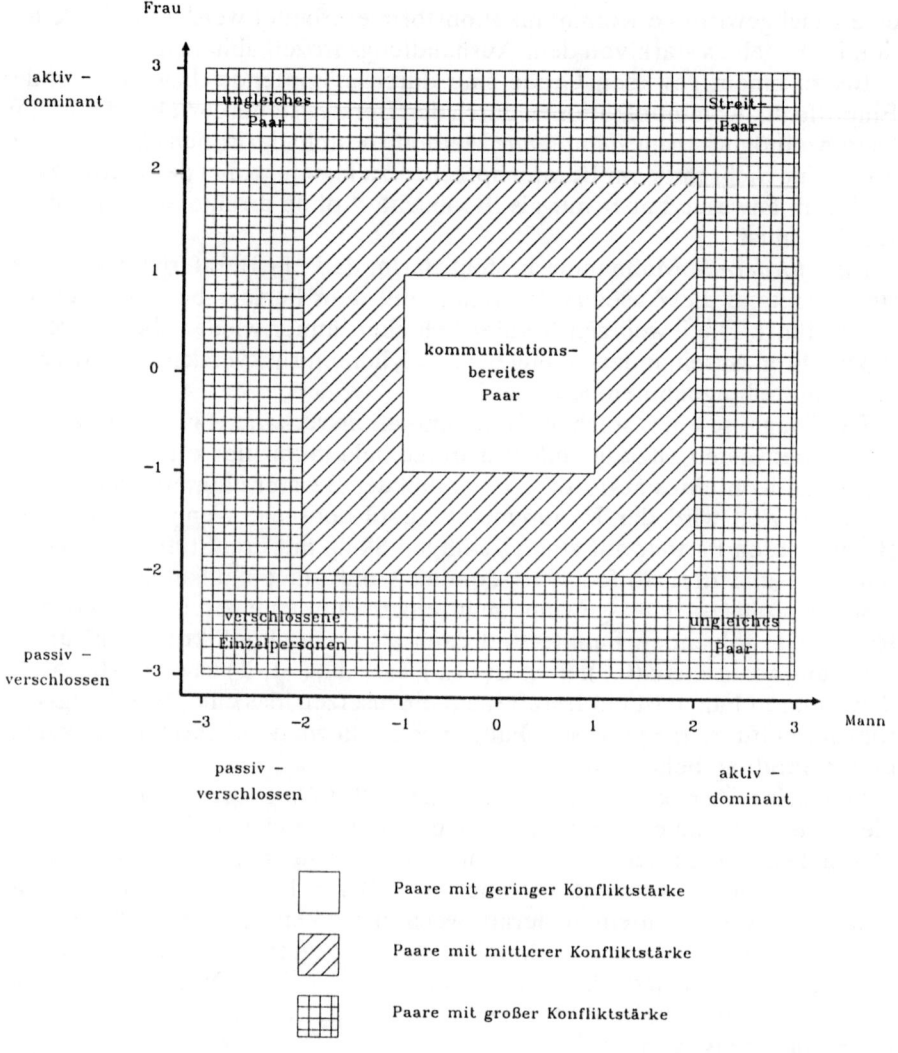

Abbildung 5: Differenzierung der Paare nach ihrer Konfliktstärke aufgrund der äußeren Symptomatik

Klienten sehr negativ beurteilt, so sollte man das Klientenpaar an einen anderen Berater übergeben.

(Alle diese Maßnahmen erfordern eine größere Institution, um die notwendige Flexibilität zu erreichen. Außerdem müssen die Berater nicht nur in Mediation, sondern auch in Paartherapie ausgebildet sein. Aber auch dieses Problem kann z. T. durch Weitergabe und Co-Beratung bzw. Co-Therapie angegangen werden.)

242

Will man jetzt aus den drei Diagnose-Anteilen (Beziehungsprobleme der Paare, Bereitschaft der Paare zur Öffnung und Kommunikation in der Beratung, Beziehung des Beraters zum Paar) ein Gesamturteil fällen, so wird man am besten die Summe der drei Klassifikationen in gering (= 1), mittel (= 2) und groß (= 3) bilden. Alle Paare, die die Werte 3 und 4 erreichen, werden mit geringer Konfliktstärke klassifiziert und erhalten Mediation von einem einzelnen Berater. Paare, die die Werte 5, 6, 7 bekommen, gelten als mittel konfliktträchtig. Sie werden durch ein Berater*paar* betreut, wobei zuerst eine Beziehungsklärung erfolgt und dann Mediation. Diejenigen Paare, die die Werte 8, 9 erhalten, weisen große Konfliktstärke auf. Sie müssen über eine (Individual-)Therapie zuerst behandelt werden, dann muß die Beziehung geklärt werden und anschließend kann Mediation erfolgen. Hier ist natürlich der Weg zur eigenverantwortlichen Konfliktregelung besonders weit. Um aber sein zukünftiges Leben angemessen gestalten zu können, sind die Maßnahmen notwendig. Sie haben teilweise prophylaktischen Charakter, wenn man an eine mögliche Chronifizierung gewisser Leidenszustände und an die Folgewirkungen bei den Kindern denkt (s. Kap. 2).

Die hier vorgeschlagenen Diagnose-Strategien dienen dazu, sich als Berater eine Denkhilfe bei der Beurteilung und Planung der Beratung zu verschaffen. Sie sind jedoch nicht als Automatismen zu verstehen. Auch der Berater handelt eigenverantwortlich. Über Abweichungen, Veränderungen oder Ablehnungen sollte der Berater nachdenken und sich selber Rechenschaft ablegen, möglicherweise Supervision einholen. Dieses empirisch angeleitete Nachdenken über einzelne Klientenpaare und Beratersituationen dient vor allem dazu, Probleme zu problematisieren und nicht mechanisch mit Lösungsstrategien zu reagieren.

8.3. Bedürfnisorientierte Beratungsmethoden, Bewältigungsstrategien und Regelungsmaßnahmen

Wie schon aus dem globalen Konzept einer Trennungs- und Scheidungsberatung (s. Abb. 4) deutlich wird, richten sich die unterschiedlichen Angebote an verschiedene Populationen von Klienten. Die Idee dabei ist natürlich, entsprechend der Bedürfnisstruktur der Klienten die Angebote abzustellen. Für viele ist eine globale Informationsverarbeitung ausreichend. Sie verfügen über genügend eigene Ressourcen, um das kritische Lebensereignis Trennung und Scheidung eigenverantwortlich zu meistern. Bei anderen ist eine intensivere Betreuung nötig, um die psychische Katastrophe einigermaßen erträglich zu gestalten. Die Anzahl der entsprechenden Fälle variiert dabei natürlich auch erheblich. Fälle mit großer Konfliktstärke sind selten. Ein Informationsbedürfnis besteht dagegen bei fast allen, wobei rechtliche Informationen im Vordergrund stehen (IMAS 1988). Das ist auch nicht verwunderlich, da es sich um einen vorgeschriebenen juristischen Weg handelt (s. Kap. 3), der von allen beschritten werden muß. Um diesem eher generellen Informationsbedürfnis gerecht zu werden, bietet sich eine globale Informationsveranstaltung an. Sie sollte für einen halben oder ganzen Tag geplant werden. Von den örtlichen Gegebenheiten sollten ein größerer Plenarsaal und mehrere Räume für Gruppendiskussionen vorhanden sein. Die Veranstaltung soll über das komplexe Geschehen bei der Scheidung informieren und Hinweise auf Lösungsmöglichkeiten geben. Die folgenden Themen sollten in kurzen Referaten von entsprechenden Spezialisten behandelt werden:

1. Scheidung als kritisches Lebensereignis und was man in dieser Lage tun kann.
2. Die Rolle des Rechtsanwaltes.
3. Die Rolle des Familienrichters.
4. Die Rolle des sozialen Dienstes bei der Sorgerechtsregelung.
5. Aufgabe und Funktion einer Stelle für Scheidungs- und Trennungsberatung.
6. Ambivalenzberatung.
7. Mediation als Möglichkeit der eigenverantwortlichen Regelung.
8. Allgemeine Bewältigungsangebote für die Partner.
9. Bewältigungshilfen für Kinder.
10. Fragestellungen aus dem Auditorium.

Hierzu sollte eine Broschüre existieren, die die wichtigsten Stellungnahmen, Bücher für Kinder und Erwachsene, Adressen von Beratungsstellen und Selbsthilfegruppen sowie Anwaltvereinen enthält. Mit einem solchen kurzen Informationsblatt haben wir bei der unter Punkt 8.1 geschilderten Veranstaltung gute Erfahrungen gemacht.

Nach diesen Vorträgen sollten am besten kleine Gruppen gebildet werden, in denen einzelne Punkte diskutiert und erörtert werden. Anschließend trifft man sich wieder im Plenum, um letzte Fragen zu klären.

Auf diese Weise kann man den Menschen helfen, eine besser fundierte Entscheidung zu treffen, als auch Barrieren zu dem Beratungsangebot abzubauen, die in großem Ausmaß existieren (IMAS 1988). Viele wissen überhaupt nicht, daß man Hilfe bekommen kann, die über den herkömmlichen Rechtsanwalt hinausgeht. Mit der regelmäßigen Durchführung einer solchen Veranstaltung kann man langfristig den Umgang der Betroffenen mit diesem kritischen Lebensereignis in einer Region verändern.

Ein weiteres Bedürfnis, das aber nur für vergleichsweise wenige Paare zutrifft, behandelt das Bedürfnis zu entscheiden, ob man zusammenbleiben will oder sich trennen. Es liegt auch dann vor, wenn einer sich trennen will, der andere aber nicht. Im Zentrum dieser Beratung steht die individuelle Bedeutung der Paarbeziehung, die augenblickliche Sichtweise sowie die Erwartung nach einer Scheidung. Am Schluß sollte eine klare Entscheidung des Paares zur Trennung oder zum Zusammenbleiben stehen, sofern das erreichbar ist (s. Kap. 5). Im Ansatz sollte die Ambivalenzklärung auch vor jeder Ehetherapie oder einer Mediation-Strategie stehen.

Das methodische Vorgehen sollte dabei *kognitive, affektive* und *verhaltensorientierte* Verfahren einsetzen. Sicherlich gibt es auch hierbei keinen eindeutigen Weg, sondern nur Hinweise auf denkbare Aspekte.

So sind *kognitive* Anteile dadurch zu bearbeiten, daß beide Klienten getrennt als Hausarbeit positive und negative Eigenschaften der Ehe und des Partners auflisten, die dann gemeinsam besprochen werden, um gegenseitig die Sichtweisen abzuklären.

Bei einer Entscheidung zur Trennung sind die *Ängste* und *Befürchtungen* bei einer Scheidung zu behandeln, aber auch die Hoffnungen an den neuen Zustand nach der Scheidung.

Was das *Verhalten* angeht, so kann man Absprachen über alltägliche Handlungen treffen, oder sogar eine zeitlich genau bestimmte Trennungsperiode (strukturierte Trennung) vereinbaren. Bei einem eindeutigen Ausgang dieser Ambivalenzberatung mit klarem Trennungsentschluß setzt Mediation ein, um eine eigenverantwortliche Scheidungsregelung herbeizuführen.

Das Regelungsbedürfnis, das mit der Mediationstrategie befriedigt werden soll, ist nur dann durchführbar, wenn die Beziehungskonflikte nicht störend auf Regelungen einwirken. Wir müssen also eine *geringe* Konfliktstärke voraussetzen. In diesen Fällen ist prinzipiell auch ein Rechtsanwalt in der Lage, hier als Mediator zu fungieren. Teilweise fehlt jedoch die Zeit und das psychologische Geschick für eine Vermittlerrolle, weil damit die übliche Interessensvertretung für einen Klienten durchbrochen wird (s. Kap. 5).

Der Mediation-Ansatz, der auch aus der Schlichtung im wirtschaftlichen Bereich kommt, ist kognitiv-rational orientiert (s. Kap. 4), um für beide Partner zusammen optimale Lösungen zu erarbeiten. Diese gefundenen Lösungen haben dann wiederum affektive Auswirkungen, indem sie vom Einzelnen eher akzeptiert und damit die Scheidung insgesamt besser verarbeitet werden kann (s. Kap. 4).

Was jetzt bei *mittlerer* Konfliktstärke die notwendige Beziehungsklärung angeht, so ist diese eine Fortsetzung der Ambivalenzberatung, wenn einmal eine Entscheidung zur Trennung erfolgte. Thematisch stehen jetzt aber die ungeklärten Gefühle, wie Verletztheit, Rache, Selbstwertgefühl etc. im Zentrum. Erst wenn hier eine gewisse Klärung herbeigeführt worden ist, kann man auch rationale Strategien der Mediation einsetzen. Dabei sind auch auf der Verhaltensebene vorsichtige Versuche der Kompromißbildung notwendig. Wichtig ist, daß alle Formen der Kompromißbildung auf der Verhaltensebene mit stufenweisen Veränderungen gekoppelt werden, damit niemand überfordert wird, z. B. die Umgangsregelung bei den Kindern während der Trennung.

Bei *großer* Konfliktstärke ist zumindest für eine Person eine Therapie vor der Beziehungsklärung und der Mediation notwendig. Oftmals wird es sich um depressive Reaktionen mit geringem Selbstwertgefühl handeln. Die individuellen Ziele dieser Form von Psychotherapie in Verbindung mit der Scheidung sind folgende (Sprenkle 1989, S. 178–179):

1. Das Ende der Ehe akzeptieren lernen.
2. Eine emotionale Stabilität erreichen.
3. Die Krise der Scheidung für eine persönliche Entwicklung zu nutzen.
4. Entwicklung der körperlichen Gesundheit.
5. Entwicklung der eigenen sozialen Beziehungen.

Daraus ergeben sich dann die nachfolgenden Ziele der Beziehungsklärung, die Sprenkle (1989) aber nicht in dieser Weise abgrenzt:

1. Eine funktionale Beziehung zum Partner nach der Scheidung herstellen.
2. Ein Verständnis der eigenen Anteile beim Scheitern der Ehe lernen.
3. Sich der Elternrolle auch nach der Scheidung stellen können.
4. Den Kindern bei der Neustrukturierung helfen können.
5. Entwicklung einer psychischen Stabilität, die ein gerechtes Aushandeln mit dem Partner erlaubt (Mediation).

Hier geht eine individuelle Psychotherapie mit konkreter Zielsetzung einer Beziehungsklärung voraus. Dann setzt eine zuerst individuelle Beziehungsklärung ein, die dann übergeht zu einer gemeinsamen Beziehungsklärung in der Paarbeziehung. Um schließlich zum gerechten Aushandeln der Scheidungsfolgen zwischen den Partnern in eigenverantwortlicher Weise zu führen.

Dieser sehr umfassende Weg wird nun aber nur notwendig sein, wenn massive Störungen vorliegen, so daß auch nur bei großer Konfliktstärke entsprechend aufwendig gearbeitet werden muß. Die notwendigen Maßnahmen sind auf die Bedürfnisse der entsprechenden Population abzustellen. Das setzt ein umfassendes Angebot voraus und die Möglichkeit der Kooperation zwischen Beratern und Beratungsstellen. Außerdem sollten die Berater möglichst gut ausgebildet sein und mehrere Beratungsformen beherrschen, damit die Paare nicht immer die Berater wechseln müssen. Gleichzeitig erscheint ein Wechsel dann notwendig, wenn Individualtherapie als Voraussetzung für die Beziehungsklärung in Paarsitzungen durchgeführt wird. Nur so können ein Rollenkonflikt und ungleiche Beziehungsverhältnisse vermieden werden. Hier ist ein Wechsel gefordert. Er führt dazu, daß man auch an einen anderen Berater/Therapeut überweisen kann, was eine direkte Zusammenarbeit erfordert, weil sonst Wartezeiten und unvereinbare Therapieziele die weitere Trennungs-und Scheidungsberatung behindern und hinauszögern. Die Individualtherapie kann dabei auch noch weitergeführt werden, wenn bereits die Beziehungsklärung einsetzt, weil ein ausreichender Zustand der Stabilisierung in der Therapie bereits herbeigeführt wurde.

Eine funktionierende Trennungs- und Scheidungsberatung setzt eine ausreichende Organisation für eine Region voraus. Sie muß ein bedürfnisorientiertes Angebot planen und organisieren, sie muß Ansprechpartner für die Klienten und andere Berufsgruppen (Familienrichter, Rechtsanwälte, soziale

Dienste) sein, sie muß eine kontinuierliche Evaluation der Maßnahmen durchführen und ggf. eine Verbesserung vornehmen, sie muß Weiterbildung betreiben und sich schließlich aus psychologischer Sicht zu Rechtsfragen (z. B. dem Trennungsjahr) äußern. An dieser Fülle von Aufgaben erkennt man die dringende Notwendigkeit, für dieses Problemfeld eine angemessene Organisation flächendeckend für die Regionen einzurichten, die sich nach der Organisation der Familiengerichte aufteilen lassen.

8.4. Flankierende Maßnahmen für Kinder

Bei der Trennungs- und Scheidungsberatung stehen die Erwachsenen im Zentrum, weil sie entsprechende Entschlüsse gefaßt haben und Regelungen treffen müssen. Dabei vergessen die Erwachsenen wegen ihrer eigenen Probleme die Auswirkungen auf die Kinder (Plock 1986; Wallerstein & Kelly 1980; Witte, Kesten, Sibbert 1988). Es bedarf deshalb bereits im Vorfeld geeigneter Maßnahmen wie Ausführungen über die Bedeutung der Stützung der Kinder und Hinweise auf geeignete Möglichkeiten z. B. auf Kindergruppen bei einer Informationsveranstaltung deutlich zu machen, um ein Interesse zu wecken und Ängste der Eltern abzubauen. Hier spielt auch bereits die Kooperation mit den anderen Professionen im Rahmen des juristischen Weges eine wichtige Rolle, insbesondere mit Rechtsanwälten und Sozialarbeitern der Sozialen Dienste (Jugendämter).

Als am besten geeignetes Setting wird man Gruppenverfahren heranziehen, in denen die Kinder bereits erkennen können, daß es viele andere Betroffene in ihrem Alter mit gleichen Problemen, Hoffnungen und Ängsten gibt. Vom Alter her, wenn man die ganz jungen Kinder außer acht lassen will (s. Kap. 5), wird man zwei Unterteilungen vornehmen müssen, einmal Kinder zwischen 6–12 Jahren (Bornstein et al. 1985; Plock 1986; Witte et al. 1988) und zum anderen Jugendliche über 12 Jahre (Young 1989). Als besonders geeignet haben sich Medien gezeigt. So werden bei Plock (1986) Textstellen aus Bücher herangezogen, in denen sich die Kinder identifizieren können, bei Bornstein et al. (1985) sind es Rollenspiele der Gruppenleiter, die gewisse Konflikte darstellen, auf Video aufnehmen und dann der Gruppe vorspielen, die dann darüber diskutieren kann. Young (1989) verwendet einen kurzen Spielfilm als Grundlage, um über die Probleme von Jugendlichen bei der Scheidung der Eltern zu reden.

Die Gruppengröße variiert zwischen 5–12 Mitgliedern. Bei größeren Gruppen und älteren Jugendlichen ist dann auch ein Therapeuten*paar* vorgesehen, um die verschiedenen Rollen einnehmen zu können.

Die Durchführung der Sitzungen kann dabei eher strukturiert-erzieherisch (Bornstein et al. 1985) oder eher unstrukturiert-therapeutisch (Plock 1986) orientiert sein. Es ist auch ein Wechsel zwischen den beiden Polen möglich, was man dann von der Entwicklung der Gruppe abhängig macht mit eher strukturierten Anteilen zu Beginn, weniger strukturierten in der Mitte und zum Abschluß wieder eher strukturierte Elemente (Witte 1982). Es ist jedoch bei diesen Methoden zu beachten, daß sie letztlich keine Therapie darstellen, sondern vor allem stützende Maßnahmen während einer Krisensituation sind. Aus diesem Grunde ist das Klientel so beschaffen, daß es keine gravierenden Störungen aufweist.

Therapeutische Maßnahmen für die Kinder und Jugendlichen sind natürlich im Bedarfsfall ebenfalls anzubieten, wahrscheinlich aber in der Form der Überweisung an andere Kollegen oder der Hinzunahme von Kinder- und Jugendtherapeuten in die Institution.

Inhaltlich gibt es gewisse Unterschiede zwischen den Maßnahmen vor allem bezogen auf die Zielsetzungen. Plock (1986) legt den Schwerpunkt ihrer Arbeit auf die Gefühlsebene, indem sie vier Bereiche angeht:

a) die Gefühle der Besonderheit und Isolation verglichen mit Gleichaltrigen sollen zugunsten der Entlastung und der Vergleichbarkeit verändert werden;
b) Verleugnung und Verdrängung der Scheidung sollen in Hinblick auf eine Mitgestaltung der gegenwärtigen und zukünftigen familiären Situation aufgegeben werden;
c) die eigenen Schuldgefühle wegen der Scheidung sollen zu einer gesunden Trauerarbeit verändert werden;
d) die Tendenz zur Entlastung der Erwachsenen soll aufgehalten werden zugunsten eines den psychischen Ressourcen gemäßen kindlichen Verhaltens.

Sicherlich sind diese Gefühlsbereiche von großer Bedeutung für die Kinder, so daß sie aufgearbeitet werden müssen, um eine pathogene Auswirkung in der Zukunft zu verhindern.

Auf der kognitiven Ebene wird durchgängig an einem der sich verändernden Situation angemessenen Informationsstand der Kinder gearbeitet (vielgefragte Themenbereiche sind z. B. Scheidungsverfahren, Sexualität) und es wird versucht ihre Aufmerksamkeit zu schärfen.

Auf der Handlungsebene wird im Hier und Jetzt der Gruppe am sozialen Verhalten, besonders am Umgang mit negativen Gefühlen, gearbeitet und zudem im Rollenspiel Verhalten in kritischen Situationen trainiert (z. B. Anhörung durch den Jugendamtsvertreter oder Familienrichter, Gespräche mit Eltern über Wünsche oder Terminänderungen in Zusammenhang mit Umgangsregelungen).

Am Abschluß der Sitzungen steht ein Elterngespräch, das im wesentlichen von den Müttern wahrgenommen wird. In diesen Gesprächen werden keine Einzelheiten aus dem Gruppengeschehen berichtet, sondern nur zusammenfassende Ergebnisse, was von den Kindern i. a. gebilligt wird. Die so weitergegebene Information wird von den Eltern häufig als treffend und z. T. als überraschend erlebt.

Ergänzend werden in dem klar strukturierten Programm von Bornstein et al. (1985), das über 6 Sitzungen geht, noch eine Methode des Problemlösens und der Bewältigung von Wut und Ärger vermittelt. Dabei sind Vorgehensweisen und Inhalt z. T. kulturspezifisch, amerikanisch, was eine einfache Übernahme erschwert. Deshalb kann auch bei diesem Angebot keine völlig vorstrukturierte Technik das Ziel sein, sondern die Leiter werden sich z. T. an die Bedürfnisse der Kinder und Jugendlichen anpassen müssen. Ein gewisser Rahmen ist mit den oben angegebenen Gefühlsbereichen gegeben.

Jedenfalls sollten Gruppen für Kinder und Jugendliche zum Standard-Angebot von Trennungs- und Scheidungsberatungsstellen gehören.

8.5. Angebote zur Trennungs- und Scheidungsbewältigung

Eine traditionelle Aufgabe jeder Beratungsstelle ist die Hilfe bei der Bewältigung von Krisen, und daß Scheidung eine grundlegende Krisensituation darstellt, sollte spätestens im Kapitel 2 dargelegt worden sein. Es kann jetzt natürlich nicht die Aufgabe sein, alle Angebote für die Bewältigungsarbeit während Trennung und/oder Scheidung aufzuzeigen. Vielmehr geht es darum eine gewisse Systematik als Grundlage zu liefern, aus der dann existierende Angebote folgen oder die Idee nach einer Neukonzeption resultiert. Die einzelnen Klassen von Angeboten sind dann entsprechend in eine konkrete Form zu übersetzen. Als allgemeine Gesichtspunkte bieten sich das gewählte Setting und die inhaltlichen Schwerpunkte an.

Das Setting soll in die folgenden Komponenten unterteilt werden:

a) Beratung von Einzelpersonen,
b) Beratung von Paaren und Familien,
c) Gruppenberatung bei Einzelpersonen oder Paaren.

Die inhaltlichen Schwerpunkte, auf die man seine Beratung konzentrieren kann, lassen sich nach den bekannten drei Aspekten unterteilen:

a) kognitiv,
b) affektiv und
c) konativ oder verhaltensbezogen.

Zu beachten ist bei dieser Differenzierung jedoch, daß die Beratungskonzepte nicht nur aus einem Anteil bestehen müssen, meistens werden Kombinationen aus mehreren Komponenten notwendig sein, wenn man auf die komplexen Probleme bei der Bewältigung von Trennung und Scheidung eingehen will. Es handelt sich hierbei nur um eine wichtige analytische Trennung. Ebenso ist natürlich die Unterscheidung des Settings zu betrachten. Auch hierbei sind Kombinationen möglich. Trotzdem erweist sich ein solches Raster erst einmal als produktiv, wenn man über die Möglichkeiten anzuwendender oder zu entwickelnder Beratungskonzepte nachdenken möchte.

Um nun diese Kategorisierung weiter zu verdeutlichen, mögen einige Hinweise nützlich sein. Dabei sollte die spezifische Kombination vom Beratungsfall abhängig gemacht werden und weniger von einer gelehrten Technik, wie man es bei den Therapieschulen in der Klinischen Psychologie beobachten kann.

Wenn wir uns zuerst der Einzelfallberatung zuwenden, so steht bei einem *kognitiven* Schwerpunkt die Informationsvermittlung im Zentrum. Sie kann sehr unterschiedliche Inhalte zum Gegenstand haben. Bei der rechtlichen Beratung muß man darauf achten, daß konkrete Rechtsberatung im Einzelfall nur von Juristen geleistet werden darf. Aber es gibt zahlreiche andere Probleme, die in einer solchen Beratung angesprochen werden, wobei Kinder häufig im Zentrum stehen, aber auch Wohnungssorgen und Finanzen. Zu einem gewissen Teil lassen sich diese Beratungsinhalte durch Hinweise auf Ratgeber-Bücher oder Broschüren ergänzen. Bei diesen Fällen ist es wichtig entsprechende Literatur zur Verfügung zu haben. Einige Broschüren sind kostenlos vom Bundesjustizministerium oder der DAJEB zu beziehen und an die Klienten weiter zu geben. Schon durch solche Weitergabe von Informationen erhöht sich die Eigenverantwortlichkeit.

Bei der Konzentration auf den *affektiven* Bereich ist natürlich der Übergang zur Psychotherapie kontinuierlich. Dabei ist wesentlich zu klären, ob es sich um eine Krise durch die Umstände handelt oder um eine chronische Störung der Identität, was sicherlich schwer zu entscheiden ist. Abhängig von dieser Unterscheidung wird sich der Berater auf verschiedene Inhalte konzentrieren. Im ersten Fall der extern ausgelösten Krise werden die belastenden Momente bei der Trennung und Scheidung herausgearbeitet und die Gründe für die Belastung aufgearbeitet. Das Ziel ist, Wege zu finden, um die psychische Belastung zu reduzieren, zum einen über die Verbesserung der Situation, zum anderen über Umbewertung der belastenden Momente.

Im zweiten Fall dagegen ist der Grund für die Belastung vorwiegend intern und es müssen therapeutische Verfahren zur Anwendung kommen, die auf diese internen Störungen Bezug nehmen.

Liegt die Problembelastung im *Verhaltens*bereich, dann stehen Fragen des Umgangs mit dem Ex-Partner oder mit den Kindern und übrigen Familienmitgliedern im Zentrum. Hier gibt es einerseits Handlungsalternativen zu erarbeiten bzw. gewisse Handlungen im Rollenspiel zu üben, aber andererseits auch die starke Abhängigkeit der eigenen Handlungen von Verletzungen zu erkennen und deren Wirkung auf die anderen Personen einschätzen zu lernen.

Sollte auch an dieser Stelle erkennbar werden, daß die auftretenden Probleme erheblich persönlichkeitsbedingt sind, dann muß auch hier mit therapeutischen Methoden gearbeitet werden, was über eine Beratung im Ziel und in der Methodik hinausgeht.

Geht man jetzt über zum paarbezogenen Setting, dann ergeben sich im wesentlichen vergleichbare Inhalte wie bei den individuumbezogenen Ansätzen. Der Vorteil bei diesem Setting ist jedoch der, daß beide Ex-Partner auf demselben Niveau der Aufarbeitung sind. Darüberhinaus ist auch dem anderen Partner bekannt, was der eine zu den Problemen denkt, weil in der Beratung entsprechend auf diese Fragen eingegangen wurde. Folglich ist ein solches Setting der individuellen Beratung vorzuziehen, wenn immer es möglich ist. Ein besonderes Problem entsteht dann, wenn man zwischen individuellen Sitzungen mit einem Partner und gemeinsamen Sitzungen mit beiden abwechselt. Es kann dann zu äußerst schwierigen Bedingen führen, wenn z. B. in der Einzelsitzung Inhalte besprochen wurden, die dem anderen Partner nicht bekannt sind. Es ergibt sich dann eine Koalition des Beraters mit einem Partner, obwohl das keineswegs so vorgesehen war. Eine Konsequenz kann dann der Abbruch der Paarberatung sein. Das Problem wird nicht selten noch größer, wenn man mit beiden eine oder mehrere Einzelsitzungen durchführt. Hier ist zu überlegen, ob nicht auch der Berater gewechselt werden sollte, entsprechend mit dem Wechsel des Settings.

Bei einer eher *kognitiv* orientierenden Schwerpunktbildung stehen die Wünsche und Überlegungen des jeweiligen Partners im Zentrum, um zu erfahren, was der Andere für Ansprüche und Forderungen erhebt. Dieser Informationsaustausch ist häufig nicht ohne einen Berater möglich, weil sonst die Auseinandersetzung eskaliert. Die Ausgangsposition muß aber beiden erst einmal deutlich werden, um überhaupt eine gemeinsame Regelung treffen und so die Trennung eigenverantwortlich regeln und bewältigen zu können.

Bei eher *affektiven* Inhalten in der Paarberatung geht es um die Beziehung und ihr Scheitern sowie um die starke Verletzung durch den Ex-Partner. Hinzu kommen häufig Fragen des verlassenen Partners nach den Gründen. Hier steht die gefühlsmäßige Bindung an den Ex-Partner im Zentrum. Nicht selten wird jedoch diese Problematik auch beiseite geschoben. Man erkennt diese Problematik erst in der Auseinandersetzung mit Vorschlägen des Ex-Partners. In diesem Falle muß muß das Regelungsbedürfnis in Form von Mediation erst zurückgestellt werden, um eine Beziehungsklärung vorzunehmen. Letztere stellt einen wichtigen Schritt in eine Bewältigungsarbeit bezüglich der gescheiterten Beziehung dar. Hier müssen die Gefühle, Verletztheiten und Aggressionen gegen den Partner zumindest ansatzweise aufgearbeitet werden, bevor eine gemeinsame Regelung möglich wird. Dabei ist eine solche Beziehungsklärung überhaupt nur bei Paaren möglich, die nicht durch eine große Konfliktstärke gekennzeichnet sind. Daß eine solche Klärungsarbeit von großem Nutzen für die zukünftige Beziehung zum Ex-Partner als auch für zukünftige, neue Partnerschaften sein kann, ist leicht vorstellbar.

Bei der *Handlungsebene* taucht häufig das Problem auf, daß die Partner nicht in der Lage sind, einfachste Absprachen zu treffen, weil sofort der Streit wieder aufbricht, was aber auch häufig an der provozierenden Art liegt, wie Wünsche und Vorstellungen vorgebracht werden. Entsprechend sind Absprachen konkret in der Beratungssitzung modellhaft durchzuspielen, um auf die Interaktionsformen zwischen den Partnern aufmerksam zu machen. Außerdem sind natürlich störende Verhaltensweisen durch alternative zu ersetzen und in der Beratung zu üben. Dieses Vorgehen ist aber immer eng an der Thematik Trennung und Scheidung orientiert und versucht nicht therapeutisch in dem Sinne zu werden, daß wesentliche Persönlichkeitsänderungen angestrebt werden. Hier müssen insbesondere therapeutisch ausgebildete Berater eine Trennung zwischen Beratung und Therapie vornehmen.

Methoden der Trennungs- und Scheidungsbewältigung werden häufig in einem *Gruppensetting* durchgeführt.

Das hat mehrere Gründe:

a) es kommt nur ein Partner,
b) man möchte unabhängig vom Partner seine Probleme angehen,
c) es ist von Seiten der Beratungsstelle ökonomischer Gruppen anzubieten und
d) solche Gruppen können auch später als Selbsthilfegruppen weiterlaufen.

Gleichzeitig wird natürlich deutlich, daß solche Gruppen für bestimmte Formen der Bewältigungsarbeit geeignet sind. Sie ermöglichen es vor allem auch, sich gegen den Ex-Partner abzugrenzen und eine eigene Identität, unabhängig vom Partner, aufzubauen. Das ist für viele Betroffene von großer Bedeutung, weil das Selbstwertgefühl, aber auch die Eigenständigkeit im Handeln sowie das Wissen um viele Alltagsprobleme verlorengegangen sind.

So ist jede Trennungsbewältigung auch damit verbunden, die *Kenntnisse* zu erwerben, die für eine eigenständige Lebensführung notwendig sind. Plötzlich muß man sich um Dinge kümmern, die früher immer der Partner übernommen hat. Ein Austausch über diese lebenspraktischen Inhalte kann manch eine Schwierigkeit vermeiden helfen. Aus diesem Grunde sind auch gemischt-geschlechtliche Gruppen vorzuziehen. Außerdem wird von vornherein die Begegnung mit dem anderen Geschlecht geübt, was für manchen Schwierigkeiten darstellt.

Im *emotionalen* Bereich ist der Austausch mit Betroffenen in vergleichbarer Position allein schon entlastend. In der Gruppe über die eigene Wut und Trauer zu sprechen, erleichtert vieles. Das gilt nicht zuletzt für Männer, die sich immer besonders schwer tun mit der Preisgabe ehelicher Konflikte.

Für die *Handlungsebene* gilt in einer Gruppe, daß andere Mitglieder als Modell fungieren können, deren Verhalten man entsprechend übernehmen kann. Außerdem ist eine Gruppe natürlich für Rollenspiele als Übung gut geeignet.

Das hier kurz skizzierte Spektrum der Methoden zur Trennungs- und Scheidungsbewältigung ist einerseits im Individual- und Gruppensetting auf die Einzelperson gerichtet, wobei der Ex-Partner nur aus der Sicht des von ihm Getrennten vertreten ist. Das ermöglicht auch die notwendige Distanzierung zum Erwerb einer größeren Eigenständigkeit, die nicht selten in einer engen Beziehung verloren gegangen ist bzw. sogar verloren gehen mußte. Das Paar-Setting greift jetzt diese enge Beziehung wieder auf, was sicherlich nur möglich ist, wenn bereits eine gewisse Ablösung erfolgte. Deshalb ist es gut vorstellbar, daß auch verschiedene Settings nacheinander wahrgenommen werden mit dem Ziel, die notwendige Ablösung vom Ex-Partner zu erreichen.

Eine wichtige Unterscheidung auf der Ebene der Methoden ergibt sich aus der Dimension ‚strukturiert gegenüber offen‘. Man kann ein Bewältigungsprogramm konzipieren, das bereits den gesamten Verlauf festlegt, z.B. Siewert (1983). Das hat sicherlich den Vorteil, in kurzer Zeit die für viele Betroffenen relevanten Probleme abgehandelt zu haben. Außerdem sind notwendige Materialien vorbereitet und der Berater weiß, was auf ihn zukommt. Eine andere Möglichkeit besteht darin, das Thema genauer zu bestimmen, so daß viele Probleme herausfallen, innerhalb des Themas dann aber auf die konkreten Bedürfnisse der Betroffenen einzugehen. Ein Beispiel mag hierzu eine von uns durchgeführte Elterngruppe zu dem Thema ‚Gemeinsame Elternschaft trotz Scheidung‘ sein. Das Ergebnis war, daß zwei Teilnehmer die Gruppe verlassen haben, weil ihre eigene Problemstellung von der der übrigen abwich. In der Gruppe kristallisierte sich das Problem heraus, wie die Eltern mit ihren 7-jährigen Kindern umgehen sollten, nachdem es zu einer Trennung gekommen war. Man muß also bei einer engen thematischen Eingrenzung damit rechnen, daß Teilnehmer die Gruppe verlassen. Dann aber kann man ohne ganz gezielte Vorgaben die einzelnen Sitzungen nach den Bedürfnissen der Teilnehmer gestalten. Natürlich muß man gewisse Problemstellungen im Auge behalten, wie z.B. Konflikte bei der Umgangsregelung, Perspektive des Kindes etc. Insgesamt umfaßt dann eine solche Bewältigungsmaßnahme alle drei inhaltlichen Schwerpunkte. Es sind auch Männer, Frauen und Paare zugelassen worden. Diese Heterogenität bei den Teilnehmern erhöht die Verschiedenheit in den Ansprüchen, Vorgehensweisen und Forderungen. Generelles Ziel dabei ist der Erhalt der Elternschaft.

Als grundlegendes Problem verbirgt sich hinter diesen Vorgehensweisen die Frage, ob man ein enges Thema auf die Bedürfnisse der Teilnehmer abstellen oder ob man ein breites Bewältigungsangebot in strukturierter Form angehen soll. Wenn man viele Themen behandeln will, ist sicher eine stärkere Strukturierung notwendig. Wie im einzelnen das Angebot aussehen kann, muß auch von den Rahmenbedingungen abhängig gemacht werden. Eine große Beratungsstelle kann stärker differenzieren und auf spezielle Beratungswünsche der Klienten eingehen, weil auch genügend Klienten zu den einzelnen Themen zusammenkommen. Eine kleinere Beratungstelle wird ihre Kapazitäten stärker auf die Majorität der Klienten ausrichten müssen. Aber selbst bei einem hohen Strukturierungsgrad sollte Platz für spezifische Bedürfnisse der Klienten bleiben. Genauso ist aber auch eine vollständige Abhängigkeit von den geäußerten Bedürfnissen nicht sinnvoll, weil dann viele Zufälligkeiten den Ablauf bestimmen. Es können wesentliche Aspekte fehlen, die eine angemessene Bewältigung erst ermöglichen, jedenfalls sofern man nicht sehr viele Sitzungen einplant. In gewissem Umfang ist man bei der Trennungs- und Scheidungsberatung nämlich an recht kurze Zeiträume gebunden, weil es das Bedürfnis der Klienten häufig ist, schnell geschieden zu werden und die juristische Scheidung hinter sich zu bringen. Wegen dieser Zeitbegrenzung und der aktuellen Krisensituation bietet sich eine Strukturierung eines allgemeinen Bewältigungsprogramms an.

Diese Maßnahmen zur Bewältigung der Trennung und Scheidung für die Erwachsenen werden mit dem Ziel durchgeführt, in einer Krisensituation zu helfen, damit die Scheidung eigenverantwortlich durchgeführt werden kann, ggf. die Elternschaft erhalten bleibt und nachfolgende Schäden vermieden werden. Scheidung darf nicht zu einer Benachteiligung der Betroffenen führen, weil die Scheidung als Krise nicht bewältigt worden ist. Nur wenn diese Bewältigung stattgefunden hat, werden sich vergleichbare Fehler in einer Partnerschaft nicht wiederholen und die Scheidungskinder werden nicht stärker psychisch beeinträchtigt sein als andere Kinder. Scheidung soll eine Möglichkeit der Konfliktlösung sein, die Schaden abwenden hilft und möglichst geringen Schaden verursacht.

8.6. Interdisziplinäre Kooperation

An dem Problem Scheidung sind immer mehrere Berufsgruppen beteiligt, wenn man den heute vorgeschriebenen juristischen Weg betrachtet (s. Kap. 3). Das gilt insbesondere, wenn Sorgerechtsregelungen getroffen werden müssen, weil dann die Sozialarbeiter der sozialen Dienste eine Stellungnahme abgeben müssen. In strittigen Fällen gibt es zusätzlich bestellte Gutachter, die die Sorgerechtsregelung klären sollen. Wir haben also den oder die Rechtsanwälte, den Familienrichter, den Sozialarbeiter und ggf. den Gutachter. Alle diese Berufsgruppen sind dabei Interessenvertreter. Der Rechtsanwalt ist Interessenvertreter seines Mandanten, der Sozialarbeiter des Kindes und der Familienrichter des Staates als Vertreter der die Einhaltung der Gesetze überwacht. Wenn ein Gutachter hinzugezogen wird, sollte er ebenfalls Interessenvertreter des Kindes sein. Die Idee der Gebundenheit an Interessen und Verfahrensvorschriften führt bei der Scheidung u. U. zu einer Eskalation der Konflikte (Proksch 1989a). Diese Gebundenheit an spezifische Interessen erschwert das gezielte Einwirken auf eine eigenverantwortliche Regelung durch die Betroffenen. Aus diesem Grunde ist es zweckmäßig, außer-juristische Regelungsverfahren einzuführen, die letztlich auch eine Entlastung der überstrapazierten Justiz mit sich bringen werden (Proksch 1989a).

Notwendig hierzu ist aber eine enge Kooperation der einzelnen Berufsgruppen. Insbesondere ist hier die Haltung der Rechtsanwälte zu nennen, die bei dem Scheidungsverfahren eine dominante Rolle einnehmen. Da bisher kein gesetzlicher Zwang zu einer Scheidungsvermittlung in einer Beratungsstelle existiert, handelt es sich um eine freiwillige Maßnahme, die die Klienten vor allem dann annehmen, wenn die Rechtsanwälte dieses empfehlen (Proksch 1989a). Solche Empfehlungen haben natürlich auch ihre Wirkung, wenn sie von Familienrichtern oder Sozialarbeitern ausgehen, aber immer handelt es sich um eine freiwillige Maßnahme, die auch Kosten verursacht. Letztlich ist der Gesetzgeber gefordert zu überlegen, ob er nicht vergleichbar mit den USA eine an das Familiengericht angegliederte Beratung zur Auflage macht, weil damit nicht nur die Ergebnisse für die Betroffenen verbessert werden können, sondern auch die Überlastung der Gerichte reduziert würde (Proksch 1989a). Die Finanzierung solcher Beratungsstellen scheint aus den vorhandenen Mitteln möglich, weil die Verfahren kürzer und die Wiederaufnahme von Sorgerechts- und Umgangsregelungen seltener werden (s. Kap. 6).

Eine solche Kooperation zwischen den Vertretern der einzelnen Berufsgruppen basiert im Augenblick auf zufälligen Kontakten und Beziehungen. Hier ist eine generelle Aufgabe einer Trennungs- und Scheidungsberatung die Kooperationsmöglichkeiten aufzuzeigen, die Behinderungen durch Vorurteile über andere Berufsgruppen deutlich zu machen und als Kooperationspartner zur Verfügung zu stehen. Nur so kann eine Region es erreichen, daß hier eine andere Herangehensweise an Scheidungen entsteht, die die eigenverantwortliche Scheidung im Zentrum hat und auch verstärkt ein gemeinsames Sorgerecht ermöglicht.

Bei der Kooperation zwischen den Berufsgruppen ist darauf zu achten, daß nicht indirekt das Prinzip der Eigenverantwortlichkeit wieder durchbrochen wird, indem über die Köpfe der Klienten hinweg Maßnahmen und Regelungen abgesprochen werden. Für die Weitergabe von Informationen sind die Klienten zuständig. Insgesamt können zwischen den Berufsgruppen nur *formale* Vereinbarungen getroffen werden, aber keine inhaltlichen Regelungen. Es ist z. B. möglich, wegen der vorhandenen Ambivalenz des Paares eine Aussetzung des juristischen Verfahrens als Berater erreichen zu wollen, um den Klärungsprozeß nicht zu stören. Diese mit den Klienten abgesprochene Maßnahme sollte dann auch vom Familienrichter akzeptiert werden. Gleichfalls sollten Anwälte bei einer strukturierten Trennung informiert werden, daß sie in dieser Zeit möglichst keine weiteren Aktivitäten unternehmen. Bei größeren Schwierigkeiten mit den Klienten sollten die Sozialarbeiter sich einer Stellungnahme entziehen und eine gemeinsame Regelung durch die Familie unter Mitwirkung eines Beraters empfehlen.

Das juristische Verfahren sollte sich damit an den Fortgang der Beratung anpassen. Gleichzeitig sollte aber auch von der juristischen Seite her die Möglichkeit bestehen, ausgehandelte Regelungen noch einmal an den Berater zurückzuverweisen mit der Bitte um weitere Klärung oder dem Hinweis auf grobe Abweichungen von anderen Regelungen. Solche Hinweise sind dann vom Berater mit dem Paar noch einmal durchzugehen. Alle diese Maßnahmen geschehen aber in Absprache mit den Klienten.

Wichtig ist nur, daß keine Berufsgruppe es als Eingriff in ihre Kompetenz empfindet, wenn entsprechende Empfehlungen gegeben werden. Insbesondere der Übergang zwischen dem klassischen juristischen Weg und dem nicht-juristischen erfordert von beiden Seiten eine kooperative Haltung, die erst hergestellt werden muß, indem sich die Vertreter der Berufsgruppen als kompetent in ihren Handlungen erleben. Nur dann wird auch die Bereitschaft bestehen, den nicht-juristischen Weg den entsprechenden Klienten zu empfehlen.

Das Ziel ist also ein *arbeitsteiliges* Modell, in dem die Berufsgruppen getrennt arbeiten, so daß auch Rollenkonflikte vermieden werden, die die Maßnahmen erheblich stören können. So ist eine Aushandlung über das Sorgerecht vor dem Vertreter des sozialen Dienstes nur sehr begrenzt möglich, wenn dieser seine Informationen an das Familiengericht weitergibt. In den Fällen, in denen kaum Konflikte vorliegen, also bereits ein gemeinsamer Vorschlag durch das Paar erarbeitet wurde, der nur entsprechend abgeklärt und ergänzt werden muß, kann der Vertreter des sozialen Dienstes diese Festlegung der Sorge- und Umgangsregelung mit dem Paar selber vornehmen. Ist jedoch eine echte Aushandlung notwendig, so sollte diese in einer getrennten Beratung vorgenommen und nur das Ergebnis durch den sozialen Dienst überprüft und fixiert werden. Nach dem Gesetz zur Neuordnung des Kinder- und Jugendhilferechts ist in §17 sogar ein gesetzlicher Anspruch auf Beratung im Falle der Trennung und Scheidung für die Eltern vorgesehen.

Für die anderen Probleme kann in den meisten Fällen durch den Rechtsanwalt nur dann eine psychisch tragbare Regelung gefunden werden, wenn die Konflikte der Paare kaum vorhanden sind. Eine zeitlich aufwendigere Scheidungsschlichtung sollte auch von dem juristischen Weg getrennt werden, damit der Klient nicht beim Scheitern einer gemeinsamen Lösung befürchten muß, daß die vorgetragenen Argumente gegen ihn im Verfahren benutzt werden können.

Damit ist deutlich, daß der juristische Weg als Instanz der Entscheidungsdurchführung getrennt werden muß von dem nicht-juristischen Weg, der allein der Entscheidungsvorbereitung und -findung dient. Die direkte Verknüpfung dieser beiden Wege kann zu einem Konflikt führen, der auf jeden Fall vermieden werden muß, weil sich sonst der vermeintlich Unterlegene hintergangen fühlt oder zumindest solche Vorstellungen existieren. Aus diesem Grunde ist eine Kooperation der Berufsgruppen auf formaler Ebene einerseits unerläßlich, andererseits aber eine direkte inhaltliche Abstimmung zwischen den Berufsvertretern über die Köpfe der Betroffenen hinweg auszuschließen. Hier liegt ein Konfliktthema zwischen den Berufsgruppen, das kontinuierlich bearbeitet werden muß, damit diese bewußte Trennung nicht zu Mißverständnissen und Verärgerungen führt. Alle Handlungen sind im Sinne der Klienten – Paare und Kinder – durchzuführen unter Wahrung bzw. Förderung ihrer Eigenverantwortlichkeit bei der Lösung der Konflikte.

9. Konsequenzen für die Zukunft der Trennungs- und Scheidungsberatung in Deutschland

Scheidung ist eine gesellschaftlich anerkannte Form der Konfliktlösung in Paarbeziehungen geworden. Das hat zur Neuordnung des Scheidungs- und Scheidungsverfahrensrechts geführt. Der Ausgangspunkt der Reformkonzeption war der Grundsatz der gemeinsamen, einvernehmlichen und eigenverantwortlichen Regelung durch die Ehegatten. Der übliche juristische Weg geht von zwei Extremfällen aus: Das Paar oder die Familie, die sich über alle zu regelnden Punkte einigt und dann nurmehr eine staatliche „Beglaubigung" braucht, oder aber der hoch strittige Fall, in dem die Katastrophe gesetzlich geordnet wird (Benda 1986), ohne eine Einigung der Partner. Letztlich wird immer eine rechtliche Lösung gefunden. Die Auswirkungen und Konsequenzen für die Betroffenen bleiben dabei unberücksichtigt, weil bewußt die psycho-soziale Dimension ausgeklammert wird (s. Kap. 3).

Aber nicht nur in diesen Fällen mit großer Konfliktstärke, sondern auch in Bereichen mit mittlerer und geringer Konfliktstärke bedarf es einer beratenden Unterstützung, um die vom Gesetzgeber gewünschte Eigenverantwortlichkeit überhaupt erst angemessen herzustellen. Vielleicht ist sie nicht immer erreichbar, so daß die rechtliche Ordnung der Katastrophe als letztes Mittel immer noch übrig bleibt. Jedoch ist der Gesetzgeber auf die Fälle mit unterschiedlicher Konfliktstärke, die eine Beratung zur Verwirklichung der Eigenverantwortlichkeit benötigen, bisher nicht ausreichend im Verfahrensbereich eingegangen (Proksch 1989a). Besonders nachhaltig wird dieser Mangel bei der Sorgerechtsregelung „zum Wohl des Kindes" deutlich, da das übliche Scheidungsverfahren häufig auch die Elternschaft zerstört und nicht nur die Ehe auflöst. Genau das ist aber häufig schädlich (Fthenakis et al. 1990). Als Symptom dieser Tatsache wird die verschwindend geringe Zahl gemeinsamer Sorgerechtsfälle (weniger als 5 %) angesehen. Die kindliche Entwicklung wird nun aber genau durch ein kooperatives Umgehen der Eltern in Sorgerechtsfragen gefördert. Folglich muß es das Ziel sein, diese Verhaltensweisen der Eltern herzustellen, wenn sie nicht vorhanden sind. Das alleinige Aussprechen eines gemeinsamen Sorgerechts ist dabei nicht die Lösung, wie wir bereits wissen (Wallerstein & Blakeslee 1989). Eltern müssen befähigt werden, ein gemeinsames Sorgerecht zu praktizieren. Hierzu bedarf es häufig der Beratung zur gemeinsamen Elternschaft. Nur wenige

Eltern sind in der Lage, eine gemeinsame Sorge zu übernehmen, ohne daß sie in dieser neuen Situation eine Anleitung erfahren. Dabei kann es sich um wenige Beratungsstunden handeln, in denen die gemachten Erfahrungen mit einem selbst gewählten Modell überdacht und korrigiert werden. Manchmal können hierzu auch die Meinungen der Kinder eingeholt werden, um auch ihre Sicht und Mitwirkung in die Problemlösung zu integrieren. Bei anderen Eltern ist zuerst eine Beziehungsklärung nötig, bevor kooperative Konfliktlösungen gefunden werden können. Sicherlich sollte der eine Regelfall, daß die Mutter das Sorgerecht erhält, nicht einfach durch einen anderen Regelfall, daß beide das Sorgerecht erhalten, abgelöst werden (Balloff & Walter 1990). Das bedeutet ein Verharren im juristischen Denken auf der Grundlage von Standard-Lösungen (s. Kap. 3). Es sollte jedoch als *Ziel* in Sorgerechtsentscheidungen die *gemeinsame* elterliche Sorge angestrebt werden. Das ist sicherlich nicht in jedem einzelnen Fall zu erreichen, aber das Wohl des Kindes gebietet es, eine solche Lösung als Perspektive anzustreben. Man kann sogar davon ausgehen, daß jede richterliche Entscheidung, die eine Sorgerechtsregelung ohne eine auf den Einzelfall abgestellte Beratung *vornimmt, nicht* dem Wohl des Kindes dient. Die Eltern und z. T. auch die Kinder müssen zusammen befähigt werden, diese gemeinsame elterliche Sorge unter den veränderten und z. T. erschwerten Bedingungen zu praktizieren. Dafür ist ein nicht-juristischer Weg mit dem juristischen zu verbinden, der erst die Befähigung zu einer kooperativen Konfliktlösung herbeiführt. Dieses ist vom Gesetzgeber anerkannt, wenn man das neue KJHG entsprechend auslegt. Von der Intention der Gesetzgebung her wird in Sorgerechtsfällen eine frühe Beratung nahegelegt, wenn man das Wohl des Kindes als Maxime ernst nehmen will. Hier klafft wiederum das juristische und psychologische Denken auseinander (s. auch Kap. 3). Nur nach dem Versuch der Befähigung der Familie zur Durchführung einer gemeinsamen elterlichen Sorge durch Beratung wird eine angemessene, auf den Einzelfall abgestellte Sorgerechtsregelung möglich. Es gibt keine bessere diagnostische Grundlage für die Sorgerechtsentscheidung als sie, begleitet durch Beratung, zu praktizieren. Dabei darf dieser Versuch natürlich nicht gleichzeitig die Grundlage sein für die richterliche Entscheidung, weil sonst im Hinblick auf diese drohende Entscheidung in den nicht ganz leichten Fällen zusätzliche Spannungen entstehen. Einer der Partner kann durch sein Handeln nachweisen wollen, daß dem anderen das Sorgerecht nicht überlassen werden darf; beide achten darauf, dem Sozialarbeiter oder dem Richter zu gefallen, um mit ihm eine entsprechende Koalition zu schließen; in dieser Zeit versucht man, seine negativen Eigenschaften zu verdecken, weil man um die Bewertung durch den Anderen im Prozeß weiß. Alle diese Aspekte und noch weitere behindern die Beratungsarbeit, weil sie von der eigenverantwortlichen, kooperativen Konfliktlösung ablenken und zu Anpassungsprozessen führen, die eine dauerhafte Sorgerechtsregelung durch die Familie selber erschweren, wenn nicht sogar unmöglich machen. Hier ist eine klare Trennung zwischen juristischem Weg, der die Macht zur Entscheidung gegen den Willen einzelner Familienmitglieder beinhaltet, und dem Weg der Beratung, der die Eigenverantwort-lichkeit optimieren soll, scharf zu trennen. Die im Augenblick kursierenden Modelle (z. B. Fthenakis 1991) zur Weiterbildung von Mitarbeitern des Jugendamtes zur Übernahme der Beratung bleiben solange äußerst problema-tisch, wie derselbe Mitarbeiter Berater und Gutachter in einer Person ist. In einem solchen Fall werden oben genannte Schwierigkeiten auftreten, wenn es über eine kurze Beratung für Fälle mit sehr geringer Konfliktstärke hin-ausgeht. Hier muß auch organisatorisch und personell eine strenge Trennung vorgenommen werden, damit die Betroffenen nicht mißtrauisch werden. Nachdem dann die Beratung abgeschlossen ist, können die Mitarbeiter des Jugendamtes die gefundene Lösung oder deren Scheitern abschließend mit der Familie besprechen, um bei Bedenken eine weitere Beratung, eine ver-änderte Form der Beratung oder sonstige Maßnahmen zu empfehlen, wenn sie eine abweichende Sicht der Lage haben. Dabei kann es sich nur um Ausnahmefälle handeln oder um die Familien, in denen eine gemeinsame Lösung trotz Beratung nicht möglich war. In diesen strittigen Fällen trotz Beratung setzt dann der übliche juristische Weg ein.

In allen diesen Fällen wird überdeutlich, daß der Gesetzgeber zwar her-vorragende Prinzipien zur gesetzgeberischen Grundlage herangezogen hat, daß aber bei deren Verwirklichung noch ein „blinder Fleck" existiert. Jener muß zur Einhaltung dieser Prinzipien dringend geschlossen werden. Dabei scheint der gesetzgeberische *Zwang* zur *Eigenverantwortlichkeit* bei der Ein-führung einer Pflichtberatung per Gesetz ein Widerspruch in sich zu sein. Es sind jedoch zwei unterschiedliche Ebenen, die nicht verwechselt werden dürfen, so daß es sich *nicht* um eine paradoxe Situation handelt. Der Zwang besteht nur darin, in ein *Verfahren* einzutreten, das eine inhaltliche Regelung als Ergebnis haben soll, das sonst vom Gericht festgelegt wird. Dagegen legt der Zwang zur Teilnahme an einer Scheidungsvermittlung kein inhaltliches Ergebnis fest. Letzteres soll eigenverantwortlich bestimmt werden. Im Ideal-fall würde man sich auch das eigenverantwortliche Aufsuchen einer Bera-tung im Konfliktfall wünschen. Eine gesetzlich vorgeschriebene Beratung entlastet aber auch die Partner, weil sie sich dann nicht über die Inanspruch-nahme der Beratung einigen müssen, wenn sowieso schon jede Einigung schwerfällt. Außerdem wird gleichzeitig der vermeintlich stigmatisierende Charakter einer Beratung beseitigt. Sie ist der Normalfall. Es scheint in den USA so zu sein, daß eine Pflicht zur Teilnahme an Scheidungsberatung auch keine negativen Auswirkungen hat (zusammenfassend Proksch 1989a, s. auch Kap. 6).

Aus diesen Bemerkungen folgt, daß es neben dem juristischen Weg einen Verfahrensteil gibt, der von einer Scheidungsschlichtung (Mediation) getra-gen wird. Eine strikte Trennung der beiden Wege ist dabei wichtig, um nicht in Interessenkollisionen zu geraten. Um nun eine möglichst frühe Beratung durchführen zu können, sollte eine förmliche Mitteilungspflicht der sich trennenden Eheleute an das Gericht über den Beginn des Trennungsjahres erfolgen. Noch günstiger ist natürlich schon zum Zeitpunkt der Ambivalenz eine Beratung durchzuführen. Da zu diesem Zeitpunkt die Scheidung noch nicht gezielt angestrebt wird, bleibt auch vorerst der juristische Weg außen vor, so daß die so frühzeitige Ambivalenzberatung allein durch die Paare selber in Anspruch genommen werden kann. Daraufhin wird die Aufnahme einer Beratung zwingend notwendig, die von einer entsprechenden Beratungsstelle durchgeführt oder organisiert wird. Als besonders günstigen Weg erscheint die Durchführung eines sofortigen ersten Verhandlungstermins durch den Richter, der mit den Parteien die beiden Verfahrenswege und deren Bedeutung erörtert. Die Finanzierung solcher Beratungen sollte über die Prozeßkostenhilfe oder ähnlicher Trägerschaft erfolgen, damit keine zusätzlichen Belastungen auf die Eheleute zukommen. Mit der Einführung dieses zweiten Verfahrensweges wird der Gesetzgeber letztlich erst seinen Prinzipien gerecht. (Die hier geäußerten Vorstellungen stimmen wesentlich mit denen bei Proksch (1989a) überein). Erste Schritte in diese Richtung können in naher Zukunft erwartet werden. Daß letztlich sogar der juristische Weg auf die Regelung von Katastrophen beschränkt werden sollte, weil Scheidung nach dem Zerrüttungsprinzip wesentlich aufgrund eines psychologischen Denkmodells zu beurteilen ist, haben wir bereits ausgeführt (Kap. 3).

Abschließende Bemerkungen

Die große Bedeutung des Problemfeldes Trennung und Scheidung sowie der Bewältigungsstrategien sollte aufgezeigt werden. Daraus folgte die Forderung an den Gesetzgeber, dem juristischen Weg kurzfristig einen außergerichtlichen Scheidungsberatungsweg an die Seite zu stellen und das Scheidungsverfahren entsprechend umzustellen, um dem Prinzip der Eigenverantwortlichkeit sowie dem Wohl des Kindes angemessen genügen zu können.

Wie und was man schon im Vorfeld einer Veränderung der Gesetzgebung zur Verringerung des psychischen Leidens aller Betroffenen tun kann, sollte durch die Darlegungen ausgebreitet werden. Dabei ist keine eindeutig richtige Umsetzung eines Konzeptes der Scheidungsberatung gegeben, sie muß an die bestehende Region mit ihren Möglichkeiten angepaßt werden. Dringend erforderlich sind aber Modellberatungsstellen, die die folgenden Aufgaben erfüllen sollten:

a) Verbreitung des Konzeptes einer Scheidungsberatung bei den einschlägigen Berufsgruppen einer Region,
b) Durchführung von Scheidungsberatungen sowie flankierende Maßnahmen für die betroffenen Kinder,
c) Entwicklung neuer Beratungsmethoden für spezielle Problemstellungen,
d) Evaluation der jeweiligen Maßnahmen und Anpassung an die Bedürfnisse der Klienten,
e) Aus- und Weiterbildung von Beratern sowie Einführung in Schlichtungstechniken bei den Berufsgruppen des juristischen Weges.

Eine so umfangreiche Tätigkeit erfordert eine konkrete Beratungsstelle, die eng mit den übrigen Versorgungseinrichtungen zusammenarbeitet, um über kurze Kommunikationswege eine leichtere Veränderung der praktischen Beratung zu ermöglichen. Von diesen Modellberatungsstellen in Verbindung mit bestehenden Stellen der Trennungs- und Scheidungsberatung sollten mehrere in der BRD aufgebaut werden. Sie sollten unabhängig voneinander entwickelt werden, um den regionalen Gegebenheiten genügen zu können. Gleichwohl ist ein enger Informationsaustausch notwendig. Nach Beendigung einer ca. 5-jährigen Probezeit sind dann die Ergebnisse zu sammeln und dem Gesetzgeber für eine Neuregelung des Scheidungsverfahrens vorzulegen. Auf diese Weise könnte die psycho-soziale Dimension des Scheidungsgeschehens angemessen berücksichtigt werden.

Wenn dieses Buch eine Auswirkung in diese Richtung gehabt hat, so hat es unsere Zielsetzungen erfüllt.

Literatur

Aubert, K.: Competition and Dissensus: Two Types of Conflict and Conflict Resolution, in: Journal of Conflict Resolution, 7, 1963, 26–42

Avery, A.W. & Thiessen, J.D.: Communication Skills Training for Divorcees, in: Journal of Counseling Psychology, 29 (2), 1982, 203–205

Bahr, S.J.: An Evaluation of Court Mediation: A Comparison in Divorce Cases with Children, in: Journal of Family Issues, 2 (1), 1981, 39–60

Balloff, R.: Diagnostische und therapeutische Probleme bei trennungsgeschädigten Eltern und deren Kindern während des Scheidungsverfahrens, in: Schorr, A. (Hrsg.): Bericht über den 13. Kongreß für Angewandte Psychologie, Bonn, 1985, Bd. II, 307–311

Balloff, R.: Wo bleibt das Kind nach der Scheidung? In: Psychologie Heute, Juni 1988, 44–51

Balloff, R.: Interdisziplinäre Interventionen zur Förderung der gemeinsamen elterlichen Verantwortung, Referat, gehalten auf der Tagung „Förderung der gemeinsamen elterlichen Verantwortung nach Trennung und Scheidung" i. d. Ev. Akademie Arnoldshain, 23.–25.11.1990

Balloff, R.: Gemeinsame elterliche Sorge – ein anzustrebender Regelfall? In: Report Psychologie, 3, 1991, 16–21

Balloff, R. & Walter, E.: Gemeinsame Elterliche Sorge als Regelfall? Zeitschrift für das gesamte Familienrecht (FamRZ), 1990, 37, 445–454

Bauers, B., Reich, G., Adam, D.: Scheidungsfamilien: Die Situation der Kinder und die familientherapeutische Behandlung, in: Praxis der Kinderpsychologie und Kinderpsychiatrie 35, 1986, 90–96

Becker, R.: Die negative Härteklausel des 1579 BGB, Frankfurt/M. 1983

Benda, E.: Recht und Realität – Zur Funktion des Familienrechts, in: 6. Deutscher Familiengerichtstag, Brühler Schriften zum Familienrecht, Bd. 4, Bielefeld 1986, 9–22

Benedek, R.S., Del Campo, R.L. & Benedek, E.P.: Michigan's Friend of the Court: Creative Programs for Children of Divorce, in: The Family Coordinator, 26, 1977, 447–450

Bernhardt, H.: Eltern-Kind-Beziehungen in Scheidungsfamilien, in: Fragmente 22, Kassel Dezember 1986, 99–114

Bernhardt, H.: Das eheliche Projektionssystem und die juristische Scheidung, in: Familien-Notruf München: Jahresbericht 1989, 36–41

Black, M. & Joffe, W.: A Lawyer / Therapist Team Approach to Divorce, in: Conciliation Courts Review, 16, 1978, 1–5

Bloom, B.L., Hodges, W.F., Caldwell, R.A.: A Preventive Program for the Newly Separated: Initial Evaluation, in: American Journal of Community Psychology 10 (3), 1982, 251–264

Bloom, B.L., Hodges, W.F., Kern, M.B., McFaddin, S.C.: A Preventive Intervention Program for the Newly Separated: Final Evaluations, in: American Journal of Orthopsychiatry 55 (1), 1985, 9–26

Böddeker, K.-W.: Überlegungen zur alltäglichen Praxis des psychologischen Sachverständigen in Sorgerechtsfragen, in: Fragmente 16, 1985, 39–52

Bojanovsky, J.J.: Psychische Probleme bei Geschiedenen, Stuttgart 1983

Bornstein, M.T., Bornstein, Ph.H., Walters, H.A.: Children of Divorce: A Group Treatment Manual for Research and Application, in: Journal of Child and Adolescent Psychotherapy 2, 1985, 267–273

Bosch, F.W.: Staatliches und kirchliches Eherecht – in Harmonie oder im Konflikt? In: FamRZ 1988, Heft 7, 665–676

Braunbehrens, V. v.: Aspekte zur gutachterlichen Untersuchung von Kindern im Familienrechtsverfahren, in: Fragmente 16, Kassel Juli 1985, 54–63

Brauns-Hermann, Ch. & Dinse, H.: Ent-Scheidung(s)-Hilfe für Kinder wenn Vater und Mutter sich trennen, Berlin Conference on the Law of the World, Work Paper, Berlin 21.–26.7.1985

Brown, D.G.: Divorce and Family Mediation: History, Review, Future Directions, in: Conciliation Courts Review, 20 (2), 1982, 1–44

Brown, P., Manela, R.: Client Satisfaction with Marital and Divorce Counseling, in: Family Coordinator, 26, 1977, 294–303

BVerfG.Urteil v. 3.11.1982 zu GG Art. 6 II 1; BGB 1671 (Gemeinsames Sorgerecht geschiedener Eltern), in: Neue Juristische Wochenschrift, Heft 3, 1983, 101–103

Cantor, D.W.: School-Based Groups for Children of Divorce, in: Journal of Divorce, 1, 1977, 183–187

Cebollero, A.M., Cruise, K., Stollak, G.: The Long-Term Effects of Divorce: Mothers and Children in Concurrent Support Groups, in: Journal of Divorce 10, 1987, 219–228

Cohen, S.: Personal Communication, Portland, Oregon, 1980, zitiert nach Pearson, Thoennes & Vanderkooi, 1982

Cohen, S.: The Diversion Study: A Preliminary Report, Unpublished Report of Clackamas Circuit Court, Oregon City, OR, 1982, zitiert nach Pearson & Thoennes, 1988

Coogler, O.J.: Structured Mediation in Divorce Settlement, Lexington, Mass., 1978

Cotroneo, M., Krasner, B.: Familie und Rechtsprechung – Die Überschneidung zweier Systeme in familienbezogenen Gerichtsgutachten, in: Familiendynamik 1979, S. 355–361

Derdeyn, A.P., Scott, E.: Joint Custody: A Critical Analysis and Appraisal, in: American Journal of Orthopsychiatry 54 (2), 1984, 199–209

Deutsch, M.: Konfliktregelung, München 1976

Deutsches Familienrechtsforum (Hrsg.): Referate und Texte der Tagung vom 6.–7. März 1981 in der Stadthalle Sindelfingen, Schriftenreihe des Deutsches Familienrechtsforums, Bd. 2, Stuttgart 1982

Deutsches Familienrechtsforum (Hrsg.): Modelle alternativer Konfliktregelung in der Familienkrise, Schriftenreihe des Deutsches Familienrechtsforums, Bd. 3, Stuttgart 1982

Deutsches Familienrechtsforum e. V.: Demoskopische Daten aus der praktischen Tätigkeit der Beratungsstelle vom 1.1.1983–31.12.1983, unveröffentlichter Bericht, Stuttgart o. Jahr

Diez, H.: Erfahrungen mit dem neuen Scheidungsrecht in der Beratungsarbeit, in: DAJEB Informationsrundschreiben Nr. 170, Juni 1985

Ditzen, Chr.: Gedanken zur gemeinsamen elterlichen Sorge nach der Scheidung, in: FamRZ 1987, Heft 3, 239–240

Doyle, P. & Caron, W.: Contested Custody Intervention: An Empirical Assessment, in: Olsen, E.D. (Hrsg.): Child Custody: Literature Review and Alternativ Approaches, Department of Social Science, University of Minnesota, 1979

Drewes, Th. & Hollender, R.: Familienrecht; Ehe – Scheidung – Unterhalt, Niederhausen/Ts. 1985

Duck, S. (Ed.): Personal Relationships 4: Dissolving Personal Relationships. London, Academic Press, 1982

Duss-von-Werdt, J.: Wenn die Ehe scheitert, in: Die Zeit, Nr. 51, 1985

Elkin, M.: Postdivorce Counseling in a Conciliation Court, in: Journal of Divorce 1 (1), 1977, 55–65

Elson, H.M.: Divorce Mediation in a Law Office Setting, in: Folberg, J., Milne, A. (Ed.): Divorce Mediation – Theory and Practice, New York 1988, 143–162

Emery, R.E., Wyer, M.M.: Child Custody Mediation and Litigation: An Experimental Evaluation of the Experience of Parents, in: Journal of Consulting and Clinical Psychology, 55 (2), 1987, 179–186

Falke, J., Gessner, V.: Konfliktnähe als Maßstab für gerichtliche und außergerichtliche Streitbehandlung, in: Bundesministerium der Justiz (Hrsg.): Alternativen zur Ziviljustiz, Bundesanzeiger, Köln 1982, 289–309

Familien-Notruf München: Jahresberichte 1983–1989

Farenhorst, D.: The Comparative Effectivness of Individual and Group Counseling Modalities for Postdivorce Adjustment and Self-esteem, unveröffentlichte Dissertation, Florida State University, 1982, zitiert nach: Salts 1989

Fieseler, G. & Herborth, R.: Recht der Familie und Jugendhilfe, Heidelberg 1989

Fine, S.: Children in Divorce, Custody and Access Situations: The Contribution of the Mental Health Professional, in: Journal of Child Psychology and Psychiatry 21, 1980, 353–361

Fisher, B.F.: Identifying and Meeting Needs of Formerly Married People through a Divorce Adjustment Seminar, unveröffentlichte Dissertation, University of Nothern Colorado, 1976, zitiert nach: Storm et al. 1986

Folberg, J., Milne, A. (Ed.): Divorce Mediation – Theory and Practice, New York 1988

Folberg, J., Taylor, A.: Mediation, San Francisco 1984

French, J.R.P., Raven, B.: The Bases of Social Power, in: Cartwright, O., Zander, A. (Eds.): Group Dynamics, New York, Harper & Row, 1968[3]

Fthenakis, W.E.: Neue Erkenntnisse der Familienforschung und das Wohl des Kindes, Referat, gehalten am 16.4.83 in der Evangelischen Akademie Bad Boll

Fthenakis, W.E.: Zum Stellenwert der Bindungen des Kindes als sorgerechtsrelevantes Kriterium gemäß § 1671 BGB, in: FamRZ 1985, Heft 7, 662–672

Fthenakis, W.E.: Interventionsansätze während und nach der Scheidung, in: Archiv für Wissenschaft und Praxis der sozialen Arbeit, Frankfurt/M. 1986, 17, 174–201

Fthenakis, W.E.: Gemeinsame elterliche Verantwortung, Referat, gehalten auf einer Tagung der Interdisziplinären Arbeitsgemeinschaft e. V. Zusammenwirken im Familienkonflikt in Berlin vom 4.–5.11. 1988

Fthenakis, W.E.: Fortbildungsprogramm für Jugendamtsmitarbeiter im Bereich der Familiengerichtshilfe, Projektantrag, München 1991

Fthenakis, W.E., Niesel, R., Kunze, H.-R.: Ehescheidung, München 1982

Fthenakis, W.E. et al.: Gemeinsame elterliche Sorge nach Trennung und Scheidung, Wien: Vortrag am 28.6.1990, hektographierte Fassung

Glasmachers, M.: Alternative Konfliktlösungsversuche in den USA, in: Deutsches Familienrechtsforum (Hrsg.): Modelle alternativer Konfliktregelung in der Familienkrise, Schriftenreihe des Deutsches Familienrechtsforums, Bd.3, Stuttgart 1982, 104–120

Goethal, K.G., Thiessen, J.D., Henton, J.M., Avery, A.W. & Joanning, H.: Faciliating Postdivorce Adjustment among Women: A One-Month Follow-Up, in: Family Therapy, 10 (1), 1983, 61–68

Goldman, J. & Coane, J.: Family Therapy after the Divorce: Developing a Strategy, in: Family Process 16, 1977, 357–362

Goode, W.J.: Women in Divorce, New York 1956

Graff, R.W., Whitehead III, G.I., LeCompte, M.: Group Treatment With Divorced Woman Using Cognitive-Behavioral and Supportive-Insight Methods, in: Journal of Counseling Psychology 33 (3), 1986, 276–281

Granvold, D.K., Welch, G.J.: Interventions for Postdivorce Adjustment Problems, in: Journal of Divorce, 1977, 1 (1), 81–92

Greene, B.L., Lee, R.R. & Lustig, N.: Transient Structured Distance as a Maneuver in Marital Therapy, in: Family Coordinator, 22, 1973, 15–22

Große, B.: Eine Bedarfserhebung über Scheidungsberatung unter Hamburger Rechtsanwälten, unveröffentlichte Diplomarbeit am Fachbereich Psychologie, Universität Hamburg, 1990

Guerney, L. & Jordan, L.: Children of Divorce – A Community Support Group, in: Journal of Divorce 2, 1979, 283–294

Haisch, J.: Rechtspsychologie und angewandte Sozialpsychologie. Psychologische Entscheidungshilfen im Rechtssystem, in: Schultz-Gambard, J. (Hrsg.): Angewandte Sozialpsychologie, München 1987

Hassall, E. & Madar, D.: Crisis Group Therapy with the Separated and Divorced, in: Family Relations, 29, 1980, 591–597

Haynes, J.M.: Divorce Mediation: A Practical Guide for Therapists and Counselors, New York 1981

Henry, C.J.: The Effects of a Structured Group Treatment on Selfesteem and Depression of Divorced/Separated Persons, unveröffentlichte Dissertation, University of Washington, 1981, zitiert nach: Salts 1989

Hetherington, E.M., Cox, M. & Cox, R.: Divorced Fathers, in: Family Coordinator 25, 1976, 417–428

Hetherington, E.M., Cox, M. & Cox, R.: The Aftermath of Divorce, in: Hetherington, E.M., Parke, R.D.: Contemporary Readings in Child Psychology, 2.Aufl., New York 1981

Hienstorfer, E.: „Besser es gibt Skandal, als daß die Wahrheit zu kurz kommt" – 10 Jahre Scheidungsunrecht, in: Scheidungsunrecht 1987, Heft 1/2, 3–5

Hinz, M.: Elternverantwortung und Kindeswohl – Neue Chancen zu ihrer Verwirklichung für die Rechtsprechung? In: Zentralblatt für Jugendrecht, Heft 12, 1984, 529–537

Hodges, W.F.: Interventions for Children of Divorce, Custody, Access and Psychotherapy, New York 1986

Holdahl, S. & Caspersen, P.: Children of Family Change: Who's Helping them Now? in: The Family Coordinator, 26, 1977, 472–477

Hoopes, M.H., Molene, M.V. & Stanfield-Packard, K.: Structured Group Treatment for Divorce Adjustment, unveröff. Manuskript, Brigham Young University, 1979, zitiert nach Storm et al. 1986

Hozman, T.L. & Froiland, D.J.,: Families in Divorce: A Proposed Model for Counseling the Children, in: The Family Coordinator, 25, 1976, 271–276

IMAS (Institut für Markt- und Sozialanalysen): Situation von und Hilfsangebote für Trennungswaisen, Linz 1988, Archiv-Nr. 7804

Intakte Elternschaft trotz Scheidung (IETE) (Hrsg.): Eine Broschüre für unsere Eltern, München o. Jahr

Irving, H., Benjamin, M., Bohm, P. & MacDonald, G.: A Study of Conciliation Counseling in the Family Court of Toronto: Implications for Socio-Legal praktice, Toronto 1981

Irving, H., Bohm, P., MacDonald, G. & Benjamin, M.: A Comparitive Analysis of Two Family Court Services: An Exploratory Study of Conciliation Counseling, Toronto 1979

Jackson, A.M. et al.: Beyond the Best Interests of the Child Revisited: An Approach to Custody Evaluation, in: Journal of Divorce 3, 1980, 204–222

Johnston, J.R., Campbell, L.E.G., Tall, M.C.: Impasses to the Resolution of Custody and Visitation Disputes, in: American Journal of Orthopsychiatry 55 (1), 1985, 112–129

Jopt, U.-J.: Nach der Scheidung: Der Kampf ums Kind, in: Psychologie Heute, Juli 1986, 43–45

Jopt, U.-J.: Nacheheliche Elternschaft und Kindeswohl – Plädoyer für das gemeinsame Sorgerecht als anzustrebenden Regelfall, in: FamRZ 1987, Heft 9, 875–885

Jopt, U.-J.: Gemeinsames Sorgerecht und Kindeswohl – ein Herstellungsauftrag, Referat, gehalten auf dem 3. Symposion des Forschungsprojektes Scheidungsforschung der Gesamthochschule Kassel vom 23.10 bis 25.10.1987

Jopt, U.-J., Rohrbach, A.: Doppelfehler im Beziehungsnetz – Plädoyer für einen neuen Sachverstand des psychologischen Sachverständigen am Familiengericht, in: Schorr, A. (Hrsg.): Bericht über den 13. Kongreß für Angewandte Psychologie in Bonn, Sept. 1985, Bd.II, Bonn 1985, 312–316

Kaltenborn, K.F.: Der Einfluß des kinderpsychiatrischen Gutachtens auf die elterliche Einigung im Sorgerechtsverfahren, in: Fragmente 16, Kassel Juli 1985, 65–114

Kaltenborn, K.F.: Die personalen Beziehungen des Scheidungskindes als sorgerechtsrelevantes Entscheidungskriterium, in: FamRZ 1987, Heft 10, 990–1000

Kalter, N., Pickar, J., Lesowitz, M.: School-Based Developmental Facilitation Groups for Children of Divorce: A Preventive Intervention, in: American Journal of Orthopsychiatry 54 (4), 1984, 613–623

Kaplan, S.L.: Stuctural Family Therapy for Children of Divorce: Case Reports, in: Family Process 16, 1977, 75–83

Kelley, H.H. et al.: Sex Differences in Comments Made During Conflict within Heterosexual Pairs, in: Sex Roles, 4, 1978, 473–492

Kelly, J.B., Wallerstein, J.S.: Kurzzeitinterventionen bei Kindern und Scheidungsfamilien, in: Psychosozial, 1980, 3 (3), 15–42, Original: Brief Interventions with Children in Divorcing Families, American Journal of Orthopsychiatry 47, 1977, 23–39

Kelly, J.B., Gigy, L., Hausman, S.: Mediated and Adversarial Divorce: Initial Findings from a Longitudinal Study, in: Folberg, J., Milne, A. (Ed.): Divorce Mediation – Theory and Practice, New York 1988, 453–473

Kessler, S.: Beyond Divorce: Participant's Guide, National Institute for Professional Training, Atlanta 1977

Kessler, S.: Building Skills in Divorce Adjustment Groups, in: Journal of Divorce 2 (2), 1978, 209–216

Kessler, S., Bostwick S.H.: Beyond Divorce: Coping Skills for Children, in: Journal of Clinical Child Psychology, 1977, 38–41

Kinder- und Jugendhilfegesetz (KJHG), in: Bundesrat Drucksache 267/90

Klar, W.: Entscheidungsrelevante psychologisch-pädagogische Faktoren im Sorgerechtsverfahren von Scheidungskindern, in: Zeitschrift für Kinder- und Jugendpsychiatrie, Heft 1, 1973, 37–42

Kliman, G.: Seelische Katastrophen und Notfälle im Kindesalter, Frankfurt / M. 1980

Knaub, P.K.: The Stepfamily, in: Textor, M. (Ed.): The Divorce and Divorce Therapy Handbook, Northvale 1989, 351–368

Knöpfel, G.: Zum gemeinsamen Sorgerecht der Eltern nach Scheidung, in: Neue Juristische Wochenschrift, Heft 17, 1983, 905–909

Koechel, R.: Die Bindungen des Kindes – doch ein sorgerechtsrelevantes Kriterium? In: FamRZ 1986, Heft 7, 637–641

Köller, B. & Franke, S.: Ein Vergleich zwischen Erst- und Zweitehen. Eine Fragebogen- und Beobachtungsstudie, unveröffentlichte Diplomarbeit, Hamburg, Juli 1988

Kolata, G.: Child Splitting, in: Psychology Today 1988 (11), 34–36

Koopman, E.J., Hunt, E.J. & Stafford, V.: Child Related Agreements in Mediated and Non-Mediated Divorce Settlements: A Preliminary Examination and Discussion of Implications, in: Conciliation Courts Review, 22 (1), 1984, 65–70

Kraft, C. & Witte, E.H.: Ideology of Love. Structural Model and Empirical Results, Arbeiten aus dem Fachbereich Psychologie der Universität Hamburg, Nr. 67, Juli 1990

Kranzler, M.: Der Weg aus dem Scheidungsschock, Wien 1975

Krause-Windelschmidt, I.: Konfliktverringerung durch bessere Verständigung der Verfahrensbeteiligten? Interdisziplinäre Gespräche in Berlin, in: Deutsches Familienrechtsforum (Hrsg.): Modelle alternativer Konfliktregelung in der Familienkrise, Schriftenreihe des Deutschen Familienrechtsforums, Bd. 3, Stuttgart 1982, 121–129

Kressel, K., Deutsch, M.: Divorce Therapy: An In-Depth Survey of Therapists' Views, in: Family Process, 16, 1977, 413–443

Kressel, K., Pruitt, D.G.: Themes in the Mediation od Social Conflict, in: Journal of Social Issues, 41 (2), 1985, 179–198

Kressel, K., Jaffee, N., Tuchman, B., Watson, C., Deutsch, M.: A Typology of Divorcing Couples: Implications for Mediation and the Divorce Process, in: Family Process, 19, 1980, 101–116

Kressel, K., Lopez-Morillas, M., Weinglass, J., Deutsch, M.: Professional Intervention in Divorce: A Summary of Views of Lawyers, Psychotherapists, and Clergy, in: Journal of Divorce, 2, 1978, 119–155

Krivohlavy, J: Zwischenmenschliche Konflikte und experimentelle Spiele, Bern, Huber, 1974

Kübler-Ross, E.: On Death and Dying, New York 1969

Kühne, A.: Zur Geschichte des Ehe- und Familienrechts – eine historisch-psychologische Analyse, in: Schorr, A. (Hrsg.): Bericht über den 13. Kongreß für Angewandte Psychologie, Bonn, 1985, Bd. II, 301–306

Lederer, W.J., Jackson, D.D.: The Mirages of Marriage, New York 1968

Lee, B.E.: Consumer Evaluation of a Family Court Service, in: Conciliation Courts Review 17, 1979, 49–54

Lempp, R.: Ehescheidung und psychische Störungen bei Kindern. Familienrechtliche

Gesichtspunkte, in: Remschmidt, H. (Hrsg.): Psychopathologie der Familie und kinderpsychiatrische Erkrankungen, Bern 1980, 106–118

Lempp, R.: Die Bindungen des Kindes und ihre Bedeutung für das Wohl des Kindes gemäß § 1671 BGB, in: FamRZ 1984, Heft 8, 741–744

Limbach, J.: Kann und soll das Familienrecht Normen für das Konfliktverhalten bieten? In: Deutsches Familienrechtsforum (Hrsg.): Modelle alternativer Konfliktregelung in der Familienkrise, Schriftenreihe des Deutschen Familienrechtsforums, Bd. 3, Stuttgart 1982, 130–145

Limbach, J.: Die Existenzsicherung von Müttern, in: Fragmente 22, Kassel Dezember 1986, 181–201

Limbach, J.: Die Entwicklung des Familienrechts seit 1949, in: Nave-Herz, R. (Hrsg.): Wandel und Kontinuität der Familie in der BRD, Stuttgart 1988, 11–35

Limbach, J.: Gemeinsame Sorge geschiedener Eltern, Heidelberg 1988

Loddenkemper, H.: Gruppenpädagogik als Hilfe bei Scheidungen?, in: Familiendynamik 5, 1980, 272–277

Loff, B.: Bei Scheidung verzichten offenbar viele Frauen auf ihre Rechte, in Frankfurter Rundschau, Mai 1987

Luthin, H.: Gemeinsame elterliche Sorge nach der Scheidung, in: FamRZ 1985, Heft 6, 565–566

Luthin, H.: Gemeinsames Sorgerecht nach der Scheidung, Bielefeld 1987

Magnus, U., Dietrich, S.: Gemeinsame elterliche Sorge nach Scheidung – eine Erhebung beim Familiengericht Hamburg-Mitte, in: FamRZ 1986, Heft 5, 416–420

Margolin, F.M.: An Approach to Resolution of Visitation Disputes Post-Divorce: Short-Term Counseling, in: Dissertation Abstracts International, 34, 1973, 1754 B

Matthey, H.: Die Rolle von Experten in Sorgerechtsverfahren, in: Fragmente 16, Kassel Juli 1986, 28–37

McIsaac, H.: Court-Connected Mediation, in: Conciliation Courts Review, 1980, S. 50, zitiert nach Report of The Advisory Panel 1987

McIsaac, H.: Mandatory Conciliation Custody/Visitation Matters: California's Bold Stroke, in: Conciliation Courts Review 19 (2), 1981, 73–77

Milne, A.: Custody of Children in a Divorce Process: A Family Self-Determination Model, in: Conciliation Courts Review, 16, 1978, 2–12

Modellprojekt des Deutschen Familienrechtsforums: Außergerichtliche Konfliktregelung bei Familienstreitigkeiten, besonders im Zusammenhang von Trennung und Scheidung, in: Deutsches Familienrechtsforum (Hrsg.): Modelle alternativer Konfliktregelung in der Familienkrise, Schriftenreihe des Deutsches Familienrechtsforums, Bd. 3, Stuttgart 1982, 225–258

Münch, E. M. v.: Die Scheidung nach neuem Recht, Beck – Rechtsberater im dtv, 5. Aufl., München 1986

Musetto, A.P.: Evaluating Families with Custody or Visitation Problems, in: Advances in Family Psychiatry 2, 1980, 523–531

Muus, R.E.: Kinder aus geschiedenen Ehe, in: Sozialpädiatrie, 8, 1986, 45–47

Napp-Peters, A.: Scheidungsfamilien, Interaktionsmuster und kindliche Entwicklung, Frankfurt / M. 1988

Nave-Herz, R. et al.: Scheidungsursachen im Wandel, Bielefeld 1990

New Jersey Report of the Family Court Programs Subcommittee of the Supreme Court Task Force on Dispute Resolution, New Jersey, 21.10.1988

Niesel, R., Griebel, W., Kunze H.-R., Oberndorfer, R.: Was Eltern, die sich trennen, für ihre Kinder tun können – Ein Erfahrungsbericht über Informationsabende für

Eltern, die sich scheiden lassen wollen, in: Zentralblatt für Jugendrecht 76 (7–8) 1989, 342–346

OLG Bamberg: Beschluß v. 9.2.1988, Nr. 389 zu BGB §§ 1671, 1672 (Abbau von Streitpotential), in: FamRZ 1988, Heft 7, 752–753

Omizo, M.M., Omizo, S.A.: Group Counseling with Children of Divorce: New Findings, in: Elementary School Guidance and Counseling 22, 1987, 46–52

Ostermeyer, H.: Anhörung im Kinderzimmer, in: Psychologie Heute 6, 1979, 31–37

Pais, S. & White, P.: Family Redefinition: A Review of the Literature toward a Model of Divorce Adjustment, in: Journal of Divorce, 2, 1979, 271–281

Paul, N.L.: Scheidung als äußerer und innerer Prozeß, in: Familiendynamik, 3, 1980, 229–241

Pearson, J.: Child Custody: Why not Let the Parents Decide? In: The Judges Journal, 20 (1), 1981, 4–12

Pearson, J.: An Evaluation of Alternatives to Court Adjucation, unveröffentlichtes Manuskript, Center for Policy Research, Denver, CO, 1983, zitiert nach Kressel & Pruitt 1985

Pearson, J. & Thoennes, N.: Mediation & Divorce: The Benefits Outweigh the Costs, In: Family Advocate, 4 (3), 1982, 26–32

Pearson, J. & Thoennes, N.: Mediation of Contested Child Custody Disputes, in: Colorado Lawyer 11 (2), 1982a, 337–355

Pearson, J. & Thoennes, N.: Mediating and Litigating Custody Disputes: A Longitudinal Evaluation, in: Family Law Quarterly, 17 (4), 1984, 497–524

Pearson, J. & Thoennes, N.: A Preliminary Portrait of Client Reactions to three Court Mediation Programs, Mediation Quaterly, 1984, 21–40

Pearson, J. & Thoennes, N.: Research Report: Mediation versus the Courts in Child Custody Cases, in: Negotiation Journal, 1 (3), 1985, 235–244

Pearson, J. & Thoennes, N.: Divorce Mediation Research Results, in: Folberg, J., Milne, A. (Ed.): Divorce Mediation – Theory and Practice, New York 1988, 429–452

Pearson, J., Ring, M., Milne, A.: A Portrait of Divorce Mediation Services in the Public and Private Sector, in: Conciliation Courts Review 21 (1), 1983, 1–34

Pearson, J., Thoennes, N., Milne, A.: Directory of Mediation Services, Denver, Colorado 1982, zitiert nach Vanderkooi & Pearson 1983

Pearson, J., Thoennes, N., Vanderkooi, L.: The Decision to Mediate: Profiles of Individuals who Accept and Reject the Opportunity to Mediate Contested Child Custody and Visitation Issues, in: Journal of Divorce 6, 1982, 17–35

Pearson, J., Thoennes, N. & Vanderkooi, L.: The Mediation of Contested Child Custody Disputes, in: The Colorado Lawyer, 2, 1982a, 337–355

Pedro-Carroll, J.L., Cowen, E.L.: The Children of Divorce Intervention Program: An Investigation of the Efficacy of a School-Based Prevention Program, in: Journal of Consulting and Clinical Psychology 53 (5) 1985, 603–611

Pedro-Carroll, J.L., Cowen, E.L., Hightower, A.D., Guare, J.C.: Preventive Intervention with Latency-Aged Children of Divorce: A Replication Study, in: American Journal of Community Psychology 14 (3), 1986, 277–290

Phillips, C.: Guidelines for Separation Counseling, in: Gurman, A. (Ed.): Questions an Answers in the Practice of Family Therapy, New York 1981

Plessen, U., Bommert, H.: Empirische Untersuchung zum Begriff des „Kindeswohls", in: Schorr, A. (Hrsg.): Bericht über den 13. Kongreß für Angewandte Psychologie, Bonn, 1985, Bd. II, 323–326

Plock, B.: Gruppenarbeit mit Scheidungskindern – Auf dem Weg zur Einführung einer präventiven Maßnahme, unveröffentlichte Diplomarbeit am Fachbereich Psychologie, Universität Hamburg, 1986

Polizoti, L.F.: The Efficacy of Direkt Decision Therapy for Decreasing Indecision and Irrational Ideas and Increasing Selfacceptance in Divorced Woman, unveröffentlichte Dissertation, United States International University, 1976 zitiert nach Siewert 1983

Prestien, H.-Chr.: Richterlicher Dialog mit den Betroffenen, in: Schriftenreihe des Deutsches Familienrechtsforums, Bd. 3, Stuttgart 1982, 75–86

Prestien, H.-Chr.: Konfliktfeld Familie, in: Schriftenreihe des Verbandes Anwalt des Kindes, Bd. 1, Bielefeld 1986

Prestien, H.-Chr.: Die integrierte Beratungsstelle, in: Verbandzeitschrift Anwalt des Kindes, Heft 2, Hannover 1989

Proksch, R.: Gerichtsbezogene Trennungs- und Scheidungsberatung – ein Instrument offensiver Familiengerichtshilfe, in: Nachrichtendienst des Deutschen Vereins für öffentliche und private Fürsorge, Frankfurt/M. 1988, 68, 265–268

Proksch, R.: Alternative Streitentscheidung im Scheidungsfolgenrecht, in: Archiv für Wissenschaft und Praxis der sozialen Arbeit 1989a, 2, 71–111

Proksch, R.: Scheidungsfolgenvermittlung (Divorce Mediation) – ein Instrument integrierter familiengerichtlicher Hilfe, in: FamRZ 1989b, 9, 916–924

Rabaa, V.: Einführung in die Tagungsthematik, in: Deutsches Familienrechtsforum (Hrsg.): Modelle alternativer Konfliktregelung in der Familienkrise, Schriftenreihe des Deutschen Familienrechtsforums, Bd. 3, Stuttgart 1982, 16–21

Reich, G.: Warum ist die Schuldfrage aus Scheidungskonflikten so schwer herauszuhalten? In: Fragmente 22, Kassel Dezember 1986, 73–97

Reich, G., Bauers, B.: Familientherapie während und nach der Scheidung, Referate, gehalten auf dem 3. Symposion des Forschungsprojektes Scheidungsforschung der Gesamthochschule Kassel vom 23.10. bis 25.10.1987

Reich, G., Bauers, B.: Nachscheidungskonflikte – eine Herausforderung an Beratung und Therapie, in: Praxis der Kinderpsychologie und Kinderpsychiatrie 37, 1988, 346–355

Reich, G., Bauers, B. & Adam, D.: Zur Familiendynamik von Scheidungen, in: Praxis der Kinderpsychologie und Kinderpsychiatrie 35, 1986, 42–50

Report of the Advisory Panel on the Child Oriented Divorce Act of 1987, California Mandatory Divorce Mediation Program, Sacramento 1987

Robson, B.: My Parents are Divorced, Too, Toronto 1979

Roehl, J.A., Cook, R.F.: Issues in Mediation: Rhetoric and Reality Revisited, in: Journal of Social Issues, 41 (2), 1985, 161–178

Röhl, K.F.: Rechtspolitische und ideologische Hintergründe der Diskussion über Alternativen zur Justiz, in: Bundesministerium der Justiz (Hrsg.): Alternativen zur Ziviljustiz, Bundesanzeiger, Köln 1982, 15–25

Rohrmann, B.: Empirische Studien zur Entwicklung von Antwortskalen für die sozialwissenschaftliche Forschung, in: Zeitschrift für Sozialpsychologie, 9, 1978, 222–245

Roseby, V., Deutsch, R.: Children of Separation and Divorce: Effects of a Social Role-Taking Group Intervention on Fourth and Fifth Graders, in: Journal of Clinical Child Psychology 14, 1985, 55–60

Rottleuthner, H.: Rechtssoziologische Anmerkungen zu Alternativen bei der Bearbeitung von Familienkonflikten, in: Deutsches Familienrechtsforum (Hrsg.): Modelle alternativer Konfliktregelung in der Familienkrise, Schriftenreihe des Deutschen Familienrechtsforums, Bd. 3, Stuttgart 1982, 65–74

271

Rottleuthner-Luther, M.: Ehescheidung, in: Nave-Herz, R. & Markefka, M. (Hrsg.): Handbuch der Familien-und Jugendforschung, Bd. 1, Neuwied 1989

Roussel, L.: Ehen und Ehescheidungen, in: Familiendynamik, 3, 1980, 186–204

Rugel, R.P., Sieracki, S.: The Single Parent Workshop: An Approach to the Problem of Children of Divorce, in: Journal of Clinical Child Psychology, 1981, 159–160

Sager, C.J.: Treatment of the remarried family, in: Textor, M. (Ed.): The Divorce and Divorce Therapy Handbook, Northvale 1989, 285–300

Salius, A.J., Maruzo, S.D.: Mediation of Child-Custody and Visitation Disputes in a Court Setting, in: Folberg, J., Milne, A. (Ed.): Divorce Mediation – Theory and Practice, New York 1988, 163–190

Salius, A. et al.: The Use of Mediation in Contested Custody and Visitation Cases in the Family Relation Court, unveröff. Manuskript, Superior Court, Hartford, Connecticut 1978, zitiert nach Pearson, Thoennes & Vanderkooi 1982

Salts, C.J.: Divorce Adjustment Groups are not for All Divorcees, in: The Personnel and Guidance Journal September 1983, 37–39

Salts, C.J.: Group Therapy for Divorced Adults, in: Textor, M. (Ed.): The Divorce and Divorce Therapy Handbook, Northvale 1989, 285–300

Salts, C.J., Zongker, C.E.: Effekts of Divorce Counseling Groups on Adjustment and Self Concept, in: Journal of Divorce 6 (4), 1983, 55–67

Salzgeber, J., Stadler, M.: Die Begutachtung bei familiengerichtlichen Fragestellungen – rechtliche Situation und Möglichkeiten der Begutachtung, in: Schorr, A. (Hrsg.): Bericht über den 13. Kongreß für Angewandte Psychologie, Bonn, 1985, Bd. II, 327–331

Sampel, D. & Seymour, W.: A Comparative Analysis of the Effectiveness of Conciliation Counseling on Certain Personality Variables, in: Journal of Marital and Family Therapy, 6, 1980, 269–276

Schelling, W.A.: Psychologische und juristische Perspektiven des „Kindeswohls" – mit besonderer Berücksichtigung der Sorgerechtszuteilung nach der Scheidung, in: Schorr, A. (Hrsg.): Bericht über den 13. Kongreß für Angewandte Psychologie, Bonn, 1985, Bd. II, 332–335

Scheuerer-Englisch, H.: Möglichkeiten zur Hilfe und Intervention während und nach der Scheidung im Rahmen des psychologischen Gutachtens bei familienrechtlichen Auseinandersetzungen, Referat, gehalten auf dem 3. Symposion des Forschungsprojektes Scheidungsforschung der Gesamthochschule Kassel vom 23.10. bis 25.10.1987

Scheiner, L.C., Musetto, A.P. & Cordier, D.C.: Custody and Visitation Counseling: A Report of an Innovative Program, in: Family Relations, 31, 1982, 99–107

Schmidt, G.: Das große Der Die Das, Über das Sexuelle, Reinbek 1988

Schwab, D.: Familienrecht, München 1980

Schwabe-Höllein, M., Suess, G., Scheuerer, H.: Bestimmung des Kindeswohls aus entwicklungspsychologischer Sicht, in: Schorr, A. (Hrsg.): Bericht über den 13. Kongreß für Angewandte Psychologie, Bonn, 1985, Bd. II, 341–345

Schweitzer, J., Weber, G.: Familientherapie mit Scheidungsfamilien, in: Praxis der Kinderpsychologie und Kinderpsychiatrie, 34 (3), 1985, 96–100

Schweitzer, J., Weber, G.: Scheidung als Familienkrise und klinisches Problem – Ein Überblick über die neuere Nordamerikanische Literatur, in: Praxis der Kinderpsychologie und Kinderpsychiatrie 34, 1985a, 44–49

Shattuck, M.T.: Mandatory Mediation, in: Folberg, J., Milne, A. (Ed.): Divorce Mediation – Theory and Practice, New York 1988, 191–208

Siefen, R.G., Neuhäuser, G.: Bedeutung familienrechtlicher Begutachtung für Scheidungsfamilien, in: Schorr, A. (Hrsg.): Bericht über den 13. Kongreß für Angewandte Psychologie in Bonn, Sept. 1985, Bd.II, Bonn 1985, 336–340

Siewert, H.H.: Scheidung, Wege zur Bewältigung, München 1983

Simons, D.: Tötungsdelikte als Folge mißlungener Problemlösungen, Göttingen 1988

Sobota, W.L., Cappas, A.Th.: Semantic Differential Changes Associated with Participation in a Public Lecture Series Describing the Emotional and Behavioral Consequences of Divorce, in: Journal of Divorce 3, 1979, 137–151

Sokacic-Mardorf, E.: Scheidung und Scheidungsberatung: Theorien, Modelle, Praxisprobleme – Ein Beitrag zur Entwicklung eines integrativen Modells der Scheidungsberatung, Dissertation, Tübingen 1983

Spanier, G.B. & Thompson, L.: Parting. Beverly Hills, 1984

Spiegel, Y.: Der Prozeß des Trauerns, München 1977

Sprenkle, D.h.: The Clinical Practice of Divorce Therapy, in: Textor, M. (Ed.): The Divorce and Divorce Therapy Handbook, Northvale 1989, 171–195

Stange, W.: Konfiktsteuerung durch Teamberatung, in: Deutsches Familienrechtsforum (Hrsg.): Modelle alternativer Konfliktregelung in der Familienkrise, Schriftenreihe des Deutsches Familienrechtsforums, Bd.3, Stuttgart 1982, 95–103

Statistisches Bundesamt (Hrsg.): Statistisches Jahrbuch 1990 für die Bundesrepublik Deutschland, Wiesbaden 1990

Statistisches Bundesamt (Hrsg.): Wirtschaft und Statistik 12, 1990, 837–840

Steinman, S.: The Experience of Children in a Joint-Custody Arrangement: A Report of a Study, in: American Journal of Orthopsychiatry 51 (3), 1981, 403–414

Sternbeck, E., Däther, G.: Das familienpsychologische Gutachten im Sorgerechtsverfahren, in: FamRZ 1986, Heft 1, 21–25

Stolberg, A.L., Garrison, K.M.: Evaluating a Primary Prevention Program for Children of Divorce, in: American Journal of Community Psychology 13 (2), 1985, 111–124

Storm, Ch.L., Sprenkle, D.h.: Individual Treatment in Divorce Therapy: A Critique of an Assumption, in: Journal of Divorce 6, 1982, 87–97

Storm, Ch.L., Sprenkle, D., Williamson, W.: Innovative Divorce Approaches Developed by Counselors, Conciliators, Mediators, and Educators, in: Levant, R.F., (Hrsg.): Psychoeducational Approaches to Family Therapy and Counseling, New York 1986

Suarez, J.M., Weston, N.L. & Hartstein, N.B.: Mental Health Interventions in Divorce Proceedings, in: American Journal of Orthopsychiatry, 1978, 48 (2), 273–282

Suess, G., Schwabe-Höllein, M., Scheuerer, H.: Das Kindeswohl bei Sorgerechtsentscheidungen – Kriterien aus entwicklungspsychologischer Sicht, in: Praxis der Kinderpsychologie und Kinderpsychiatrie 36, 1987, 22–27

Tedder, S.L., Scherman, A., Wantz, R.A.: Effectivness of a support Group for Children of Divorce, in: Elementary School Guidance and Counseling 22, 1987, 102–109

Textor, M. (Ed.): The Divorce and Divorce Therapy Handbook, Northvale 1989

Thibaut, J., Walker, L.A.: A Theory of Procedure, in: California Law Review, 66, 1978, 541–566

Thiessen, J.D., Avery, A.W. & Joanning, H.: Faciliating Post Divorce Adjustment among Women: A Communication Skills Training Approach, in: Journal of Divorce, 4, 1980, 35–44

Thoennes, N. & Pearson, J.: Predicting Outcomes in Divorce Mediation: The Influence of People and Process, in: Journal of Social Issues, 41 (2), 1985, 115–126

Thomann, C.: Beiträge zu einer Theorie der Klärungshilfe, Frankfurt/M. 1986

273

Tomasic, R.: Mediation as an Alternative to Adjudication: Rhetoric and Reality in the Neighborhood Justice Movement, unveröff. Arbeitspapier, zitiert nach Pearson, Thoennes & Vanderkooi, 1982

Toomin, M.K.: Structured Separation with Counseling: A Therapeutic Approach for Couples in Conflict, in: Family Process, 11, 1972, 299–310

Troje, H.E.: Familiendynamik als Herausforderung an das Recht; Einflüsse der systemtheoretischen Interpretation von Familienkonflikten auf die Rechtswissenschaft, in: Deutsches Familienrechtsforum (Hrsg.): Modelle alternativer Konfliktregelung in der Familienkrise, Schriftenreihe des Deutschen Familienrechtsforums, Bd. 3, Stuttgart 1982, 34–49

Troje, H.E.: Alternativen zum Justizmodell, in: Deutsches Familienrechtsforum (Hrsg.): Modelle alternativer Konfliktregelung in der Familienkrise, Schriftenreihe des Deutschen Familienrechtsforums, Bd. 3, Stuttgart 1982, 50–61

Troje, H.E.: Zum Begriff des „Fehlverhaltens" als Anknüpfungspunkt für Scheidungsfolgen, in: Fragmente 22, Kassel Dezember 1986, 49–72

Troje, H.E.: „Paare in Krise" vor Gericht, in: Zeitschrift für systemische Therapie, Heft 1, 1988, 27–40

Vanderkooi, L. & Pearson, J.: Mediating Divorce Disputes: Mediators Behaviors, Styles and Roles, in: Family Relation, 32, 1983, 557–566

Walker, L.A., Lind, E.A.: Psychological Studies of Procedural Models, in: Stephenson, G.M., Davis, J.H. (Eds.): Progress in Applied Psychology, Vol. 2, New York, Wiley, 1984

Wallerstein, J.S.: The Impact of Divorce on Children, in: Nadelson, C.C., Polonsky, D.C. (Hrsg.): Marriage and Divorce – A Contemperory Perspektive, New York 1984

Wallerstein, J.S. & Blakeslee, S.: Gewinner und Verlierer, München 1989

Wallerstein, J.S. & Kelly, J.B.: The Effects of Parental Divorce: Experiences of the Child in Later Latency, in: American Journal of Orthopsychiatry 46, 1976, 256–269

Wallerstein, J.S. & Kelly, J.B.: Divorce Counseling: A Community Service for Families in the Midst of Divorce, in: American Journal of Orthopsychiatry 47 (1), 1977, 4–22

Wallerstein, J.S. & Kelly, J.B.: Surviving the Breakup: How Children and Parents Cope with Divorce, New York 1980

Wallerstein, J.S. & Kelly, J.B.: Effects of Divorce on the Visiting Father-Child Relationship, in: American Journal of Psychiatry, 137 (12), 1980 a, 1534–1539

Weiss, R.S.: Trennung vom Ehepartner, Stuttgart 1980, Original: Marital Separation, New York 1975

Weiss, W.W. & Collada, H.B.: Conciliation Counseling: The Court's Effective Mechanism for Resolving Visitation and Custody Disputes, in: The Family Coordinator, 1977, 444–446

Wendel, Ph.: Die Ehescheidung aus der Sicht des Familienrichters, in: DAJEB Informationsrundschreiben Nr. 154/155, Dezember 1979

Wiedl, K.-H.: Integrative Beratung bei Trennung und Scheidung, Konzeptuelle Überlegungen, in: v. Schlippe, A., Kriz, J. (Hrsg.): Symposion Familientherapie: Kontroverses – Gemeinsames, Ein Bericht des 1. Weinheimer Symposions für Familientherapie vom 1.–4.5.86 in Osnabrück, Wildberg 1987, 88–94

Wiedl, K.-H. & Strunk, J.: Beratung bei Trennung und Scheidung in der Bundesrepublik Deutschland, Angebot und Entwicklungen, in: v. Schlippe, A., Kriz, J. (Hrsg.): Symposion Familientherapie: Kontroverses – Gemeinsames, Ein Bericht des 1. Weinheimer Symposions für Familientherapie vom 1.–4.5.86 in Osnabrück, Wildberg 1987, 95–105

Wilde, B.: Eine Familie bleiben. Das gemeinsame Sorgerecht – Ein neuer Weg bei Ehescheidungen, München 1989

Wirsching, M.: Familiendynamik als Herausforderung an das Recht: Der Anspruch der Familiendynamik auf Berücksichtigung im Familienrecht, in: Deutsches Familienrechtsforum (Hrsg.): Modelle alternativer Konfliktregelung in der Familienkrise, Schriftenreihe des Deutschen Familienrechtsforums, Bd. 3, Stuttgart 1982, 21–33

Witte, E.H.: Sozialpsychologische Grundlagen der Psychotherapie, in: Bastine, R. et al.: Grundbegriffe der Psychotherapie, Weinheim 1982, 378–384

Witte, E.H.: Theorien zur sozialen Macht, in: Frey, D., Irle, M. (Hrsg.): Theorien der Sozialpsychologie, Bd. II, Bern, Huber, 1985

Witte, E.H.: Sozialpsychologie. Ein Lehrbuch, München 1989

Witte, E.H., Kesten, I. & Sibbert, J.: Trennungs- und Scheidungsberatung in Hamburg, unveröffentlichter Forschungsbericht, Hamburg 1988

Young, D.M.: The Divorce Experience Workshop: A Consumer Evaluation, in: Journal of Divorce, 2, 1978a, 37–48

Young, D.M.: Consumer Satisfaction with the Divorce Workshop: A Follow-Up Report, in: Journal of Divorce, 2, 1978b, 49–56

Young, D.M.: A Court-Mandated Workshop for Adolescent Children of Divorcing Parents: A Program Evaluation, in: Adolescence 15 (60), 1980, 763–774

Young, D.M.: A Court-Mandated Workshop for Younger Children of Divorcing Parents: A Description and Program Evaluation, in: Early Child Development and Care 13, 1984, 293–308

Young, D.M.: Group Interventions For Children of Divorced Families, in: Textor, M. (Ed.): The Divorce and Divorce Therapy Handbook, Northvale 1989, 267–284

Anhang 1

Ausgewählte Initiativen, Arbeitskreise, Beratungsstellen im Arbeitsfeld
Trennung und Scheidung

Arbeitskreis „Humane Scheidung"
Über: Dr. Rubner
Georg-Staber-Ring 6
8200 Rosenheim
Tel.: 0 80 31/8 64 14

Arbeitskreis Partnerschaftskrise, Trennung und Scheidung e. V.
Schneckenhofstr. 27
6000 Frankfurt / M. 70
Tel.: 0 69/62 06 04
       72 43 79

Deutsches Familienrechtsforum e. V.
Haußmannstr. 6
7000 Stuttgart 1
Tel.: 07 11/2 33 33 99
       60 25 65

Familien-Notruf München
Pestalozzistr. 46
8000 München 5
Tel.: 0 89/26 91 94

IETE „Intakte Elternschaft trotz Ehescheidung"
Germersheimerstr. 26
8000 München 90
Tel.: 0 89/49 64 11

Institut für Familien in Konfliktsituationen e. V.
Ludwigstr. 2
6630 Saarlois
Tel.: 0 68 31/4 36 66

Psychosoziale Beratungsstelle in Familienkrisen
Güntertalstr. 41
7800 Freiburg
Tel.: 07 61/7 87 61

TRIALOG
von Vinkestr. 6
4400 Münster
Tel.: 02 51/51 14 14

Vertrauensstelle für Ehe-, Partnerschafts- und Trennungsberatung
Winterhuder Weg 31
2000 Hamburg 76
Tel.: 0 40/29 84 34 53

Anhang 2

Informationsmaterialien zum Thema Trennung und Scheidung für Klienten aus den Bundesministerien

Bundesministerium für Justiz
Referat für Presse- und Öffentlichkeitsarbeit
Postfach 20 03 65
5300 Bonn 2

    1. „Das elterliche Sorgerecht"
    2. „Ehe- und Familienrecht"

Bundesministerium für Frauen und Jugend
Referat für Presse- und Öffentlichkeitsarbeit
Postfach
5300 Bonn 2

    „Das neue Kinder- und Jugendhilfegesetz"

Deutsche Arbeitsgemeinschaft für Jugend- und Eheberatung e. V. (DAJEB)
Münchner Str. 20
8043 Unterföhring

    „Eltern bleiben Eltern"

Sachregister

Autorenregister

A

Adam, D. 95
Aubert, K. 51
Avery, A.W. 172

B

Bahr, S.J. 139, 140, 141, 142
Balloff, R. 39, 44, 45, 258
Bauers, B. 95, 114, 117, 165, 177, 178, 179, 187
Benda, E. 257
Benedek, R.S. 72
Bernhardt, H. 62, 129
Black, M. 114
Blakeslee, S. 37, 39, 257
Bloom, B.L. 172, 174, 176, 187
Böddeker, K.-W. 68
Bojanovsky, J.J. 10, 165
Bornstein, M.T. 180, 181, 247, 249
Bostwick, S.H. 180, 181, 182, 183
Brauns-Hermann, Ch. 219
Brown, D.G. 139
Brown, P. 84

C

Cantor, D.W. 104, 106, 181, 182
Cappas, A.T. 169
Caron, W. 135, 141, 159
Caspersen, P. 104, 106
Cebollero, A.M. 180
Coane, J. 95
Cohen, S. 140, 152
Collada, H.B. 87

Coogler, O.J. 75, 78, 79, 84, 154
Cook, R.F. 188
Cordier, D.C. 81
Cowen, E.L. 104, 106, 181, 182, 183
Cox, M. 62, 188
Cox, R. 62, 188

D

Däther, G. 68
Derdeyn, A.P. 145
Deutsch, M. 60, 78, 123, 124, 129, 137, 155, 167, 188, 189
Deutsch, R. 104, 106, 181
Dinse, H. 219
Doyle, P. 135, 141, 159
Duck, S. 1
Duss-von-Werdt, J. 27

E

Elin, M. 83
Elson, H.M. 136
Emery, R.E. 138, 143, 145, 147, 149

F

Falke, J. 23, 24
Farenhorst, D. 168
Fine, S. 64
Fisher, B.F. 175, 176
Folberg, J. 75, 76, 239
Franke, S. 9
Froiland, D.J. 98, 101, 102, 106
Fthenakis, W.E. 12, 22, 35, 36, 37, 38, 44, 48, 64, 68, 69, 71, 72, 75, 83, 84, 88, 110, 113, 131, 165, 188, 257, 258, 259

G

Garrison, K.M. 171, 181, 183
Gessner, V. 23, 24
Glasmachers, M. 75
Goldman, J. 95
Goode, W.J. 121
Graff, R.W. 173, 174
Granvold, D.K. 92
Greene, B.L. 63, 123, 126
Große, B. 40

H

Hassall, E. 92, 117, 175
Haynes, J.M. 75, 78, 79, 80
Henry, C.J. 167, 176
Hetherington, E.M. 62, 165, 188
Hienstorfer, E. 32
Hodges, W.F. 62, 65, 75, 81, 95, 97, 180
Holdahl, S. 104, 106
Hoopes, M.H. 176
Hozman, T.L. 98, 101, 102, 106

I

Irving, H. 134, 159, 160

J

Jackson, A.M. 71
Jackson, D.D. 28
Joffe, W. 114
Jopt, U.-J. 37, 38, 46, 68

T

Taylor, A. 75, 76
Tedder, S.L. 181, 183
Thibaut, J. 51
Thiessen, J.D. 171, 172
Thoennes, N. 76, 130,
134, 135, 136, 137, 138,
140, 141, 142, 143, 145,
147, 148, 150, 152, 153,
157, 159, 160, 161, 162,
187
Thomann, C. 238
Thompson, L. 1
Tomasic, R. 152
Toomin, M.K. 123, 126
Troje, H.E. 27

V

Vanderkooi, L. 77, 134,
136, 152, 153, 157,
159

W

Walker, L.A. 51, 53
Wallerstein, J.S. 37, 39,
62, 99, 100, 103, 106,
144, 165, 180, 181, 183,
247, 257
Walter, E. 258
Weber, G. 63, 123
Weiss, R.S. 92
Weiss, W.W. 87
Welch, G.J. 92

Wendel, Ph. 42
Wiedl, K.-H. 121
Wilde, B. 34, 41, 46
Witte, E.H. 1, 2, 9, 28,
50, 247, 248
Wyer, M.M. 138, 143,
145, 147, 149

Y

Young, D.M. 65, 84, 98,
114, 127, 169, 179, 180,
181, 182, 247

Z

Zongker, C.E. 170, 175

Behandlungsergebnisse und Wirkfaktoren von Eheberatern

Eine katamnestische Studie

von Dr. DIETER VENNEN

Mit einem Vorwort von Prof. Dr. Hermann-Josef Fisseni
XII/268 Seiten, DM 58,– · ISBN 3–8017–0630–3

Ehe und Familie sind im Wandel begriffen, Ehepaare aller Altersstufen suchen neue Interpretationen ihrer Partnerschaft. Die Bedeutung von Eheberatung und Ehetherapie ist unumstritten. Die vielfältigen Ehetherapieansätze bedürfen jedoch dringend einer Integration und einer Überprüfung „im Felde".

Der Verfasser untersucht, welche Erfolge Eheberatung und Ehetherapie versprechen, welche Veränderungen sich erkennen lassen und welche Wirkfaktoren sie bedingen können.

„Da das Werk Praxis und Theorie zur Eheberatung verbindet, sei es praktizierenden Therapeuten, Psychotherapieforschern und an Ehetherapiefragen interessierten Lesern empfohlen." Prof. Dr. Hermann-Josef Fisseni

Hogrefe · Verlag für Psychologie

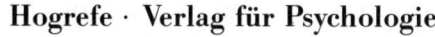

Erziehungspsychologie

Begegnung von Person zu Person

von Prof. Dr. REINHARD TAUSCH und Prof. Dr. ANNE-MARIE TAUSCH (†)
10., erg. und überarb. Aufl. 1991, 448 Seiten, DM 36,– · ISBN 3–8017–0482–3

Dieses Buch überschreitet mit seiner 10. Auflage die Stückzahl von 150000 verkauften Exemplaren. Der Grund für diesen ungewöhnlichen Erfolg eines wissenschaftlichen Buches ist das geglückte Zusammenspiel von praxisrelevanten Fragestellungen und ihrer sachlichen und trotzdem lebendigen Beantwortung. Denn die Antworten ergeben sich oft aus Zitaten von Erzieher-Kind-Interaktionen in Schulklassen, Kindergärten und Familien. Aber nicht nur Pädagogen, Erziehern, Erzieherinnen und Eltern werden die wesentlichen Vorgänge und Befunde in Erziehung und Unterricht erfahrbar gemacht. Diese gelten auch in allen zwischenmenschlichen Beziehungen, wie etwa in der Ehe, im Betrieb, im Krankenzimmer und im Gerichtssaal. Die hervorragende Bedeutung dieses Buches liegt darin, daß es dem Leser keine Illusion, keine leere Theorie vermittelt, sondern eine gelebte Wirklichkeit, die humanes Zusammenleben von Menschen möglich werden läßt. Die klare, einfühlsame und einfache Sprache macht psychologische oder pädagogische Vorkenntnisse entbehrlich.

Hogrefe · Verlag für Psychologie

Attraktion und Liebe

(Brennpunkte der Persönlichkeitsforschung, Band 3)

hrsg. von Prof. Dr. Manfred Amelang, Prof. Dr. Hans-Joachim Ahrens
und Prof. Dr. Hans Werner Bierhoff

XIV/274 Seiten, DM 48,– · ISBN 3-8017-0340-1

Dieser Band befaßt sich mit zwei Theorien, die immer schon die Phantasie der Menschen beschäftigt haben. Was macht eine Person attraktiv? Unter welchen besonderen Umständen werden Liebesgefühle ausgelöst? In dem vorliegenden Band werden — ausgehend von der biologischen Grundlage des Paarverhaltens — Antworten auf diese Fragen gegeben.
Die Beiträge geben eine Einführung in die Grundlagen partnerschaftlicher Beziehungen, wobei insbesondere zwischenmenschliche Anziehung, Freundschaft und Liebe angesprochen werden.

Hogrefe · Verlag für Psychologie

Partnerwahl und Partnerschaft

Formen und Grundlagen partnerschaftlicher Beziehungen

(Brennpunkte der Persönlichkeitsforschung, Band 4)

hrsg. von Prof. Dr. Manfred Amelang, Prof. Dr. Hans-Joachim Ahrens
und Prof. Dr. Hans Werner Bierhoff

XIV/230 Seiten, DM 46,– · ISBN 3-8017-0455-6

Partnerschaftliche Beziehungen sind allgegenwärtig. Wer nicht über persönliche Beziehungen dieses Typs verfügt, erscheint als einsam oder isoliert, jedenfalls als Problemfall. Die Beiträge in diesem Band wenden sich deshalb z.T. auch den Problemen in Partnerschaften zu, beschreiben aber — gewissermaßen im Kontrast — auch die Prozesse in funktionierenden Partnerschaften. Die vorliegenden Kapitel ergeben — zusammen mit den Grundlagenkapiteln im Band 3 der Reihe „Persönlichkeitsforschung" — eine umfassende Analyse von Formen und Grundlagen partnerschaftlicher Beziehungen.

Hogrefe · Verlag für Psychologie